小学教师教育本科段教材

中外教育史

ZHONGWAI JIAOYUSHI

首都师范大学初等教育学院 组编

王晓华 叶富贵 主编

首都师范大学出版社
CAPITAL NORMAL UNIVERSITY PRESS

图书在版编目（CIP）数据

中外教育史/王晓华，叶富贵主编 .—北京：首都师范大学出版社，2007.6（2024.1重印）

小学教师教育本科段教材

ISBN 978-7-81064-902-5

Ⅰ. 中…　Ⅱ. ①王…②叶…　Ⅲ. 教育史－世界－高等学校－教材　Ⅳ. ①G519

中国版本图书馆 CIP 数据核字（2007）第 065421 号

ZHONGWAI JIAOYUSHI

中外教育史

王晓华　叶富贵　主编

责任编辑　张成水

首都师范大学出版社出版发行

地　址　北京西三环北路105号

邮　编　100048

电　话　68418523（总编室）　68982468（发行部）

网　址　cnupn.cnu.edu.cn

E-mail　master@cnupn.com.cn

北京印刷集团有限责任公司

全国新华书店发行

版　次　2007 年 8 月第 1 版

印　次　2024 年 1 月第 31 次印刷

开　本　787mm × 1 092mm　1/16

印　张　21.75

字　数　363千

定　价　44.00元

序　言

在我国基础教育的改革与发展中，小学教师培养模式的改革恐怕算是最具有挑战的方面和领域之一。一方面，它面临着学历层次提高的要求；另一方面，它也需要适应新的课程标准的改革；同时，小学一线教师的培养机构也在经历着由中等师范院校向大学的转变。所有这些都要求小学教师培养过程中的各个环节和因素都相应地进行改革与调整。在这些环节和因素中，教材的重新建设则是一个非常关键的方面。由首都师范大学初等教育学院组织编写的高等教育自学考试初等教育专业（独立本科段）的新教材，集中了各个方面研究和实践的经验与成果，适应新形势的要求与挑战，经过反复的打磨，形成的一套不仅能够满足高等教育自学考试需要，而且同样适应高等学校小学教师培养和培训的系列教材。它是我国第一套适合于高等教育自学考试初等教育专业本科阶段学习教材，因而是小学教师培养模式建设和教学创新的一项非常有意义的措施，是提高小学教师培养质量和水平的一个重要因素，也是该专业主考学校首都师范大学初等教育学院给所有小学教师提供的宝贵的教育资源。

当然，作为高等教育自学考试用书，这套教材在编写过程中，始终坚持了以考生为本的基本原则。在熟悉和了解小学教师的实际与小学教师参加自学考试的特点的基础上，在掌握和认识高等教育自学考试规律和基本要求的实践中，这套教材在整体结构的安排，各本书的体例，章节的顺序，以及内容的组织、文字的写作等方面，均充分考虑了高等教育自学考试的考生的实际需要和特点。同时，这套教材不仅在形式上考虑了小学教师考生的学习特点和实际，而且，在内容上也结合了当前小学教师面临新课程标准要求的实际需要，包括整个书目的选择、教学目标的制定，以及教学内容的安排等，都在一定程度上体现了当前基础教育，特别是小学教育改革与发展的要求。而在这些方面，我个人感到比较突出的主要有以下几个方面。

第一，重视小学教师研究能力的培养与训练。

与以往中小学教材不同的是，这套教材在强调小学教师在教材教法方面的学习与训练以外，还非常重视小学教师对于各个主要学科的教学研究。例如，这套教材中将过去比较传统的小学语文、英语和数学教材教法的课程，分别拓展为《小学语文教学研究》、《小学英语教学研究》和《小学数学教学研究》，由此突出了小学教师培养和训练中研究能力的锻炼和提高。这与当前中小学教师队伍建设和新课程的要求是非常一致的。如果说，过去我们常常将学科知识、教育教学的知识与能力，以及道德修养三个方面作为合格教师的基本条件，那么，随着时代的发展和教育的改革与变化，研究能力也将越来越成为一个合格教师的必要条件。不会研究课程、教材和学生的教师，绝对不是一个合格的教师。而这套教材正是非常敏锐地看到了这一点，并且在教材体系上进行了这样的改革与创新，应该说，这种改革是非常必要和及时的。这里需要特别说明的是，有的人也许会认为，小学这样简单的教学还需要什么研究吗？如果我们这样来看这个问题，这样认识小学教师的工作，那真是极大的误解。根据教育学的基本理论和个体成长的规律，小学阶段的儿童的成长对他一辈子的影响都是十分关键的，而在这个阶段的教育也是最复杂的，我们甚至可以认为，它可能比在中学和大学的教育对个体的成长都更加重要。因为，正是在这个阶段，儿童开始形成了他的各种习惯，特别是对学习和外部世界和社会的基本态度。这种习惯和态度对于他而言，将是一辈子的事情。从发展心理学的角度看，小学阶段的儿童所经历的发展阶段也是比较复杂的，其中的变化也是非常丰富的。因此，它对于教师的研究能力的教学水平的要求也是非常高的。特别是要求教师能够结合教学，对儿童和青少年本身，包括他们的成长规律、学习规律与特点等，进行深入细致的探讨和研究。

第二，注重培养和提高教师的素养。

大量实践证明，中小学教师不仅需要具有比较丰富的学科知识和理论，掌握熟练的教学技能，而且，也需要具备非常高的综合素养。这种综合素养往往是看不见，摸不着的，但是，它又常常是在各个方面发挥作用的。它是一种显性的知识，更是一种隐性的知识。它体现在一个教师的观念之中，也常常表现在教师的思想和方法中。这套教材非常清楚地看到了这种需要，因而也加强了这个方面的建设。例如，《数学的观念、思想和方法》一书，正是比较充分地体现这个特点和取向。而且，历史类的教材也是帮助教师形成这种综合素养的非常有效的途径，包括中外教育史和中国文学史。这里需要特别提出的是，小学教师的培养与中学教师的培养模式是有所不同的，培养规格也是不同的。一般而言，小学教师往往是一种全科性的培养，而中学教师则更多是一种专科性的培养，因而两者的知识和理论结构是不同的。作为小学教师，由于学生的特点不同，往往需要具有更加全面的知识、理论和能力，从这个角度看，这种综合性的素养常常是十分重要的。如何全面地掌握各个学科的知识，特别是融会贯通地应用这些不同的知识，了解各个学科知识和理论之间的关系，对于小学教师来说，可能比单纯某一个方面的学科知识更加重要。

第三，适应新课程的特点和要求。

我国目前正在进行和实施的中小学新课程改革和新的课程标准的建设，对于我们过去的课程和教材都是一个新的挑战，它要求在课程建设和教材编写方面相应的进行调整和改革。在这次新课程标准的建设中，比较突出的特点就是非常关注青少年学生的需要，体现了以学生为本的思想和原则：增加了综合活动实践课。这对于我们许多小学教师来说，也是一个新的挑战。现在这套教材正是非常及时地抓住了这种变化，特别加强了这个方面的建设。例如，《小学生综合实践活动》的教材，以及《小学生心理发展与心理健康》的教材正是反映了这种新的要求，适应了新的课程标准对小学教师的要求，也为小学教师应对这种挑战提供了非常直接的帮助和支持。应该说，这种综合实践活动课的建设是一项非常需要研究和探讨的课程。而且，小学的综合实践活动与中学的综合实践活动课又是有所不同的。如何抓住小学综合实践活动的特点，的确不是一件容易的事情。而丛书的编写者大胆地进行了这个方面的尝试，并且产生了比较好的效果，这一点是值得鼓励和赞赏的。

显然，希望在一个简短的序言中将这套教材的各个方面都详细地进行介绍是不可能的。但是，作为一个关注我国基础教育改革与发展的教育工作者，欣喜地看到它的出版，进而借这个机会表达自己的一点想法和体会，也算是一种参与吧！这里，我还要特别感谢北京市教育委员会和北京市高等教育自学考试委员会的领导、支持和非常具体的指导帮助。我也要感谢首都师范大学的领导，特别是首都师范大学初等教育学院的领导在组织编写这套教材中所付出的辛勤劳动和大量科学细致与认真的组织工作。当然，我一定要感谢这套丛书的各位编写者的努力，以及首都师范大学出版社领导、本套书的责任编辑，没有他们的智慧和踏实的工作，没有他们的大力支持，整套教材的出版也是不可能的。

但是，在最后我还应该说明的是，一套教材无论如何的出色，也总是有它的不足的。它不可能囊括小学教师所应该具有的所有知识、理论和素质。也不可能完全反映所有小学教师教育研究的全部观点与看法。更加重要的是，它不可能完全代替教师本身的教学实践和工作，更不能取消教师本人的创新。一套教材的真正的效果，还应该取决于教师的教学工作，依靠教师对教材的研究和应用。如果说，教材只是一种教学资源，那么，这些资源能否真正发挥比较大的作用，产生更大的效益，还需要依靠教师本身的实践。

谢维和

2004 年 4 月 27 日

于励耘楼

前　言

教育史作为教育学的分支学科，在整个教育学体系中无疑占有十分重要的地位。

由于教育史是从历史的角度探讨人类教育发展的演进与积累，以及从这一过程中不断提炼和总结人类已有的教育经验和教育规律。因此，在某种程度上，教育史就是一部活生生的人类教育从无到有、从小到大、从不完善到完善、从对教育理解的肤浅到深刻的教育百科全书。事实上，任何一个时代的教育发展，都是人类教育发展宏大历程中微不足道的一个环节而已，但正是由于有了许许多多的这样或那样的人类教育发展的环节，最终总合出了人类教育发展的宏大历史。基于此，人类教育发展如果从教育史的视角而言，任何一个时代的教育发展都不可回避对历史的继承与借鉴，尤其是当人类在某些时代自诩为创新的时候，回顾人类已经走过的教育历程，可以使人类保持谦逊和更为清醒的头脑：因为人类自文字产生以来，自非正规的社会教育和家庭教育以及正规学校教育兴起以来，人类一直不断地在对教育的本质进行追问。可以说，不同时代、不同种族和不同文化的教育发展，不过是对教育本质问题追问的完善与补缀而已。只是在这种完善、补缀抑或修正的过程中，有的时代或有的民族做得多一些，有的民族或有的时代也许相对要做得少一些。这或许也是我们要学习和讨论教育史的最为根本的意义所在吧。

当然，教育史并不是仅供人瞻仰的对象，如果仅仅是令人敬畏乃至景仰的对象，人们对教育史就只能是远观而不愿近赏。这样的教育史无疑是一部没有生命力的死的历史。处于人类历史长河不断发展过程中的我们，尤其是处于一个与传统社会和文化大相径庭的新的时代的我们，究竟应该如何看待教育史？如何应用教育史呢？事实上，教育史之所以有魅力，就在于它能不断给人以智慧和启迪，它能不断给人以惊喜；教育史可以让人类在得意忘形之际学会谦逊，可以让人类在妄自菲薄之时获得信心和力量。无论人类教育如何发展与演变，人类对教育本质的追寻是永不停息的，我们今天的教育发展是对教育本质的追求，而我们的前辈同样是对教育本质进行追寻。共同的问题话语，在古代与现代、前辈与后人之间架设起了沟通的桥梁。因此，教育史绝不是简单的故纸堆，教育史的学习也不是拘泥古人的文字游戏。对教育史的学习应该是立于人类历史发展长河基础之上、以学习者所处时代的当下为出发点的对教育本质问题的追求。因此，教育史应当是一部活的历史，是不同教育智慧的集中展现。正是由于各种教育智慧在教育史场域内的集中呈现，使这些智慧之间出现碰撞，由此产生出新的智慧火花。也正由于此，才使人类的教育得以不断发展、人类的教育智慧才能得以不断丰富与完善。在此意义上，教育史本质上是使处于片断化的人具备了全景式的历史视阈，是人之能超越自身、超越时代和超越社会的重要引导。教育史的重要性可见一斑。

《中外教育简史》能成为小教自考系列教材之一，无疑与我们上述所说之教育史的重要意义密切相关。但由于教育史本身所含范围实在过于广博，又加上本教材是将中国教育史与外国教育史并置，因此，作者只能以《简史》形式呈现粗略的中外教育发展线索，以期读者诸君能按图索骥、最终为大家的自学提供导引。如能达此目标，我们的努力也就算是很大的成功了。关于教育史的下限近年颇多争议，有同仁在编写教育史时将年代下限往后推至20世纪八九十年代，甚至远迄21世纪初期。这样的界定方式自有其道理，因为凡是过去之时、过去之事皆属历史的范畴。但我们在编写本书时，考虑到书籍本身的容量以及传统教育史与比较教育学科两者之间约定俗成的分界，因此，本书将教育史的下限界定在20世纪前半期。具体而言，中国教育史自教育起源始，至新民主主义教育止。而外国教育自人类有教育起，至第二次世界大战结束时止。这样的范围基本上属于传统教育史的界定范畴。至若读者诸君希望了解二战后的教育改革，可以参考比较教育学的相关内容。

《中外教育简史》分上下两篇，其中上篇为中国教育史，含六章内容；下篇为外国教育史，同样包括六章内容。在每章的结构安排上，作者虽以纵向历史发展为基本线索，但也并未简单遵循朝代更迭或历史发展的先后，而是从如何便于教与学的角度，对部分内容进行整合。如此安排，一方面便于教育进行指导，同时也更方便了学生的自学。在具体内容选择上，考虑到该教材是小教自考教材，主要针对初等教育领域的教师。因此，内容方面在关照到整体历史发展的基础上，对初等教育有关的内容有所侧重。

本书《中国教育简史》部分由清华大学教育研究所叶富贵博士撰写。叶富贵博士师从著名中国教育史家王炳照先生，本人拥有多年教育史教学实践经验。《外国教育简史》部分由首都师范大学教育科学学院王晓华博士所撰，王晓华博士师从著名外国教育史家史静寰教授，具有多年外国教育史课程的教学经验。良好的专业背景和丰富的教学实践经验，成为作者编写此书重要的依托所在。全书由工晓华博士负责统稿。

作为青年学者，书中或多或少存在这样或那样的不足，在此也希望业界同行和读者诸君从学术研讨的角度提出中肯的批评与指正。

最后，要对首都师范大学出版社诸位同仁的宽容表示衷心的感谢。因为按照约定，本书早该交付出版，但由于诸多原因，使本书迟迟未能交付。但这本书还能与读者见面，这与出版社同仁的宽容是密不可分的。同时，在编写本书的过程中，我们大量参考了国内同行所编写的同类教材，在此也对这些教材的编者和出版机构表示衷心的感谢。

编者识于零七岁首

目　录

上篇：中国教育简史

下篇：外国教育简史

上篇：中国教育简史

第一章　中国教育的起源

教育是人类文化的传承和发扬，教育的内容是人类文化积淀的知识体系，不同民族不同时代的教育都是由其民族和文化特性所决定的。中国教育正是生长在中华民族和中华文化的根基上的，而且，中国教育既是中华文明的重要组成部分，又是中华文明不断创新、传承而延绵不绝的重要动因，对中国文化的发展产生了深远的影响，为中华民族、中华文明和人类文明作出了不可估量的重大贡献。

中国古代教育的政治、经济和社会基础是以农业为主的自给自足的自然经济、君主专制的中央集权政治制度和宗法制的社会结构。这决定了中国古代教育的基本特征：以儒学为主的教育思想，以官学、私学和书院为主、以社会教化和家教为辅的办学体制，以科举考试为标志的选士制度。①中国古代教育的特性是在漫长的历史过程中逐渐形成、不断发展和日益丰富的，不同的历史时代都融汇了涓涓溪流，终使其如长江大河般蔚为壮观，而其原初的形态更奠定了中国教育生命的基因，规划着中国古代教育未来的方向。

第一节　中华民族和中华文明的起源

人类文明是人类不断发展、进化和创造的产物。人类的历史至今已有几百万年，但人类的文明史却要短暂得多。根据古人类学和考古学的研究，约在300多万年前，早期人类学会了制造和使用工具，当时使用的主要是简单的石器工具，人类乃进入旧石器时代。约在12000年前，人类学习制造工具的技术进一步提高，开始从事农业和畜牧业的生产，新石器时代于是来临。农业生产的发展使人类摆脱了完全依赖自然而生存，社会分工、剩余产品、社会组织也随之出现，到公元前4000年前后，文字出现，人类文明因之兴起。

---

① 王炳照等主编：《中华人民共和国教育历史传统与基础》，7页，海口：海南出版社，2000。

人类早期的文明都发祥于大江大河。公元前4000年前后，古埃及文明兴起于尼罗河领域。大约同时，在幼发拉底河和底格里斯河两河领域巴比伦文明开始崛起。公元前2300年左右，古印度文明也在印度河流域出现。约在公元前3000年，在黄河和长江流域，中华文明的曙光也开始展现。

中华文明也是人类最古老的文明之一，虽然中华文明的起源不是最早的，但却是唯一从未中断、连绵不绝、传承至今的文明。而中华文明之所以历久不衰、灿烂辉煌，是与中华民族和文化的地理环境、生产方式和史前文化等密切相关的。

中国是一个有着悠久历史和灿烂文化的国家，雄踞于亚洲东部，东临浩瀚的太平洋，西及帕米尔高原，地域辽阔，资源丰富。气候从南到北跨越了热带、亚热带、温带和寒温带，但大多数地区都处在亚热带和温带，且属于典型的季风性气候。这种自然环境最适于人类生存和活动。特别是黄河流域和长江流域中下游地区纬度适中，土壤肥沃，雨水充沛，水热条件优越，最适宜于农业发展，因此成为中华文明的摇篮。

“从很早的古代起，我们中华民族的祖先就劳动、生息、繁殖在中华大地上。”① 据考古发现，大约在200万年前，神州大地上就有人类居住。安徽繁昌人子洞、河北阳原泥河湾地区的马圈沟等地都发现了200万年前古人类使用过的石器。根据大量的出土文物、历史文献和考古资料，中国的原始社会经历了一百几十万年的漫长发展，大致可以分为原始人群和氏族公社两大阶段。

原始人群构成了我国最早的人类社会，他们生活于旧石器时代的早期。1965年在云南元谋出土了石器和人类牙齿化石，据古地磁测定大约为175万年。元谋人是在中国发现的早期直立人。中国晚期直立人的活动范围更为扩大，最著名的有蓝田人、北京人、和县人、汤山人等。蓝田人距今约65万年。北京人是世界上最早的发现的直立人之一，距今约46万～23万年。这些早期人类为了克服自然界的困难，抵御猛兽毒蛇的攻击，他们几十个人结成原始人群，共同劳动和生活。北京人就已经能够制造和使用简单的工具，能够使用天然火，依靠采集和狩猎获得食物。

旧石器时代中晚期，人类进化到早期智人。中国的早期智人活动遍及全国，已发现的有辽宁营口的金牛山人、陕西的大荔人、山西襄汾的丁村人、广西的柳江人、安徽的巢县人、四川的资江人、广东曲江的马坝人等，其中最著名的就是北京的山顶洞人。山顶洞人大约生活在18000年前，采取

① 《毛泽东选集》第二卷，584页，北京，人民出版社，2003。

磨制和钻孔技术制造时期、骨器，并学会制造骨针，用兽皮缝制衣服，把兽骨做成装饰品，生产工具和劳动技能与前人相比有了明显的进步。山顶洞人已经按照血统关系组成比较固定的集团，形成氏族公社，中国原始社会进入氏族公社时期。氏族公社从旧石器中期开始形成，至新石器时代达到鼎盛，一直延续到原始社会结束。

约在10000年前，人类学会了磨制石器，而且发明了陶器，这标志着新石器时代的来临。在新石器时代，中国的农业开始萌芽。约在公元前7000年前后，长江和黄河的中下游以及辽河流域产生了第一批农业村落，并逐渐形成稻作和粟作两个农业文化区。① 而随着农业的发展和技术的进步，剩余产品、社会分工开始出现。首先是农业与手工业的分工，随后是手工业内部的分工以及手工业部门的分工。产品交换也随之而来。剩余产品的增多还为脑力劳动与体力劳动的分工打下基础。于是，氏族公社公有生产资料、共同劳动、共同消费的平等状态被打破，私有观念日益发展，社会成员的分层也开始了。社会乃向文明化加速发展。

中国远古社会文明化的进程走着不同的道路，具有不同的特点，但最终形成多元一体的中华文明。中华文明的源头是多元的，主要有红山文化、良渚文化、屈家岭—石家河文化、大汶口—龙山文化、仰韶文化—中原龙山文化等。② 这些新石器时代的文化，原始农业达到了很高的水平，已从刀耕火种发展到发达的锄耕农业，乃至萌芽时期的犁耕农业。人类开始过定居的生活，学会了建造房屋，同时产生了简单的记事刻画符号。这些文化的发展呈现出各自的独立性，其发展进程也是不平衡的。这些多样化的文化相互之间经过长期的冲突、交流而不断融合，既从四周向中原内向汇聚，又从中原向四周辐射，最终形成了统一的中华文化和文明。

第二节　中国教育的起源

教育是人类社会特有的社会现象，人类自产生之日起，为了生存、繁衍和发展，就开始有了最早的教育活动。

---

① 苏秉琦主编：《中国通史》第二卷《远古时代》，10页，上海：上海人民出版社，1994。

② 袁行霈等主编：《中华文明史》第一卷，54～74页，北京：北京大学出版社，2006。

一、中国教育的起源

中华民族自古以来就十分重视教育，具有悠久深厚的教育历史和传统。中国古人对教育的起源附上了神化般的绚丽色彩。《易经·系辞》中说：古代的圣人包牺氏、神农氏、黄帝、尧、舜取法自然，发明了渔猎、耕作、交通、建筑等技术和生产生活方式以及天文、历法、宗教、商业等社会知识，并将之教给万民。《尚书》、《史记·五帝本纪》等典籍中也有类似的记载。朱熹在《四书章句集注·大学章句序》将之作了哲理的解释，认为："盖自天降生民，则既莫不与之以仁义礼智之性矣。然其气质之禀或不能齐，是以不能皆有以知其性之所有而全之也。一有聪明睿智能尽其性者出于其闲，则天必命之以为亿兆之君师，使之治而教之，以复其性。此伏羲、神农、黄帝、尧、舜，所以继天立极，而司徒之职、典乐之官所由设也。"这些历史传说虽没有可靠的考古材料来支持，但它是中国古人历史记忆的一部分，可能包含了历史的真实，更重要的是，它寄寓了中国教育的传统。

下面再从科学的资料来梳理中国远古的教育，并与中国古代典籍相印证，以揭示中国教育的起源。

中国的原始人类，在进行生存斗争的同时，也在创造着最早的人类文明，从事着原始状态的教育活动。从教育的角度来看，原始人群阶段是中国教育起源的时期，而氏族公社的教育则鲜明地体现了中国原始教育的基本特点。

原始社会时，生产资料全部公有，没有剥削，没有阶级，所有成员共同生产和生活；然而当时的社会生产力十分低下，为了克服恶劣的自然条件而生存下来，就要彼此交流生产和生活经验，学着制造和使用各种工具，依靠集体的力量与自然界的种种威胁进行斗争，这就提出了对教育活动的需要。

约四五十万年前的北京人已经开始制造和使用一些粗糙的石器，并且开始保存和利用火。这些技能从长辈到后代的传递，实际上就是一种教育的过程。另外，由于原始人群时期，人类尚"不耕不穑"、"不织不衣"，以采集为主要生活来源，兼以狩猎获取食物，所以如何采集食物和协同狩猎等都成为原始教育活动的主要内容。

原始社会发展到氏族公社时期以后，教育的内容逐渐有所丰富，而氏族公社作为原始社会的典型时期，其教育活动也突出地表现了原始社会教育的特点。

（一）生产劳动技能的教育

生产劳动经验的传授是原始社会教育的主要内容。氏族公社的人类在长期保存和传递火的基础上，逐渐发明了人工取火，《韩非子·五蠹》记载说："上古之世……有圣人作，钻燧取火，以化腥臊，而民说之，使王天下，号之曰燧人氏。"《白虎通》直接将其表述为"钻燧取火，教民熟食"，取火方法的传播，使得火的应用范围进一步扩大。

由于当时劳动工具已经有了改进，生产力水平有所提高，渔猎成为氏族公社的主要生产门类，《尸子》中说："燧人之世，天下多水，故教民以渔"；"伏羲之世，天下多兽，故教民以猎。"同时，农业开始从采集渔猎中分离出来，耕作知识的传授成为教育的新内容。《白虎通》卷一道："神农因天之时，分地之利，制耒耜，教民农作，神而化之，使民宜之，故谓之神农也"。《周易·系辞》也对神农氏教民农作的事迹做了记载。农业和狩猎的发展，为畜牧业成为独立的生产门类提供了条件，驯养动物的技能成为教育的内容之一。

（二）原始工艺技术的教育

氏族公社时期，制造石器、骨器、木器的手工业不断发展，进而扩展到制陶、纺织、房屋建筑等，他们中有些甚至需要非常复杂的工序，包含很高的技术成分。仰韶、半坡等出土的陶器达到了相当高的工艺水平。利用丝麻和骨针制衣等技巧也是原始工艺技术教育的重要内容之一。

（三）原始科学知识的教育

随着农业、畜牧业等的发展，人类为了合理安排农时、辨别方向等，开始探索天文学的知识，"观象授时"的做法日益普遍。《史记·历书》记载："黄帝考定星历，建立五行，起消息，正闰余"。这些记载虽然有待考证，却反映出原始社会末期已有早期的传播和利用天文、历数等科学知识的现象。

（四）生活习惯和方式的教育

生活方式的教育贯穿原始社会始终，尤其在进入氏族公社时期之后更为突出。衣食住行等各方面生活习惯的教育和生活能力的训练，伴随人类的生活随时进行。由赤身裸体到穿衣遮羞，由茹毛饮血到熟食和烹饪，原始人类的生活方式不断改进。随着人类开始定居生活，人们的居住场所也不断进步，《太平御览》引项峻《始学篇》曰："上古皆穴居，有圣人教之巢居，号大巢氏"。在行的方面，原始人类还逐步发明了舟车等运载工具。

（五）原始宗教和民俗的教育

在生产力水平低下的情况下，人类对很多自然现象无法理解，产生了神秘和恐惧感，出现了原始的宗教活动。图腾和鬼神崇拜、自然崇拜等在原始社会十分常见，巫术和专门施行巫术的巫师开始出现，虽然其本质上是一种迷信活动，但在客观上起到了一定的教育作用。除此之外，成年礼、婚丧嫁娶等民俗仪式也是原始教育的内容。

由此可见，教育起源于原始人类为求得生存和发展而从事的生产劳动和社会生活。恩格斯曾经在其《自然辩证法》中指出：劳动创造了人本身。同样，物质资料的生产是人类生存和发展的基础，也是教育起源最根本的动力。

二、中国原始社会教育的特点

通过以上对教育起源的分析，我们可以发现，中国原始社会的教育受到当时生产力发展水平和物质生活条件的制约，表现出以下特点：

（一）原始社会的教育源于生产斗争和社会生活的需要，它是对当时生产和生活的反映，也为生产斗争和社会生活服务

其基本内容是传授生产经验和劳动技能以及社会生活的常识。原始社会后期的教育还与政治、宗教和艺术等密切相关。总的来说，在原始社会生产力发展水平低下的情况下，教育是生存斗争的一种手段。教育的发展水平与人类自身的进化相一致，也与原始社会生产和生活的发展水平相一致。

（二）原始社会的教育以社会生产和生活为途径，在生产劳动和社会生活的实践中进行

教育还没有从生产和生活中分化出来，没有形成自己独立的形态。原始社会的教育伴随生产和生活随时随地展开，凡是可以进行劳作、战争、祭祀、婚配的地点，均可作为无墙的校舍；而社会成员不论年龄大小，无不在接受生产和生活的经验，教育具有终身化的特点。

（三）原始社会中生产资料公有，没有私有财产，也不存在阶级和剥削，在群体的生活中，人们对于所有的活动都有平等的参与权

在这种情况下，原始社会的教育除了在性别、年龄和社会分工方面有所不同外，平等地面向所有人，不存在等级高低之分。直到原始社会末期，产生了阶级和私有财产的萌芽，教育才开始依稀显现出阶级的色彩。

（四）由于原始社会生产力水平低下、劳动分工粗浅、科学文化知识十分落后，原始社会的教育发展水平也非常之低，教育没有专门的场所和专职从业人员，多数的教育活动是分散进行的，其内容和形式非常简单

负责教育的是有生产生活经验的长者，由于文字尚未产生，书本也没

有出现，教育的方式限于口耳相传和观察模仿，神话、传说、歌谣、谚语等都是靠口头传述。

第三节　中国古代学校教育的萌芽

一、汉字的产生

文字，是一个民族文化的主要标志之一，也是教育活动的主要工具。因为人类的经验要想得以交流和传递，就离不开语言；而要更可靠有效地积累、保存和传递人类的经验，就离不开文字。语言和文字使人在实际世界的基础上建立起一个观念世界，将人类的经验加以整理和系统化，从而构筑起一个知识体系。有了文字，人类的文明也就发达起来。有了文字，学校教育也随之产生。

汉字是中华文明的重要载体，也是中华文明的重要标志和特征之一，汉字的产生经历了漫长的发展过程。在汉字产生之前，中国古人类仅仅凭借声音、仪式等形象化的手段进行交流和教育，这使得经验的传授和积累受到很大的限制。随着社会生活日渐复杂，技术、经验的积累日渐丰富，对于记事工具和传播符号提出了新的要求。

自古以来，中华民族就十分重视文字的发明，并将其与中华文明和历史联系在一起。《易经·系辞》记载："上古结绳而治，后世圣人易之以书契。"《周礼·外史》引《世本·作》称："仓颉造文字。仓颉，黄帝之史"。东汉学者许慎在《说文解字·叙》中还详细地说明了仓颉造字的原理和方法："黄帝之史仓颉，见鸟兽迒碲之迹，知分理之可相别异也，初造书契。""仓颉之初作书，盖依类象形谓之文，其后，形声相益谓之字。"仓颉造字的传说说明中华民族的祖先在远古时期就开始探索各种记事的方法，这反映出中华民族对文字的重视和崇拜。

现代考古学对汉字的起源则提供了科学的材料。20世纪初以来，中国考古发掘出土了大量刻有或绘有符号的陶器和陶片，还有少量刻有符号的龟甲、骨片和石器以及一些原始岩画。时代最早的是河南舞阳县贾湖村裴李岗文化遗址出土的符号，距今约8000年。距今约6000年的西安半坡遗址出土带有符号的陶器和陶片100多件，共有27种符号。临潼姜寨遗址出土的陶器符号共有38种。大汶口文化的各处遗址发现了多种象形符号。虽然学者们关于半坡、姜寨、特别是大汶口的符号是否是文字存在着争论，但毫无疑问，这些符号是汉字的前身或源头。夏商之际，原始汉字加速进化，很快形成完整的文字体系。1899 年，已经是成熟的文字体系的殷墟甲骨文被发现，至今已发现的甲骨文单字有 3500 字左右，会意、形声、假借等造字法也已经出现。周人说："唯殷先人，有册有典。"商代的卜辞中也已经有"笔"、"册"等字，甲骨文中还有"记事刻辞"、"甲子表"和"习刻文字"，说明甲骨文已经用于记事和书写历书，还有人学习刻写文字。稍后还出现了篆刻在青铜器上的"金文"或称"钟鼎文"。甲骨文和金文记述了商代社会的历史情况，内容涉及社会生活、宗室制度、文化教育等多个方面，是考察中国古代历史的重要文献，商朝也成为我国目前有文字可考的第一个朝代。

汉字形成后，不但承载着中华文明，保证了中华文明的连续性，加速了中华文明的发展，而且还深刻地影响着中华民族的思维方式、语言交流方式和文学表现方式，并在很大程度上决定了中华文明的特性。

汉字的产生不但成为经验和知识记录与保存的载体，而且为知识和经验的传授提供了工具。有了汉字，就可以突破时间和空间的限制，方便知识和文化的不断积累、广泛传播和长期保存，使得教育开始独立于生产和生活，为学校的产生准备了前提条件。

二、中国古代学校的传说

在氏族社会的末期，氏族首领已经开始取得一些特权，私有制开始出现，贫富和阶级分化现象日益明显，而人们活动的场所相对固定，人类逐渐进入文明时代，出现了学校的萌芽。关于中国古代学校的萌芽，根据史书的记载有很多种传说。

明堂：相传神农氏始设明堂，称"大教之宫"。其性质类似于氏族公社举行会议和从事公共活动的场所，是后代宗教祠堂的前身。明堂的活动中包含有教育的内容，但它并不仅具有专门的教育职能，因而性质尚不能与学校等同。

成均：很多古书中都有对成均的记载。《周礼・春官宗伯》曰："大司乐掌成均之法，以治建国之学政，而合国之子弟焉。"宋王应麟《玉海》也称："《春秋繁露》云：'成均，均为五帝之学'。"孔颖达《周礼・春官・宗伯下》中说："尧已上当代学亦各有名，无文可知。但五帝总名成均，当代则各有别称。"关于成均，郑玄曾引董仲舒的话说："五帝名大学曰成均"，他还解释说："均，调也。乐师主调其音。""成均之法者，其遗礼可法者。"认为"成均"主要是传授礼乐。从氏族公社末期开始，人们的各种仪式和宗教活动都有音乐的成分，“成均”作为实行乐教的场所，已经开始具有专门化的倾向。

庠：古史还有称有虞氏之学为“庠”的传说。据《礼记·明堂位》称：“米廪，有虞氏之庠也。”“米廪”为氏族储存公共粮食的地方，由老者看管，所以也成为老人聚集活动的场所，一说“庠”是饲养牛羊等家畜的场所，由老者负责饲养。可以断定它是当时氏族敬老养老行礼的地方。而由于原始社会通常由经验丰富的老人来承担传授知识的角色，养老与教育紧紧结合在一起，因而庠也同时是教育的场所。《古今图书集成·学校部汇考总则》：“有虞氏始设上庠为大学，下庠为小学。”《礼记·王制》也载：“有虞氏养国老于上庠，养庶老于下庠。”说明教育已经具备了一定的等级性。

序和校：《礼记·明堂位》：“序，夏后氏之序也。”《孟子·滕文公上》：“夏曰校。”“序”主要是习射的场所。“校”原来可能是养马的地方，后来逐渐变成了军事教育的机构。

“成均”等历史传说因为都是后人所记，并没有实物可以证明，且相互之间也不一致，所以其真伪难辨。此外，原始社会末期的“明堂”、“成均”、“庠”等也不是专门的教育机构，因此只能被视为学校的萌芽。但关于夏代“序”和“校”的记载则可能是真实的，因为甲骨文已证明了商代的学校教育的存在，从历史发展的角度来说，夏代应该已有学校教育的萌芽，“序”、“庠”当初步具备了学校的雏形。

学校教育的产生是中国古代社会发展到一定历史阶段的产物。它标志着教育开始从生产和生活中分化出来，成为一种专门的活动。其产生是诸多历史条件共同作用的结果。

首先，随着社会生产力的提高和社会分工的扩大，社会上出现了剩余的劳动产品，使得一部分处于社会上层的人可以脱离直接的生产劳动，从事教和学的活动。社会生产的发展为学校的产生提供了物质基础。

其次，由于一些人得以摆脱生产劳动，就出现了体力劳动和脑力劳动的分离，这就为教育分化为专门的学校教育和普通的社会教育提供了前提。而巫、史、卜、贞人等就是最初的知识分子。

第三，随着剩余社会产品的出现，私有制逐渐发展，逐渐产生了占有生产资料的贵族统治阶级和不占有生产资料的平民和奴隶，并且产生了国家。国家管理和阶级统治的需要，使统治阶级要进行知识的积累和传授，培养有知识的人才。

另外，文字的产生方便了知识的积累和传播，为学校教育提供了便利的工具。而人类经过漫长的发展过程，知识和文化积累也达到了比较丰富的程度，为学校教育提供了较为系统的教育内容。

由此可见，学校是随着中国古代社会的发展而逐步建立的。它从原始社会末期开展多种活动的场所开始萌芽，逐渐发展为专门的教育机构，教育也开始作为一种独立的社会活动而存在。学校最初产生时，由于统治阶级垄断着特权和知识，学校教育产生后也就成了统治阶级的特权和统治工具。

第二章　中国古代教育的创建（夏～春秋战国）

第一节　中国古代学校教育的初步建立

一、夏的教育

公元前 21 世纪，夏部落首领禹的儿子启推翻“禅让制”，建立起我国历史上第一个王朝——夏。《史记·夏本纪》记载了夏王朝的世系，从禹开始，共历 14 世 17 王。据夏商周断代工程的研究，夏王朝的起讫年代为公元前 2070 年到 1600 年。①

从考古发现和文献材料来看，夏代是文明程度相当高的社会，生产力较原始社会有了很大发展，农业方面已经出现了多种作物，使用木制的耒耜耕地翻土，并且可以人工灌溉，耕作技术和田间管理水平大为提高。农业的进步与夏代掌握了天文立法知识有着密切的关系，夏代已有了比较成熟的立法《夏小正》。夏人已掌握了铸铜技术，制作了相当多的青铜器，特别是礼器和兵器，夏代已进入青铜时代。夏人还会制造车舆，建筑大型宫室，陶器、木器、漆器等手工艺技术日益发达。

夏代物质文明的发展为文化的发展提供良好的基础，夏人有自己的崇拜和信仰，并已有脱离生产劳动从事宗教文化教育的人员“巫人”；天文历法知识普遍应用于农业生产领域；音乐、舞蹈等文化艺术也有一定的成就。

夏代的国家政权和统治已较为完备。因为等级差别已十分显著，贵族阶级为了维护自己的利益，建立起各种国家机器。夏代设置了军队，以御外安内；制定了刑法，“夏有乱政，而作禹刑”（《左传·昭公元年》）；修造了监狱和城墙，建立起了一整套的国家机器。

在这种政治、经济和文化状况下，夏代也建立起学校。古籍中已有对夏代学校的记载，郑玄注《仪礼》说：“夏后氏之学在上庠”，《礼记·明堂

① 《夏商周断代工程 1996～2000 年阶段成果报告》，82 页，北京：世界图书出版公司，2000。

位》："序，夏后氏之序也"，《孟子·滕文公上》："夏曰校。"这些记载表明，夏代已经开始有了学校。孟子分别解释说："庠者，养也；校者，教也；序者，射也。"可见，夏朝的"庠"承继原始社会末期"有虞氏之庠"而设，也是兼施养老与教育的机构。

夏代的教育内容主要道德、宗教和军事教育。"校"根据《说文解字》的说法原是养马的地方，后来发展为军事教育的场所，兼有人伦教育的内容；"序"则是习射的场所。夏朝以武力立国，非常重视培养善射的人才，军事教育是最主要的内容，《文献通考·学校考》也说："夏后氏以射造士。"此外的教育内容还有人伦道德、敬天尊祖的宗教教育等。

夏代的学校据文献记载已有程度的分化，《礼记·王制》说："夏后氏养国老于东序，养庶老于西序"，《古今图书集成·学校部汇考总则》中载："夏后氏设东序为大学，西序为小学"，这说明夏朝的教育已开始发生分化。

二、商代的教育

公元前16世纪，夏朝最后一个王夏桀暴虐无道，民不堪命，引起了国人的强烈反抗。居住在黄河下游的商部落则日渐兴起，在首领汤的率领下趁机出兵，以"吊民伐罪"之名进攻夏，夏亡，商朝正式建立。据《史记·殷本纪》和甲骨文的材料，商王朝世系从成汤立国到殷纣灭亡，共历17世31王。商王朝的统治年代大约在公元前1600年到1046年。

商代是中国文明发展的第一个高峰，社会经济比较繁荣，农业、畜牧业相当发达，青铜器制造作为商代手工业的重要部门，已经具备了很高的工艺水平，商朝后期制造的司母戊大方鼎是现今世界上最大的青铜器。河南安阳出土的16万多片甲骨文以及考古发现的陶文、金文等，说明商代的文字也趋向成熟，我们今天的汉字，就是从甲骨文发展而来的。

商代实行宗法制，并在宗法制的基础上实行分封制，从而建立起将宗统与君统相结合的政治制度。但商代的分封制尚不完善，商代的方国，即分封的诸侯大多数还是原来就存在的部落，处于独立、半独立状态。商代的官制亦初具规模，商王之下设相为百官之长，又设帅、史、卜、祝、小臣、百工等执事官掌管天文、历法、占卜、祭祀、手工等事务。在经济上，商实行土地国有制，用井田方式从事农业生产。商人的宗教信仰是天神和祖先崇拜，从天子到庶民各个阶层都要祭祀，以求福避祸，并通过占卜（龟卜和筮占）的方式来了解天意，以治国决策。而祭祀、占卜等仅为少数人所垄断，即巫和史，他们构成了一个特殊的知识阶层，也正是这个知识阶层的出现，正规的学校教育才正式产生。

古籍对于商代的学校有很多记载。《说文》与《汉书·儒林传序》曰："殷曰庠"，而孟子则说"殷曰序"，说法虽然不同，学校的实质却没有差别。《礼记·王制》记载："殷人养国老于右学，养庶老于左学。"郑玄注："右学，大学，在西郊；左学，小学，在国中王宫之东。"《礼记·明堂位》又说："殷人设右学为大学，左学为小学，而作乐于瞽宗。"《孟子·滕文公上》："瞽宗，殷学也。"根据对甲骨卜辞的研究，可以证实这些古籍对于商代学校的记载是可信的。

商代的"庠"、"序"、"学"和"瞽宗"等已经是比较正式的学校。由于商朝主要以军事和宗教治国，"国之大事，惟祀与戎"，因而学校中军事教育的内容占了很大部分，商人非常重视射箭、驾车、用兵的训练；与此同时，强调尊神孝祖，明"君臣之礼"、"长幼之序"。商代还突出了音乐教育，以满足宗教祭祀等仪式的需要，"以乐造士"是商朝教育的典型特点。根据甲骨文等的记载，还可以断定商代开始出现读、写、算的教学，甲骨文中已有三万这样大的数字，说明数量计算已发展到一定水平。

商代教育的内容逐渐丰富，学校的场所也比较固定，"大学"和"小学"都有明确的位置，甲骨文中多次出现了"教"、"学"、"师"等字，还发现了家长为学生上学占卜是否有雨的卜辞。官吏担任教师的现象开始定型，教师同时还是军事首领或者其他官员。商代教育的这些特征，为西周的教育发展和学校系统的建立奠定了基础。

第二节　西周的教育

一、西周王朝

商朝后期，政治日益黑暗，特别纣王统治时期，阶级矛盾尖锐。而周人经过长期经营，不断扩张，到此时已很强盛，商周之间的冲突终于爆发为战争。约在1046年，周武王伐纣，商亡，周朝正式建立，定都镐京，史称西周。

西周继承了商代的制度，并加以改进和完善。在政治上，为了加强统治和对诸侯的控制，西周完善了商代的分封制，把王族、功臣和先代的贵族分封到各地做诸侯，建立诸侯国；诸侯要服从周王的命令，向周王贡献财物。周朝先后分封了鲁、齐、燕、卫、宋、晋等诸侯国。通过分封，周朝不仅巩固了统治，而且扩展了疆域，成为空前广大的奴隶制国家。周代为加强官制，实行世卿世禄制。周王下设“三公”“六卿”，三公就是太师、太傅、太保，六卿就是冢宰、司徒、宗伯、司马、司寇、司空，其下又设卿、大夫、士等职位。诸侯国内也设卿、大夫、士。这样自天子、诸侯到卿大夫、士，构成了一个等级森严的金字塔。为了加强统治，西周不但完善国家机构，而且强化国家机器，组织起强大的军队，制定严酷的刑法。

在经济上，周朝实行井田制，周王拥有一切土地，他把土地分赐给诸侯臣子世代享用，臣子不能对土地进行转让和自由买卖，还须交纳一定的赋税。井田制的实行推动了农业生产水平的提高和生产规模的扩大。

在宗族上，西周继续实行以血缘为基础的宗法制度，并确立了嫡长子继承制，使等级制度从政治领域，一直延伸到家庭内部。在宗法制度的基础上，周朝建立了一整套完整的礼乐制度。《礼记·表记》记载：“周人尊礼尚施，事鬼敬神而远之，近人而忠焉。”事实上，严刑峻法和“敬德保民”、“德政礼教”等都集中体现了奴隶主阶级的利益和意志，是奴隶主阶级强化统治的工具，所谓“刑不上大夫，礼不下庶人”正是西周严格等级制度的典型表现。礼制对西周的文化教育产生了深刻的影响，使西周教育表现出“以礼造士”的典型特点。

西周后期，周厉王贪财好利，横征暴敛，引发了“国人暴动”，平民和奴隶攻进皇宫，赶走周厉王，出现了政权由大臣周公和召公共同职掌的“共和行政”的局面。共和元年，即公元前 841 年，是我国历史有确切纪年的开始。西周末年，社会矛盾进一步激化，公元前 771 年，少数民族犬戎杀死周幽王，西周灭亡。

二、西周的教育制度

在夏、商两代教育发展的基础之上，在西周社会政治、经济、伦理制度和社会文化的条件下，西周建立了比较完备的官学系统。

西周官学可以分为“国学”和“乡学”两大类，在一定程度上相当于后世的中央官学和地方官学。国学即设在王城或诸侯都城的学校，按学生的年龄和知识水平又可以分为小学和大学。乡学指设在王都郊外或是地方的学校，可以分为庠、序、校、塾等种类。

- 西周官学
  - 国学
    - 大学
      - 天子所设
        - 成均（南学）
        - 上庠（北学）
        - 辟雍（太学）
        - 东序（东学）
        - 瞽宗（西学）
      - 诸侯所设——泮宫
    - 小学
  - 乡学
    - 塾……闾
    - 庠……党
    - 序……州
    - 校……乡

国学中的小学又可以分为宫廷之中的贵胄小学和郊区的一般贵族子弟的小学。《礼记·王制》中所记载的“小学在公宫南之左”和“虞庠在国之西郊，小学也”就分别指的是这两种小学。关于诸侯小学的记载还可见《春秋公羊传》宣公十五年注：“诸侯岁贡小学之秀者于天子，学于大学”。小学的主要教育内容是贵族所需掌握的道德行为准则。

大学分为设在王城的“辟雍”和设在诸侯之城的“泮宫”。天子设立的大学有五种，除了位置居中的“辟雍”（又称“太学”）以外，还有东南西北四学：“帝入东学，上亲而贵仁；入西学，上贤而贵德；入南学，上齿而贵信；入北学，上贵而尊爵；入太学，承师而问道。”① 这些学校的教授内容有所不同，辟雍为习射练武、举行盛典之所，由太师、太保、太傅负责，天子每年都会在辟雍举行大籍，以表示对农业的关心，礼毕还会举行大射，教师和贵族子弟都会参加；南学成均为学乐之所，由大司乐负责；北学上庠为学书之所，由诏书者负责；东学东序为习舞之所，由乐师负责；西学瞽宗为演礼之所，由礼官负责，其中又以辟雍最为尊贵，学校之间有明显的等级之分。

乡学是按照行政区划设置的，具体名称并不统一。《周礼》：“乡有庠，州有序，党有校，闾有塾。”《礼记·学记》：“家有塾，党有庠，术有序，国有学。”它们主要是进行道德感化的政教合一的场所，其对象是郊区或是地方的一般贵族子弟，奴隶和庶民仍然被排挤在校门之外，不能分享受教育的权利。

---

① 《大戴礼记·保傅》。

西周学校制度的特点主要有："学术官守"、"官师合一"、"政教合一"。

第一，学术官守：也称"学在官府"。西周的典章文物、书册礼器都藏于官府和宗庙，由专官执掌，民间不得私藏，这样，官方就垄断了知识和文化教育。很自然地，学校唯有国家办理，所有的学校都是官学。

第二，官师合一：西周为师者必为官，或是致仕官员，掌管宗教文化的官员既有官职，又兼领教职。据《周礼》所记，大宰为六官之首，而"教典"也是其所负责的"六典"之一。大司乐总管国学教育，其教职是治建国之学政，以乐德、乐语、乐舞教国子，同时是国家的礼乐官，主持宗教祭祀和国家典礼。大司乐之下有乐师、师氏、保氏、大胥、小胥等教职，也都是正式的乐官兼任教师。乡学亦然，大司徒主持地方行政事务，同时总管地方乡学。其下，有小司徒、乡师、乡大夫、州长、党正、父师、少师等。其中，父师、少师是退休的大夫和士，其余的则是地方官员。

第三，政教合一：从西周的学制可以看出，西周学乡、州、党、闾及诸侯国的行政和政治建置与学校系统相对应。而且，学校本身就具有政治功能，学校既是施教之所，也是议政之地。国学是周天子和国家举行重大礼仪活动的地方，诸如祭祀、朝觐、飨射、献俘、告朔等活动都在辟雍进行。泮宫也是诸侯国举行重大国事活动的场所。乡学则是地方举行飨饮酒、飨射礼、养老尊贤活动及士人议政的地方。这表明，西周政事与学校教育在场所、机构上不分，学校兼具政治职能。

西周教育的这些特点有其深刻的社会和文化根源：

第一，西周是中华文明发展的第一个鼎盛时期，但只有贵族阶级才占有物质生产资料，也垄断了社会的精神文化，民间不可能拥有学术文献，因此只有治人的贵族才是"劳心"的脑力劳动者，才能接触和接受教育。

第二，当时生产力发展虽说比前代有了很大的进步，但总体来说还比较落后，学校教育发展所需要的教学设施尚无法推广到民间，学术和教育必然只有官府才能负担。

第三，伦理方面的氏族宗法制度，实际上也是等级关系的一种隐性的表现，文化教育方面的世袭特权使得庶人无法接触到学校教育。

第四，当时教师还没有发展成为独立的职业，由职官兼任，因而学校教育也只能与官府紧紧结合在一起。而官师不分反过来又是学在官府最主要的表现形式。西周的重臣太师、太保、太傅同时兼任天子之师。

第五，教育机构同时也是行政机关，国学等既是进行教育的场所，也是从事祭祀等礼节的地方。乡学同时也是举行飨饮酒礼、养老尊贤、士人议政的场所。

第六，教育由掌管文化的官吏直接控制和管理，为了培养统治人才，学校教育的内容是依照贵族的要求而设立的。

三、西周的教育内容

西周的教育内容和科目很多，因教育对象、程度和时间的不同而不同。《礼记·王制》中说："春秋教以礼乐，冬夏教以诗书。"《礼记·文王世子》载："春夏学干戈，秋冬学羽龠。""春颂夏弦，……秋学礼，……冬读书。"总的来说，西周学校教育的基本内容就是"六艺"，即礼、乐、射、御、书、数。

"六艺"之名始见于《周礼·地官》：大司徒"以乡三物教万民而宾兴之：一曰六德：知、仁、圣、义、忠、和；二曰六行：孝、友、睦、姻、任、恤；三曰六艺：礼、乐、射、御、书、数。""六艺"又有"大艺"、"小艺"之分，礼、乐、射、御为大艺，是大学的课程，书、数为小艺，是小学的课程。

礼乐：礼即宗法等级、道德规范和生活中的各种礼仪礼节。《礼记·曲礼》中说："夫礼者，所以定亲疏、决嫌疑、别同异、明是非也。……道德仁义，非礼不成；教训正俗，非礼不备；分争辩讼，非礼不决；君臣上下，父子兄弟，非礼不定；宦学事师，非礼不亲；班朝治军，莅官行法，非礼威严不行；祷祠祭祀，供给鬼神，非礼不诚不庄。"可以看出，礼疏是西周的立国之本，包括各种政治法律制度、伦理道德规范、生活习俗礼仪，礼的教育就是政治伦理道德教育，是六艺的核心。乐包括音乐、诗歌和舞蹈，是礼仪的重要组成部分，《礼记·文王世子》："礼所以修外，乐所以修内。"西周还设有专门的乐师。礼乐是当时宗法等级制度的一种表现形式，对于礼乐的重视表明了周朝在政治上对礼制的追求，实质是要求各阶层遵守等级名分，以维护和巩固贵族阶级的统治。

射御：射，即射箭技术的训练；御指驾驭战车的技术训练。射御是军事教育方面的内容。西周时以兵车为主要作战形式，而进攻时的主要武器是弓箭，故射御是贵族子弟必须掌握的基本军事技能。根据《礼记·射义》的记载，周天子选择卿、大夫、士的方法就是试射，诸侯每年贡士于天子，天子试之于射宫，合格的才能参加祭奠。在尊礼思想的影响下，射御的训练是和礼乐教育紧密联系在一起的，射对于礼仪也有很高的要求，需要"饰之以礼乐"，动作节奏也要符合乐律。

书数：书即文字读写的练习，数即算法的学习，也包括天文、历算等自然科学知识。书数也就是指基础文化课的教育。因为书数的学习主要安排在小学时期，地位相对礼乐、射御来说较低，故又称“小艺”。但是传说《周髀算经》已经作为当时的教材，说明周朝的书数教育也发展到了一定水平。

六艺的教育是西周教育的主要特征，它以礼乐为中心，内容比较多样，发展初期也比较具有实用性，是周朝统治者培养文武兼备的人才、维护自己统治的一种有力工具。《说苑·君道》记载，周成王曾告诫负责治鲁的伯禽说：“夫有文无武，无以威天下；有武无文，民畏不亲；文武俱行，威德乃成。”六艺教育正是西周政治、经济发展的条件下，奴隶主阶级利益和要求的表现。

四、西周的教育管理

管理机构：西周的官学分为“国学”和“乡学”，管理上也分为中央和地方两级，分别管理这两种学校。国学地位很高，按照不同类别分别由中央重臣进行负责。乡学则主要由管理民政的司徒总负责，各自有明确的职责规定。如大司徒除了“以乡三物教万民而宾兴之”以外，还负有“联师儒”的职责，每月颁行教法，下达于小司徒、乡大夫等属官，要求他们教治下民。他们还要考核乡学推荐的贤能者，选贤贡士。

视学制度：西周有严格的视学制度，并将养老与视学结合起来，天子诸侯每年视学，同时举行隆重的养老典礼。一年之中，天子视学 4 次。视学制度的目的在于通过天子诸侯的“尊年敬德”向天下推广孝弟之道，教化百姓，维系统治，对国学的学生也是很好的教育。正如《礼记·乡饮酒义》所记载，“民知尊长养老而后能入孝弟，民入孝弟，出尊长养老而后成教，成教而后国可安也。”

教师管理：根据《礼记》的一些记载，国学的教师有大司乐、乐师、师氏、保氏、大胥和小胥等几种；而乡学的教师有大司徒、乡师、乡大夫、州长、党正、父师和少师等几种。大司乐负责宗教祭祀和国家大典，是最高的礼乐官员，兼管国学事务，国学的其他教师也均为军官或乐官等；负责乡学的司徒为地方民政官员，兼管地方教育。西周的教师管理表现出官师合一的特点，非官吏不能成为教师。

入学资格：在年龄方面，《大戴礼记·保傅》说：“古者年八岁而出就外舍，学小艺焉，履小节焉。束发（指 15 岁）而就大学，学大艺焉，履大节焉。”然而，对此的记载并不是十分一致。《尚书大传》说：“十有三年始入小学”，20 岁方入大学。入学年龄的差异主要缘于学生身份的不同，表现出宗法制度对教育的制约。在资格方面，奴隶是不可能进入学校接受正规的教育的，贵族子弟又根据不同的高下等级享受不同的待遇。接受大学教育有着严格的资格限制，《礼记·王制》记载说："王大子、王子、群后之大子、卿大夫元士之嫡子、国之俊选者皆造焉。"只有少数人才有进入大学的希望。

修业年限：古籍中没有明确的记载，根据《礼记·学记》"七年小成"、"九年大成"的记载，国学可能有小学7年，大学9年的规定。

考核奖惩：西周制定了视学制度，视学时举行隆重的礼节。对于学生已经有了分年考查的方法，根据《礼记·学记》记载："一年视离经辨志，三年视敬业乐群，五年视博习亲师，七年视论学取友，谓之小成。九年知类通达，强立而不反，谓之大成。"

对于合格的学生，给予官职、爵位和俸禄。《礼记·王制》说："大乐正论造士之秀者，以告于王，而升诸司马，曰进士。司马辩论官材，论进士之贤者，以告于王，而定其论。论定，然后官之；任官，然后爵之；位定，然后禄之。"对于乡学中的优秀者："命乡论秀士，升之司徒，曰选士。司徒论选士之秀者而升之学，曰俊士"，可以将其选送到国学进一步深造。

对于不合格的学生，《礼记·王制》载："将出学，小胥、大胥、小乐正简不帅教者，以告于大乐正，大乐正以告于王。王命三公、九卿、大夫、元士皆入学，不变。王亲视学，不变，王三日不举，屏之远方，西方曰棘，东方曰寄，终身不齿。"不服管教者层层上报，待天子亲自视学还不悔改者流放远方"终身不齿"；乡学中不守教规者，经教育感化仍不悔改就调动学区，再不悔改也要予以放逐。西周学校中还实行体罚制度，"朴作教刑"，"巡舞列而挞其怠慢者"，对学生的管教十分严格。

总之，西周已经形成了一套比较完备的教育管理制度，代表了奴隶制学校教育的最高水平，对后世的教育影响深远。

第三节　春秋战国时期的教育

西周灭亡后，周室东迁，公元前770年周平王迁都洛邑，公元前770年到公元前221年，是我国的春秋战国时期。周平王东迁以后，王室的力量逐步衰微，诸侯国的势力越来越强大，不再对周王室唯命是从。春秋时期较大的诸侯国有齐、晋、楚、秦、鲁、宋、卫、燕、陈、曹、蔡、郑、吴、越等，他们相互攻伐，迫使弱小的诸侯国听从其号令，为众多领土和小的诸侯国，就形成了诸侯争霸的局面。春秋时期先后称霸的有齐桓公、宋襄公、晋文公、秦穆公、楚庄王（一说齐桓公、晋文公、楚庄王、吴王阖闾、越王勾践）。诸侯长期混战，互相吞并，就只剩下大的诸侯国，是进入战国时期。战国时期主要是秦、楚、韩、赵、魏、齐、燕七大诸侯兼并争雄，史称战国七雄。到公元前221年，秦灭七国，统一中国。

春秋战国时期是中国社会变革最急剧的时期之一，从政治经济到礼乐文化都发生了激烈的变化。西周原有的社会政治秩序解体，“社稷无常奉，君臣无常位”，礼崩乐坏，天下无道，分封制、宗法制完全瓦解，“礼乐征伐自诸侯出”，各诸侯国互相混战兼并，奴隶起义和国人暴动也层出不穷，社会陷于动乱和混战的状态。

经济上，由于铁器的使用和推广，牛耕犁的发明和使用以及水利灌溉技术的进步，农业生产不断发展，私田不断增加，逐渐超过公田。土地关系向私有化发展。诸侯因应新的生产方式，陆续实行改革，承认土地私有，允许土地买卖，并向土地所有者征收田税。这样就激发了地主和自耕农的生产积极性，他们转化成为新兴地主阶级的初期代表。鲁国公元前594年实行初税亩，根据土地面积向田主征收一定的实物税，自此，井田制在各国逐步瓦解。

井田制的瓦解，标志着奴隶社会的逐步瓦解。奴隶主贵族逐渐没落，与新兴地主阶级在政治上的斗争也逐渐加剧，在不同势力的斗争过程中，一部分旧贵族和战场上立功的战士转化为地主，大部分平民则转化为自耕农、半自耕农等。同时由于工商业生产工具的改良和技术的进步，独立的手工业者和商人出现，有的商人影响很大，如郑国的弦高、越国的范蠡和孔子的弟子子贡等等。一些大商人还兼并土地成为地主。除此之外，自由民和作为知识分子的士等作为新的阶层纷纷出现，社会阶级关系日趋复杂。

随着社会政治经济的变革，思想文化也发生了巨大的变革，学术官守的局面被打破，出现了学术下移，同时，“道术将为天下裂”，新思想、新思潮不断涌现，由此迎来了中国历史上的第一思想文化高峰。

一、春秋战国时期的教育变革

在社会政治经济和文化发生激烈变革的同时，春秋战国时期的教育也发生空前巨大的变化。

（一）官学的衰落

西周时期，官学体系完备，但到春秋战国时期，随着周王室衰微，诸侯征战，社会动荡，官学也就无人顾及，衰落是不可避免的。官学衰落有两种表现：

是学校的荒废。周王室权力丧失，国家机器破坏严重，官学废弛，而且王室生存都存在危机，也无法维持和顾及官学，天子所设国学的消失是不可避免的。诸侯国则忙于征伐，学校不是各国关心的重要事务，因而衰废不兴。整个春秋时代，关于官学的记载都很少，黄绍箕《中国教育史》中指出："周室东迁，庠序废坠。春秋二百四十年，诸侯学校之制见于经传者，亦只鲁僖公之立泮宫、郑子产之不毁乡校二事。"

二是学生无心于学。《诗·郑风·子衿》云："青青子衿，悠悠我心。纵不我往，子宁不嗣音？青青子佩，悠悠我思。纵不我往，子宁不来？挑兮达兮，在城阙兮，一日不见如三月兮！"毛序："《子衿》，刺学校废也。"《子衿》所描写的就是学生不读书，游荡嬉戏，老师对之忧心忡忡。《左传·昭公十八年》记载：周大夫原伯鲁"不说学"，甚至说"可以无学，无学不害，不害而不学，则苟而可"。可以说，社会动乱是官学衰落的社会原因，贵族的世卿世袭制是教育不兴的制度根源，教学内容陈旧，不能与时俱进学校荒废的教育原因。

但此期的教育也不是一无是处，教育在某些方面某种程度上还是被重视的。《左传·襄公九年》："晋君……其大夫不失守，其士竞于教。"《左传·闵公二年》："卫文公务材训农，通商惠工；敬教劝学，授方任能。"《左传·哀公元年》："越王勾践十年生聚，而十年教训。"贵族对其子弟的教育也很重视。晋、齐、鲁、楚等国都保持了师、保、傅的设置，以教育太子。至于公卿子弟则有公侯大夫教育之。《左传·成公十八年》："晋悼公即位于朝，始命百官……荀家、荀会、荀黡、韩无忌为公侯大夫，使训卿之子弟，恭俭孝弟。"

（二）学术下移

春秋战国时期，伴随着周王室的衰微和政治权力的下移，社会上还出现了"文化下移"、"学术下于私人"的趋势。西周以前，典章文物都藏于官府，知识和学术为官府所垄断，只有贵族才有机会接受教育，接触和掌握知识和学术。但到春秋战国时期这种局面被打破，文物典籍和掌管文物典籍的官吏流落到各诸侯国和民间，如西周末年，"幽、厉之后，周室微，陪臣执政，史不记时，君不告朔，故畴人子弟分散，或在诸侯，或在夷狄。"（《史记·历书》）又如周景王时，"王子朝及召氏之族、毛伯得、尹氏固、南宫嚚奉周之典籍以奔楚。"（《左传·昭公二十六年》）这就是"天子失官，学在四夷"（《左传·昭公十七年》）。《论语·微子》生动地记述了这一画面，"大师挚适齐，亚饭干适楚，三饭缭适蔡，四饭缺适秦，鼓方叔入于河，播鼗武入于汉，少师阳、击磬襄入于海。"

没落贵族、文化官吏、文物典籍向诸侯国和民间的迁移，就使原来的一个学术中心变为多个学术中心，学在官府的局面就被打破，这为士阶层的兴起和百家争鸣奠定了基础，也为私学的发展准备了人才和知识的基础。

二、诸子百家私学的发展

（一）士阶层的兴起

私学的发展和士阶层的兴起是紧密联系、互相促进的。春秋战国时期，由于生产力有了较大发展，社会产品出现了较多剩余，除了出现新兴的地主阶级以外，私人经营的农业、工商业也得以产生和发展，这就为士阶层的出现提供了经济和社会基础。

士的来源有二：一是贵族的下降。春秋时期，因为社会的一系列变化，贵族阶层也发生了变化，宗法分封制地崩溃，贵族失去了原来的地位和职守，就下降为士，《左传·昭公三十二年》记载，史墨说："三后之姓，于今为庶"。《左传》昭公三年记载：公室如今已是"季世"，"戎马不驾，卿无军行，公乘无人，卒列无长……栾、郤、胥、原、狐、续、庆、伯，降为皂隶"。这八姓以前却是"晋旧臣之族也"。二是平民乃至奴隶的上升。平民和奴隶在新的社会环境下迅速成长，接受教育，掌握了文化知识，就成为士。

士虽然来源多样，出身各异，但有一点是共同的，就是拥有知识。他们凭借自己掌握的知识，依附于统治阶级，为统治者出谋献策，在社会上游说宣讲，成为政治、军事、思想、文化方面不可忽视的力量。

士的作用越来越大，社会地位也越来越高。因为诸侯争霸，列国纷争，都需要有知识有才干的人。士正拥有治国安邦之才，可以在很大程度上决定了各国的强盛兴衰，"得士则昌，失士则亡"，"入楚楚重，出齐齐轻，为赵赵完，畔魏魏丧。"① 于是各国竞相招纳贤才，网罗士人。这就形成当时的养士用士之风。春秋时齐桓公用管仲为相，养游士 80 人，并号召天下贤士为己效劳，对士的重用帮助其成就了霸业，成为第一个霸主。齐懿公未得王位时，"骤施于国，而多聚士，尽其家，贷于公，有司以继之"②，穷尽家财以养士，终得统治齐国。战国时期养士风气有增无减，不仅诸侯公室用士养士，一些势力较大的私门也竞相招揽人才，以增强自己的势力，当时著名的四公子：齐国孟尝君、赵国平原君、魏国信陵君和楚国春申君，

① 《论衡·效力》。

② 《左传·文公十四年》。

各养“食客数千人”，给予士很高的地位和待遇。

士并不是一个独立的阶级或是稳定的阶层，而只是从统治阶级内部分化出来、附属于统治阶级的一个阶层。但是他们具有相对独立性和流动性，受到的思想束缚很少，因而能够自由表达自己的政治见解，在当时的社会条件下发挥了很大的积极作用。

养士用士的潮流使得社会上形成了求学为士的社会风气，士阶层的迅速崛起，促进了私学的发展，也为百家争鸣的出现提供了前提。

（二）私学的兴起

在官学衰废、学术下移、士阶层兴起的情况下，春秋战国时期的政治经济和科学文化也有飞跃的进步。经济上生产力迅速发展，新的生产关系形成。在政治上，奴隶主政权崩溃，分封制无法成形，郡县制取而代之，新兴的地主阶级出现。这就为私学的兴起提供了经济前提和阶级基础。科学文化也有了显著的进步，天文、历法、中医学等都有了很大的发展，还出现了朴素的唯物主义和辩证法的思想。这些方面的发展为私学提供了丰富的知识基础和教育内容。笔的发明，简书和帛书的流行，促进了书籍的传播，也为私学的发展提供了便利的客观条件。

在这样一种背景下，从春秋初期开始，社会上各阶级、阶层的代表人物，就纷纷办理私学，广收门徒，宣传自己的政治主张，扩大自己的势力，提出各种解决社会问题的方法。

私学，与官学相对，有两种意义，一是教育学意义上的，指私人教育形式，一是学术意义上的，指私家学派。这两者是相互联系的，并在春秋战国后成为中国优秀的教育传统之一。

中国私学究竟产生于何时何地何人，已不可考。但孔子无疑是私学的大师，其影响也最大最深远。孔子之后，子思、孟子、荀子继续聚徒讲学。春秋时期，与孔子的儒家私学并称为“显学”的还有墨家私学。战国时期，私学有了更大的发展，道家、法家、名家、纵横家等私学并起，学生规模也有了更大的增长，如淳于髡有“诸弟子三千人”，儒家孟子“后车数十乘，从者数百人，以传食于诸侯”①，道家“田骈在齐，资养千钟，徒百人”②，私学比春秋更为昌盛。

私学的产生适应了当时新型地主阶级的要求，打破了官府学校一统天下的局面，有利于教育从政治活动中分离出来，使学校教育有独立发展的

① 《孟子·滕文公下》。

② 《战国策·齐策四》。

空间，也推动我国古代文化的传播，使其发展到空前繁荣的地步。它成为培养各种人才的土壤，促进了思想和学术上的百家争鸣。而私学以育士为专门的职能，其教师不再是官吏，而是专门从事教育的脑力劳动者，当时进入历史的诸多著名人物直到现在还有深远的影响。私人办学的形式一直保持到现在。官学和私学教育形式的分化，对于后世的教育发展有着巨大影响。

（三）百家争鸣

旧的政治体制和秩序的崩溃、士阶层的兴起、学术思想在民间的传播和发展，特别是私学的繁荣，导致了思想文化的创新以及不同思想流派之间的交流、冲突和融合，于是就产生了诸子百家相互争鸣的局面。所谓诸子百家，是指先秦到汉初各家学派的代表人物及其代表著作，其中最主要的有儒家、墨家、道家、阴阳家、法家、名家、纵横家、农家等。

百家争鸣是从春秋战国之交的儒墨之争开始的。儒学从春秋时期的孔子就开始自成一家，其思想的核心是“仁”，主张“仁政”。孔子死后，儒家学派内部分成了几个小的派别，“有子张之儒，有子思之儒，有颜氏之儒，有孟氏之儒，有漆凋氏之儒，有仲良氏之儒，有孙氏之儒，有乐正氏之儒”，以孟子和荀子为代表的孟氏和孙氏两个派别影响较大，其中尤以孟子的思想被认为儒家的正统。

而墨家出现于春秋末期战国之初，其创始人墨子早年曾经“学儒者之业，受孔子之术”，从师于儒家，后因观点与儒家不一致而另立学派，墨子代表小生产者利益，主张“兼爱”，讲求实利。这两个派别之间互相辩难，激烈论争，为百家争鸣揭开了序幕。

到了战国时期，中国社会由奴隶制向封建制过渡，各诸侯国之间也彼此混战，企图打败别国独自称霸，阶级矛盾和各诸侯国之间的矛盾非常尖锐，各种社会问题也随之产生。针对这些社会问题，各阶级、阶层纷纷从自己的立场出发，提出了不同的解决方法，各种新思想新学派应运而生。他们各自代表着没落贵族、农民和小手工业者、新兴地主阶级等，讲学游说，互相论战，宣传自己的政治、自然、文化、道德、教育等观念，形成了百家争鸣的繁荣局面。

在教育方面，诸子百家提出了截然不同的观点。儒家主张培养“士”和“君子”；墨家主张培养“兼士”，并提出把“农与工肆之人”作为教育对象；老子创始的道家学派立派时托名黄帝，故又称黄老之学。他和另一代表人物庄子提出“道”，把“小国寡民”的原始社会作为理想的社会状态，教育主张也具有明显的虚无主义倾向；法家代表了新兴地主阶级的利益，由商鞅奠基到韩非集具大成，都主张依法治国，他们反对用以宣扬道德的学校教育，主张对社会的法制教育；兵家的孙膑、吴起等人则总结了战争的经验，著成兵书阐述战略战术，以军事为主要的教育内容。其他各派也都提出了自己的观点，如农家的许行主张“与民并耕而食，饔飧而治”，要求人人劳动，自食其力，主要传授农业知识等等。

在诸子各派的对立、交流、融合之中，战国时期出现了学术氛围空前宽松，言论空前自由，思想空前繁荣的局面。科学知识获得了比较大的发展，文学艺术的内容和形式也更加丰富多样。

三、稷下学宫

稷下，是指齐国都城临淄稷门附近的地区，稷下学宫设立于此，因而得名，也称稷下之学。它是战国时期百家争鸣的中心场所，也是当时私学空前发展的一个标志。

齐国是春秋时期的强国，齐桓公时经济繁荣，国家十分富庶，而都城临淄是当时最大的城市，是齐国政治和经济的中心，这些为稷下学宫的创立提供了经济基础和物质条件。齐国为了扩大自己的势力，一方面富国强兵，一方面在文化教育方面也采取了开放的政策，广纳天下人才。稷下学宫正是出于这种目的而创设的。

稷下学宫也是战国时期私学发展和养士之风的产物。春秋末年至战国时期，各国新兴的地主阶级，为了加强自己的势力，扩大自己的影响，招揽天下之士。在这种社会风气下，私学进一步发展繁荣。稷下学宫就是养士制度发展演化的结果。

稷下学宫创始于公元前 4 世纪 60 年代齐桓公当政之时（前 375～前 357 年），《中论·亡国》中记载齐桓公“立稷下之宫，设大夫之号，招揽贤人而尊宠之。”桓公之子威王重视人才，尊称稷下讲学者为“稷下先生”，吸引众多学者，学宫初盛。齐宣王、齐缗王时达到鼎盛，游学者络绎不绝，各家争论交锋，盛况空前。诸子百家的主要派别，都在其中讲过学，孟子、荀子、淳于髡等人，都曾游学于稷下。但是由于齐缗王专断自大，其统治后期稷下学宫逐渐显现衰落之势，不少学者带领弟子离开学宫。后又因战乱，临淄失陷，学宫也受到破坏。齐襄王继位后，虽重兴稷下学宫，但状况已大不如从前。公元前 221 年，秦灭齐，稷下学宫也随之消亡。

稷下学宫最初即由帝王初创，此后也一直为官方出资举办，作为讲学者的“稷下先生”同时拥有官府封赐的学衔，而学宫的兴旺与否与当政者是否重视教育也有直接的关系。但是从其具体举办来看，则是由私家主持，各派名家携弟子来到稷下，诘问辩难，交流争锋，与私学很是相似。这种既官既私，非官非私的状况，使得稷下学宫的性质十分特殊，开创了学校教育的新形式。英国的李约瑟教授认为，书院的创始即可以追溯到稷下学宫，这种说法不无道理。稷下学宫和一般的庠序学校不同，以学术思想为主要研究对象，集讲学、著述、培养人才为一体，有研究院的性质，这一点与后世的书院的确是相通的，标志着战国时期社会的进步和学术思想的发展。

稷下学宫提倡百家争鸣，自由辩论。不同学派之间互相辩论，同一学派内部的不同分支也互相问难，各学派在稷下学宫中所处的地位时有起伏，学派和分支之间也彼此借鉴交融。黄老学派的道家由于人多势众，很长一段时间在稷下学宫处于比较突出的地位，但在不同时期又有变化。战国时期诸子百家之中大致只有墨家、农家和纵横家未曾游学于稷下。稷下学宫在教学和组织上体现出兼容并包、平等自由的特点：政治立场和学术派别不会成为从教和为学的前提和障碍；教学的内容和方式依据教师的喜好和习惯；学生听讲也可以自由选择，这就打破了门户之见；教师和学生来去自由，流动方便；在稷下治学期间还可以得到优厚的物质和精神上的礼遇。

在处士横议的时代，稷下学宫为学术争鸣提供了得天独厚的场所，促进了诸子学派的形成、分化、争鸣和交融，推动了教育的发展。其创办之早，历时之长，规模之大，风气之自由，在世界上都少有其他学校可以媲美。它是我国古代高等学府的光辉典范。

第四节　中国古代教育思想的创建

一、孔子的教育思想

孔子（前 551～前 479 年）名丘，字仲尼，鲁国陬邑（今山东曲阜）人。儒家学派的创始人，中国古代伟大的思想家、教育家。

孔子出身于有贵族血统的没落家庭。父亲孔纥曾是下级武官，在其 3 岁时即过世，母亲携孔丘生活，重视礼仪之教。其幼年生活贫寒，故自称“吾少也贱，故多能鄙事”①。青年时做过“乘田”、“委吏”等小官吏。孔子从小便以好学闻名，他也以此自许：“十室之邑必有忠信如丘者焉，不如丘

① 《论语·子罕》。

之好学也。”[①] 约30岁左右开始创办私学，吸引众多弟子，声名远扬。50岁时，他出仕任鲁国的中都宰，官至大司寇，因与执政大夫季桓子政见不合而弃官，携数十弟子游历卫、陈、曹、宋、郑、蔡等国，历时14年。晚年回到鲁国定居，继续授徒修书，对《诗》、《书》、《礼》、《乐》、《易》、《春秋》等历史文献进行整理编订。

孔子用一生的大部分时间和精力从事聚徒讲学和整理文献的活动，专注于教育事业，做官和游历时也没有中断自己的讲学和授徒活动，在教育领域做出了巨大的贡献。《论语》一书是孔子的弟子和再传弟子根据孔子生前的事迹和学说收集汇编而成的，是研究孔子言论和思想最为可靠和最为重要的材料。

在政治方面，孔子主张“德治”，提出“省刑罚，薄税敛”，“博施济众”，以安抚群众，缓和阶级矛盾，“宽则得众，……惠则足以使人”。

在“仁”的基础上，孔子又提出了“礼”的思想。他主张“君君，臣臣，父父，子子”，“父慈，子孝，兄爱，弟敬”，“君使臣以礼，臣事君以忠”，君臣、父子都应该恪守尊卑长幼的次序，严格遵照各自的名分行事，即所谓“正名”。这种思想旨在维护宗法等级，归根结底是为统治阶级服务的。孔子在思想和行动的方法论上讲求“中庸”，他认为一切事物“过犹不及”，折中调和是实现“仁”、“礼”的基本方法。

“仁”是孔子伦理思想的核心，也是其教育过程中主要传授的思想。“仁者，爱人。”“克己复礼为仁。”“仁”和“礼”就本质而言是一致的。恢复周礼，改良政治是孔子的政治理想。孔子把培养德才兼备的君子作为教育的目标，而“学而优则仕”，“学也，禄在其中矣”，学习的目的是求得官禄，由此可知培养维护统治的官员是孔子思想中教育主要的政治目的。所谓君子，实际上是阶级社会的卫道者，“志士仁人，无求生以害仁，有杀身以成仁”。

中国古代的很多教育家，教育思想都是以人性论为基础的。关于人性，孔子提出“性相近也，习相远也”。认为人的先天素质没有太大的差别，后天的生活环境和教育条件对于人的发展非常重要。但他又说：“唯上智与下愚不移”，表明“性相近”只是在“中人”的范围之内而言，教育所能发挥作用的，也是指这一部分对象。即使如此，教育的作用仍是不可忽视的：“好仁不好学，其蔽也愚；好知不好学，其蔽也荡；好信不好学，其蔽也贼；好直不好学，其蔽也绞；好勇不好学，其蔽也乱；好刚不好学，其蔽

---

① 《论语·公冶长》。

也狂。”

在具体的教育对象上，孔子提出了“有教无类”的主张。他开办私学，广收门徒，弟子成分极其复杂，他们来自不同的国家，出身于不同的阶级阶层，从事各种不同的职业，贵贱贫富差别很大。尽管孔子所说的“有教无类”，仍然是一定范围内的有教无类，但这一思想扩大了教育对象，打破了贵族对于学校教育的垄断，符合社会发展的需要，具有很大的积极意义。

具体来说，孔子以《诗》、《书》、《礼》、《易》、《乐》、《春秋》这儒家六经，作为其教学的基本教材，教学内容涉及包括礼、乐、射、御、书、数“六艺”，《述而》将其总结为“文、行、忠、信”，即文化知识、社会实践和仁义品德。

《诗》即《诗经》，是孔子采撷西周至春秋时期的诗歌编纂而成的，是中国最早的诗歌总集。其内容分为风、雅、颂三部分。风是民歌，雅是宫廷音乐，颂是祭祀用的音乐，其中以国风最有价值。孔子认为“不学诗以无言”，对《诗经》的学习有助于对道德的培养：“诗三百，一言以蔽之，曰思无邪。”他非常重视《诗经》，说：“诗，可以兴，可以观，可以群，可以怨；迩之事父，远之事君，多识于鸟兽草木之名。”《诗经》中保留了大量的古代民歌，具有很高的文学价值。

《书》即《尚书》，是春秋以前历代官方的政治历史文献汇编。记载了夏、商、西周时期政治、经济、军事、文化等多方面的重要资料，具有较高的历史价值，对于我们研究古代历史很有意义。

《礼》一般认为指《仪礼》，主要记录了周朝的礼制、礼仪。孔子极力主张“克己复礼”，非常重视礼教。《乐》也称《乐经》，是孔子编订的有关音乐的著作，据说早已失传。孔子非常喜爱音乐，在齐国闻《韶》乐，“三月不知肉味”，他还喜欢唱歌，“子与人歌而善，必使反之，而后和之”。他重视乐教在培养道德方面的作用，说：“兴于诗，立于礼，成于乐。”礼乐是紧密联系在一起的，“乐所以修内”，“礼所以修外”，“礼乐不兴，则刑罚不中，刑罚不重，则民无所措手足”，可见孔子把礼乐的教育摆到了相当高的地位。

《易》即《周易》，卜筮之书，其中包含朴素的辩证法思想。孔子阅读曾经“韦编三绝”，并将其作为教材，传授给部分弟子。

《春秋》记载了鲁国200多年的历史，内容涉及政治、经济、军事、天文、地理等方面，是我国第一部编年史，在历史上具有重要地位。孔子在修订《春秋》时，将自己的褒贬融于叙事之中，打破了前代只记言记事不作评论的惯例，他曾说：“后世知丘者以《春秋》，而罪丘者亦以《春秋》。”

由于《乐经》失传，《诗》、《书》、《礼》、《易》、《春秋》经过整理，被合称为“五经”，作为儒家经典对后世影响深远。

孔子在学习态度和学习方法问题上的很多论述也成为经典。比如，他主张端正学习态度，对待学习要诚实，“知之为知之，不知为不知，是知也”。要避免人云亦云一知半解，“道听而途说，德之弃也”。要虚心求教，“敏而好学，不耻下问。”还应该对学习充满兴趣，“知之者不入好之者，好之者不如乐之者”。

他认为学习是整个教学活动的基础，他说：“吾尝终日不食，终夜不寝，以思，无益，不如学也。”但同时学和思要紧密结合，不可偏废：“学而不思则罔，思而不学则殆。”“多闻阙疑”、“多见阙殆”，既要多闻多见，同时还应抱有存疑的精神，及时发现问题。对于已经学过的知识要经常复习，“温故而知新”。学习的过程中还不能害怕犯错误，而犯了错误就要勇于改正：“闻过则喜”，“过则勿惮改”，“过而不改是谓过矣”。等等。

孔子着重论述了道德教育和道德修养的方法。他强调内省和外察相结合，通过外察进行自省。“吾日三省吾身：为人谋而不忠乎？与朋友交而不信乎？传不习乎？”“三人行，必有我师焉，择其善者而从之，其不善者而改之。”“见贤思齐焉，见不贤而内自省也。”要重视择友，“以友辅仁”，“益者三友，损者三友。友直、友谅、友多闻，益矣。友便辟、友善柔、友便佞，损矣”，要从朋友身上学习，以外力促进自省。孔子强调“克己”，用“礼”来约束自己，“非礼勿视，非礼勿听，非礼勿言，非礼勿动”；主张严于律己，宽以待人，“君子求诸己，小人求诸人”。应做到爱憎分明，“唯仁者，能好人，能恶人”，“恶不仁者，其为仁矣”。要“慎于言而敏于行”，言行一致，“言必信，行必果”。孔子认为人必须确立明确的志向，“三军可夺帅也，匹夫不可夺志也”，为了达到志向，就必须有恒心和毅力，能够经受考验，“岁寒，然后知松柏之后凋也”。孔子还认为，真正的君子应该做到安仁乐道，“谋道不谋食，忧道不忧贫”。

孔子被后世尊称为“万世师表”、“至圣先师”，其在育人方面所取得的成就以及其对教学方法上的许多主张，的确值得世人学习借鉴。

孔子提出，作为教师，应该做到“学而不厌，诲人不倦”，还要以身作则，强调表率的作用，“其身正，不令而行；其身不正，虽令不从”。孔子最早运用启发式教学，主张“不愤不启，不悱不发，举一隅不以三隅反，则不复也”，认为教师要“循循善诱”，启发学生的思考，但是又不可越俎代庖，而是要鼓励学生做到举一反三。教师应该避免学生对自己所说的话唯唯诺诺，孔子曾批评自己的弟子颜回：“回也，非助我也，于吾言无所不悦。”可见他并不希望学生过分顺从，而是希望他们“当仁不让于师”，有自己的独立思考。

孔子最早运用了因材施教的原则，在教学活动中体现出有针对性的特点。孔子的学生成分复杂，良莠不齐，他却做到了“听其言而观其行”，洞察熟悉每个学生的特征，如“柴也愚，参也鲁，师也辟，由也喭”等等，然后根据学生的水平和个性特点，对于同样的问题给予难易繁简不同的回答，如子路和冉有都问“闻斯行诸”，他答曰：“求也退，故进之；由也兼人，故退之。”这种方法使得他的学生能够发挥各自的长处，取得了不同的成就。

孔子的教育思想有一个庞大的体系，在此不一一介绍。他的思想主张影响深远，汉代以后，民间将其尊为“圣人”。其所创立的儒家思想也逐渐成为数千年封建社会的正统思想和精神支柱。孔子是古代教育思想的奠基人，在教育史上的贡献可谓独一无二。他所整理的古代典籍，也是中华民族宝贵的文化遗产。但是孔子的思想主要代表奴隶主阶级的利益，忽视自然科学知识，鄙视生产劳动等，有其消极的一面。对其思想，要发挥扬弃的精神批判地吸收，弃糟粕而取精华。

二、墨子的教育思想

墨子名翟，鲁国或宋国人，生卒年代说法纷纭，无法确考，大约是在孔子之后，孟子之前，生活于春秋和战国交替的时期。墨子出身于卑微的小手工生产者阶层，由手工艺人上升为士的一员，代表了当时社会中逐渐发展起来的“农与工肆之人”的利益。他曾经做过宋国的大夫，《史记》记载：“盖墨翟，宋之大夫，善守御，为节用。或曰并孔子时，或曰在其后。”墨子曾经学过儒，《淮南子·要略》中说：“墨子学儒者之业，受孔子之术”，因其立场更接近于人民且反感儒家的繁文缛节、厚葬重礼，转而“弃周道而用夏政”，自创墨家学派，并且将其发展为当时可以与儒家对立的一门显学。

由于墨子小手工业者的出身背景，他十分了解普通百姓“饥者不得食，寒者不得衣，劳者不得息”的痛苦，并且认为造成这种情况的根源在于人们的不相爱和自私自利，因而，主张“兼相爱，交相利”，是墨子社会政治观点的核心。他认为“官无常贵，而民无终贱”，主张“兼以易别”。他希望人与人之间能够相爱，“有力者疾以助人，有财者勉以分人，有道者劝以教人”，达到“强不执弱，众不劫寡，富不侮贫，贵不傲贱，诈不欺愚”的理想社会。

墨子非常重视教育的作用，他提出“素丝说”，把人的自然本性比作素丝，“染于苍则苍，染于黄则黄，所入者变，其色亦变，五入必而已则为五色矣。故染不可不慎也。”故对于环境和教育对人的浸染作用，必须加以谨慎的重视。墨子认为，“教天下以义者功亦多”，教育的正确发展可以“兴天下之利，除天下之害”，把教育作为了救世的事业。

为了实现墨子“兼爱”的社会理想，他提出教育应该培养“兼士”或“贤士”，所谓“兼士”，即“厚乎德行，辩乎言谈，博乎道术”之人。因而除了以“兼爱”为核心的道德教育外，墨子还重视手工艺生产过程中总结出来的科学知识和技术的传授，认为教育内容应包括自然科学、生产技能、军事知识和辩论才能等多个方面，《墨经》中就涉及几何学、力学、光学、机械制造等方面的知识，至今仍具有一定的科学价值。

实施教育时，墨子主张积极主动的劝教，“不强说之，人莫之知。”他反对儒家“叩则鸣，不叩则不鸣”、“礼闻来学，不闻往教”的态度，认为“行说人者，其功善亦多，何故不行说之也?”他还反对儒家的“述而不作”，说：“吾以为古之善者则述之，今之善者则作之，欲善之益多也。”主张既述且作，“作”是“述”的目的。

在教育方法上，墨子注重遵循逻辑规律，提倡“以见知隐”，“察类明故”，从已知推及未知，从现象推及本质，在讲学时也常常用明白的比喻阐述抽象的道理，并将这些思维方法运用到论辩中去。

他还特别强调言行一致，注重让学生参加劳动实践，他说：“士虽有学，而行为本焉。”要求做到“得一善言，附于其身”，随时随地加以实行。墨子既要求学生学习时要意志坚强，“志不强者智不达”，又注意让学生量力而行，“量其力所能致而从事焉”。

墨子所创立的墨家学派，与孔子的儒家并称“显学”，在当时曾经产生过很大的影响。虽然由于其阶级局限和思想中的矛盾之处，许多观点不免偏颇，但其重视生产知识和科学技术，务实和积极的精神以及他所提出的施教方法，都非常有借鉴意义。

三、孟子的教育思想

孟子（约前 372～前 289 年），名轲，字子舆，战国中期邹国人。他是鲁国贵族孟孙氏之后裔。早年丧父，由母亲教养，“昔孟母，择邻处，子不学，断机杼”的故事广为流传。由于管教甚严，孟轲从小便受到传统礼仪的熏陶。他毕生崇拜孔子，“乃所愿，则学孔子也”①，继承和发展了孔子的学说，一生聚徒讲学，曾游历齐、梁、宋、滕、魏、鲁等国，并曾在稷下学宫讲学。在各国虽多受到礼遇，但其主张被统治者认为不合时宜，并未得到采纳。

在政治上，孟子继承了孔子“仁”的思想，提出“民贵君轻”的命题，说：“民为贵，社稷次之，君为轻。”他主张“王道政治”，要求统治者对民众实行“仁政”，“轻刑罚，薄税敛”，注意民心向背。他还说，不遵守仁义道德的帝王就会成为“独夫”。孟子主张统一，但是反对武力和战争，“争地之战，杀人盈野；争城之战，杀人盈城”，停止战争，实行“王道”，才能使人“中心悦而诚服”，才能“王天下”。虽然孟子的思想仍然是从维护统治出发的，但是具有浓厚的民本主义色彩。

孟子教育思想的基础是其人性论。在人性论的问题上，孟子比喻说：“人性之善也，犹水之就下也。人无有不善，水无有不下”，“人皆可以为尧舜”，是性善论的典型代表。他认为，人生而具有“不学而能”的“良能”和“不虑而知”的“良知”，人性天生有四种善端：“恻隐之心”，“羞恶之心”，“辞让之心”，“是非之心”。这四种善端是后天仁、义、礼、智四种道德发展的基础。《孟子·公孙丑上》：“恻隐之心，仁之端也；羞恶之心，义之端也；辞让之心，礼之端也；是非之心，智之端也。”孟子的这种性善论，是一种唯心主义先验论的观点，它抹杀了道德的阶级性，把维护统治阶级的利益说成人的本性，实质上成为统治阶级的工具。

人天生具有四种善的萌芽，并不等于就能拥有完善的道德，要把善端扩充发展为道德，而不至于“陷溺”泯灭，就需要依靠后天的教育和修养。在孟子看来，教育的作用正在于将人性中的善性加以巩固和扩充，使得人们都能够成为“不失其赤子之心”的“大人”，将人天赋中的善良的本心不断发展。

关于教育的目的，孟子说：“设内庠序学校以教之……皆所以明人伦也。”教育主要是培养“明人伦”的“君子”。孟子认为，仁、义、礼、智四种道德主要表现在父子、君臣、夫妇、长幼、朋友五种人际关系中，“父子有亲，君臣有义，夫妇有别，长幼有序，朋友有信”也就被称为“五伦”（或称“五常”）。在这五伦中，忠义孝悌结合在一起，成为孟子所倡导的具体伦理道德的表现。

在道德修养的过程中，孟子注重自我教育和自我修养，重视“思”的

---

① 《孟子·公孙丑上》。

作用："思则得之，不思则不得也。"主张人们要积极自觉地向自己的内部下功夫，以求自得，突出了人的主观能动性。孟子强调存心养性，求放心："学问之道无他，求其放心而已矣"。

在孟子的思想中，道德修养的具体方法包括以下几种：

第一，存心寡欲

"养心莫善于寡欲。其为人也寡欲，虽有不存焉者，寡矣；其为人也多欲，虽有存焉者，寡矣。"耳目之欲会妨碍道德修养，因而必须对欲望加以克制。而要克服自身的欲望，就需要加强对意志的锻炼。

第二，持志养气

孟子将自己心目中的理想人格者称为"大丈夫"，认为大丈夫要具有"富贵不能淫，贫贱不能移，威武不能屈"的高尚品质。士应该具有高远的志向，"居仁由义"，舍生取义，做"大丈夫"。在立志的基础上，还应该明确当做和不当做之事，"人有不为也，而后可以有为"，要坚定意志，"人不可以无耻"，不能做没有廉耻的事情。

孟子认为，"志"和"气"是紧密联系的两个部分，他说："夫志，气之帅也；气，体之充也。""志一则动气，气一则动志"，持志和养气相互作用相互促进。对于孟子所说的"气"，后人有着不同的解释，大体可以将其理解为情感意向和心理状态。孟子自己说："吾善养吾浩然之气……其为气也……至大至刚，以直养而无害，则塞于天地之间。"这种解释带有一定的唯心主义和神秘主义色彩。

第三，反求诸己

孟子发展了孔子"君子求诸己"的内省思想，提出："亲人不亲，反其仁；治人不治，反其智；礼人不答，反其敬；行有不得者，皆反求诸己也。"行为得不到效果要从自身检查原因，"祸福无不自己求之者"，要厚于责己。从"仁"和"礼"的观念出发，孟子说："言非礼义谓之自暴也；吾身不能居仁由义，谓之自弃也。"对于自己不能自暴自弃，"自暴者，不可与有言也；自弃者，不可与有为也"。

第四，改过迁善

"古之君子，其过也，如日月之食，民皆见之；及其更也，民皆仰之。"孟子鼓励人"见善则迁"，他认为人们不应固执自己的成见，而是应该积极学习别人的善行，改过自新。他把子路、大禹等作为这方面的典范："子路，人告之以有过则喜。禹闻善言则拜。"号召人们向他们学习。

第五，磨炼意志

孟子说："天将降大任于斯人也，必先苦其心志，劳其筋骨，饿其体肤，空乏其身，行拂乱其所为，所以动心忍性，增益其所不能。”生于忧患，死于安乐。一个人只有经历过艰苦环境的磨炼，才能培养道德，才能拥有智慧，才能成就事业，与此同时，意志的锻炼也是坚定志向和克服欲望的前提和保证。

孟子非常擅用比附，常常用浅显的现象或生动的小故事来表达深奥的道理。比如，在讲到“仁”和仁政的重要性时，他说：“仁之胜不仁也，犹水之胜火”，“仁政之于治国平天下，犹规矩之于方圆，六律之于五音”。为了阐明学习时要尊重客观规律，做到循序渐进的道理，他用揠苗助长的故事来加深人们的印象，“助之长者，揠苗者也，非徒无益，而又害之”。孟子用“一曝十寒”的坏处来教导人们有恒心有毅力：“虽有天下易生之物也，一日曝之，十日寒之，未有能生者也”；又以掘井的故事来教人做事不要有头无尾功亏一篑：“有为者辟若掘井，掘井九轫而不及泉，犹为弃井也”。为了鼓励人们改过自新，他说：“西子蒙不洁，行人皆掩鼻而过之；虽有恶人，斋戒沐浴，则可以祀上帝。”一个原本不受人欢迎的人只要勇于改过，一样可以得到人们的尊敬。这些比拟和故事形象地传达出了深刻的道理，而又避免了说教的枯燥无味，令人印象深刻。

在教学方法上，孟子和孔子一样主张因材施教，“有如时雨化之者；有成德者；有达财者；有答问者；有私淑艾者”，要根据学生的不同情况，采取不同的教育方式。还应启发学生的思考，培养学生在学习过程中的怀疑精神：“尽信书，则不如无书”。

孟子是著名的哲学家和教育家，是继孔子之后儒家的第二位代表人物，他本人被后世尊称为“亚圣”，其学说被称为思孟学派，是儒家的唯心主义学派。孟子的教育活动和教育思想也是为政治主张服务的，如认为庶民接受教育是为了培养忠孝的封建品德，又如著名的论断“劳心者治人，劳力者治于人”等，都维护了奴隶主统治阶级的利益。他的言行主要收于《孟子》一书中，这本书后来作为“四书”之一，成为封建主义教育的重点教材。

四、荀子的教育思想

荀况（约前 298～前 238 年），字卿，因避西汉宣帝刘询讳，后世又称孙卿，尊称荀子。战国末期赵国人。家世和早年经历不祥。荀子是儒家子弓的私淑弟子，孔子学说是其思想的主体，因而与孟子同是儒家思想的代表，但他的思想中与孟子对立的方面很多，也并非完全可以归于儒家，而是糅合了道、法、兵等学派的观点，集先秦各家思想于一身。这一点从其弟子所属的思想流派可见一斑，如韩非、李斯乃法家著名代表，而《吕氏春秋》的作者属于杂家等。荀子在仕途上不甚得意，绝大部分时间用于著述和讲学。他曾游学于齐的稷下学宫，做过三次祭酒，并被赞誉“最为老师”。也曾周游楚、秦等国，在楚国任蓝陵令。但其思想一直没有受到封建统治者的重视，地位也屈居于被尊为“亚圣”的孟子之下。其著作有《荀子》一书共32篇，集中体现了他在政治、军事、哲学、文化教育等方面的思想，有关教育的主要有《劝学》、《性恶》、《解蔽》等篇。

荀子的思想表现了他鲜明的唯物主义立场，他说：“天行有常，不为尧存，不为桀亡。”自然界的运行规律不以人的意志为转移。天、地、人各有自己的职责，并且具有同等的重要性：“天有其时，地有其财，人有其治，夫是谓之能参。”他进一步提出“人定胜天”的命题：“大天而思之，孰与物畜而制之？从天而颂之，孰与制天命而用之？望时而待之，孰与应时而使之？因物而多之，孰与聘能而化之？”与其敬畏自然，不如发挥人的主观能动性，掌握自然界的规律并加以利用。荀子的论断批判了当时的天命论和畏天思想，有很大的进步意义。

荀子与道家的不可知论针锋相对，认为万事万物都是可以认识的，人们也有能力来学习和认识他们：“凡以知，人之性也；可以知，物之理也。”他还强调“知”和“行”结合，以“行”来检验“知”，“行”是整个学习过程的终点，是学习的终极目的，他说：“不闻不若闻之，闻之不若见之，见之不若知之，知之不若行之；学至于行之而止矣。行之，明也。”

在人性论的问题上，荀子与孟子的性善论针锋相对，提出了性恶论。他首先提出“性伪之分”的说法，“人之性，恶；其善者，伪也”，“不可学、不可事之在天者谓之性；可学而能、可事而成之在人者谓之伪；是性伪之分也”。性是先天的素质、天赋的本能，一切人生来都是相同的，人性本身没有道德属性，但却有“好利”、“疾恶”、“有耳目之欲”等倾向，“欲恶同物，欲多而物寡，寡则必争矣”，如果不对欲望加以节制，必会引发暴力和罪恶。因而荀子并非认为人性绝对就是恶的，而是认为要对人性中不好的倾向加以节制。性和伪并不是彼此分离的，“性者，本始材朴也；伪者，文理隆盛也。无性则伪之无所加；无伪则性不能自美。”由于“伪”的存在，可以通过教育对人性进行约束，使其接受礼仪法度，理解道德规范，“涂之人皆可以为禹”。“化性起伪”，达到“性伪合”的境界，这是一个“外铄”的过程。

关于教育的目的，荀子认为，教育是为了培养儒者中具有治国之才的“贤能之士”，使得“始乎为士，终乎为圣人”。在教育的内容上，荀子非常注重对古代典籍，尤其是孔子《诗》、《书》、《礼》、《乐》、《易》、《春秋》"六书"的学习和传播，将六书称为"六经"。荀子特别重视读经，并且对各经不同的特点进行了阐述，对六经有所取舍和改造。

在六经中，荀子特别强调《礼》的地位："学至乎《礼》而止矣，夫是之谓道德之极。"认为"礼"是自然和社会的最高法则。他说："礼之中焉，能思索，谓之能虑；礼之中焉，能勿易，谓之能固。能虑能固，加好之者焉，斯圣人矣。"对于内心的"礼"能够思考领会，并能自觉自愿地遵守它的规范，这就达到了圣人的境界。

荀子认为学习的过程分为闻、见、知、行几个阶段，并系统阐述了各个阶段的特点。在学习和教育的过程中，荀子非常重视环境的作用。"蓬生麻中，不扶而直；白沙在涅，与之俱黑。"除了要慎重地选择周围的环境之外，荀子认为人的发展主要取决于主观的选择和努力，他说："肉腐出虫，鱼枯生蠹。怠慢忘身，祸灾乃作。强自取柱，柔自取束。"环境的影响归根到底是因为自己的选择才会发生作用。

和儒家其他代表人物一样，荀子也十分重视道德的修养。他要求人们辨别善恶，"见善，修然，必以自存也；见不善，愀然，必以自省也。善在身，介然，必以自好也；不善在身，菑然，必以自恶也"。要主动学习善而做到疾恶如仇。无论是知识还是道德的获得，其主要途径在于积累："积土成山，风雨兴焉。积水成渊，蛟龙生焉。积善成德而神明自得，圣心备焉。""积礼义而为君子"。这种思想中蕴涵着量变和质变的关系。而"君子之学如蜕，蟠然迁之"，教育能够使人经历积累和潜移默化的过程，发生质变，"长迁而不反其初则化矣"，使人性能够不再回复原本"恶"的面目。

在学习的态度方面，荀子提出："知之为知之，不知为不知，内不以自诬，外不以自欺。"主张学习应该诚实。他和孔子一样，主张学思结合，他说，"吾尝终日而思矣，不如须臾之所学也"，学虽然重要，但是不能不用心思考，他把仅仅对所学的知识杂乱记忆的人称为"陋儒"或"俗儒"。荀子认为学习应该用心专一而有恒，他说："目不两视而明，耳不两听耳聪。"一心不能二用。他还说："锲而舍之，朽木不折；锲而不舍，金石可镂。"

在思维方法上，荀子提出"兼陈中衡"，他认为"欲为蔽，恶为蔽；始为蔽，终为蔽；远为蔽，近为蔽；博为蔽，浅为蔽；古为蔽，今为蔽。凡物异则莫不相为蔽，此心术之公患也"，事物的不同或者对立的方面都有偏蔽之处，为了解决这一问题，避免偏颇，"圣人知心术之患，见蔽塞之祸，故无欲无恶，无始无终，无近无远，无博无浅，无古无今，兼陈万物而中悬衡焉"。荀子这种"兼陈中衡"的思想是对孔子"中庸"的继承和发展。

荀子还论述了“虚壹而静”的修行方法。所谓“虚”，就是“不以所已藏害所将受”，不能让已有的知识和态度妨碍对于新知识和新观点的学习。所谓“壹”，是指目标的专一，“不以夫一害此一谓之壹”，在一段时间内把注意力放在一件事情之上。“不以梦剧乱知谓之静”，“静”要求不能因为没有根据的想象而影响自己的思维和学习。“虚壹而静，谓之大清明。”是“未得道”者“求道”的正确方法。

荀子特别注重教师的地位和作用，并且提出了不同于孔孟的观点。他认为，教师不仅是决定学生人格和品质的关键，也关系到国家的兴衰、法制的存废和人心的善恶。他说：“礼，所以正身也；师，所以正礼也。无礼何以正身？无师吾安知礼之为是也？”“国将兴，必贵师而重傅，则法存。国将衰，必贱师而轻傅，则人有快，人有快则法度坏。”荀子把教师提到与天地、祖宗并列的地位：“天地者，生之本也；先祖者，类之本也；君师者，治之本也。无天地恶生？无先祖恶出？无君师恶治？”将教师作为治国之本。

在师生关系方面，荀子特别强调学生对教师的尊敬和绝对服从：“言而不称师，谓之畔；教而不称师，谓之倍。倍畔之人，明君不内，朝士大夫遇诸涂不与言。”认为不依师法言行者不会得到君王的赏识，还应该受到人们的唾弃。由于教师的地位如此之高，荀子也相应对其提出了很严格的要求，“师术有四，而博习不与焉。尊严而惮，可以为师；耆艾而信，可以为师；诵说而不陵不犯，可以为师；知微而论，可以为师”。也就是说需要满足四个条件才可以当教师，即要求教师有尊严威望，有丰富的教学经验，有合适的教学方法，有见解而能阐发等。荀子的教师论对于中国封建社会的“师道尊严”有很大影响。

荀子所处的战国末期，中国社会正处于大变革的关头，诸侯争霸的局面行将结束，封建制的社会制度也基本上确立起来。他的思想也正是这种社会背景的体现，并为统一准备了理论上的基础。荀子是先秦思想的集大成者，其王霸统一、德力结合、礼法相辅的政治观点成为数千年封建统治者维护统治的思想内核。而他的教育思想以及经其传授的儒经，也对封建社会教育产生了巨大的影响。

五、《礼记》的教育思想

《礼记》集结了战国后期至西汉初期儒家对有关仪礼论述和解释的许多篇章，是一部重要的儒家经典。《汉书·儒林传》记载：“传礼者十三家，唯高堂生及五传弟子戴德、戴圣名在也。”戴德所传为《大戴礼记》，其侄戴圣则编成《小戴礼记》。《大戴礼记》的85篇遗失很多，《小戴礼记》至唐代被列入五经，即通常所说的《礼记》。《礼记》共49篇，主要为孔门弟子的作品，它不仅阐明了儒家的礼教思想，而且论及许多教育问题，总结当时的教育经验，表述了儒家有关学校和教育的思想。《礼记》中与教育关系最为密切、最为集中表现其教育思想的篇章主要有《大学》、《中庸》、《学记》、《乐记》等。

（一）《大学》

《大学》通篇都旨在阐明"大学之道"，即大学教育的宗旨和步骤，提出了大学教育的完整体系。文章的一开始就提出："大学之道，在明明德，在亲民，在止于至善"，把"明明德"、"亲民"和"止于至善"作为大学教育的"三纲领"。"明明德"就是把人的善性不断发扬光大，这是以思孟学派的性善论为思想前提的；修己然后治人，因而要"亲民"，这体现了儒家的仁爱德治思想。朱熹将"亲民"改为"新民"，解释为推己及人，使人们去除"旧染之污"，逐步达到善的境界；"止于至善"是大学教育的终极目标，指要做到"为人君止于仁，为人臣止于敬，为人子止于孝，为人父止于慈，与国人交止于信"。这三个目标由低到高层层递进，具有严密的逻辑顺序。

为了实现这三个纲领，《大学》提出要经过八个步骤，即通常所说的"八条目"：格物、致知、诚意、正心、修身、齐家、治国、平天下。《大学》说："古之欲明明德于天下者，先治其国；欲治其国者，先齐其家；欲齐其家者，先修其身；欲修其身者，先正其心；欲正其心者，先诚其意；欲诚其意者，先致其知；致知在格物。"这八个步骤中，前五个旨在修己，"明明德"，而后三条则是为了"亲民"和"止于至善"，它们共同构成了大学教育的完整过程。

格物、致知具体指什么意思原文中未作阐述，后人的解释也莫衷一是，宋明理学时客观唯心主义的程朱派和主观唯心主义的陆王派，还以对"格物"的不同理解为主要分歧。但是可以确定的是，它是八个步骤的基础，是自我学习的起点。诚意、正心则是指不"自欺"、"慎独"，摆正认识，不为情绪所动，在独处时也能恪守原则。修身是整个过程中的核心环节，要求人们遵守道德，克制自己的主观偏好。修身必须格物、致知、诚意、正心，而只有修身才能做到齐家、治国、平天下，因而它是"明明德"和"亲民"、"止于至善"之间的枢纽。齐家、治国、平天下是个人修行的最高境界，在这一阶段，个人道德和社会政治有机结合起来，表现了儒家"入世"的思想。这八个条目由低而高循序渐进，既容易理解，又可以施行，在漫长的封建社会对于知识分子服从封建道德和封建政治产生了深远的影响。

《大学》是《礼记》中非常重要的一篇，基本可以认定它是儒家思孟学派的作品，但也有荀况学派的影响。它在南宋时受到程朱理学的重视，二程曾将其次序略作修改，朱熹又作《大学章句》，对其进行整理和生发，将其与《中庸》一起抽出分别单独成书，与《论语》、《孟子》合称“四书”，成为宋元以后封建教育的基本教材。

（二）《中庸》

《中庸》和《大学》同属“四书”范畴，但其在南宋之前也只是《礼记》中的一篇。司马迁认为《中庸》乃孔子后代子思所作，至今其作者亦无定论，但《中庸》的思想体系属于思孟学派确定无疑。《中庸》共33章。主要论述了儒家的伦理思想，即折中调和的中庸之道。但它也概括了先秦儒家的教育思想，并最早系统地论述了学习的过程，具有积极的因素。

孔子曾说：“中庸之为德也，其至矣乎!”中庸这种伦理思想要求为人处世有节制有分寸，不偏不倚，无过无不及，“两端执其中”。《中庸》一书还把中庸解释为“中和”：“喜怒哀乐之未发谓之中，发而皆中节者谓之和。中也者，天下之大本也；和也者，天下之达道也。致中和，天地位焉，万物育焉。”

《中庸》还指出：“诚者，天之道也；诚之者，人之道也。诚者不勉而中，不思而得，圣人也；诚之者，择善而固执之者也。”“自诚明，谓之性。自明诚，谓之教。”这也就是说，少数圣人可以生来就具有中庸之道，而普通人经过学习和修养，也可以得道，后天学习和教育的功能就是帮助达到人性的完善，达到“至诚”的境界。“天命之谓性，率性之谓道，修道之谓教。”它还把后天的学习概括为“尊德性而道问学”。认为人的天性与生俱来，教育即对天性加以修养，将天性中的善端发扬光大，使之合于道的过程。它既尊重人的先天素质，又强调了后天教育的作用。

《中庸》还明确提出了学习的过程，也即朱熹所称的“为学之序”，该过程可以分为五个步骤：博学之，审问之，慎思之，明辨之，笃行之。学、问、思、辨四个步骤属于知的范畴，而最后一个步骤则属于行的范畴，由知而行，知行合一，五个步骤是一个完整的过程。它还补充说：“有弗学，学之弗能弗措也……果能此道矣，虽愚必明，虽柔必强”，不学则已，学了就不能半途而废，如果确实能做到有恒心、不放弃，则即使资质不高，也能够有所成就。《中庸》对学习过程的论述是对儒家长期的教育经验的总结，也是它对中国教育的一个重要贡献，在一定程度上符合了客观规律。

但是值得注意的是，《中庸》所提出的“行”主要是指贯彻各种封建道德，与今天所说的实践有着本质的区别。

（三）《学记》

《学记》也是《礼记》的一篇，虽然只有1200余字，却是我国乃至世界教育史上第一部教育教学论专著。它对先秦的教育理论和实践经验做了比较全面的总结，阐述了教育的作用、目的，论及了教育制度和学校管理等问题，并且系统地论述了教学的原则和方法。它比夸美纽斯著名的《大教学论》还要早一千八九百年，是一部非常珍贵的教育文献。

《学记》简洁明了地阐明了教育的目的、作用和任务。它提出：“君子如欲化民成俗，其必由学乎”以及“建国君民，教学为先”，认为统治者要巩固自己的地位，就需要对百姓进行教化，使其遵守社会秩序，形成良好的道德风俗，这种观点与儒家的德治和仁政思想是相一致的。除了把教育作为成就政治的一种手段之外，《学记》还认为教育对于个人的发展具有重要作用，指出：“玉不琢，不成器；人不学，不知道。”

《学记》概括阐述了学校发展的历史，指出“古之教者，家有塾，党有庠，术有序，国有学。”“国学”每年都招生，每隔一年考核一次他们的学业成绩，并根据学习年限的不同分别采取层层递进的考核标准。它把古代“大学”教育分为小成和大成两个阶段。前七年又分为四个阶段，为小成阶段：“一年视离经辩志，三年视敬业乐群，五年视博习亲师，七年视论学取友，谓之小成”，小成阶段主要做到学习和理解经书，对于所学的知识发表自己的意见，和自己的同伴以及老师建立其良好的关系；后两年为大成阶段：“九年知类通达，强立而不反，谓之大成”，大成阶段需要学会触类旁通，坚定意志，确立信仰。

在学校具体管理的方面，《学记》也提出了古代学校的一些措施，文中称之为“大伦”，如：举行隆重的开学典礼，以表示对师道的尊重；在开学时让学生背诵《诗经·小雅》中的《鹿鸣》、《四牡》、《皇皇者华》三篇，使学生明确学习目的；听到鼓声开始上课，并用戒尺维持上课的秩序；低年级生只可听讲，不许发问等等。《大学》的这些论述旨在托古改制，表达自己的大学教育思想，希望可以在当时建立这样的教育体系。

在教学活动中，需要遵循一定的原则和方法。《学记》最大的贡献就在于它提出的一系列教育教学原则。这些原则包括：

教学相长：《学记》中说：“虽有嘉肴，弗食不知其旨也；虽有至道，弗学不知其善也。是故学然后知不足，教然后知困。知不足，然后能自反也；知困，然后能自强也。故曰教学相长也。”一方面指教师本身主动学习，另一方面教师在教学过程中碰到困难也会促进学习，教的过程也是学的过程，教与学是同一事物的两个方面，相互依存，都会促进教师的进步。同时，《学记》认为学生不能仅仅依靠老师来学习，而要自己善于学习，“善学者，师逸而功倍，又从而庸之。不善学者，师勤而功半，又从而怨之”。后人把《学记》中提出的教学相长引申为教师和学生互相促进，共同提高。

启发诱导：孔子是启发式教学的先师，曾有“不愤不启，不悱不发”的论述。《学记》继承并发展了这种思想，提出：“君子之教，喻也。道而弗牵，强而弗抑，开而弗达。道而弗牵则和，强而弗抑则易，开而弗达则思。和易以思，可谓善喻也。”教师要积极开导启发学生的思考，但不要勉强和牵制学生，也不提供给予现成的答案。

预时孙摩：《学记》中说：“大学之法，禁于未发之谓预，当其可之谓时，不陵节而施之谓孙，相观而善之谓摩。”“预”是指对教学过程中可能出现的问题进行预防，做到未雨绸缪。“时”即抓住合适的机会及时施教，不可过早或过迟，以免达不到想要达到的教育效果。“孙”则是指循序渐进，按照年龄的顺序和教学内容的逻辑合理地安排教材的进度，由易到难地传授知识，“先其易者，后其节目”。在教学过程中还要互相观摩以取长补短，这就是所谓的“摩”，《学记》重视师生和朋友之间的切磋讨论，提出“独学而无友，则孤陋而寡闻”等。

长善救失：《学记》发展了孔子“改过迁善”的思想，指出：“人之学也，或失则多，或失则寡，或失则易，或失则止。此四者也，心之莫同也。知其心，然后能救其失也。教也者，长善而救其失者也。”这就是说，不同的学生在学习中有不同的缺点，有人学得太过庞杂，有人学得少而浅薄，有人认为学习太简单，容易产生自满情绪，有人则畏难而止，半途而废。教师要引导他们修正不正确的态度，发扬其优点，以达到好的效果。

藏息相辅：“大学之教也，时教必有正业，退息必有居学。……藏焉修焉，息焉游焉。”《学记》认为，在学习时，课内和课外、正课和自习应有机地结合起来，使学生有张有弛，乐学而亲师，对学习充满兴趣。

尊师重教：《学记》强调要尊敬教师：“三王四代唯其师”，“师严然后道尊，道尊然后民知敬学”，“能为师然后能为长，能为长然后能为君”，把教师提到了很高的地位。相应的，它对教师应满足的条件也有很多要求，“记问之学，不足为人师”，“能博喻，然后能为师”，除了知识渊博外，教师还应当道德高尚，拥有丰富的教学技巧等。

关于教学方法，《学记》提出了问答、讲解、练习等方法。提问时要注意从易到难，回答问题时要详略得当。讲解要简明扼要，重点突出。还要根据学习需要安排必要的练习。

《学记》在短短的篇幅中，对于中国古代的教育思想和教育工作做了比较全面的论述，尤其是对于儒家的教育教学思想进行了总结和整理，十分系统。文中的一些观点至今仍有重要的借鉴价值，具有重要的历史和现实意义。

六、法家的教育思想

法家是战国时期非常重要的一个学派，主张法治和变法。法家学说具有较强的变革精神，政治方面对后世历代的统治有着深远影响，但在教育方面则主张“以法为教”，具有极强的专制色彩。秦朝的建立和速亡，既是法家思想运用的成功范例，也是其弊端的鲜明证据。法家思想的起源可以追溯到春秋时期的管仲和子产。最早从学者立场阐述法理的是魏国的李悝。李悝是孔子门生子夏的弟子，具有较浓的儒家气息，却是法家的先锋，他所著的《法经》是秦朝之后刑律的基础。法家思想经商鞅、吴起、申不害、慎到等人的实践和发展，到战国末期的韩非时到达顶峰。

（一）商鞅的教育思想

商鞅（约前390～338年），卫国人，亦称卫鞅和公孙鞅，因被秦封为商君，故称商鞅。“少好刑名之学”，后由卫至秦，得到秦孝公重用。他曾先后两次在秦国实行变法，其措施包括废井田，开阡陌，建立法制，奖励军功，加强中央集权等。虽然商鞅因触犯奴隶主贵族的利益而被迫害至死，但其变法却使秦国逐渐强大起来。

商鞅认为德与法的关系是“德生于刑”。“法令者，民之命也，为治之本也。”商鞅对儒家思想进行了猛烈的抨击：“仁者能仁于人，不能使人仁；义者能爱于人，而不能使人相爱。”（《画策》）他还说：“礼乐，淫佚之征也；慈仁，过之母也。”（《说民》）认为儒家的所谓伦理均属于“巧言虚道”，儒家的“高言伪议”是“贫国弱兵之教”，应坚决予以取缔，“禁游宦而显耕战之士”。他站在地主阶级的立场，与儒家主张用“仁政”来安抚和笼络人民相对，主张“制民”：“能制天下者，必先制其民者也；能胜强敌者，必先胜其民者也。”法家至商鞅时开始与儒家鲜明地对立起来。

在文化教育方面，商鞅认为诗书“无益于治”，要求“燔诗书而明法令”，主张废禁百家之学，不主张兴办学校教育，而是主张推行法令，由各级官吏在实施的过程中负起向民众解释和宣传法令的职责，通过严明执行各种法令向社会进行法治教育。

商鞅可谓先秦法家的奠基人，其著作有《商君书》。

（二）韩非的教育思想

韩非（约前280～前233年），韩国人。他总结和发展了前期的法家思想，将之前的法家思想家所分别强调的法、术、势三者有机结合起来，将法家的思想体系系统化，成为法家思想的集大成者。其代表性的作品有《孤愤》、《五蠹》、《内外储》、《说难》、《显学》、《定法》等。秦始皇十分赞赏韩非的作品，但他到秦国后不久便被害而死。以韩非为代表的法家学说，适应了当时结束纷争、建立中央集权的要求，但是也成为中国漫长的封建社会实行专制集权的理论源头。

韩非和李斯都是荀况的学生。他继承了荀子的唯物主义思想，认为天即自然，有着自己的运行规律，即“道”；还认为思想认识要经过检验才能够成立：“无参验而必之者，愚也；弗能必而据之者，诬也”。

在人性论的问题上，韩非发展了荀子的“性恶论”，认为趋利避害是人的本性，人们总是从私心出发来面对一切事物，人与人之间只是纯粹的利害关系，“父母之于子也，犹用计算之心以相待也，而况无父子之泽乎。”不可能指望道德教育收到什么效果。

以这种人性论为思想基础，韩非主张必须实行严刑峻法，“吏用威严而民听从”，“严家无悍虏，而慈母有败子，吾以此知威势之可以禁暴，而德厚之不足以止乱也”。他以法为一切政治活动的唯一标准，提出“不游意于法之外，不为惠于法之内，动无非法”。这一思想在当时的社会条件下，对于限制贵族的特权是有积极意义的。

韩非主张在实施严刑峻法的同时，也可以借助赏罚手段，用更大的利来诱使人们由私利向公利转化，根据“两害相权取其轻、两利相权取其重”的人之常情因势利导。他认为“先王之教”即仁义道德的说教都没有意义，“民固服于势，寡能怀于义”。他提出“圣人不期修古，不法常可”，主张不以前世的做法为真理，这是一种历史进化论的观点。

在教育上，韩非提出：“故明主之国无书简之文，以法为教；无先王之语，以吏为师。”主张除了以法治进行法律教育之外，禁止其他一切的教育方式，以限制不利于统治的思想滋生。这是法家在教育领域的核心观点。这一思想与其政治主张相符合，是政治、经济变革在教育上的反映，适应了当时完成统一的需要。但从另一方面来看，它排斥了其他教育内容和形式，不利于知识文化的传播。

第三章　中国古代教育的发展与完善(秦汉～隋唐)

从秦始皇统一中国后，建立了中央集权的君主专制制度，秦、西汉、东汉都在此基础上创立了多民族、大一统的国家，实现了长期的社会稳定、政治统一、经济发展、民族和睦、文化繁荣，中华文明也因此发展出一些新的特征，达到一个新的高度。到三国、两晋、南北朝时期，地方割据、政治分裂、社会动荡、经济凋敝，中华文明的发展受到一些破坏，但此期也是经济开发、民族融合、文化交流十分活跃的时期，中华文明成功地吸收和融合了少数民族文化和外来文化，并加以创造性的发展，从而为中华文明在隋唐时期达到鼎盛准备了条件。

中国古代教育制度在秦汉时期初步建立起来，并从此确立了儒家教育思想的主体地位。魏晋南北朝时期，学校体系不是很完善，但有所创新，教育思想仍以儒家为主，但吸纳不少佛、道思想的新因素。隋唐时期，中国教育进一步发展，且相当完备。

第一节　秦汉时期的教育

公元前221年，秦王朝建立，创建中央集权制度，大权集于皇帝一身，在中央实行官僚制，在地方实行郡县制，统一文字、度量衡、货币，废黜百家，以法为教，建立起强大、统一的多民族国家。汉承秦制，继续强化中央集权，但罢黜百家，独尊儒术，确立了儒家在中国历史上的统治意识形态地位。秦汉时期的教育发展和变革与政治的发展和变革密切相关。

一、秦汉时期的文教政策

(一) 秦朝的文教政策

春秋战国时期，各诸侯国先后进行了程度不同的封建改革，各家学派也提出了各种各样的统治策略，在文化教育方面虽未形成统一系统的文教政策，却为之后各代王朝文教政策的制定打下了基础。

战国时期秦国采用法家的学说，重视耕战，逐渐强大起来。公元前221年，秦国翦灭六国，秦王嬴政称始皇帝，结束了长期以来诸侯割据的局面，建立了我国历史上第一个统一的中央集权制的封建王朝。秦朝建立后的主要任务是维护统一，巩固封建地主阶级的统治。顺应当时的历史潮流，秦朝从政治、经济、文化教育等方面采取了一系列积极的措施。

在政治上，为了使诸侯割据的现象不再重演，秦始皇采纳李斯的主张，废除分封制，实行郡县制，从中央到地方建立起了一整套完整的封建统治机构，实行严刑峻法。在经济上，秦始皇以法令确立了地主所有制的土地制度，还在全国范围内统一了货币以及度量衡，促进了封建经济发展。

在思想文化方面，秦朝则承继战国时秦国的传统，继续以法家思想为指导思想，崇法排儒。秦朝初建之时，各家对立的态势依然存在，以儒家为首的各家学派依然颇有势力，他们从各种角度对秦朝的政治进行非议。儒生淳于越上书皇帝说："事不师古而能长久者，非所闻也。"法家的李斯则认为这种说法旨在扰乱民心，秦始皇接受其建议，严格控制思想学说的发展，确立了"以吏为师，以法为教"的文教政策。

战国时法家思想的代表商鞅曾说："圣人必为法令置官也，置吏也，为天下师，所以定名分也。"韩非进一步阐述说："明主之国，无书简之文，以法为教；无先王之语，以吏为师。"这是秦朝制定教育政策的思想基础。这一文教政策的确立，使秦朝的教育返回到西周"官师合一"、"政教合一"的落后状态。

在崇法排儒思想的指导之下，秦朝"颁挟书令"，"禁游宦"，由于"私学相与非法教人，闻令下则各以其学议之"，秦朝还严厉禁止开办私学，以防止"以古非今"，"惑乱黔首"，避免聚谈诗书、非议朝廷的现象，"百家争鸣"的盛况不再。秦始皇限制藏书，规定私藏在儒生或百姓手中的儒家经典不可保存，只有秦国史籍、博士官手中的儒家经典和百家著作、医药卜筮等书方可以保留。他进行了大规模地查书、焚书运动，由于侯卢二儒生言论触犯了他，秦始皇下令将二人连同其株连的460余人"坑之咸阳"。这种行为极端残暴，反映了秦朝文化教育方面的高度专制主义和消极的愚民政策。私学虽然遭到禁止，但是由于官学不兴，授徒讲学的活动仍然在各地零星地存在着。

秦朝的文教政策虽然专断，但其教育并非是一无是处的。秦朝统一之前，秦国的文字一直沿用西周的大篆，其他各国又各自不同，总之是"言语异声，文字异形"，阻碍了政令的推行和各地的文化交流。秦始皇采纳李斯建议，下令"书同文，行同伦"，统一并简化了六国文字，使全国通用笔画较为简单的小篆。秦朝整理语言文字，由繁趋简，由难趋易，由杂乱趋统一，是汉字朝向统一化、规范化、定型化发展的过程中关键性的环节，文字的统一对于教育的发展有着重大的贡献。秦始皇还通过出巡，宣传法令，以达到“黔首改化，远迩同度”，统一各地民众的风俗习惯。改革和统一文字，客观上有利于教育的实施和提高效率，风俗习惯的融合也有利于统一的中华民族共同心理的形成，尽管这些政策的出发点，都是为了维护君主集权和封建地主阶级的统治，它们仍然对后世的教育起到了很大的积极作用。

秦朝对于文化教育的重视不够，用简单粗暴的烧、杀、禁来代替学术上的分歧和争论，限制了学术发展和言论自由，导致了各种社会矛盾的激化。秦朝统治者虽然在各乡设立“三老”负责教化工作，却始终没有设立官学，忽视了对于教育这一工具的应用，其迅速灭亡和它在文教政策上的专制主义不无关系。秦朝虽然是一个短命王朝，但是它在教育方面的一些积极措施也不应忽视。

（二）汉朝的文教政策

汉朝建立后，在继承秦朝做法的基础之上，吸取了秦朝速亡的教训。为了不重蹈覆辙，汉朝改变了秦代严刑峻法的做法，推动了封建教育的形成和发展。

秦朝的残暴统治和秦末的农民战争，导致社会经济凋敝不堪。为了缓和阶级矛盾，安定社会秩序，恢复和发展经济，汉初统治者采取了较为宽松的“与民休息”的基本政策。先秦并不受重视的黄老之学“无为而治”的主张受到了当权者的青睐，被采纳为治国的指导思想，文帝“好道家之学”。但汉代同时也允许其他诸子思想存在与发展，儒家思想的地位逐渐提高。黄老“无为而治”的思想，对百姓的日常生活和生产活动很少干涉，对当时节用民力，恢复生产，从战乱中摆脱出来过安定的生活是有利的。但“无为”只是暂时的，是为“有为”准备条件。

公元前140年，年仅16岁的汉武帝刘彻即位。此时汉朝经济虽然已经有了很大发展，但是也有明显的弊端和混乱：一方面是广大农民生活日益贫困，而少数地主大量兼并土地，农民与地主之间的阶级矛盾日益激化；另一方面诸侯势力强大，觊觎王权伺机而起。统治阶级有必要进一步谋求政治、经济和思想上的大一统。汉武帝为了巩固统治，下令诏举方正，亲自策问贤良，选拔直言极谏之士。儒生董仲舒出类拔萃，在三次策问中，提供了一套加强中央集权的思想政治理论，并提出罢黜百家、独尊儒术，重选举、广取士，置明师、兴太学三大主张，受到汉武帝的赏识和重用。

公元前136年，汉武帝采用董仲舒的建议，推行以上措施，实行“罢黜百家，独尊儒术”的文教政策。汉代设立了五经博士，由“九卿”之首的太常掌管文教；确立了儒家经典的法定地位，把诗、书、礼、易、春秋等作为教材，把儒学作为太学教育的主要内容；主张“尊孔读经”，皇帝还往往亲自召集经学讨论会，如汉宣帝曾召集群儒于石渠阁讨论五经异同，汉章帝更是召集群儒于白虎观，数月讨论经学，汇编成果为《白虎通义》，作为研究经学的官方文本；汉代的学校教育和选官取士都强调伦理道德和经学儒术，儒家的德行道艺成为士人努力的方向。儒家思想之所以能在汉朝获得定于一尊的地位，与其提倡的重秩序、尊君抑民等观点有利于维护封建集权主义的统治是分不开的。

汉代的文教政策成为我国封建社会文教政策的基础。

二、秦汉时期的教育发展

（一）秦代的教育发展

秦朝采取以吏为师、以法为教的文教政策，又实行官僚制，因此需要大批高素质的官吏以推行皇帝和中央政治意志和政策，维系各级政府的运作。为此，秦代在教育上实行吏学制。吏由官府设立的学校专门培养，教师是政府的官吏，教育内容主要是文字识记、书写、法律等基本知识和技能，经过考试合格后，乃得为吏。《说文解字》引《尉律》所载：“学僮十七以上始试，讽籀书九千字，乃得为吏。又以八体试之郡，移太史并课最者，以为尚书吏。”据《说虎地秦墓竹简》记载，像“史子”（从事文书档案和文献编纂及保管的吏）就由官府设立的“学室”来专门培养。

秦代虽然以法为教，但也需要礼仪和文化方面的学者。秦始皇统一后，曾设博士70人。但因为这些学者仍带有战国时期处士横议的性格，对秦王朝的政治政策议论纷纷，引起秦始皇的震怒，焚书坑儒。然而博士制度在秦二世时仍然存在，其职能主要是掌通古今，以供咨询。

（二）汉代的学校教育

汉代在确立独尊儒术的文教政策的同时，也逐步建立起从中央到地方的学校体系及相应的教育行政管理体制。

- 汉代官学系统
  - 中央
    - 太学（普通学校）
    - 四姓小侯学（贵族学校）
    - 鸿都门学（专门学校）
  - 地方
    - 郡国——学
    - 县道邑——校
    - 乡——庠
    - 聚——序

1. 中央官学

汉代官学标志着我国封建官学制度的确立。汉代官学又分为中央官学和地方官学两大类。中央朝廷开办的有大学性质的太学，有特殊性质的鸿都门学、四姓小侯学等。地方官学按行政区划设置各有不同：郡国开办学，县道邑开办校，乡开办庠，聚开办序，其程度有高低之分。

（1）太学

汉武帝时，董仲舒曾有建议："养士之大者，莫大乎太学，太学者，贤之士所关也，教化之本原也，臣愿陛下兴太学，置明师以养天下之士，数考问以尽其材，则英俊宜可得矣。"[①] 公元前 124 年，汉武帝下令设立太学于都城长安，置博士弟子 50 人。太学的设立，标志着我国官立大学制度的确立，汉代太学，也是我国最早的以传授知识、研究学问为主要任务的最高学府。

太学由博士任教师。博士原为职官，汉博士的职掌有议政、制礼、藏书等，建太学后逐渐转化为教官。五经博士，通常每经 1 人。博士中的领袖在不同时期分别称为仆射或博士祭酒，由德高望重且学问渊博者担任。武帝时置博士 7 人，随太学规模的扩大，博士人数也不断增多，元帝时达 15 人，平帝时有 30 人之多。

西汉太学学生称"博士弟子"或"弟子"，东汉则称"诸生"或"太学生"。学生的选拔有两种方式：一是由太常直接选送，一是由地方郡县选送。最初的选拔较为严格，太常选送要求"十八岁以上，仪状端正"等，从郡县选送作为弟子的也需要"好文学，敬长上，肃政教，顺乡里，出入不悖"；随着太学规模的逐渐扩大，对于太学学生选拔的条件也变得越来越宽松，对年龄和家庭条件等都不再有特别的限制。

太学的设立是汉武帝"独尊儒术"政策的重要内容。其教学内容以五

---

① 《汉书·董仲舒传》。

经为限，儒家经典是主要的教材，主要传授儒学中的今文经学。太学生的出路各有不同。大部分仍体现了“学而优则仕”的宗旨。太学博士重师法和家法，有利于儒经的专门化研究，但是也形成了各立门户、思想束缚的弊端。太学在教学方式上有所创新，由于发展到一定程度后师生比例悬殊，个别教学的方式无法适应，因而采取了大班上课的形式；同时也由高年级学生辅导低年级学生，弟子相传，讨论问难。太学非常重视自学和考试，提倡自学的传统为后代的书院所继承，考试基本上采取“设科射策”的形式，即由主考官设问题若干，由被试者抽题进行回答，然后根据学生水平的高低，授予其不同级别的官职。

太学初建时规模很小，只有 50 名学生。但随着官僚中儒生越来越多，进一步推动了儒学教育的发展，太学规模乃不断扩大，昭帝时增至 100 人，宣帝时达到 200 人，元帝时进一步发展到 1000 人，西汉末年时学生有数千人。到东汉，成帝时学生增至 3000 人，哀帝、平帝时太学弟子达到了 7000 多人。王莽时期征召数千学者至京，修建了多达万区的学舍，容纳太学生 18000 余人，可谓盛极一时，出现了“诸生横巷”的局面。

东汉和帝之后，由于外戚和宦官的势力不断增大，政治非常黑暗，太学的发展很不稳定，太学生也参与到政治斗争中去。顺帝时，破败的太学得到修缮，太学生的待遇改善，除了由太常和郡县选送太学生之外，又增加了公卿子弟和明经下第两种学生来源，因此，太学生的数量急剧增加，但太学的教育质量并没有随之相应提高，而是出现了“章句渐疏，而多以浮华相尚”的倾向。太学的发展表现了封建国家进一步加强统治的需要。

（2）鸿都门学

鸿都门学创办于东汉灵帝时（公元 178 年），因其校址位于当时京城洛阳的鸿都门附近而得名。它在性质上相当于当代的文学艺术专科学校，其学生均由三公推荐入学。

东汉末期，统治阶级内部各集团的地位发生了变化。宦官集团虽然拥有强大的政治势力，却因为出身卑微、文化修养不高而在名望上处于弱势。为了提高自己的地位，宦官们设立鸿都门学，专门招收有写作尺牍、辞赋能力以及善于书法绘画的人当学生，以“书画辞赋”等所谓“小才”，来与太学和儒家重视“匡理国政”的做法相对应，争取自己在文化教育上的权力。

鸿都门学客观上打破了汉代以儒经一统天下的局面，首创了专科性质的学校，为南北朝至隋唐各种专门学校的出现开了先河，在教育史上具有重要意义。

(3) 宫邸学

宫邸学是设于宫廷中的学校，可以分为两类：一类是东汉明帝始建的供太子、诸侯、外戚贵族及功臣子弟学习儒家经典的贵胄学校。另一类是为宫人设立的学校。前一类贵胄学校特指为外戚樊、郭、阴、马四大氏族子弟所办的“四姓小侯学”，其师资和设备都很好，教育质量比较高。

这类学校是封建贵族特权的产物，也是统一思想加强皇权的一种工具。

2. 地方官学

汉代地方行政制度是分封与郡国并存。“皇子封王，其郡为国”，“列侯所食县为侯国”（《后汉书·百官志》）。一国的首长为王或侯，一郡的首长为守。郡国之下，为县、道、邑，其长官万户以上的称令，万户以下的称长。若干郡国之上又设州，州设刺史。但刺史多监察性的，并无实权。县、道、邑下又设乡、亭、里，各地均设官学，地方学校较为发达。

汉代地方学校的设立要早于中央官学，开始于汉景帝时期。景帝时，蜀郡（今四川）尚属蛮荒之地，文翁被任命蜀郡太守之后，希望能够开启该地蒙昧，便派遣十多个小吏到京师太学学习经传或律令，待其学成归来之后根据成绩委以优差。后来他又在当地开办官学，招收辖区内子弟入学，学成后量材任用。蜀郡的教化面貌一时大为改观，经济也随之发展。这就是著名的“文翁兴学”。汉武帝对文翁的做法颇为赞赏，下诏天下郡国仿照文翁的方式兴办学校。

汉元帝时开始设立郡国五经百石卒吏，管理地方官学。至平帝时，各级行政单位都设立学校，大致分为四级：郡国设学，县邑设校，乡设庠，聚设序，每一学、校设经师一名，每一庠、序设孝经师一名，地方官学日趋制度化。经过这一系列的措施，汉代地方学校发展迅速，“四海之内，学校如林，庠序盈门”。在各地官学成绩优异者可升入太学。地方官学除了向中央选拔推荐优秀学生之外，主要还培养本地的属吏，并举行地方性的活动来推行道德教化。但是当时地方官学的讲学活动尚不具备经常性和正规性，很多地方只在某一时令对百姓进行召集以给予教育。

由此可见，封建官学制度在西汉时期形成了基本格局：分中央官学与地方官学两类；有初等教育、中等教育和高等教育三级。以儒学为主体，兼有其他专业的教育。

（三）汉代私学的发展

私学自先秦初创开始，就表现出了强大的生命力。秦朝虽然压制禁废私学，但私学不可能完全消亡。汉初官学制度建立之前，私学教育几乎承担了所有的教育任务，使得中国的古代教育从未中断，一些重要的文化典籍、科学知识也因此得以保存和传播。官学制度建立后，私学并没有削弱，反而更加发展了，官学和私学互为补充、互相促进。

汉代私学的发展有着多种原因。首先，官学的数量和规模有限，对于就学资格和学生数额限制较严，且对于偏僻地区来说路途遥远，在不同的时期还有兴有衰，他们并不能完全满足一般地主的需要。其次，汉代士大夫阶级往往利用教书宣扬政治主张，如董仲舒到晚年之后，就专心于著书讲学，有些还利用其拉拢社会关系，统治者也积极鼓励私学的发展，私学的规模和招生范围空前扩大。第三，由于对社会动乱和政治斗争的恐惧，一些名儒不愿意出仕，便在家乡组织私学，招致大量门徒；另外，在今文经学和古文经学的激烈斗争中，古文经学家在官学中无立足之地，便多进行私人讲学。由于太学与私学的内容皆以儒经为主，在私学出师之后，同样可以追求仕途，所以私学受到许多人的拥护，十分繁荣。东汉时由于统计集团内部斗争日益激化，且古文经学之争也越发激烈，因此私学更加兴盛。《后汉书》记载："若乃经生所处，不远万里之路；精庐暂建，赢粮动有千百。其耆名高义，开门授徒者，编牒不在万人。"① 当时，的确有不少学生不远千里去求学的，民间经师的门徒少则数百，多则成千上万，像马融、蔡玄、李膺等鼎鼎有名的私学大师，著录者超过万人。

由于汉代整体采取"独尊儒术"的文教政策，并且只有熟读儒家经典，才能在政治方面找到出路，因而儒学也成为私学的主要教育内容。与此同时，在汉代较为宽松的政策氛围下，天文、医学等类型的私学也得到了发展。私学有了较为固定的场所，并有较明显的程度划分。其教学方法基本沿用春秋以来的个别教学方式，但由于学生多教师少，也出现了类似近代"导生制"的教学方式，即由程度较高的弟子向程度较低的弟子传授。如董仲舒的弟子就"次相受业，或莫见其面"，马融的弟子也是"以次相传，鲜有入其室者"。

汉代私学的场所按阶段可以分为书馆和经馆两种。书馆又称书舍，是属于蒙学性质的教育，其教师称"书师"，儿童入学的年龄约为八九岁。书馆前期主要教授识字和书写，也传授一些数学常识。使用的教材主要有《仓颉篇》、《凡将篇》、《急就篇》、《元尚篇》等字书，其中保存至今、流传最广的是《急就篇》。更高一阶段的书馆教育重心就转到了儒家基础教育，其机构又称乡塾，教材使用《孝经》、《论语》等，偏重培养学生的思想道德，也是为专经教育作准备。书馆主要实行个别教学，注重口授和背诵。

---

① 《后汉书》卷七九下《儒林传论》。

经馆，又称精舍、精庐，是汉代私学的专经学习阶段，执教者通常为名师大儒，如董仲舒、王充、马融、郑玄等，其程度相当于太学，学生在其中可以专攻一经或数经。汉代的经馆实际上是后世书院的历史渊源。

（四）今古文经学之争

汉代儒学又可以分为今文经学和古文经学两大流派。

公元前191年，汉惠帝下令解除民间挟书之禁，并征收天下遗书。所征经籍可以分为今文经和古文经两类。今文经指凭记忆、背诵、口耳相传下来的，以汉代流行的隶书书写的经书；古文经则是以先秦文字写成的儒经。所依据的经书版本和写作文字的不同，是今古文经学形式上的差别，也是其浅层次的差别，其实质上的差别则主要体现在二者治经的思想不同。

今文经学认为《六经》为孔子本人"托古改制"所作，研究和传授六经偏重阐述"大义微言"，实将其作为主观臆断的托词，旨在从六经中获得治理国家的秘诀，有浓厚的政治意味，直接为统治者的现实政策服务。为了迎合统治者需要，今文经学还在儒学中糅入了阴阳五行的思想，谶纬附会，带有功利和迷信色彩。古文经学则尊奉孔子为史学家，重本源、详考据，经书使用先秦的古文字书写，研究经籍中的名物训诂，考证典章制度，强调经学的历史文献价值，主张遵循孔子"信而好古，述而不作"的原则。古文经学有较多的学术意味，却表现出保守、繁琐的倾向，相对游离于现实。

古今文经学之争有着深刻的社会政治背景。汉代太学为今文经学派所垄断。今文经学早于古文经学，在西汉初期的汉武帝时就立有博士，得到统治者的提倡。而古文经学则是经西汉末期刘歆的鼓吹才开始流传。在西汉，今文经学符合当时统治者的要求，受到他们的扶植和赏识，垄断了太学并和仕途结合在一起，占据主导地位。东汉时，古文经学不断发展，但直到汉末今文经学都牢牢掌握太学控制权。东汉末年，郑玄综合今古之趋势，主张古今兼采，择善而从，使得经学研究逐渐摆脱了门户和宗派纷争的成见。

三、选士制度

汉朝统治者接受了董仲舒"广取士"的建议，十分重视人才的培养和选拔。汉朝初期选拔人才通常采取学校制度和选举取士制度结合的方法，然而中央太学的学生数量很少，地方学校的学生能得到官职的机会则相对要小得多，另外还有相当大数量的私学学生需要获取得以任命的途径。因此，两汉时期主要采取另一种选士制度，即察举制。

公元前196年，汉高祖即下诏郡国求贤。然而察举制的初创则是从汉文帝开始的。公元前177年，文帝下令“举贤良方正能直言极谏者，以匡朕之不逮”，并亲自出题策问，要求对时政提出建议，但当时并未规定荐举的期限和人数。武帝时多次诏举“贤良方正”，董仲舒就是在公元前140年连对三策得到赏识。汉朝还诏举“孝廉”和“秀才”（光武帝时避刘秀讳称茂才），察举取士的范围有所扩大，并开始建立一岁一举的常科，察举作为比较完备的定制确立起来。

所谓察举，就是指乡举里选，由下而上层层推荐。或者由地方官推荐，中央核准，然后由皇帝亲自策问，对优异者加以录用。察举的科目最初比较单一，后来逐渐增多，两汉比较通行的有：孝廉、茂才、贤良方正、文学、明经、明法、尤异、治剧、兵法等。这些科目大体可以分为常科和特科：孝廉为主要的常科。西汉时秀才属特举，东汉则改茂才为岁举。特科包括贤良方正、贤良文学、直言极谏、童子科等。常科一岁一举，特科不定期举行。取士名额随时期和科目有变动，如西汉时孝廉的名额是每郡1～2人，东汉改为每20万人岁举1人，特科的随意性较大。不同科目的标准也不同，但都要求符合儒家的德行道艺，重声名，其实质是以儒术取士。

察举制标志着统治者由重军功向重治术的转变，有利于文官制度的完备。对士人关心国家产生过积极影响，也有利于形成尊重人才，注重德行的世风。但是由于最初的察举权分散掌握在地方官吏手里，虽然对于选举不实者一旦查出惩罚非常严厉，但对于察举的监督在当时的条件下难以彻底贯彻。又因推荐条件重名誉和舆论，缺乏客观的标准，任人唯亲、滥举的做法时有发生，有很多弊端。它是整个封建社会选士制度的最初阶段，也是不甚成熟的阶段。

除察举制外，汉朝还曾实行征辟制。由皇帝下诏直接聘用人才为“征”；由公府、郡县诏举掾属或曹僚，先进行试用，继而考察其德行才能，重新量材任用成为“辟”。

秦汉是我国封建社会的开端和初步发展时期，秦朝统治时间较短，教育方面也没有什么建树。两汉政治统一，经济发展，封建国家机器日趋完善，教育上完成了从“以吏为师，以法为教”到“独尊儒术”重视德行的转变，确立了儒家思想在中国封建社会长期的统治地位，官学和私学互为补充，在教育制度方面为后世学校制度提供了基本格局。在这一时期，中国的文化教育初步定型，在教育史上意义重大，影响深远。

第二节　魏晋南北朝时期的教育

一、魏晋南北朝的教育发展

东汉末年政治黑暗，割据势力连年混战。公元220年，曹丕废汉献帝自立，建立魏国，定都洛阳。接着刘备称帝蜀国，孙权建立吴国，天下遂成三足鼎立之势。公元263年，司马氏废魏立晋（西晋），公元280年，西晋重新统一天下，但政权不稳，316年，西晋亡。北方为十六国割据政权。南方司马睿于317年建都建康，是为东晋。420年东晋灭亡，南方相继建立宋、齐、梁、陈四朝，史称南朝。439年北魏统一北方，后分裂为东魏、西魏，演为北齐、北周，史称北朝。公元581～589年，南北统一于隋朝杨坚。此三百多年为民族大分裂、大动乱的时期，封建王朝频繁更迭，割据政权林立，国家长期动乱和分裂，但这一时期也是民族大融合的时期，各个少数民族政权实行汉化政策，纷纷采用儒家文化和政治制度，在服饰、习俗、经济生产方式等方面也逐步汉化。

两汉时期，封建国家大一统的形态为儒学的独尊地位提供了得天独厚的土壤。然而自东汉末期以来，大规模的土地兼并使得拥有很大势力的士族集团形成，社会矛盾进一步复杂化。魏晋南北朝时期，社会动荡不安，战乱不断，政策朝令夕改，使得儒学的一尊状态被打破，多种思想文化活跃起来，佛教广泛传播，道教不断发展，玄学兴盛一时，由此形成三教并行的局面。在这种社会条件下，学校教育也发生了明显的变化，官学系统时断时续，且频繁变更，但有些制度却是隋唐的先声。

（一）官学

魏晋南北朝时期官学的主要特点是时兴时废，又因政权更迭频繁，官学发展曲折，头绪也非常混乱，难以勾勒出其准确和完整的轮廓。比较明确的是，儒家经学作为士族地主阶级统治的思想依据，仍然在官学系统中居于统治地位。这一时期官学改革的重大事件主要包括五经课试法的实行、国子学的建立、分科设学等等。

1. 中央官学

（1）太学

曹操于建安二十二年（217年）在邺城南建泮宫，以恢复官学。曹丕称帝后，于黄初五年（224年）在洛阳立太学，置经学博士，同时在太学实行五经课试法。这一方法规定：初入太学者称门人，两年后通一经转为正式弟子，不及格者罢遣；此后每两年试一经，通二经者补文学掌故，通三经者为太子舍人，通四经者为郎中，通五经者擢高弟叙才录用。每试不及格者可以随下一级再试，也可以直接分派工作。这种方法规定了不同程度学生的学习内容，并且使学校教育中的定期考试制度和人才的选拔结合了起来。而转为正式弟子前先为门人，首创了我国大学预科的做法。魏文帝之后，明帝等依然把儒学作为主要教育内容。值得注意的是，与两汉今文经学统治官学的状况不同。儒家经典中的古文经学在魏朝的官学制度中占据优势。蜀吴也恢复了官学。西晋泰始八年（272 年），晋武帝整顿太学，将原有的 7 千多学生淘汰到 3 千。太学设博士 19 人，学生除正式学生外，还有门生、散生、寄学、寄学陪住等。东晋以后，虽常有兴学之举，但太学与西晋相比也不能及。南北朝时期，颇值得一提的是北魏，推行崇儒重教的政策，太学也因此有较大的发展。

（2）国子学

晋武帝咸宁二年（276 年），晋武帝于太学之外另建了国子学。四年（278 年），“定置国子祭酒、博士各一人，助教十五人。以教生徒”（《晋书·职官志》）。惠帝元康元年（291 年）明确规定：五品以上官员子弟入国子学，六品以下子弟入太学。这是后代国子寺（监）的前身。

随着太学、国子学的分立，太学成为普通地主阶级就学的场所，国子学成为一种专为士族子弟设立的贵胄学校。它是魏晋时期士族阶层享有政治、经济特权在教育领域的直接反映，说明封建学校教育的等级性在进一步加强。后世的国子监即源于此。两晋官学仍以经学为主要内容，且与魏朝相同，依然为古文经学所垄断。

（3）四学馆

南朝宋文帝提倡兴学。元嘉十五年（438 年），征召名儒雷次宗开儒学馆，第二年，又使何尚之（丹阳尹）立玄学馆，何承天（太子率更令）立史学馆，谢元（司徒参军）立文学馆，各依专业招收学生，传道授业。这样就建立了儒、玄、文、史四馆，合称“四学馆”。四学馆从制度和教育内容上都打破了汉以来儒家经学教育的单一局面，学校的性质和功能开始多样化，对促进中国古代教育制度和教育内容的多样化起到了积极作用。

（4）总明馆

南朝宋明帝秦始六年（470 年）下令立总明馆（又名东观），分为儒、道、文、史、阴阳五部学，实际上乃是在综合性大学内实行分科教学的制度。

(5) 皇宗学

北朝时，魏崇儒重教，尤其是孝文帝继位之后，设博士以教皇子皇孙，专门设立皇宗学，突出了皇族的教育。

(6) 四门小学

北朝北魏太和二十年（496年），立四门博士，于四门置学。这是设于都城四门的小学。北齐亦设有四门学。

(7) 律学

魏晋时置律学博士。北方十六国时后赵设律学祭酒，后秦“立律学于长安，召郡县散吏以授之。其通明者还之郡县，论决刑狱”（《晋书·姚兴传》）。这是中国律学之始。南朝梁武帝天监四年（505年），设胄子律博士，传授法律知识，教学对象主要为在职官吏。陈承梁制。北朝的北魏、北齐、北周都设有律学博士，掌教刑律。

另外，佛学、算学、书学、医学等专门学校也创建了。这些专门学校影响了隋唐时期的专门学校和分科教学制度。

为对这一时期的中央官学有较明晰的了解，我们将之归结一下：

三国：太学；
魏晋：太学、国子学；
　　　书学（东晋，专科学校）
南北朝：普通：太学、国子学、皇子学等
　　　　专科：律学、医学等
　　　　综合：四学馆、总明观
　　　　小学：四门小学
南朝：宋：普通：太学、国子学
　　　　　综合：四学馆、总明观
　　　　　专科：医学
　　　齐：普通：太学、国子学
　　　梁：普通：太学、国子学
　　　　　综合：五馆、雅集馆、士林馆
　　　　　专科：律学
　　　陈：普通：太学、国子学
北朝：北魏：普通：太学、国子学
　　　　　　贵族：皇子学（皇宗学）
　　　　　　小学：四门小学

北齐：普通：太学、国子学

　　　小学：四门小学

北周：普通：太学、麟趾学

　　　贵族：露门学、虎门学

　　　专科：通道观

2. 地方官学

西晋时期，地方官学也时有发展，多赖个别地方官员的提倡，不成制度。

北魏献文帝天安元年（466年）普遍设立州郡学，建立了州郡学校教育制度。“大郡立博士二人，助教四人，学生一百人；次立博士二人，助教二人，学生八十人；中郡立博士一人，助教二人，学生六十人；下郡立博士一人，助教一人，学生四十人。博士取玻关经典、世履忠清、堪为人师者，年限四十以上。助教亦于博士同，年限三十以上。若道业夙成，才任教授，不拘年齿。学生取郡中清望，人行修谨，堪循名教者，先尽高门，次及中第”（《魏书·高允传》）。可以看出，地方官学制度较南朝时进一步完善。

北朝统治者利用儒家学说维护统治，培养为封建统治服务的人才，加快了少数民族汉化和封建化的过程，促进了民族之间的融合，有利于历史进步。

（二）私学

魏晋南北朝时期社会动荡，朝代更迭，社会思潮却异常活跃，各种思想在统治者无暇顾及的状况下自由发展，使得私学继战国“百家争鸣”之后再度繁荣，玄学和佛学的兴起，儒学和道学的发展，大大丰富了私学的内容。而私学的繁荣，反过来又推动了儒、佛、道、玄各家思想的合流，促进了学术思想的发展，也促进了各民族之间的融合。这一时期著名的讲学大师有魏国的国渊，吴的虞翻，晋朝的范平、杜夷，南朝的雷次宗，北朝的刘献之等。

儒学虽然丧失了一尊的地位，但仍然是私学的重要内容。博通五经的隗禧、学士渊博的范平都是讲授儒经的著名代表。但在这一时期，儒家思想中已经吸取了部分佛、道、玄的内容，显现出了合流的端倪。

佛教公元前6～5世纪创立于印度，于东汉末年传入我国，两晋南北朝时期得到很大的发展。佛教的私学可以分为居士授徒和寺院讲经，尤以后者影响深远。两晋南北朝时寺院多达数千所，以僧侣为师，诵经讲经，传授教义的活动非常盛行。

道教是中国土生土长的宗教，创立于东汉末年，两晋南北朝时期获得发展。道家私学的代表人物有谥号“玄虚先生”的宋纤和“不修经典、劝教但以至道虚无为宗”① 的张忠等。

玄学是勃兴于魏晋南北朝的一种社会思潮，它与道教共同以老子为宗，把《老子》、《庄子》和《周易》合称“三玄”，继承了“自然”、“无为”的观念，却又吸取各家精神，发展为一种独特的思辨哲学。玄学又可以分为正统派、异端派等，他们经常相聚辩论，崇尚清谈。其代表人物有嵇康等。在教育思想方面，产生了与儒家礼教对立的放任思想，主张“超名教而任自然”等。

魏晋南北朝时还出现了综合性质的私学，如《南史·徐伯珍传》记载，徐“好释氏、老庄，兼明道术。……受业生凡千余人。”兼有佛教和道教的内容。《南史·周续之传》另载，周“通《五经》……既而闲居读《老》、《易》，入庐山事沙门释慧远”，后召集生徒，诸学并授。雷次宗等也是开设综合性质私学的代表。这些私学反映出了各种社会思潮互相吸纳、融合的趋势。

（三）家庭教育

魏晋南北朝时期家庭教育有了很大的发展。研究家庭教育的著名人物为梁朝金陵人颜之推，其代表性的著作有《颜氏家训》一书。《颜氏家训》共有 20 篇文章，系统阐述了颜之推教导子孙为人处世治学的方法。它不限于教育一家之子弟，也曾被当时的士族阶层用以教育子孙，并成为之后各朝家庭教育的重要教材，它是研究封建社会家庭教育的重要材料，在家教方面有很多有价值的见解。

颜之推非常重视家庭教育的作用，他说：“同言而信，信其所亲，同命而行，行其所服。”“禁童子之暴谑，则师友之诫，不若傅婢之指挥；止凡人之斗阋，则尧舜之道，不如寡妻之诲谕。”② 认为家庭教育能够起到学校、师友、圣贤所不能代替的作用。书中很多篇章讲到了有关家教的问题。

他首先提出家教要从幼儿时期开始，用民间谚语“教妇初来，教子婴孩”来做比喻，认为幼儿期是奠定基础的重要阶段。早教优于迟教：“人生小幼，精神专利；长成已后，思想散逸，固须早教，勿失机也”，甚至已经非常重视胎教：“古者圣王有胎教之法”。颜之推认为家教的主要内容是语言、道德和立志，要尽早教儿童说话。他主张要严慈结合，处理好爱护和

① 《晋书·张忠传》。

② 《颜氏家训·序致》。

管教的关系。“父母威严而有慈，则子女畏而生孝矣。”父母对子女既要严格要求，又要关怀爱护。他信奉体罚的方法，认为鞭笞可以提高威信，这一点是没有可取之处的。颜之推还非常重视环境对子女教育的影响。他说：“人在年少，神情未定，所与款狎，熏渍陶染，言笑举动，无心于学，潜移暗化，自然似之，何况操履艺能，较明易习者也？是以与善人居，如入芝兰之室，久而自芳也；与恶人居，如入鲍鱼之肆，久而自臭也，墨子悲于染丝，是之谓矣。君子必慎交游焉。”①

颜之推所处的时代，官学衰落，士族子弟的教育基本上在家庭内部完成，家庭教育是士族教育的基础，故《颜氏家训》一书对时人进行家庭教育起到了很大的积极作用。

二、魏晋南北朝的选士制度

东汉以来社会上出现了土地兼并的现象，到魏晋南北朝时期已经形成了大地主门阀氏族集团，他们掌握着政治、经济的特权。另外，东汉末年社会动荡，战火连绵，秦汉的行政区划被破坏，汉代“乡举里选”的察举制已经难以执行。在这种情况下，魏晋南北朝时期实行了新的选士制度——九品中正制。正如《宋书》记载：“汉末丧乱，魏武始基，军中仓卒，权立九品，盖以论人才优劣，非为世族高卑。因此相沿，遂为成法，自魏至晋，莫之能改。”

曹操掌权时，非常重视人才，唯才是举，曾连发三次求贤令。其子曹丕即帝位后，接受吏部尚书陈群的建议，开始实行九品中正制。

九品中正制又称“九品官人法”，它把被选的士按家世和才德分为九品三级，即上上、上中、上下、中上、中中、中下、下上、下中、下上等，由中正官为其分品第。一般来说，中正由中央官员中“德充才盛者”和“贤有识鉴者”担任。郡邑设小中正，州设大中正。小中正察访士人，了解其家世并考察其才德，做出评论，定其等级，然后将有关资料上呈大中正，大中正核查后上报司徒，司徒再核查后呈于尚书等官员酌情选用。品级每三年调整一次，中正官品评士人时须受到监督。

九品中正制是选士制度的革新，是察举制的发展。九品中正制的中正官由中央任命，而不再是地方官兼任，就加强了中央对选士权的控制。同时，中正官专司其职，选士工作相对独立，就在组织上为科举制准备了条件。九品中正制通过制定客观的评定标准，运用品评的手段，客观、公正、

① 《颜氏家训·慕贤》。

全面地考察人才，就克服了东汉以来察举制的一些弊病。但随着世族势力的扩张，中正官为权贵世族所担当，公正性无法保证，品评士人的标准也只注重门第家世，“上品无寒门，下品无势族”，忽视了本人德行才能的方面，也使得人们的等级观念越来越浓重。这种选士制度逐渐沦为封建世族维护统治的工具，“唯能知其阀阅，非复辨其贤愚”，使得一般知识分子失去了学习的积极性，不利于教育的发展。

在实施后期，九品中正制强化了经学考试和平等取人等，已经有了向科举“平等”取才过渡的苗头。隋朝时，科举制创立并发展，九品中正制退出历史舞台。

魏晋南北朝处于中国封建社会的两个高峰期，也是中国古代教育发展的两个高峰期——汉、唐之间，起着继汉开唐承前启后的作用，虽然社会动乱，可其教育并非一片黑暗，毫无是处，反而形成了多元化的文化，有其特殊的贡献。

第三节　隋唐时期的教育

一、隋唐时期的文教政策

公元581年，杨坚称帝，建立隋朝，589年，隋灭陈，结束了魏晋南北朝近400年的动乱割据状态，完成了中央集权，重新建立起统一的封建帝国，然而由于统治者的腐化暴虐，激起人民的起义反抗，公元618年，李渊建唐取而代之。唐初统治者吸取隋朝速亡的教训，一方面加强中央集权，一方面实行均田法，“轻徭薄税”发展生产。唐太宗认识到“水能载舟，亦能覆舟”的道理，体恤百姓，吏治清明，出现了历史上著名的“贞观之治”。唐玄宗继承了太宗的政策，使唐朝的国势达到了空前的盛况，史称“开元盛世”。在历届明主的统治下，唐朝逐渐出现了政治稳定、经济繁荣、文化发展的全盛局面，中国封建社会发展到了一个鼎盛时期。

魏晋南北朝时，由于社会动乱，思想自由，佛教和玄学兴盛，儒家失去了两汉时的独尊地位，一度衰微。隋朝统治时间虽然不长，但适应国家统一和中央集权的要求，已经开始恢复儒家思想的正统地位，重视对儒经的整理修订。唐朝统治者建国之初，吸取各朝经验教训，更加认识到儒家学说对于巩固和维护大一统政治的重要性，实行了重振儒术的文教政策。其具体措施包括：

提倡尊孔，唐高祖于武德二年在国子监设立孔子庙，唐玄宗追封孔子为“文宣王”；

提高儒生的地位，高祖“颇好儒臣”，下诏兴化崇儒，对儒臣加以重用，之后的几任皇帝也非常重视学儒之人；

注重整理儒经和生发儒家思想，唐太宗于贞观十四年（640年）诏令国子祭酒孔颖达会同诸儒整理五经，编撰《五经正义》，共成170卷，并几经考订，高宗时颁布天下，确立为全国官学的统一教材。《五经正义》打破汉代以来的“师法”、“家法”，折衷南学、北学，统一了经学思想和标准，基本结束儒家内部的派别之争。《五经正义》不但统一了儒学，也是第一部由官方颁布的经学教材。自唐至宋，科举科举明经考试皆以此为标准。唐玄宗还曾亲自注《孝经》，把孝悌作为礼教的基础；提倡孝道，重视礼教。

把儒经作为国子学、太学等主要学校的教学内容，考试内容仍然重视对儒经的考查，儒学修养成为科举的重要标准，等等。

但是与两汉的“罢黜百家，独尊儒术”不同，在重视儒家思想的同时，隋唐统治者并不限制其他学说的发展，反而鼓励扶植佛教和道教。

隋朝就提倡佛教，隋文帝和隋炀帝在各地建立寺庙，并由官府保护佛像，民间多佛经，毁坏佛像者皆为亵渎神灵，以恶逆论罪。至唐代时，许多皇帝都信仰佛教，宣扬佛法，修建寺庙佛像、迎佛骨的风气颇盛。贞观年间，太宗下诏译佛经，玄奘取经归来受到了他的亲自接见。高宗和武则天在位时，佛教得到进一步的发展。武宗时，甚至达到“十分天下之财，而佛有其七八”的地步。佛教的兴盛乃至泛滥，遭到了当时儒家一些代表人物的反对。

另外，因唐朝国姓为李，与中国土生土长的宗教——道教创始人老子同姓，老子被追奉为“太上玄元皇帝”，加之统治者希望得长生之道羽化升天，所以道教也得到了尊崇。魏晋时的玄学清谈与道教同宗，与道教融为一炉得以提倡。京都还专门设有讲习道教的崇玄学，以《老子》、《庄子》、《列子》等为教材。《老子》还成为科举考试的一部分内容。

佛教、道教寺庙建筑等的大肆修建，繁冗仪式的举行，浪费了大量的财力物力，占用了唐朝可以用于学校教育的资源，其思想也造成了麻痹人民的后果。但在当时来说，他们丰富了文化的内容，在文学艺术、建筑雕刻等方面也留下了很多宝贵的财富。

儒、佛、道三者的地位随着不同统治者的不同喜好有所变动，但从整个隋唐时期来看，是以儒为主体，佛道为两翼，三者互相交融，都得到了很大的发展。隋唐重振儒术，兼重佛道的文教政策，相对宽松和开明，对于促进当时文化教育的进步有着积极意义。

二、隋唐时期的教育发展

（一）官学

隋唐是我国封建社会发展的鼎盛时期，由于历届帝王的重视，教育发展也取得了前所未有的成就。官学是隋唐时期学校教育的主干，官学制度的完备也是隋唐教育的最大贡献。

两汉时我国的封建官学制度已初具规模，隋唐在因袭旧制的基础上，对其进一步发展完善。隋恢复了汉魏之旧制。教育制度上亦然。但隋也有不少创新，对后世特别是对唐有重要影响，初步奠定了唐代的教育制度的雏形。隋朝建立之初，就从中央到地方建立了一系列学校，并设立了国子寺，寺内设祭酒，专门负责管理中央官学包括国子学、太学、四门学、书学和算学等的工作。这是中国教育史上第一次由中央设立专门的教育行政管理机构和专门的教育管理人员，具有重要意义。隋炀帝时，改国子寺为国子监，但因各种社会矛盾激化，学校日益衰落。

唐朝统治者也非常重视学校教育。高祖于武德七年下诏兴学，“吏民子弟有识性明敏，志希学艺，亦具名申送，量其差品并即配学。州县及乡各令置学”。唐太宗上任时已经认识到，南北朝以来的大臣“无学业”，“不能识前言往形”，强调了学识的重要性。他增建校舍，大力发展学校。经过开国后一百多年的发展，唐朝的官学制度达到了相当完备的程度。与之前各朝的官学相同，依行政所属唐朝的官学也可以分为中央官学和地方官学两类。

1. 中央官学

隋朝的中央官学系统如下：

中央官学
- 普通：太学、四门学
- 贵胄：国子学
- 专科：书学、算学、律学

隋为加强对学校的管理，专门设立国子监。国子监初名国子寺，开皇二年（582 年）改国子学，隋炀帝大业三年（607 年）改为国子监。国子监下设国子学、太学、四门学三学，后又设书学、算学二学，共为五学。又在大理寺下设律学。在太医署和太仆寺下设医学。

唐代的中央官学可以说是此前官学的集大成，也是对魏晋以来各种学校形式的继承和发展，并加以系统化和完备化。

唐代官学从学校的管理机构来看：

- 朝廷
  - 东宫……崇文馆
  - 门下省……弘文馆
  - 中书省……太医署……医学
  - 尚书省
    - 礼部……国子监
      - 国子学
      - 太学
      - 四门学
      - 广文馆
      - 律学
      - 算学
      - 书学
    - 祠部……崇玄学

从学校性质来看：

- 中央官学
  - 普通学校
    - 太学
    - 四门学
    - 广文馆
  - 贵胄学校
    - 崇文馆
    - 弘文馆
    - 国子学
  - 专科学校
    - 律学
    - 算学
    - 书学
    - 医学
    - 崇玄学

国子学：初建于武德元年（公元618年）。学生为文武三品以上子孙、从二品以上曾孙、勋官二品县公，京官四品带三品勋封之子。学生名额300人。学习内容主要是《周礼》、《仪礼》、《礼记》、《毛诗》、《春秋左氏传》五门专业，兼习《周易》、《尚书》、《春秋公羊传》、《春秋谷梁传》、《论语》、《孝经》等。暇习隶书，读《国语》、《说文》、《字林》、《三苍》、《尔雅》，间习时务策。国子监，设祭酒1人，为最高的教育行政长官，设司业2人，帮助祭酒掌管儒学之训导。隶属于国子监的学校包括：国子学、太学、四门学、律学、书学、算学和广文馆。

太学：建于武德元年（618年）。学生为文武官五品以上子孙等。学生名额500人。学习内容与国子学大体相同。

四门学：建于武德元年（618年）。学生名额1300人。其中500人为勋官三品以上无封、四品有封、文武七品以上子；另800人为庶人之俊秀者（即俊士）。学习内容与国子学大体相同。

律学：建于武德元年（618年）。学生为八品以下子及庶人之子通其学者。名额为50人。学习内容以律令为主，培养掌握律令的专门人才。

书学：建于贞观二年（627年）。学生同律学。名额30人。学习内容以《石经》、《说文》、《字林》为专业，兼习其他字书。书学培养通晓文字精于书法的官员。

算学：建于贞观二年（627年）。学生同律学。名额30人。学习内容妇女为两种专业：一为《九章》、《海岛》、《孙子》、《五曹》、《张邱建》、《夏侯阳》、《周髀》、《五经算》；一为《缀术》、《缉古》。同时都兼习《记遗》、《三等数》。算学培养天文历法、土木工程方面的计算人才。

广文馆：建于天宝九年（750年）。学生是准备进士科考试的人员。西京广文馆有60人，东京广文馆有10人。学习内容与进士考试相关。

崇玄学：建于开元二十五年（737年）。西、东两京学生各100人学习内容为道家经典《道德经》、《庄子》、《列子》、《文子》等。

弘文馆：建于武德四年（621年）。初名修文馆，武德九年改弘文馆。学生30人。生源为皇帝和皇太后宗亲、京官职事正三品供奉官三品子孙、京官职事从三品中书黄门侍郎子。学习内容为书法，兼经史，其他同国子学。

崇文馆：建于贞观十三年（639年）。初名崇贤馆。学生20人。生源、学习内容同弘文馆。

医学：分医、药二部。药学学习中药的识别、栽培、贮存、炮制与配伍处方等技术。设有药园。医学分医、针灸、按摩、咒禁四科。

医科：学习《神农本草》、《脉经》、《针灸甲乙经》等。分体疗（7年）；疮肿（5年）；少小（5年）；耳目口齿（4年）；角法（3年）五个专业。

针学：学习《素问》、《黄帝内经》、《明堂》、《脉诀》、《赤乌神针》、经脉图谱，九种针法。

按摩：学习消息导引之法，学会治疗风、寒、暑、湿、讥、饱、劳、逸等八种疾病，并兼习正骨术。

咒禁：学习以咒禁祓除邪魅。

此外，还有太乐署、鼓吹署、教坊、梨园，是音乐机构，也具有音乐教育的功能；太卜署教习卜筮；太仆署教习兽医；司马台教习天文历法等。

唐代官学有博士、直讲、助教等专门负责教学工作。他们对入学资格有严格的固定：国子学须文武三品以上子弟方可就读，太学须文武五品以上子弟，四门学须文武七品以上子弟及庶人之俊异者，书学、算学、律学的对象为八品一下子弟及庶人之通其学者等等。其招生人数也各有不同，如国子学招收300人，太学500人，四门学1300人等。

2. 地方官学

唐代地方行政区划继承隋朝传统，实行州县两级管理，地方官学设有京都府学、大中小都督府学、上中下州学、京县学和上中下县学，其按内容主要分为三类：经学、医学和崇玄学。各种学校的教师都有定制，招生数额也有具体规定，如京都学可以招收80人，而下州医学仅可招收11人。地方官学毕业的学生，可以升入中央四门学继续学习，也可以直接参加科举考试，甚至可以到地方上做一些很小的官吏。唐代的地方官学由长史负责管理，逐步趋于正规化。

（二）私学

隋朝的大儒王通、刘焯等都是著名的私学创办者，门生众多，其中不少成为唐代的开国名臣，如魏征、房玄龄等，撰有《五经正义》的孔颖达也曾为刘焯门生。唐代明文鼓励私人办学，但是相对于发达的官学体系来说，唐代的私学显得相对消沉，不是那么引人瞩目。值得一提的是，唐朝的很多著名文学家都是私学的创办者，如韩愈、柳宗元等都曾招收生徒。唐代是我国诗歌发展空前绝后的时期，学习吟诗作诗也成为当时私学一个重要的教育内容。

（三）隋唐教育发展的特点

隋唐是我国封建社会的鼎盛时期，其教育的发展达到很高的水平，表现出以下特点：

(1) 学校种类繁多，学制体系完备。官学教育是唐代教育的主干，在唐代的学校中，既有专门传授儒经的学校，也有专科或实科性质的学校，学校种类大大扩展，同时从中央到地方建立起了一整套完备的学制体系。

(2) 管理方式有了突破，出现了专门的教育行政机构，学校教育日趋规范化和系统化，封建等级性加强。隋唐设立了专门的教育行政机构国子监，加强了中央对于教育的领导，在具体管理上实行中央和地方分级管理。

对各级各类学校建立了初步的学级学则规定，开学典礼、假期安排、升进和罢退等都有了明确的规定。唐朝还对各级学校的招生资格做了明文规定，将教育的等级性制度化和合法化。

(3) 儒学占主导地位，兼有各种专科或实科学校，医学的发展受到了重视。在隋唐的教育内容上，儒家经学仍然占据主导性的地位，可供学习的儒家经典极其丰富，但与此同时，各种专科学校也得到了长足的发展，中央和地方还都设立了医学，医学教育受到了前所未有的重视。

(4) 一些学校集教学、研究和行政职能于一体。如崇玄馆除了研习道家玄学，也参与僧尼和道士的管理，而弘文馆和崇文馆也掌管经籍图书等。太医署、司天台、太卜署等属下的学校也多兼有教学、研究和行政的职能。

(5) 官学教育和科举制度紧密联系，学校在一定程度上为科举考试服务。唐朝各级学校的学生是科举考试考生的重要来源，随着科举制度的发展，官学教育的内容也围绕科举而展开，逐步丧失自己独立的地位。

三、隋唐时期的科举制度

科举即分科选举，是指通过逐级考试的方式来选拔人才。它从隋朝产生到清末废止，共沿用了 1300 多年的历史，是我国历史上持续时间最长，影响最大的取士制度。

魏晋南北朝时所采用的九品中正制度，重门第而不重才学，造成选士大权为少数士族所垄断的局面。随着隋朝建立，士族制度崩溃，庶族地主力量增长，要求得到政治权力；而新建朝代要巩固统治又必须招揽大批人才。因而隋文帝立国之初就明令废止九品中正制，实行过贡举和“以志行修谨、清平干济二科举人”的制度。根据杜佑《通典》和朱熹《通鉴纲目》的记载，隋炀帝大业二年（公元 606 年），始设进士科，这标志着科举制的正式产生。由于隋朝时间短暂，科举并未受到足够的重视。至唐朝时，经过诸位皇帝尤其是太宗和高宗当政时的发展，科举逐渐成为一整套系统的制度，在中国封建社会发挥了巨大的作用。

(1) 考生来源　《新唐书》中记载：“唐制，取士之科，多用隋旧，然其大要有三。由学馆者曰生徒，由州县者曰乡贡，皆生于有司而进退之。……此岁举之常选也。其天子自诏者曰制举，所以待非常之才也。”由此可见，唐朝考生主要有三种来源：由各学校考试合格选送到尚书省考试的称为“生徒”；不经学馆而自己报考，经过州县考试继续参加上级考试的称为“乡贡”；才智出众由皇帝亲自下诏参加朝廷考试的称为“制举”。其中前两者为科举考试的主要生源。

（2）报考方法　生徒：“每岁仲冬，州、县、馆、监举其成者，送至尚书省。”学生首先通过每年冬天校内举行的毕业考试，合格者报送中央尚书省礼部，即获得参加礼部试（省试）的资格。毕业考试比较严格，中央官学的学生，由国子祭酒、司业、监丞等负责考试，再由祭酒复核、选拔。地方官学的学生由兼管地方教育行政的长官考试筛选。

乡贡：“乡贡，皆怀牒自列于州县”。就是说，考生先持证件在本县报名，由县令考选后，再由州刺史复核，然后举行乡饮酒礼，隆重贡送其到中央尚书省礼部，准备参加礼部的考试。乡贡每年十月，随地方向京师贡送粮税等物产一起解赴朝廷。

生徒和乡贡分别报到尚书省后，都要填写自己的姓名、三代履历和保结，经户部审查后，再将名册送至礼部，然后由礼部定期命题考试，即省试。省试一般春季三月、四月在京师举行。省试通过后再参加吏部试，然后才可以授官。

（3）考试科目　科举考试主要可以分为定期举行的常科和根据需要不定期举行的制科或称特科。常科主要设有秀才、明经、进士、明法、明字、明算等科目，并非一直举行的还有一史、三史、开元礼、道举、童子等。制科考试由皇帝亲自主持，主要用以招收特异人才，著名的制科有贤良方正等。除了常科和制科以外，武则天长安二年还开始举行武举，武举由兵部主持，考试的内容有射箭、负重等。武举的地位远比不上前二者。

（4）考试内容　唐代科举考试的内容和方法因科目不同而有所区别。秀才科考试内容为方略文理，注重博学才高，唐初秀才科最高，选拔较严，宁缺毋滥，每年所取不过一、二人，很难考取，唐太宗贞观以后，秀才名存实亡。明法、明书、明算的考试内容分别为律令、书法、算学，考选人数也很少。唐代学子们热衷的主要是明经和进士二科。

明经的考试内容为儒家经典。唐代把儒经分为大经、中经和小经三类。《礼记》、《春秋左氏传》为大经；《毛诗》、《周礼》、《仪礼》为中经；《周易》、《尚书》、《春秋公羊传》、《春秋谷梁传》为小经。明经科又有通二经、三经、五经之别，各于大经、中经、小经有不同要求。《论语》、《孝经》为共同必试。

进士科的考试内容也以儒家经典为标准，但在唐代不同时期曾有变化，总的来说，主要包括帖经、杂文、时务策、诗赋等。

（5）考试方法　科举考试有帖经、墨义、策问、诗赋五种方法。帖经是科举考试的方法之一，就是任意揭开一页经文，将其左右两边盖上，只露中间一行，再用帖盖三字，令应试者将帖盖的三字填出来。相当于现在的填空题。这种考试方法较简单，只要熟读经书，即可应对。是一种简单地考察记忆基本知识的方法。墨义以口试的方式进行，也叫口义，是对经典内容的回答，不需发挥，按原文对答即可。只要熟读经书和注疏，即可对答如流。相当于现在的简答题。策问也叫对策，就是提出有关经义或时事等问题，令应试者对答。起源于汉代。唐代用作科举考试的基本方法。要求应试者在熟知经、史的基础上，关心时政，运用经史知识，提出解决实际政治问题的策略和方法。在早期，策问能较好考察应试者的政治才能，但久之，因为题目陈陈相因，考生往往搜集及第者的对策而熟读背诵，以应付考试，已很难选拔有实际才能的人。诗赋就是要求应试者作诗制赋，考察其文学水平、文化修养和思想。

科举考试录取比例很低，考试的过程也很艰苦，但一旦及第便可谓飞黄腾达，非常荣耀，因而也吸引着一代一代读书人为之呕心沥血。

科举考试作为一种取士制度，其出现适应了时代的需要，有利于大量选用人才，打击贵族的特权，扩大当权者统治的阶级基础；对于平民的阶级分化和思想统治作用客观上也有利于加强封建王朝的向心力，巩固中央集权。较之于前代的各种选士制度，科举选士的范围扩大，标准明确，考试要经过层层选拔，内容涉及多个方面，及第之人需要具有一定的知识和见解，这就有利于促进社会上形成努力求学、积极向仕的风气，客观上也促进了学校教育的发展。另外，科举以考试成绩为标准取士，在一定程度上避免了私人的权力影响，保证了选士的相对客观，具有积极的意义。

但是，科举制也存在着很大的弊端，以至于发展到清朝最终为社会淘汰。这些弊端主要表现在：由于科举及第之后可以封官，实际上是知识分子进入官场的阶梯，因而在社会上形成了“万般皆下品，唯有读书高”的风气，世人求学的目的便是为了高官厚禄、光宗耀祖，学习态度有了偏差；科举的内容仅限于儒家的经典和华丽的辞章，禁锢了学术思想，也阻碍了科学的发展，而儒家经典只求死记硬背，不许变通，诗赋则要求严格的格律对仗，也扼杀了士人的创造性，脱离现实生活，形成了教条主义和形式主义的不良风气；科举考试虽然在形式上比较客观，但实际上贿赂考官、徇私舞弊等现象非常普遍，考试的成绩并不能代表考生的真正水平；除此之外，由于统治者越来越重视科举而轻视学校的独立发展，使得学校的一切教学活动和教学内容均围绕科举而展开，成为科举制的附庸。

第四章　中国古代教育的成熟与僵化（宋～清中期）

宋到清代中期是中国封建社会走向成熟和僵化的时期，君主专制的中央集权制度进一步强化并达到顶峰，社会经济繁荣昌盛，文化高度发达，但与此同时，封建制度越来越阻碍了生产力的发展和技术的进步，压制了思想自由和文化创新，这导致中国在迈向近代时遭遇了重大的挫折。

宋到清代中期，中国的教育也同样走向成熟和僵化，一方面中国的教育制度高度完备，教育内容、教育方法等发展，教育的政治、经济和文化功能强大，适应了社会的需要，促进了文化的繁荣；但另一方面，教育制度也变得十分僵化，特别是科举制度的高度发达，使得教育成为科举的附庸，在很大程度上限制了思想进步，妨碍了教育内容、教育制度、教育方法等的发展。

第一节　宋代的教育

公元 907 年，朱权忠篡唐，由此进入五代十国时期。960 年，赵匡胤发动陈桥驿兵变，陆续统一中原与江南地区。而与北方的辽、西夏、金政权并立。1127 年，金虏徽、钦二帝北去，赵构在临安称帝，建立南宋。

宋代鉴于五代十国之乱，实行重文轻武的政策，在制度上，以文制军，军事将领受文官节制，“宰相须用读书人”成为定制；在思想上，尊孔崇儒，重视文化教育。

一、宋代的文教政策

公元 960 年，赵匡胤发动“陈桥兵变”，推翻后周，建立宋朝，宋朝陆续打败了各路割据势力，结束了五代十国长期混战的局面，重新建立起统一的王朝。统治者认识到马上可以“得天下”，却不能做到马上“治天下”，采取了一系列稳定民心、发展生产的措施，它在经济上实行均田法，减轻赋税，鼓励开荒，农业有了一定的发展，手工业和商业也日益兴盛起来。

宋太宗指出："王者虽以武功克定，终须用文德致治"，为了巩固政权，宋朝进一步改变了重用武力的做法，把"文治"提高到超越武力的地位。在文化教育上，宋代承袭了唐代的基本政策和精神，重视利用科举考试选拔人才，提高了知识分子的地位。在思想上以儒学为主体，同时提倡佛道的发展。但与唐代相比，宋朝教育的对象范围更为扩大，对于身份品级的限制也放宽了。

宋朝统治者主张尊孔崇儒，宋太祖建国之初便亲自撰文赞扬孔子、颜渊等儒家代表人物，并重用儒臣。宋太宗即位后继续提高儒学的地位，规定选用人才"须通经义，遵周孔之礼"。宋真宗在位时，曾亲临孔庙行礼，谥孔子为"玄圣文宣王"、"至圣文宣王"，称颂孔子为"人伦之表"，他还命人校订《十三经正义》，作为学校的法定教材。

在强调儒学的同时，宋朝也兼提倡佛道，太祖、太宗等采取保护和支持佛教、道教发展的政策，在各地兴修寺院和道观，真宗时全国僧侣 46 万余人，而老子被封为"太上老君混元上德皇帝"，徽宗甚至任用道士直接参与政治，把《黄帝内经》、《道德经》列为大经，《庄子》、《列子》为小经，佛教和道教的地位都有很大提高。

宋朝统治者即尊孔崇儒又兼顾佛、道，使得儒、佛、道的思想体系逐渐融合，以儒家思想为主体、糅合佛、道思想的理学的兴起，即是这种融合的结果。理学，又称宋学、道学、新儒学和性理之学等。它以儒家的伦理思想为基础，融合了佛教和道教的思想，成为封建社会后期的统治思想。理学起于北宋、兴于南宋，逐渐发展为以二程和朱熹为代表的客观唯心主义学派和以陆九渊、王守仁为代表的主观唯心主义学派，前者史称"程朱理学"，后者史称"陆王心学"。理学的兴起是宋代文化教育领域的一个重要事件，在我国的教育史和思想史上具有十分重要的地位。

二、宋代的教育发展

（一）三次兴学

宋朝统治者非常重视学校的作用，但因为科举极大地影响了学校教育的发展，为了改革学校与科举的关系，宋代有三次兴学之举。三次兴学促进了教育的发展，完备了学校教育系统。

1. 庆历兴学

庆历四年（1044 年），范仲淹为参知政事，励精图治，改革朝政。在教育上，则兴学校、改科举。诏令州县兴学。规定参加科举考试的必须在州县学读书 300 日，曾经应过试的，必须在学 100 日；在科举考试的内容上，罢帖经、墨义，侧重以策论试士；同时，改革太学，以苏湖教法为太学教学模式。苏湖教法为胡瑗所创，胡瑗认为“教化之本在学校”，主张兴学育才，在任苏州和湖州教授时，一改崇尚辞赋的学风，而重经义和时务。在教学组织上实行分斋教学。学校分经义和治事二斋，根据学生专长和爱好分斋而教。经义斋学习六经，治事斋学习治兵、讲武、水利、算数等。这些做法受到范仲淹的赞赏，乃将胡瑗之法在太学推行。但不久，范仲淹即贬官，一切又恢复旧制，“科举旧条，皆先朝所定，宜一切如故，前所更定，今悉罢。”

2. 熙宁·元丰兴学

宋神宗熙宁、元丰年间，王安石两次为相，推行变法。教育上的兴学举措有：(1) 改革太学，实行三舍法与积分制。太学分外舍、内舍、上舍。学生初入学为外舍生，然后依考试成绩依次递升。后又实施积分制，月一私试，岁一公试，间岁一舍试。每次考试计分，并作为升舍的依据。上舍生考试名列上等的，不经过科举而直接授官。(2) 整顿地方学校，推行学田制。宋代地方行政区划分为三级：路（道）一州（府、军、监）一县。宋初府、州、县等皆沿旧制设立了府学、州学、县学等，熙宁四年（1071年）又创设了路学。为了保证地方学校的发展，仁宗乃颁置学田给学校，以充办学经费。此后神宗、高宗等帝也赐予学田。学校有了固定的经费，存在和发展就有了保障。此后，元、明、清，均沿用学田制。(3) 设置专门学校。所设置的学校有：律学、武学、医学、蕃学等。(4) 改革科举。王安石将其所注《周礼》、其子王雱与吕惠卿所注《诗》《书》编定为《三经新义》一书，作为学校必读教材，并作为科举考试的内容和标准。又废除科举考试的帖经、墨义，而试以“本经”（《诗》、《书》、《易》、《周礼》、《礼记》任选一种）和“兼经”（通晓《论语》、《孟子》大义）。废除明经科，增加进士名额。宋神宗去世后，哲宗即位，旧党得势，新法尽被废弃，但王安石的变法兴学对宋代的教育制度是有影响的。

3. 崇宁兴学

宋徽宗倾向新政，即位后定年号为崇宁（即“崇尚熙宁”之意），任用蔡京为政。其兴学措施有：(1) 整顿和完善中央官学，扩大太学规模并另设辟雍作为太学的外舍，再度推行三舍法。(2) 增设和复办画学、道学、书学、算学等专科学校。(3) 创设专门管理地方教育的行政机构提举学事司，普设路学。(4) 废止科举，由学校选拔人才。崇宁兴学后，有20余年未曾开科取士。

这三次兴学运动虽然每次时间都不长，但在整个社会上形成了重视教育的风气，对宋朝的教育发展起到了很大的促进作用，在其基础上，宋朝逐渐建立了完备的学校制度。

（二）官学系统

在沿用旧制的基础上，通过三次兴学，宋代的中央和地方官学就建立和完善起来。

1. 中央官学

- 中央官学
  - 普通学校
    - 国子学（太宗）
    - 太　学—辟雍（仁宗）
    - 四门学（仁宗）
    - 广文馆（哲宗）
    - 小　学（神宗）
  - 贵胄学校
    - 资善堂（真宗）
    - 宗　学（神宗）
    - 诸王宫学（神宗）
    - 内小学（理宗）
  - 专门学校
    - 武　学（仁宗）
    - 律　学（神宗）
    - 医　学（神宗）
    - 算　学（徽宗）
    - 画　学（徽宗）
    - 书　学（徽宗）
    - 道　学（徽宗）

宋代普通性质的中央官学包括国子学、太学和辟雍。国子学又称国子监，是宋朝的最高学府，也是教育管理的最高机构，其招生对象为“京朝七品以上子孙”。太学从地位上来看低于国子学，招收八品以下官员的子弟或庶人中之俊异者，但其办学活动却更有效率，是宋代中央官学的核心。辟雍是崇宁兴学时设立的太学的分校。

从招生的资格来看，宋朝国子学、太学较唐朝国子学、太学分别招收三品以上和五品以上官员子孙的规定范围大了许多，对于学生身份等级的限制明显放宽了。

普通性质的中央官学主要教授儒家经典，但在不同的历史时期也有一些变动，如徽宗在太学中设置《内经》、《道德经》、《庄子》、《列子》博士，黄老之学也成为太学的教育内容之一。

宋朝还曾为士子参加科举考试设立四门学和广文馆，作为科举的预备学校。神宗时为庶民子弟设立小学，这是最早为普通百姓设立的官办小学。

宋代专科性质的中央官学包括：武学、律学、医学、算学、书学和画学。其中武学是宋朝最早设立的专科学校，仁宗庆历二年初设于开封武成王庙，后废黜，神宗时在原址重建。武学主要教授骑射、武艺和兵法，是当时宋朝外患紧迫的表现。画学是另一种宋朝初创的专科学校，创始于徽宗崇宁三年，开设佛道、人物、山水、鸟兽、花竹、屋木六种专业课程，画学的设立，对于艺术教育的发展有一定的推动作用。宋朝与前代相比，专科学校的类别有所增加，教学内容也进一步丰富。

宋朝还有一些贵胄性质的官学，包括资善堂、宗学、诸王宫学和内小学。这些学校专门为宗室王宫的子弟而设立。资善堂为皇太子就学之所。宗学为小学和大学混合设置，内小学专门招收宗室的儿童。

2. 地方官学

宋代的地方官学依照行政区划而设置，地方行政系统分为路、州（府、军、监）和县三级，而各路不设学校，只设学官，因而宋代地方官学包括州学、府学、军学、监学、县学等，其中以州学和县学为主。宋代初期地方官学十分落后，经过三次兴学运动以后，地方官学迅速发展起来。崇宁兴学时建立提举学事司作为专门管理地方官学的行政机构，增加地方学校的招生名额。宋代还实行学田制，为地方学校拨置田产和资助，促进了地方官学的兴盛。

地方官学对于教师资格和教学内容等也有严格的规定，重视对学生的道德培养。县学的优秀者可以考入州学，州学的优秀者可以选贡太学继续学习，成绩在上等者入太学上舍，中等者入内舍，其他的入外舍，地方官学和中央官学以此衔接起来。

三、宋代的书院

宋代的私学也有一定的发展，内容趋向于介绍实用知识，书院兴起以后，私学的高级阶段让位于书院，私学主要承担部分蒙学的责任。

书院的名称最早出现于唐朝，如丽正修书院和它更名以后的集贤殿书院，但当时它还主要是由中央设立的用以收藏、整理图书的机构。此时民间也出现了一些私人藏书读书的地方，开始从事授徒讲学的活动。唐末和五代战乱不断，造成宋初官学不兴，与此同时庶族地主等要求发表自己的政治主张，要求有自己的教育组织，私人参照禅林寺院模式建立起来的书院逐渐发展起来，甚至得到了官府的大力支持，一些地方政府设立了书院，有些书院还是由中央政府下令在地方建立的。南宋时期，由于内忧外患和官学衰落、科举腐败以及理学的流行，书院更加兴盛，在规模、组织和社会影响方面都比北宋有了很大的进步。

古籍中多有宋代“四大书院”之说，然而对于其具体包括哪些书院却有不同说法，概括来说，宋朝最为著名的书院主要有：白鹿洞书院、应天府书院、岳麓书院、石鼓书院、嵩阳书院和茅山书院等。

(1) 白鹿洞书院

位于江西庐山五老峰。唐贞元中洛阳人李勃、李涉兄弟在此隐居读书，养一白鹿，白鹿洞因此得名。南唐升元中，朝廷在此建学馆，置田产，为庐山国学，有学生百余人。宋太平兴国二年（977 年），江州知州周述清请赐国子监九经供学子学习。后时有兴废。朱熹知南康军，重修书院，请皇帝赐《九经注疏》，增购图书，置建田产，自兼洞主，亲定《白鹿洞书院揭示》，亲自执教，开展各种教学、讲学活动，白鹿洞书院因此极一时之盛。后代虽历经兵火废置，但也不断重建，是中国最著名的书院之一。

(2) 岳麓书院

在湖南长沙岳麓山。宋代潭州太守朱洞建讲堂斋舍，创辟书院。大中祥符八年（1015 年），宋真宗亲赐“岳麓书院”匾额及各种图书，由此名闻天下。被称为北宋四大书院之一。后张栻主教，以“造就人才，传道济民”为办学宗旨，使之成为湖湘学派的重要基地。朱熹也曾在此会讲。朱、张之学也因此成为岳麓学统。

(3) 应天府书院

又称睢阳书院，在河南商丘。初建于五代时期，宋真宗大中祥符二年（1009 年），邑人曹诚就戚之旧居建学舍 150 间，聚书 1500 余卷，招徒授业。宋真宗赐额“应天府书院”。范仲淹曾在此就读。后晏殊知应天府，聘范仲淹主讲。由此，书院名声大振。明清还时有重修。

(4) 石鼓书院

在湖南衡阳石鼓山。旧为寻真观。唐李宽曾读书其中。宋至道三年（997 年），郡人李士真于李宽读书故地兴建书院。宋景祐二年（1035 年），太守刘沆奏请朝廷，宋仁宗赐“石鼓书院”匾额及学田。后代时兴时废。

(5) 嵩阳书院

又名太室书院，在河南登封太室山。为宋初四大书院之一。五代后周时就嵩阳观改为“太乙书院”。宋至道三年（997 年），赐名“太室书院”，颁九经子史等书，有生徒数百人。宋景祐二年（1035 年），设山长，置学田，更名为“嵩阳书院”。程颐、程颢曾在此讲学。金元时废，清代又重建。

（6）茅山书院

在江苏金坛三茅山。宋真宗时处士侯遗创建。教授生徒，并供给饮食。天圣二年（1024年），江宁知府王随奏请赐学田三顷。后被废。淳祐年间，知县孙子秀在茅山故址重建书院，广招生徒。后又迁至县南顾龙山麓。

书院是中国教育史的一次制度创新，也是中国教育传统的重要组成部分。书院受到了佛教禅林的影响，地点多设于山林名胜之处。书院的建筑大体由讲堂、斋舍、藏书楼等组成，讲堂是教学的地方，斋舍是住居自习的地方，藏书楼就是今天图书馆。书院的领导是“洞主”或“山长”，设有“主持”和“讲座”等专职的教学和管理人员。在具体的教学时，书院采用集体讲授与个别指导相结合的方式，还继承和发展了前代由高业弟子向其他弟子讲授的传统，提倡师生间的相互问难和讨论。书院鼓励学生自学，非常注重修心养性的功夫；制订了学则学规，提出了学生学习和生活上的守则和戒律，在组织上有自己的特点。

书院的讲学者很多是儒学的大师和著名的理学家，宋宁宗之前，理学被视为伪学而遭到禁止，理学家们只能利用书院的形式来传播自己的思想和主张。一些名师大儒在书院讲学，扩大了书院的影响，一些学生不远千里到书院求学，很多学者、教育家和思想家都在书院成长起来。可见，宋代的书院与宋代思想的发展密切相关，可以说是宋代思想的摇篮。

总之，书院继承发展了古代私学传统，汲取宗教特别是禅林精舍讲学制度和官学经验，成为与官学相平行发展且具有相对独立性的一种特殊教育制度。书院形成了讲学、藏书、供祀的基本规制和学田、学规、建筑等完备的制度。书院既是教学场所，又是进行学术研究和刻书印书藏书的学术中心。书院提倡自由讲学，不同学派相互交流，许多学术思想和著作都在是书院产生的，促进了学术的发展和争鸣。

四、宋代的科举制度

宋代科举制度基本沿用唐制，但相对于唐朝又有了很大的发展，考试的范围扩大，名额增加了很多，考试的方法也固定下来。宋代开始实行殿试制度，唐武则天曾实行殿试，但不成制度。宋太祖开宝六年（973），落第考生徐士廉告李昉用情，太祖乃在讲武殿上命题复试。自此，殿试成为定制。殿试使考生都成为“天子门生”，防止了“恩出私门，不复知有人主”。宋代考中进士后，即授官，而唐代还要经吏部试。

宋代的科举考试可以分为“制举”、“常贡”和“童子科”三大类。

制举：皇帝亲自策问的特种考试，目的在特异之才，应特殊之需。不常举行。

常贡：由州县贡人礼部参加考试，经常举行，取士也多。包括进士、九经、五经、三礼、三传、学究、明经等科，“皆秋取解，冬集礼部，春考试，合格及第者，列名放榜于尚书省。”（《宋史·选举志》）徽宗崇宁年间，一度停办科举，取士全由学校，但很快恢复。

童子科：“凡童子15岁以下，能通经作诗赋，州升诸朝，而天子亲试之”（《宋史·选举志》）。

在科举之外，还有“学选”，即从太学三舍中选士，这是为了防止科举影响学校教育的发展。

科举的内容主要包括诗赋、策论、帖经、墨义等，但是在不同时期又有变化，经历过多次变革。范仲淹“庆历兴学”时就采取了改革科举考试的措施，他规定：“士须在学三百日以上”才有资格报考乡试，科举与学校制度紧密挂钩。各科考试内容和程序上规定先策，次论，次诗赋，罢帖经、墨义；凡士子通经术，愿对大义者，试十道，以晓析意义为通；三史科取其明史意而文理可采者；明法可试段案。王安石熙宁、元丰兴学时，又一次改革科举制度，罢明经等科，专以进士取人，内容上罢诗赋、帖经、墨义，专尚经义。

宋英宗时，“三年大比”的制度开始确立。宋太祖时，唐朝时仅仅是偶尔为之的殿试正式取代吏部试成为固定的最高一级。

具体考试时，主考官为临时差遣，并且实行“锁院”、“验照”、“门禁”、“复试”、“别试”、“糊名”、“誊录”等做法，以避免试场的徇私舞弊。

在取士名额上，唐代每年及第者至多不过50人，通常只有一二十人。宋朝的数额则有了几倍几十倍的增加。为了扩大取士的范围，还对落第者实行特奏名之恩例，规定举人参加会试15次以上的，可以由皇帝特赐“出身”，这样更有利于笼络知识分子，控制思想。

科举制度在宋朝规章更为严密，功能更加强化，作为维护封建统治的一种工具，其重要性越来越显现出来。

五、朱熹的教育思想

朱熹（1130～1200），字元晦，后改为仲晦，晚年号晦庵。祖籍安徽，生于福建。出身于书香门第，幼年即开始学习儒家经籍，18岁中乡贡，第二年进士及第，24岁出任泉州同安县主簿，在任时开始整顿县学，开始从事教育活动。从政的时期，除了处理政务之外，他也积极参与教育事业，经常亲自讲学，并开始写作《论语要义》等。出任知江西南康军时，重修白鹿洞书院，并于1179年拟定了白鹿洞书院学规。朱熹一生中花费了大量心血从事经典著作的编订工作。他对《大学》、《中庸》、《论语》、《孟子》做了简要的注释，集结成著名的《四书集注》，成为宋朝以后封建社会的正统教材。

朱熹认为“人性即理”，“天命之性”禀受“天理”而成。而“气质之性”则有善有恶。教育的作用在于“复尽天理，革尽人欲”，实现“明明德”、“尽人伦”。朱熹非常重视道德教育，而他所提倡的道德教育，也就是所谓“三纲五常”的封建伦理，他说：“三纲五常，礼之本也。”朱熹提出的道德修养的方法：立志、居敬、存养、省察、力行，

朱熹对当时的学校制度和科举考试提出了批评，并进一步提出应该把人们的教育分成“小学”和“大学”两个阶段，8岁到15岁为小学教育阶段，之后为大学教育阶段。小学阶段是大学阶段的基础，大学教育是小学教育的深化和发展。小学阶段重在“教事”，大学阶段“重在教理”，“小学者，学其事；大学者，学其小学所学之事之所以”。小学教育的任务是培养“圣贤坏璞”，大学阶段则要对“坏璞”进行进一步的精雕细琢，“加光饰”。二者互相衔接，紧密联系。

朱熹很注重指导弟子的读书学习，提出一系列读书方法，被弟子总结为六条“朱子读书法”：

循序渐进：读书要“循序而渐进焉”，教人也要“先传小者近者，而后教以大者远者”。

熟读精思：“大抵观书，须先熟读，使其言皆若出于吾之口；继以精思，使其意皆若出于吾之心，然后可以有得尔。”读书必须勤加背诵，认真思考。

虚心涵泳：读书要有虚心的态度，“观书但当虚心平气，以徐观义理之所在。”

切己体察：“读书穷理，当体之于身。”把圣贤之言变成自己的行动。

着紧用力：抓紧时间，坚持不懈，“为学要刚毅果决”。

居敬持志：要收心敛气，“敬以自持”。

以上六条读书法与他所提出的道德修养的方法在本质上也相通的。

第二节　辽金元的教育

辽、金和元分别是由契丹、女真和蒙古族建立的王朝。公元916年，耶律阿保机称帝，建立契丹国，定都上京（今内蒙古巴林左旗）。947年灭后晋，定国号为辽，定都汴京（今河南开封）。1125年，辽为金所灭。金是女真人建立的政权，完颜阿骨打于1115年称帝建国，1234年为蒙古和南宋联军所灭。蒙古人于1206年在其首领成吉思汗的领导下建立了大蒙古国。1260年，忽必烈即位，定燕京为中都，1271年改国号为“元”，次年升中都为大都。1276年，灭南宋，统一中国。

辽、金、元是中国强大的北方民族政权，他们的统治区域都不同程度的包括了汉族住居区，因此他们一方面力图保持民族政权，维护本民族的统治地位，另一方面，也积极推行民族融合政策，大量取用汉族人才，采用儒家治国制度和思想。

一、文教政策

为了巩固政权，加强对各民族的统治，特别是对具有先进文化传统的汉民族的统治，辽、金、元在文化教育上都采取了汉化的政策和措施，同时，为了维护本民族的利益和统治地位，他们在文化教育上也坚决保护自身的民族特色，维护本民族的文化传统，加强本民族的文化教育。

（一）推行“汉化”的文教政策

辽、金、元三代为了加速本民族的封建化进程，巩固对中原地区广大汉人的统治，辽、金、元统治者大力推行“汉化”的文教政策，尊孔崇儒，兴学设教。辽太祖曾下诏建孔庙，又亲谒孔庙。辽太宗在南京设太学，还吸纳汉人参政。以后各帝也都大力发展儒家教育，如道宗下令“设学养士”，于中京置国子监，祭祀孔子，颁行《五经》。还在汉人居住地区普遍推行科举制度，以儒术取士。并重视对契丹族进行儒家教育。金也自太宗时就尊孔崇儒，开科举，以经义取士；建太学，修国子监；赴山东，谒孔庙。熙宗封孔子第49代孙为衍圣公，潜心学习《尚书》、《论语》等儒家经典。以后各帝也都推行崇儒重教的政策。元代元世祖很重视研究和吸收儒家文化，重用名儒，广设儒学。成宗封孔子为“大成至圣文宣王”，于京都建国子监，任用理学家为国子监官员，确立理学的统治地位，以《四书》为科举考试的内容和标准。

（二）保护民族文化教育传统

辽、金、元三代在保护民族文化教育传统上的特色也非常鲜明。三代都很重视本民族语言文字的教学。金太宗曾颁行《女真字书》，编撰了《太公书》、《百家姓》等蒙学课本。元世祖将新创的蒙古文字颁行天下，又设诸路蒙古字学，在京师设蒙古国子学。在科举考试上，蒙古人等与汉人分开，考试内容、考试科目、录取标准和人数等都不一样。在学校管理和教育行政体制上，也另设一套，不与儒学教育的体制同一。从教育内容上，也较多地保存了本民族的“尚武”精神及淳朴的学风，注重骑射武艺的训练，文化教育强调实用，道德教育则强调言行一致。

可以说，辽、金、元三代统治者在教育上既推行民族歧视政策，又比较重视推行汉化措施，吸收和利用汉族知识分子，把程朱理学确定为国家的统治思想，注意从汉民族吸取先进的思想文化，促进了少数民族教育的发展和各民族的融合。

二、辽、金、元的教育发展

辽、金、元三代借鉴和吸收了汉族办学的经验，在中央和地方设立以学习儒经为主的各种类型的学校。在中央设有国子学、太学，在地方依据各自的行政区划设立了不同规模、层次的学习。

辽太祖仿效唐宋的教育体系，设立国子监，置祭酒、司业、监丞、主簿等职，管理全国的教育事业。太宗时在南京设立国子学，后又在上京、东京、中京、西京分别设立国子学，合称“五京学”，主要传授儒学。地方官学有州学、府学、县学。

金代时的中央官学主要有国子学、小学、太学、女真国子学、女真小学和女真太学六种。中央设国子监，作为总管国子学和太学的行政机关。除了国子监负责的学校外，还有司天台办学和宫女学校。地方官学有州、府、镇学，女真府、州学，还设立有医学。各级各类学校对于学生的名额和入学资格都有严格的限制。

元代的中央官学主要有国子学、蒙古国子学和回回国子学。国子学招生对象限宿卫大臣子孙、卫士世家子弟以及七品以上朝官子孙，其教学内容主要为儒家经学。国子学在组织上采用“分斋积分法”和“贡生制”。“分斋积分法”即根据学生在私试和升斋试中的积分来决定升斋与否。“贡生制”规定在校生员可以参加贡试得授官职，这一措施将学校和科举紧密结合起来。

元代地方官学中包括诸路医学、诸路蒙古字学、路学、诸路阴阳学、县学和孔颜孟三氏学等。诸路医学隶属于太医院，考试规制完备；诸路阴阳学由司天监掌管，分设天文、历算、三式、测验、漏刻和阴阳、司辰等科目，这类学校的创立促进了我国古代科技教育的发展。元朝还始设社学，1286年，元世祖诏农立社，颁布《社规》，规定每50家为一村社，通晓农事的老者为社长，每社设一学，以劝教农桑为主要任务，同时设经师推行教化，是一种特殊类型的地方学校。

辽、金、元因为是少数民族政权，所以又特别重视发展本民族和其他少数民族的学校教育。辽代专门为贵族子弟设立“诸王文学馆”。金代特别重视对女真族人才的培养，在中央设有女真国子学、女真小学，地方设有诸路女真府学，建立起比较完备的女真族教育体系，促进了女真政权的封建化。元代在中央设有蒙古国子学、回回国子学，在地方设立诸路蒙古字学。蒙古国子学以招收蒙古子弟为主，教材语言为蒙古语。回回国子学教学内容包括“亦思替非”文字，主要培养翻译人员。这些学校分别由国子监、蒙古国子监和回回国子监负责管辖。

辽、金、元的教育反映了三代推行汉化的文教政策，但又普遍实行各族分立学校的做法，表现出明显的民族性和等级性特征。总的来说，少数民族学校的创立对于发展少数民族的教育事业意义重大，三代学校制度的建立对于民族融合也起到了很大的积极作用。

在教育管理上，辽、金、元三代也体现了同样的特点，一方面模仿汉人之制，一方面也有其民族自身的特色。如元代，模仿汉人建立了像唐宋一样的一套教育行政机构；同时为保持自身特色又另外创建了一套甚至几套民族教育行政机构。如此，就从中央到地方有几套体制，而没有一个统一的教育行政机构。元代在中央，国子学、蒙古国子学、回回国子学分别由国子监、蒙古国子监、回回国子监管理，而国子监归集贤院统辖，蒙古国子监归蒙古翰林院统辖，回回国子监隶属于翰林兼国史院。在地方，各行省设儒学提举司，统辖诸路、府、州、县学祭祀、教养、钱粮等事及考校呈进著述文字。而又设蒙古提举学校官专门管理诸路蒙古字学。蒙古提举学校官归蒙古翰林院统辖。后又增设蒙古学政，归肃政廉访司管辖。诸路医学却又另由医学提举司管理，医学提举司归中央太医院管辖。诸路阴阳学则由教授负责，教授又归太史院领导。这样，就形成了多套管理体制并存、政出多门的局面。

三、元代书院的发展

元代书院获得了很大的发展，书院数量很多。《日下旧闻》记载：“书院之设莫盛于元，设山长以主之，给廪饩以养之，几遍天下。”据统计，元代书院共有227所，其中新建143所，复兴65所，改建19所。书院分布仍以江南为主，但北方也日益增多。元代书院因为名儒汇集，所以教学水平、学术研究也是相当活跃。

元代书院得以很大发展的原因可能在于元代汉人学者不愿入仕，其出路主要在讲学、办教育，所以书院就发达起来。另外，元政府为了统治，也对书院采取了宽容的态度。元世祖下诏，“有凡先儒过化之地，名贤经行之所，与好事之家，出钱粟赡学者，并立为书院。”

元代书院在快速发展中，其性质却发生了巨大的变化，这就是书院的官学化。在唐宋时期，书院是民间团体和私人所办的私学性质的教育机构，是私学在新形势下新发展。即使在宋代书院接受了官方的赐书和学田等方面的支持，但私学的性质并没有变化。但在辽、金、元时期，政权对书院施加了越来越大的影响和控制，并最终导致书院的官学化。

元代书院的官学化，主要表现在以下几方面：（1）中央和地方政府兴办书院，以为天下书院的示范或向导。元代时，官办书院占总数的52.49%，其中高级的官办书院占7.8%。官办书院在学官管理、教学管理、经费管理等各方面都与官学无异，这类书院实质上就是官学。（2）掌握书院的领导权。元代中期政府规定，书院山长由礼部、行省和宣慰司任命。实行科举考试后，多以落第举人充任山长。因此，元代有相当多的书院山长与官学的学正、学录、教谕一样，是经礼部、行省和宣慰司任命的。（3）加强对书院经费的管理。元政府规定，书院设直学一职，负责书院的钱谷之事，直学要由郡守及县府官挑选任命，即通过设直学，控制书院的经费使用权。（4）加强对书院的招生、考试、学生出路的管理。书院的学生在学有所成后，可由地方官推荐，经监察机关考核，可做教官或任官吏。书院的官学化，促进了书院管理的制度化，并且积累了政府管理民间学术和教学活动的经验，但官学化也在一定程度上限制了学术的自由和发展。

书院官学化的原因主要在于：南宋灭亡以后，汉蒙之间的民族矛盾加剧，汉族知识分子不愿做元朝的官，不肯到元朝所设立的学校去讲学，甚至不愿自己的弟子到元朝的学校去学习，一些南宋遗臣和知识分子乃隐居自办书院。针对这种情况，元朝统治者一方面通过尊孔崇儒，安抚儒家知识分子，设立儒学教育的学校，吸收汉人知识分子。一方面，为缓和民族矛盾，元朝统治者对现有的书院不是采取取缔的方法，而是因势利导，对汉人知识分子自办的书院予以认可，并积极倡导不愿出仕的汉族知识分子创办书院，进行学术研究和讲学活动。但元统治者发挥和运用国家政权的力量和优势加强对书院的控制和管理。通过任命书院领导、规定教育内容、考试方式、经费支持和管理等各项措施，将书院官学化。

四、科举制度

辽、金、元三代继续沿用隋唐以来的科举取士制度。三代的科举制度也具有浓厚的民族政权的特性。

辽初期就有科举制，但对科举并不重视，所以中断了几十年，到景宗时（976）才“诏南京复礼部贡院”，随后又相继开进士举。到统和六年（998）诏开贡举后，才真正建立起科举制度。辽代科举及第的人数开始很少，每年只有一二人，多至四人，后来几十人，再后来有百余人。在制度上，基本效法唐，“辽起唐季，颇用唐进士法取人”（《金史·选举志序》）。分乡、府、省三级考试，“乡中曰乡荐，府中曰府解，省中曰及第”（契丹国志·试士科制）。辽代也出现了廷试。辽代科举仅为汉人所设，契丹人实行任子制，个别参加进士考试的，还受到惩罚。目的一在笼络汉人知识分子，一则为保持契丹人武功。但到后期，对契丹人的限制也放松了。

女真人的科举制与辽宋相同，其特色的在于将贡举分为南北两场，各以经义、词赋两科录取文士。“五年（1127），以河北河东初降，职员多缺，以辽、宋之制不同，诏南北各因其素所习之业取士，号南北选”（《金史·选举制》）。这一制度是金人不断向南扩展的产物，到后来就废除了。金代科举录取人数早期只有数人，后来，只要合格都取，在几十人。金代科举分为乡试、府试、省试、殿试（御试）四级，“凡诸进士举人，由乡至府，由府至省及廷试，凡四试皆中选，则官之。”（《金史·选举志》）乡试：三月二十日举行，县令为试官，榜首称乡元、解元，后金章帝明昌元年（1190）废除。府试：八月二十日举行，初分大兴、大定、大同、开封、东平、京兆6处，后增加辽阳、平阳、益都3处。会试：在府试次年正月二十日举行，金代开始用会试之名，后为元明清沿用。御试：三月十二日举行，其第一名称状元。金代的考试内容有所创新，除六经外，还有《十七史》、《孝经》、《论语》、《孟子》、《荀子》、《老子》等。

元代推行种族歧视政策，科举不兴。元世祖、元太宗都曾诏议科举，但都未施行。到仁宗皇庆二年（1313）才开科取士，制定科试条例。元代考试程序为：乡试：八月二十日举行，蒙古人、色目人考2场，汉人、南人试3场。会试：二月一日举行，考试场次同乡试。殿试：三月七日举行，策一道，蒙古、色目500字以上，汉人、南人1000字以上。科考后放榜也分开，蒙古、色目一榜，汉人、南人一榜。元代科举的创新并对后代科举产生较大影响的是科举考试依《四书》出题，并以朱熹的《四书集注》作为标准答案，从而使理学渗透到科举中。这为明清两代所沿用。元代还开创了贡生制度："国子监积分生员，三年一次依科举例入会试，中者取一十八名。"（《元史纪事本末·科举学校之制》）。这些得贡的国子监学生称为贡生，贡生之名始此。这一制度加强了科举与学校的联系。

第三节　明代的教育

1368 年，朱元璋在南京称帝，国号为明。1402 年，燕王朱棣夺取帝位后，改北平为北京，并于 1421 年正式迁都北京。明代表现出中国封建社会后期的特征，一方面生产和经济继续发展，商品经济活跃，城市繁荣，文化发达，一方面君主专制的中央集权也趋于顶峰，政治腐朽，贫富分化，对思想和文化教育的控制日益严密。

一、明代的文教政策

朱元璋吸取元代灭亡的教训，重视"文治"和学校教育，提出"朕为治之要，教化为先；教化之道，学校为本"，以后明代的历任皇帝也继承了这种做法。同时，为了加强专制统治，明代特别重视从思想和行为上控制知识分子，禁锢学术的自由发展。

（一）尊孔崇儒，表彰理学，大兴学校

朱元璋在争夺天下时就罗致人才，尊崇儒学。建国后，朱元璋下诏表示"愿与诸儒讲明治道"；"命儒臣纂礼书"；规定国家取士以宋儒传注为标准；诏儒士为武臣讲经史；令儒臣辑录《五经》、《四书》及《性理大全》，颁行天下；表彰程朱后裔及门人。对学校，朱元璋尤为重视，几次颁布兴学诏书，认为兴学是"最急务，当速行之"。因此，在明初，学校系统就很详备。

（二）牢笼士人，禁锢思想，控制学校

明朝在立国初，朱元璋就下诏设科举，并规定务必取"经明行修，博通古今，名实相称者"。朱元璋还经常向全国访求贤才，招纳明经儒士，给高官厚禄。而为了禁锢士人的思想，加强文化专制，朱元璋还创设了八股取士，以固定的形式和内容来压制士人的思想。后来，明王朝还颁布《四书大全》、《五经大全》和《性理大全》作为钦定教本；将孔孟之道、程朱理学作为国家唯一的统治思想；在国子监和地方官学制定严密的学规以严加管制师生的言行；在国子监设立兼学校、法庭和刑场三位一体的绳愆厅，令师生不敢越雷池一步；又大兴文字狱，用血腥的屠杀来扼杀知识分子的不同思想。对于其他不同的学说和派别，明代进行了残酷的压制和打击，孟子虽然被誉为儒家“亚圣”，但因其曾经提出“民贵君轻”这样不利于君主专制统治的言论，明太祖下令将《孟子》一书多处删节。明代还建立厂卫特务制度，严格控制师生言行，四次禁毁书院，钳制了人们的思想。

正是在这样的文教政策下，明代既呈现出教育高度发达，思想和学派活跃的局面，又显示出文网严密，士人备受打击的情况。

二、明代的教育发展

明朝的官学和私学都比较发达，建立了从中央到地方的完备的教育系统。

（一）中央官学

明代的中央官学主要有国子监、太学、宗学、武学、医学和阴阳学等。其体系如下：

- 中央官学
  - 普通学校
    - 国子监
      - 京师国子监
      - 南京国子监
    - 太学
  - 贵胄学校——宗学
  - 专门学校
    - 武学
    - 医学
    - 阴阳学
    - 四夷馆

国子监：1365 年，明建国前就改应天府学为国子学，洪武十五年（1382），建国学于鸡鸣山下，改名国子监。明成祖于永乐元年（1403）在北京建国子监。国子监乃有南北二学之分。永乐十九年（1421）迁都北京，北京国子监遂为京师国子监，原来的国子监就为南京国子监。国子监设祭酒、司业、监丞、博士、助教、学正、学录、典籍、典簿、掌馔等。

国子监的监生贡举来源有四类：（1）举监：在京会试落第的举人，有翰林院择其优者送入国子监肄业的；（2）贡监：地方官学的生员选贡到国子监肄业的；（3）荫监：三品官员以上子弟或勋戚子弟入国子监肄业的；（4）例监：通过捐纳而入国子监肄业的。此外还有幼勋生（庶人子弟俊秀通文义而入国子监的）、夷生（来自高丽、日本、暹罗等国的留学生）等。

国子监的教学内容主要是四书五经以及《性理大全》、刘向《说苑》、明太祖所撰的《御制大诰》、《大明律令》等，此外还须习字、习射。国子监分六堂三级，正义、崇志、广业三堂为初级；修道、诚心二堂为中级；率性一堂为高级。学生依次升级，高级堂及格后，给予出身，可直接授官。后又创立了“历事制度”。国子监学生学习一定时间后，可在政府各部门“先习吏事”，时间从三个月到一年以上，长短不一。

太学：明初还有太学之设，但记载较少。迁都北京后，废止。

宗学：为皇亲国戚等贵族子弟所设的学校。学生资格限世子、长子、众子、年未及冠的将军和中尉、年 10 岁以上的宗室子弟。教学内容以《皇明祖训》、《孝顺事实》、《为善阴骘》等书为主，以四书五经、《通鉴》、《性理》等书为辅。

武学：创设于洪武年间，初附设在卫学中，教导武官子弟。英宗正统中，正式设立两京武学。入学资格限都司卫所应袭子弟年满 10 岁以上者。教学内容除四书五经外，还有一些与军事有关的知识。崇祯时，又令府、州、县皆设武学。

四夷馆：译书之所，也是培养译员的学校。永乐五年（1407）设蒙古、女真、西番、西天、回回、百裔、高昌、缅甸等八馆，后又增设八百馆、暹罗馆。隶属翰林院。学生主要来自国子监生。

（二）地方官学

明代地方官学十分发达，其系统如下：

- 儒学
  - 府学、州学、县学、社学
  - 各司儒学：
    - 诸土司儒学
    - 都司儒学
    - 行都司儒学
    - 都转运司儒学
    - 宣慰司儒学
    - 安抚司儒学
  - 卫儒学
- 武学
- 医学
- 阴阳学

明代地方官学按学校性质有儒学、武学、医学、阴阳学等。儒学既在各府、州、县设立，还在各地方行政机构设各司儒学，在防区卫所设卫学，在乡村设社学。府学、州学、县学开设于洪武二年（1369）。社学创设于洪武八年（1375）。都司儒学创设于洪武十七年（1387）。都转运司儒学、宣慰司儒学、安抚司儒学及诸土司儒学创设于洪武二十八年（1395）。

地方官学教职府学设教授1人，训导4人；州学设学正1人，训导3人；县学设教谕1人，训导2人。

府学、州学、县学的生员有廪膳、增广、附学三类。学生初入学就享有米廪待遇者为廪膳生；学校人数增加，于廪膳生名额外加取一倍，这些增加的学生称为增广生；在此基础上进一步增加的学生称为附学生。府学的廪膳生和增广生：京府60人，外府40人，附学生无定额。州学的廪膳生和增广生各30人，附学生无定额。县学的廪膳生和增广生各20人，附学生无定额。卫学多招收武人子弟四卫军生80人，三卫以上60人，二卫、一卫40人。

地方官学的课程在洪武初年以礼、乐、射、御、书、数分科洪武二十五年重分为礼、射、书、数四科。礼包括经史、律令、诏诰、礼仪等；射是在朔、望日举行射法演习；书为临摹法帖，每日习500字；数乃学习《九章算术》等。

明代还继承了元代的做法，在城镇和乡村设立社学，教授民间子弟。《姑苏志》记载："洪武八年，府州县学每五十家设社学一所。本府城市乡村共建七百三十所。"正统元年，朝廷还规定"有俊秀向学者，许补儒学生员"，把社学和府、州、县等儒学以至于更高级的学府衔接起来。社学教授儿童，其教学内容为《三字经》、《百家姓》、《千字文》、《御制大诰》，以及经、史、历、算、律、令等知识，并讲习冠、婚、丧、娶之礼。

三、明代的书院和私学

（一）书院

明代立国之初，统治者大力提倡官学教育，书院处于接近沉寂的状态，有些还被官府征去院址发展官学，没有在社会上形成影响。洪武建国后的100年间，只有洪武元年设立的洙泗书院、尼山书院，洪武十八年江苏设立的濂溪书院以及洪武年间安徽的7所书院。宋代的著名书院如白鹿洞书院也都荒草萋萋。最主要的原因是：朝廷以科举和学校作为取材之道，学校发展兴盛，书院就难以生存。

明朝中叶以后，科举制度的弊端越来越明显地表现出来，官学与科举联系紧密，成为科举考试的附庸，学校教育腐败空疏，在这种情况之下，书院就又兴盛起来。成化元年（1465），白鹿洞书院修复，其他一些书院也相继恢复和设立。书院呈现出兴盛之象。嘉靖（1522～1566）以后，书院真正大兴，这45年间，单安徽一省就建有书院39所，江苏省18所。明代中期书院兴盛的原因在于，学校废弛，自由讲学之风大盛。特别是王守仁、湛若水（甘泉）提倡私人讲学的影响。王正德三年（1508）谪居龙场后，开始私人讲学，创建了龙冈书院、贵阳书院、濂溪书院、稽山书院等，讲学达20年。《明史》赞："聚徒于军旅之中……流风所披，倾动朝野，于是缙绅之士，遗佚之老，联讲会，立书院，相望于远近。"湛若水是陈献章（白沙）的学生，《明儒学案·甘泉学案》："平生足迹所至，必建书院以祀白沙，从游者殆遍天下"。湛曾任国子监祭酒，礼部、吏部、兵部尚书，一生讲学55年，所建书院甚多。王死后，弟子也在各地建书院，以示纪念。明代书院兴盛还有一个原因酒士人通过书院议论朝政，裁量人物。但这却导致了书院的禁毁。

嘉靖后，有四次禁毁书院之举：（1）嘉靖十六年（1537）：御史游居敬弹劾湛若水"南京吏部尚书湛若水倡其邪学，广受无赖，私创书院，乞戒谕以正人心。"（《续文献通考·学校考》）明世宗一面慰留湛若水，一面下令毁其书院。（2）嘉靖十七年（1538）："吏部尚书许赞请毁书院，从之。"理由是"抚按司府，多建书院聚生徒，供亿科扰，亟宜撤毁。"（《续文献通考·学校考》）。（3）万历七年（1579）：阁臣张居正说："不许别创书院，群聚党徒，及号召地方游食无行之徒，空谈废业，因而启奔竞之门，开请托之路。"认为书院会动摇朝廷，于是"尽改各省书院为公廨。凡先后毁应天等府书院64处。"（4）天启五年（1625）：魏忠贤秉政，东林顾宪成等在讲学之余议论朝政，魏视天下异己皆是东林党人。这四次禁毁书院的原因各不相同，但都无非是为了避免讽议朝政，控制思想，第四次禁毁书院是由太监当权直接造成的，他们都是明朝政治腐败、文化专制的典型表现。

明朝最为著名的书院是东林书院。柳贻徵在《江苏书院志初稿》中评价："合宋元明清四代江苏书院衡之，盖无有过于东林书院者矣。"明万历年间，顾宪成在北宋杨时讲学的地方重修书院，它后来发展成为东林党人读书讲学、舆论宣传的主要场所，他们定期举行聚会，提倡自由讲学和辩论，主张"家事国事天下事事事关心"。由于其抨击权贵产生很大影响，天启年间遭到以魏忠贤为首的阉党的迫害，书院也被禁毁，至崇祯时才得以修复。

（二）私学

明代的私学和官学互为补充，可以分为蒙学性质的私学和对象为成人的高级私学。还出现了程度从低到高两级合一的私学。进行蒙学教育的私学有家塾或蒙馆，最初教授百家姓、千字文等，其后也有经史律算的内容，当时还出现了《小儿语》、《续小儿语》等幼儿教育教材。成人私学的形式主要是结庐、讲学、授徒等。

四、明代的科举制度

（一）科举制的完善

明代的科举制度与前代相比更加完备，学校和科举的联系也更加紧密，科举必由学校，“学校以教育之，科目以登进之”①。洪武三年开始开科取士，洪武十七年，恢复实行“三年一大比”的制度，每隔三年举行一套完整的考试，“始定科举之式，命礼部颁行各省，后遂以为永制”。明代还开始选庶吉士，即点翰林，规定“选进士文学优等及善书者为之”，选取优秀进士入翰林院，三年后表现突出者留任翰林院编修、检讨，其余授予较低一些的官职。

明代的科举制定了详细的科举程序。先是每三年各府、州、县进行郡试，通过考试者称秀才，然后把秀才送到省里参加乡试，乡试选拔出来的成为举人，第一名称为解元，第二年将举人送到京师礼部参加会试，会试通过者称贡士，第一名称会元。贡士由皇帝亲自在朝廷策问，称廷试或殿试，殿试优秀者分一二三甲张榜公布，一甲三人：状元、榜眼、探花，赐进士及第；二甲若干人，赐进士出身；三甲若干人，赐同进士出身。

（二）科举考试的内容变革

明代对科举考试的内容进行了一些改革。明太祖时首创八股取士，规定科举考试的文体一律采用“八股文”。

八股取士制度的特点是科举考试的规范化和标准化。八股文是一种专门文体，又称制艺、制义和时文。八股文的结构体裁有一套固定的格式，包括破题、承题、起讲、起股、中股、后股、束股和大结股八部分组成。破题、承题、起讲为八股之前的格式，起股、中股、后股、束股是八股正文，八股正文必须有四段对偶的句子，每段两股，合起来八股。大结为全文结束语。文章必须采用固定格式的对偶文体，绝不允许自由发挥，使得形式主义发展到了顶点。在内容上，八股考试题目一律出自《四书》《五

① 《明史·选举志一》。

经》中的原文。作者必须“依经按传”，用“古人语气”，代圣贤立言，即要以朱熹的《四书集注》为标准来诠释经典，不能自由发挥。这样，八股取士就将科举考试从内容到形式都规范化和标准化了。

八股取士制度极大地影响了科举和学校教育的发展，因为八股取士，导致教育内容、教学方法，都局限于八股文训练，学校完全变成了八股文的训练基地。明朝还规定，参加科举者必须由学校出身。但在八股制度下，其结果就成为学生入学接受教育的目的就是参加科举，而学校无论官学、书院、私学，都受科举的影响，进行八股文学训练，学校因此成为科举的附庸。八股取士还严重败坏了学风，妨碍了学术进步。因为八股文有固定的文章格式，考题又出自《四书》、《五经》，为了追求功名，读书人为应付考试，乃终日沉溺于八股的套术之中，模仿抄袭，甚至连《四书》《五经》都不认真读，经世致用之学更置之不问，严重败坏了学风。

五、王守仁的教育思想

王守仁（1472～1528），字伯安，浙江余姚人。因曾在阳明洞书院讲学，并自称阳明子，后世称其为阳明先生。王守仁出身于官僚地主家庭，21岁中浙江乡试，28岁考中进士，得任云南清吏司主事，后历任贵州龙场驿丞、庐陵知县、南京鸿胪寺卿、都察院左佥都御史等职，多次镇压农民起义和少数民族。正德十六年，升为南京兵部尚书，封“新建伯”。他十分重视教育，从34岁开始，一边从政，一边讲学，曾创建龙岗书院，主讲贵阳书院，修建濂溪书院和阳明书院。由于其为官镇压起义，讲学教化麻痹民众，受统治者的称许，谥号“文成公”。其著作有《王文成公全书》等。

王守仁继承和发展了陆九渊的学说，反对朱熹的“性即理”，提出了“心即理”的主观唯心主义学说，认为心外无事，心外无物，心外无理。其教育思想，正是建立在这种主观唯心主义的哲学理论基础之上的。

从“心即理”和“良知即是天理”出发，王守仁提出“学以去其昏蔽”，要通过教育发扬人的本心所具有的“良知”，“明其心”，教育的根本问题在于内心的修养，“致良知”，知行合一；认为道德教育的目的是“明人伦”：“古圣贤之学，明伦而已。……人伦明于上，小民亲于下，家齐国治而天下平矣。是故明伦之外武学矣。”所谓“明伦”，也即做到“父子有亲，君臣有义，夫妇有别，长幼有序，朋友有信”这“五伦”。

王守仁提出了几种道德修养的方法：静处体悟、事上磨练、省察克治、贵于改过。他主张知行合一，“知是行之始，行之知之成。”“知是行的主意，行是知的功夫。”

在教育内容的问题上，王守仁说：“六经者，非他，吾心之常道也”，主张把六经作为基本教材。但他反对盲从六经，提倡“自知”和“自得”，认为六经实质上只是从不同角度记载吾心而已。

在教育方法上，主张对于要“随人分限所及”，因材施教。他认为良知人人具有，而资质各有不同。

王守仁还对儿童教育提出了很多有价值的观点。他针对当时社会中体罚儿童、“不知导之以礼”的做法，提出教育必须顺应儿童的性情，否则就会导致儿童“窥避掩复以遂其嬉游，设诈饰诡以肆其顽鄙，偷薄庸劣，日趋下流”，只有从儿童的年龄和身心特点出发，才能使教育如“时雨春风”，发挥效果。他提出儿童教育主要应该包括“歌诗”、“习礼”和“读书”三部分内容，既增进知识，又陶冶性情，改善体质。

第四节　鸦片战争前的清代教育

1644年，李自成攻入北京，明亡。1616年，努尔哈赤建立金国，1636年，皇太极继位，改国号为清。顺治元年（1644），清定都北京，逐步统治全中国。清代是中国历史上最后一个封建制的朝代，其集权统治达到顶峰，特别又是少数民族政权，对知识分子和思想文化教育的控制也达到了极端的地步。

一、清代的文教政策

清代中期之前的文教政策基本与明代相同，继续尊崇儒家思想，大力提倡程朱理学，以程朱理学的新儒学为社会的统治思想和科举考试、学校教育的主要内容。清王朝入主中原后，封孔子第65代孙为“衍圣公”；封孔子为“大成至圣文宣先师”；清帝还多次到曲阜朝圣。清王朝又大力提倡读经，把“六经”说成是“帝人修身治人之道”、“万世不易之理”。清统治者特别推崇程朱理学，将之作为支配人们思想和行为的最高纲领，要求人们严格奉行。清王朝同样优待朱熹后裔，还召集理学大臣编纂《朱子大全》。

清代为了拉拢汉人知识分子，大力开科取士，扩充科举名额。对不愿参加科举、隐逸山林的学者，作出礼贤下士的姿态笼络士人，通过设立“博学鸿词科”等手段诱引汉族知识分子为清王朝的统治服务。为了统一思想，还大规模地组织整理古籍，一方面清理无益于统治的书籍，另一方面编辑大型丛书，康熙时曾编订《明史》、《康熙字典》、《佩文韵府》、《古今图书集成》等，乾隆时曾编订《续通志》、《续通典》、《续文献通考》、《四库全书》等，其中最为著名的当属《四库全书》，它分为经、史、子、集四部，收录图书 3503 种，79337 卷，是我国规模最大的一部丛书。

在正面引导和控制的同时，清代统治者还大力强化文化专制主义，对汉人士人实行高压政策。1657 年清政府曾借口科场舞弊事件，大规模屠杀知识分子，并多次兴文字狱，对知识分子进行定罪和打击。清代还焚毁了许多不利于统治的书籍，在各级学校订立学规，如《卧碑文》、《圣谕十六条》、《圣谕广训》等等，严格控制学校教育的内容，禁止思想学术的自由传播。

清代的文教政策既带来了学校的科举大发展，也严格控制了知识分子，钳制了他们的思想，使得中国封建社会不断走向没落和腐朽。

二、清代学校教育的发展

清代的官学体系基本上沿袭明代制度，但也加入了民族政权特点的教育机构。

（一）中央官学

清代的中央官学体系如下：

- 中央官学
  - 普通学校——国子监
  - 贵胄学校
    - 宗学
    - 觉罗学
  - 专门学校——算学馆
  - 特殊学校
    - 旗学
    - 俄罗斯学馆
    - 琉球官学

国子监：又称太学，是全国的最高学府和最高的教育行政机关。顺治元年（1644）创设，制定了详细的国子监规制，对师生配置、教学组织形式和教学内容等做了明确规定，此后，国子监的设置有一定的变动和发展。国子监设祭酒、司业总理监务，满汉各 1 人；监丞满汉各 1 人；博士满汉各 1 人；助教满人 16，蒙人 8，汉人 6；学正汉人 4；学录汉人 2；典籍汉人 1；典簿满汉各 1 人。

国子监生根据资格可分为两类：贡生和监生。

贡生分为六类，包括岁贡、恩贡、拔贡、优贡、副贡和例贡。岁贡：

各府学（每岁选宋1人）、州学（三岁选送2人）、县学（二岁选送2人）所选送的贡生，一正二陪，正贡不中选陪贡，一陪不取取二陪。恩贡：遇国家典庆吉事，特发恩旨，本年岁贡即为恩贡，次贡则作为岁贡。拔贡：在常贡之外，另选文行兼优者。雍正时6年一次，后改为12年一次。优贡：于岁科考试选拔文行兼优者入学。选送无定期，或3年，或5年。以上4种贡生限于府、州、县学的生员。副贡：乡试取得副榜的，经礼部复试，优者派官，次者准增附为贡生。例贡：生员由捐纳入监的。岁贡、恩贡、拔贡、优贡、副贡出身的，称为正途，以别于例贡。

监生分为四类，包括恩监、荫监、优监和例监。恩监：八旗汉文官学生和算学满、汉学生及圣贤后裔入监的。荫监包括恩荫和难监。恩荫：满汉文官京四品、外三品、武官二品以上荫子1人入监。难监：任职满3年死于职守的文武官员荫子1人入监。优监：优秀附生入监的。例监：庶民通过捐纳入监的。例监也不是非正途。

国子监的教职主要有祭酒、司业、监丞、博士、助教、学正、学录、典籍、典簿等。国子监设彝伦堂，是皇帝“治学御讲之所”。另分设率性、修道、诚心、正义、崇志、广业六堂，是教习诸生之地，分内外两班。国子监的教学内容为四书五经、《性理》、《通鉴》，书法，清代的诏、诰、表、策论、八股文、判等知识和写作等。在教学组织上，仿照北宋的做法，实行积分法和分斋教学制度，并且沿用明朝的监生历事制。

宗学：是清宗室子弟学习的学校。创建于顺治九年（1652）。雍正二年（1724）定宗学制度。规定凡王、贝勒、贝子、公、将军及闲散宗室子弟，年18岁以下，均可入学，年过18岁的贵族子弟也可入学。课程有清书、汉书、骑射。

觉罗学：由宗学分化而来，因宗室子弟众多，宗学容纳不下，雍正七年（1729）乃在宗学之外另建觉罗学。课程同宗学。

旗学：是旗人学校的总称，有八旗官学、八旗义学等。顺治元年（1652）定八旗佐领下各取官学生1人，八旗各择官房1所，建为校舍，顺治二年合两旗为一学，雍正六年（1728）又恢复八旗各立一学。旗学专门教授亲贵以外八旗子弟。课程同宗学。

算学：康熙九年（1670）取八旗官学生学习算学。康熙五十二年（1713）在畅春园建算学馆，选八旗子弟入学学习算法。乾隆四年（1739）以算学馆隶属国子监。称国子监算学。

俄罗斯学：为俄罗斯留学生所设。创设于雍正六年（1728）。教授满、汉语文及经史典籍。乾隆六年（1741）在理藩院下设俄罗斯学馆，聘请驻京俄人充任教习满汉贵族子弟学习俄文。

（二）地方官学

清代地方官学系统如下：

普通学校：府学、州学、县学、社学
特殊学校：卫学
　　　　　土司学
专门学校：商学
　　　　　阴阳学

清代地方官学包括府学、州学、县学等，乡村设立社学，边疆地区设立土司学等。清仿明制，在定都北京后，即普遍设立府、州、县学、社学。顺治元年（1644）就诏令各省设府、州、县儒学，给各类生员以“优免”之待遇。规定各学人数：府学 40 人，州学 30 人，县学 20 人。在乡间设社学。同时在地方设立商学、卫学、土司学等。商学设于顺治十一年（1654），在长芦、两淮、山东、陕西盐运司所属专设学校。卫学设于顺治十六年（1659），在直隶、山海、宣府设立。土司学设于顺治十五年（1658），为瑶族土司子弟所设。

这些学校都以儒学和程朱理学为主要的教育内容，还要学习《卧碑文》、《圣谕十六条》、《御制训饬士子文》、《圣谕广训》和《大清律》等。府、州、县学的教职有教授、学正、教谕和训导，社学的教师称社师，义学的教师称塾师，井学亦为训导。清代在府、州、县学中实行“六等黜陟法”，根据学生的成绩升降其等级，对其实行动态管理，以调动其学习的积极性。

随着科举制度的泛滥，学校完全丧失自己的独立地位，地方官学的学生最为主要的目标并非掌握课业，而在于通过考试取得乡试的资格，踏入仕途，嘉庆以后，地方官学的学业已不能正常进行，“有师生之名，无训诲之实”，逐渐走向衰败。

三、书院的发展

清朝初期为了加强思想统治，采取禁止书院发展的政策，除了保留几所著名的书院以外，不允许另设书院。顺治九年（1652）下令：“各提学官督率教官、生儒务将平日所习经书义理，着实讲求，躬行实践。不许别创书院，群聚党徒，及号召地方游食无行之徒，空谈废业。”（《古今图书集成·

选举典·学校部》)。这一禁令实行达90年。雍正四年，江西巡抚要求恢复白鹿洞书院，朝廷仍未批准。

康熙以后，社会相对稳定，清代统治者开始转变态度，采取赐匾额书籍等措施，支持书院的发展，雍正十一年，清政府下令各省设立书院，“建立书院，择一省文行兼优之士，读书其中，使之朝夕讲诵，整躬励行，有所成就，俾远近士子观感奋发，亦兴贤育才之一道也。督抚驻扎之所，为省会之地，着该督抚商酌奉行，各赐帑金一千两，将来士子群聚读书，须预为筹划，资其膏火，以垂永久。”(《清朝续文献通考·学校考》)。乾隆元年(1736)朝廷再次提倡书院，至此，书院之设，才超越前代。在政府提倡，又提供办学经费的情况下，各省省城纷纷设立书院，如直隶的莲池书院，浙江的敷文书院，江西的豫章书院，福建的鳌峰书院等。随后，各府、州、县也仿效省城做法，书院的数量迅速增加，连一些边远地区也建立了书院。

在书院大发展的同时，清政府对于书院的控制却并未放松，创立书院需要经过审查，还通过控制书院经费的方法控制书院的活动，包括控制书院教师的任用、生徒的选择和考核等，在教师方面，乾隆元年规定：“嗣后书院讲席，令督抚学臣悉心采访，不拘本省邻省，亦不论已仕未仕，但择品行方正，学问博通，素为士林所推重者，以礼相延，厚给廪饩，俾得安心训导”，可见督抚学政控制了教师的选择；在学生方面，乾隆年间又规定：书院生徒，“其恃才放诞，佻达不羁之士，不得滥入”，学生们经过考核还可以进入官学学习。书院教育的内容也不允许超过程朱理学的界限。在这些控制措施的影响下，清代的书院出现了严重官学化的倾向，自由的学术空气荡然无存。

但清代也有一些讲求学术的，并形成了很有特色的学术流派。如词章之学：姚鼐主讲南京钟山书院，以古文义法教生徒，管同、梅曾亮、方东树、姚莹等是子弟，形成闻名天下的桐城派。如经史之学：阮元创立诂经精舍和学海堂，以“专励品学，非以弋功名”为宗旨，不学八股帖括，讲求实学，专修经史辞赋，兼习天文、地理、算学、兵刑、漕河、航运等经济之学，还间及西学。如经世之学：颜元主持漳南书院，尖锐地批判了科举取士害人误国和理学教育的空疏无用，提出“宁粗而实，勿妄而虚”的办学宗旨，主张教学中要重实学、实事、实行、实习。将学院分为文事、武备、经史、艺能、理学、帖括六斋。这些书院教学内容丰富，学术气氛浓厚，培养出了许多人才。

四、清代的科举制度

（一）科举考试制度

清代科举制度基本沿用明代，成为非常完备也高度僵化的制度。

清代的科举考试程序更加严格和复杂。清代规定，在乡试、会试和殿试之前，设置知县主考的县试、知府主考的府试和中央派遣的“钦命提督某省学政”主考的院试，三级合称童试，应考者称为童生，经过这三级考试者方能进入府、州、县学成为生员，同时才可以参加进一步的乡试。清代还在乡试和会试后都增加了“磨勘”和复试，对试卷进行核对，并举行复试，经过审核者才能参加下一级的考试。殿试之后，新进士还要在保和殿参加朝考，一甲前三名才能得以立即授职。

童试：在州、县考试，州、县长官主考，中试后成为“生员”，俗称“秀才”，也就是府、州、县的诸生，毕业后，可取得进一步考试的资格。

乡试：在省城考试，三年1次，叫“大比”，一般在八月，所以又称“秋闱”，考三场。中试者称“举人”。乡试中举称“乙榜”、“乙科”。第一名称“解元”，第二名“亚元”，第三、四、五名称“经魁”，第六名称“亚魁”，余称“文魁”。乡试的考场称为“贡院”（科举之初，没有专门的考场，唐玄宗时始建贡院，宋时省试有贡院，明代规范化、制度化）。举人已经是正式的科名和资格，可通过铨选入仕为官。

会试：礼部主持，所以又称“礼闱”。乡试在乡试的次年二月举行，又称“春闱”。在京城考试，分三场。中试者是“进士”，又称“贡士”，第一名称“会元”。

殿试：三月一日，“天子亲策于廷”。殿试没有绌落，仅分出一、二、三甲的等级名次，一甲三人，“赐进士及第”；二甲若干人，“赐进士出身”；三甲若干人，“赐同进士出身”。一甲第一名是状元，二、三甲第一名叫“传胪”。殿试中进士称“甲榜”、“甲科”。

乡试在子、午、卯、酉年，会试在辰、戌、丑、未年；乡试8月，会试2月，皆以9日为第一场，又3日第二场，又3日第三场。乡试、会试主考官都是2人，同考官，乡试4人，会试8人。

清代科举考试的内容也与明代相同，以《四书》出题，以朱熹《四书集注》为标准答案。在形式上也与明代一样，实行八股取士。乡试、会试都举行三场考试。第一场考《四书》3道，经义4道；第二场考论1道，判5道，诏、诰、表、内科各1道。第三场考经史时务策5道。

清代的科举制度进一步繁琐化和教条化，严重束缚了士人思想，清末时遭到越来越多进步人士的反对，经过改革科举名额逐渐减少。1905 年时，终于得以废止。

（二）科举的影响

科举作为一种标准化的选士制度，曾经在历史上发挥过相当积极的作用。它为封建统治提供了固定的人才来源，扩大了封建统治的阶级基础；相对于科举出现之前的察举制和九品中正制等选士方法，它较少门第、身份限制，且有了考试这一相对客观的标准，显得比较公正。科举制的实行，为普通知识分子提供了进入仕途的渠道，减轻了知识分子的抵触情绪，具有很强的蒙蔽性，一定程度上有利于社会的稳定；科举的实行还在社会上形成了向学的风气，产生了促进教育发展的效果。

但是随着封建社会的不断发展以及趋向衰落，科举成为封建统治阶级进行文化教育专制的有力工具，对知识分子产生了很大的麻痹作用；科举使得人们形成了“万般皆下品，唯有读书高”的价值取向，造成知识分子仅仅为了谋仕途、做高官而读书，从事学业有了强烈的功利色彩，严重歪曲了教育的主旨；科举的内容仅仅局限于儒家经典和华丽辞赋，远远脱离现实生活，它强调死记硬背，考试的方法僵化，尤其是在八股盛行之后，极端形式主义的做法剥夺了人们自由发挥的空间，束缚了思想发展；科举考风败坏，各种徇私舞弊行为屡见不鲜，造成了十分恶劣的影响。在这种情况下，将其取缔势在必行。

五、明末清初的启蒙教育思想

（一）启蒙教育思想的特点

明朝后期到清朝初期，中国出现了资本主义的萌芽，封建社会的经济基础开始瓦解。与此同时，西方的科学技术知识开始传入中国，文化教育领域也出现了启蒙主义的教育思潮。其代表人物有黄宗羲、顾炎武、王夫之、颜元等。

启蒙主义教育思潮主张，教育要培养经世致用的实用人才。当时盛行的理学以“存天理、灭人欲”为口号，将理与欲、义与利尖锐对立起来，针对这种观点，启蒙思想认为理欲和义利都是统一的，“天理正从人欲中见，人欲恰好处即天理也”[①]，没有人欲，也就没有天理可言。王夫之说“有欲斯有理”，黄宗羲进一步提出教育要培养“仁义与事功合一”、“气节与事功合一”的人才，他说道：“君子之为学也，非利己而已也，有明道淑

① 陈确，《与陈乾初论学书》。

人之心，有拨乱反正之事，知天下之势，何以流极而于此，则思起而有以救之。”

正是基于这种经世致用的教育观念，启蒙思想家们重视“行”的作用，反对理学家仅仅注重内省自修的教育方法，主张践行、习行。王夫之道：“知之尽，则实践之而已。”在教育内容上也提倡有实际内容的实学，他们认为义理之学只是“明心见性之空言”，会使得万事不兴，国家衰败，关键还应提倡“修己治人之实学”。他们揭露科举考试的弊端，要求重视对自然科学知识、军事知识技能等的学习，培养“实才实德之士”。这些观点对于中国近代资产阶级的教育思想起到了启蒙的作用。

（二）颜元的教育思想

颜元（1635～1704），字易直，又字浑然，号习斋，河北博野县杨村人。清初著名的启蒙主义思想家。他曾师从贾珍，贾珍主张“讲实话、行实事”，对于颜元后来的思想造成了很大影响。十几岁便中秀才，之后便不再参加科举。24岁时设家塾，开始收授弟子。41岁时因学生越来越多，订立“习斋教条”二十则。62岁时，应邀主持漳南书院，亲自为书院设立规章，将书院分成文事、武备、经史、艺能四斋。因书院不久便遇水灾，颜元主持时间不长，但却颇负盛名。颜元一生培养了众多弟子，在讲学过程中著有《四存篇》、《四书正误》等，门人整理有《颜习斋先生言行录》和《习斋先生辟异录》。其主要教育著作有《性理评》、《总论诸儒讲学》等。

在人性问题上，颜元主张“舍形则无性”，“形，性之形也；性，形之性也。”“形”与“性”互相统一，不可分割。这是一种唯物主义观点。其所有的教育思想和这种唯物主义的哲学思想都是息息相关、不可分割的。

颜元尖锐地批评传统教育：“今何时哉？普天昏梦，不归程朱，则归陆王，而敢别出一派与之抗衡乎？”① 他尤其反对程朱理学，认为其“全以章句误乾坤”。他还抨击八股取士制度：“天下尽八股，中何用乎？故八股行而天下无学术，无学术则无政事，无政事则无治功，无治功则无升平矣。故八股之害，甚于焚坑。”② 认为八股最终将导致政治腐败，世风日下。

在对于传统教育批判的基础上，颜元提出了自己的义利观，即“正其谊以谋其利，明其道而计其功”的命题，又进一步提出教育的目的是要培养“肯做工夫庸人”的“圣人”，要“致富强”，出现“列之朝廷者皆经济臣”的良好局面，就必须要使“天下之学校皆实才实德之士”，培养经世致

① 《习斋记余》。

② 《四存编·存学编卷一》。

用的人才。

为了培养有真才实学的人，教育内容也要反对空疏无用的书本和空谈，主张“实文”、“实行”、“实体”、“实用”。在教学方法上，颜元反对理学的“主静”观点，特别强调“习行”，他提出“觉思不如学，而学必以习”，人们要获得真正有用的知识，就必须通过“习行”，把知识和实践联系起来，颜元还重视劳动在人才培养中的积极作用。颜元的强调“习行”，并非意味着他排斥书本知识，事实上他也主张通过读书获得知识，只是认为读书、讲授都必须与“习行”相结合才能获得良好的效果：“讲之功有限，习之功无已”。

颜元的教育思想在他晚年主持的漳南书院中得到了实践。漳南书院设文事斋、武备斋、经史斋、艺能斋、理学斋和帖括斋，后两斋的设立仅仅是“应时制”，不是书院教育的主要部分。“实”是颜元教育思想的核心，也代表了当时启蒙思想家的一致认识。

第五章　中国近代教育的兴起（晚清）

中国古代曾创造了灿烂辉煌的文化和教育，形成了极其丰富的教育思想，育人与选才并举的教育制度，官学私学兼备的学校体制，学校、家庭、社会一体的教育系统以及一系列行之有效的教育原则、教育方法和教育手段。但在封建社会后期，传统教育日益走向保守和僵化。在专制主义的制度下，教育成了维护专制统治的工具，教育及其培养出来的人才之活力和生气一天天的丧失殆尽，整个民族和文化的创造力也因之消沉。而随着西方资本主义国家的入侵，传统教育在严重的社会危机和民族危机下颓象尽现，陷入更深刻的危机之中。但正是这种教育的颓象和危机，唤醒和促进了国人对传统教育的认识，一些有识之士从而进一步展开了对传统教育的批判与改革。与此同时，从西方列强坚船利炮打开的大门中，中国也从大门里面朝外看到了一种与中国传统教育完全不同的新教育。这种新教育在枪炮舰艇的隆隆声中伴着文化和学理滚滚而来，由此揭开了中国教育近代化的序幕。

第一节　中国近代教育制度的建立

中国近代教育制度是从引入西方教育开始的。最早是西方传教士在中国建立了教会学校，其后，清政府迫于外交和自强的需要，开办了洋务学堂。随着新式学堂在中国的发展以及对西方教育制度的介绍和了解，到晚清，中国近代学制逐步建立起来。

一、鸦片战争与教会学校

早在16世纪，西方殖民势力就已扩展到中国，而西方的传教士则是文化扩展的先锋。最早来中国的是天主教的传教士。传教士来华的目的和初衷是传教，但为了在中国的文化环境中便于从事宗教活动，传教士也向中国人介绍西方的科学文化。像利玛窦、汤若望等人就翻译和传播了不少西方的历算、天文、地理、医学等自然科学知识和哲学、教育学等人文社会科学知识。这对明清之际的学术文化产生了一定的影响。随着清政府实行禁教和闭关政策，加上教会内部的原因，传教士转入秘密活动，在中国的影响减小。

19世纪初期，基督教（新教）传教士也踏上中国土地。1807年英国伦敦会传教士马礼逊到达广州，先在中国学中文，后任东印度公司译员。为了“推进上帝事业”的需要，马礼逊将《圣经》译为汉文，编纂了《英华字典》，1813年伦敦会又派米怜作马礼逊的助手。1818年马礼逊在马六甲开设英华学校，米怜任院长，马礼逊本人任校监。英华学校是西方传教士在中国周边建立的第一所用华语教学的教会小学，它虽未设在中国境内，但却主要面向华人传教传学，培养了一批知名人物，影响很大。马礼逊死后，1835年罗便臣等外侨在广州成立了“马礼逊教育会”。并开始筹设马礼逊学校。1839年11月，马礼逊学堂正式在澳门成立，由美国传教士布朗主持并任教，1842年迁到香港。马礼逊学堂是第一所设立在中国境内的比较正规的教会学校，其开设的课程除了中文和英文外，还包括天文、算术、几何、生理学、历史、地理等。中国近代第一个留学生容闳就是这所学校的第一批学生之一。

1842年，鸦片战争清政府战败，中英签订《南京条约》，随后一系列不平等条约相继签订，资本主义侵略者在中国攫取了许多特权，包括传教和创建学校的特权。如《南京条约》规定：“自后有传教者来至中国，须一体保护”；《望厦条约》规定可以在广州、宁波、厦门、福州、上海五个通商口岸设立教堂；《天津条约》和《北京条约》进一步允许传教士进入内地各省传教。凭借这些条款的保护，西方传教士纷纷来华传教和创办学校。1844年英国伦敦会在厦门创办英华男塾。同年，英国“东方女子教育协进社”在宁波创办女子学塾，此为传教士在中国建立女子学校之始。1845年美国长老会在宁波创办崇信义塾。1846年美国圣公会传教士文惠廉在上海开设崇信义塾。1847年美国基督教怀恩堂在上海创设怀恩中小学堂。1848年美国美以美会传教士在福州开办男童学塾。1849年法国耶稣会传教士在上海徐汇创办圣依纳爵公学，此为天主教会最早开办的教会学校。1850年美国圣公会的上海裨文女学、英国圣公会的上海英华女塾等创办。1851年美国圣公会传教士在上海设立文纪女塾。1853年法国天主教在上海的明德女学、在天津的法汉学堂、诚正小学、淑贞女学，美国公理会在福州的格致书院等创办。1855年法国天主教会在上海设立徐汇女子学堂。1858年美国基督教归正会在厦门设立真道小学。1859年美国美以美会在福州开设育英书院。到1866年，西方天主教和基督教会在华创办的学校共75所。1877

年，单基督教会创办学校就达350所，学生近6000人。1889年，教会学校约有2000所，学生约4万人。

早期教会学校主要集中在香港和开放通商的沿海城市，大多附设于教堂，规模非常小，学生人数很少，教育程度也很低，主要是一些小学性质的学校。他们通常采取免费就学的方法，以吸引中国人。主要教学内容是西方宗教的教义教规，用宗教来影响学生的思想。教会学校大都开设英语课，通常也设有数学、天文、地理等自然科学课程。除此之外，中国的经书也是部分学校的教学内容之一，传教士们把西方宗教的教义与中国的儒家思想和封建礼教相结合，以使他们容易为中国人所接受，达到传教的目的。

第二次鸦片战争后，西方列强加紧了对中国的侵略扩展。英、法、俄、美等国威逼清政府签订了《天津条约》和《北京条约》，在其中塞进“传教宽容条款”，为传教士进入内地传教打开了“合法的”大门。教会势力和教会学校因此从中国沿海向内地延伸，并且迅猛扩展开来。到1875年左右，中国境内教会学校总数约增加到800所，学生约2万人。其中，基督教传教士开办的有350所，学生有6000人，其余的均为天主教所办。① 此期开设的较著名的学校有：1863年天主教的上海圣方济书院，1864年美国长老会传教士狄考文的山东登州蒙养学堂，1865年美国传教士的北京崇实馆，美圣公会的上海培雅学堂，1866年天主教的天津究真中学堂，基督教的上海度恩学堂，1867年天主教的上海崇德女校，基督教的杭州育英义塾，1870年美监理会的苏州存养书院，1871年美圣公会的武昌文惠廉纪念学堂等。

西方列强为了加紧攫取中国的经济利益，控制中国的经济命脉和文化教育主权，急需大批为西方利益服务同时又熟悉中国事务，且具备中西语言能力和近代工商业知识的人才。于是19世纪70年代末以后，教会学校急剧扩展，规模也不断扩大。有的学校学生已达100人以上。虽然此期的教会学校仍以小学为主，但中学也开始发展，已占总数的7%，女学校也有所增多。教会学校为了使其培养出来的人才进入中国的重要部门，还改革招收贫寒子弟的方针，而以官绅和富家子弟为主，而且收取学费。中国籍教师也有所增加。到1900年中国教会学校总数已达到2000所，学生4万人。较为著名的学校有：1879年由雅培学堂和度恩学堂合并的上海约翰书院，1881年林乐知在上海创办的中西书院，1885年美长老会在广州开设的格致书院，1889年美传教士福开森在南京开设的汇文书院，1893年美公理会在

---

① 顾长声：《传教士与近代中国》，227页，上海，上海人民出版社，1991。

河北通县创设的潞河书院，1897 年美监理会在苏州开设的中西书院等。

进入 20 世纪，世界资本主义向帝国主义阶段过渡。《辛丑条约》的签订，中国内部的混乱和动荡，教会势力得以空前的大发展。到 1920 年，基督教徒发展到 36 万多人，天主教徒则有 190 万之众。① 为了从思想上和文化上控制中国，同时趁中国公立学校发展不完善之机，传教士加紧扩展教会学校，直到收回教育权运动。此期是教会教育最为繁荣的时期。教会学校从幼儿园、小学、中学、师范学校、职业学校、专科学校到大学已形成一个完整的教育体系。据 1921 年中国基督教教育调查团统计，基督教教会学校共 6708 所，学生 203595 人，其中初小 5437 所，学生 151582 人；高小 962 所，学生 32899 人；中学 291 所，学生 15213 人；大学 18 所，学生 3901 人。天主教教会学校 6250 所，学生 136960 人。教会学校总数将近 1.3 万所，学生 34 万多人。② 其中，以英美两国教会所办的学校为多。基督教比较重视发展中高等学校，教会大学中较为著名的有：1901 年美国监理会开办苏州东吴大学；1904 年美国长老会开办的岭南大学；1905 年美国圣公会开办的上海圣约翰大学；1906 年英国伦敦会、伦敦教会医学会等合办的协和医学院；1910 年美国长老会开办的之江大学；外国基督教布道会、美以美会等合办的南京金陵大学；英国圣公会、公谊会等合办的华西协和大学；1913 年美国北长老会、美以美会等合办的金陵女子大学等。天主教大学较少，著名的有 1903 年建立的上海震旦大学等。

教会学校在中国是与帝国主义侵华同步发展的，其兴起和发展是西方侵略者在我国的势力不断扩张的结果，也是清政府日益腐败、国力迅速衰败、中国进入半殖民地半封建社会的表现，他们反过来又是侵蚀中国人思想，帮助列强进行文化侵略的重要工具，某些传教士还直接扮演了侵华战争的谋士与帮凶的角色，传教士的一切活动，其目的实质上是“用十字架来战胜中国”。

从另一方面看，教会学校在传播西方教义的同时，也传播了部分自然科学知识，其学校体制、课程安排以及教学方法都与当时中国传统腐朽的封建教育不同，对封建教育产生了冲击，客观上促进了封建教育的瓦解，在一定范围内符合了当时社会的发展趋势，为中国近代教育制度的建立埋下了伏笔。从中西交流的角度来看，教会学校成为中国近代最早以学校形式传播西学的组织，具有一定的积极意义。

---

① 顾长声：《传教士与近代中国》，261～262 页，上海，上海人民出版社，1991。

② 陈启天：《近代中国教育史》，329～332 页，台北，中华书局，1979。

二、中国近代新式学校的创建与发展

（一）洋务学堂

中国近代教育的萌芽始于洋务运动时期。19世纪60年代至90年代，经过两次鸦片战争，中国国门洞开，民族危机进一步加深。清朝的统治阶级也发生了分化，一部分具有买办倾向的上层官员，形成洋务派，其代表人物有曾国藩、李鸿章、左宗棠、张之洞等。他们提出“自强”、“求富”的口号，在封建制度的范围内，引用和学习西方的先进技术，购买船舰枪炮，兴办厂矿、铁路，实行了一些具有资本主义性质的改革举措。

洋务派在兴办近代工业的同时，在教育上也采取了相应的措施，创办了许多新式学堂，以洋务运动的基本纲领“中学为体，西学为用”为办学方针，来培养洋务运动中需要的翻译、军事或是技术人才。这些新式学堂主要可以分为方言学堂、军事学堂和技术学堂三种类型：

方言学堂，也即外国语学堂，是最早设立的一类新式学堂。新式教育所以从创办外国语学堂开始，是因为对外交往的现实迫切需求。洋务派在外交中缺乏精通外国语的人才，导致既不能深入准确地了解国外情况，又一再受到西方列强的欺侮。洋务派乃提出开办外国语学校，培养精通外语的人才。洋务派开办的方言学堂主要有：1862年设立的京师同文馆，1863年设立的上海广方言馆，1864年设立的广州同文馆，1887年设立的新疆俄文馆等。

京师同文馆是清政府批准在总理各国事务衙门下设立外语学馆之后设立的，最初只设英文馆，后又增设法文馆、俄文馆等。1866年又增设天文、算学馆，从此变为一所综合性学堂。1902年并入京师大学堂。京师同文馆的学生最初全是八旗子弟，后来一些其他出身的学生也可以进入学习。教习很多由外国人担任。京师同文馆具有半殖民地半封建的性质，虽然经书的教育仍然贯穿在同文馆学习的始终，但是“西文”和“西艺”的学习已经成为主要的教学内容，并且采取了分年课程和班级授课等西方近代教学制度，是我国第一所新式学堂，被认为是中国近代教育的开端。

军事学堂，主要学习西方练兵制器等有关军事的各种知识，用来培养水军、陆军等方面的军事人才。自鸦片战争开始，中国在与西方的一次次交涉和冲突中都受到西方坚船利炮的威胁，并以失败而告终，洋务派深刻认识到坚船利炮和“养兵练兵之法”在军事上的重要性，因此才发起“自强”的洋务运动。洋务运动的一个重要内容就是办军事学校，当时主要的军事学堂有：1866年设立的福州船政学堂，1881年设立的天津水师学堂，

1885年设立的天津北洋武备学堂，1887年设立的广州水师学堂，1890年设立的江南水师学堂等。福州船政学堂是我国最早的海军学校，而天津武备学堂则是我国第一所陆军学校。

1866年闽浙总督左宗棠在福州马尾设船政局，次年在局内设立船政学堂（求是堂艺局）。学堂分前后两堂，前学堂专习制造，因当时法国造船技术最先进，故注重法文，又名“法文学堂”；后学堂专习管轮驾驶，因当时英国航海技术最发达，乃注重英文，又名“英文学堂”。课程多是外国语以及算术、代数、几何、三角、物理、机械学和航海等近代技术和科学，既注重理论学习，也重视设计、制造和驾驶实践能力的教学和培养。福州船政学堂为中国培养了近代第一批科技和海军人才。福州船政厂后期的轮船均由船政学堂毕业生监造，船厂所造轮船的管驾及当时海军舰队的骨干也是船政学堂的毕业生。林泰曾、刘步蟾、邓世昌等就是其中的佼佼者。对中国近代思想文化和维新运动产生重大影响的严复也是船政学堂的学生。

技术学堂，主要教授西方先进的实用技术，培养厂矿企业医院等的技术人才。在向西方学习的过程中，洋务派逐渐认识到科技的重要性，因此开设西学课程和技术学堂。洋务派开办的技术学堂有：1876年设立的福州电报学堂，1881年设立的天津医学馆，1882年设立的上海电报学堂，1896年设立的南京储才学堂等。天津医学馆是由中国政府自办的第一所西医学堂。

洋务运动中创办的这些新式学堂，目的在于培养多个领域需要的专门性人才。虽然其创办者仍然是封建官僚，创办的根本宗旨也在于维护封建统治，但是无论从教育内容还是从教育方法上来看，它们都与传统的学校有了很大的不同，表现出明显的资本主义色彩，标志着中国近代教育的初步确立。

（二）维新教育

中国在中日甲午战争中的失败所带来的民族耻辱和危机，在深深地刺痛国人的同时，也极大地激发了国人的救国热情。洋务运动的自强努力在日本侵略中国的甲午战争中彻底破产，救亡图存已成为摆在中国人面前最紧迫的任务。在此刺激下，中国先进知识分子发起了一场轰轰烈烈的以维新变法推行“新政”的政治运动——维新运动。实际上，在洋务运动后期，王韬、马建忠、郑观应等人的思想已经突破了洋务思想的框架，为维新思想作了铺垫。到19世纪90年代，康有为、梁启超、谭嗣同、严复等就登上历史舞台，成为维新运动的领导人和维新思潮的代表人物。

维新派认为，“新政”是建立在“新学”基础上的，西方之强不是强在技艺上，而是强在“学”上。康有为说：“尝考泰西之所以富强，不在炮械军兵，而在穷理劝学。”① “泰西之强，不在军兵炮械之末，而在其士人之学。新法之书，凡一名一器，莫不有学，理则心伦、生物，气则化、光、电、重，蒙则农、工、商、矿，皆以专门之士为之，此其所以开辟地球，横绝宇内也。”而要提倡新学，最根本的就是要“兴学育人”。康有为强调：“欲任天下之事，开中国之新世界，莫亟于教育。”② 欧美的强盛就是以教育为本的结果，日本的崛起也是因为重视教育发展教育而达于“骤强”。因此，康有为就把兴学校看做是维新变法中最紧要之事，“今变法百事可急就，而兴学养才不可一日致也，故臣请立学亟亟也。”③ 梁启超更将中国之命运与新式教育的发展联系起来，“亡而存之，废而举之，愚而智之，弱而强之，条理万端，皆归本学校。”④ 严复反复论证了教育与国家和社会的关系，急切地指出只有从教育上着手，国家之事方能有所作为。因此改革封建教育，培养新式人才是救亡图存、实现变法的根本。为此他们积极成立学会、创办报刊来宣传自己的政治和教育主张，并在各地广泛建立学堂以“开民智”，实现自己的政治目标。

1895 年，维新派成立了北京强学会和上海强学会，作为积极宣传变法维新的组织。同一年，康有为和陈炽在北京创办《万国公报》，后改名《中外纪闻》，将其作为北京强学会的机关报，开始用报刊来宣扬自己的思想。与此同时，维新派在上海创办《强学报》，成为上海强学会的机关报。1896 年，梁启超在上海创办《时务报》，1897 年严复在天津创办《国闻报》，1898 年维新派在北京成立了保国会。这些学会和报刊的创立，成为传播新思想的有力媒介，虽然他们屡屡遭到封禁，但却在社会上形成了无法阻挡的变法思潮。

维新派创办了许多新式学校，直接贯彻自己的教育思想，培养变法人才。维新派创办的新式学堂有万木草堂、时务学堂、通艺学堂、浏阳算学馆、时敏学堂、务本学堂、经正女学等 10 多所维新学堂。其中影响最大的

---

① 康有为：《公车上书》，《中国近代教育史资料汇编·教育思想》，134 页，上海，上海教育出版社，1995。

② 梁启超：《康有为传》，《中国近代教育史资料汇编·教育思想》，162 页，上海，上海教育出版社，1995。

③ 康有为：《请开学校折》，《中国近代教育史资料汇编·教育思想》，141 页，上海，上海教育出版社，1995。

④ 梁启超：《变法通议》，《中国近代教育史资料汇编·教育思想》，193 页，上海，上海教育出版社，1995。

是万木草堂和时务学堂。

万木草堂是康有为1891年在广州建立的，1894年被清政府解散，1896年后又进行讲学活动，戊戌变法失败后停办。万木草堂是康有为研究维新理论，宣传变法思想，培养维新人才的重要阵地。学堂反对传统的教育模式，要求学生关注时务，学以致用。在教学内容上主张中西兼通，促进学生德智体多方面发展。学堂课程主要有：义理之学，包括孔学、佛学、周秦诸子学、宋明学、泰西哲学；考据之学，包括中国经史学、万国史学、地理学、数学、格致学；经世之学，包括政治原理学、中国政治沿革得失、政治经济学、群学；文字之学，包括中国辞章学、外国语言文字学等，并贯穿有演说、体操、游历、音乐等活动。万木草堂在变法期间达到极盛，学生曾至千人。万木草堂培养了不少维新人士，其著名者有梁启超、陈千秋、徐勤等。

时务学堂是湖南的维新人士及支持维新运动的官员黄遵宪、熊希龄、谭嗣同、陈宝箴1897年在长沙创办的，聘梁启超为中文总教习。第二年因变法失败，学堂被迫解散，1899年改为求实书院。梁启超为学堂制定了《时务学堂学约》十条：立志、养心、治身、读书、穷理、学文、乐群、摄生、经世、传教。学堂课程分普通学与专门学，普通学设有经学、诸子学、公理学、中外史志及格算诸学之粗浅者；专门学设有公法学、掌故学、格算学。时务学堂师生一边讲学，一边宣传维新思想，鼓吹民权，不但培养了维新人才，而且改变了湖南的学风，推动了湖南维新运动的开展。

维新派在变法运动期间创办学校仅是其在教育成就中很小的一个方面，其重大成就和影响还在于对中国教育近代化的全面推进上，这就是“百日维新”中的教育改革。在康有为等维新人士的推动下，光绪帝1898年6月11日颁布“明定国是诏书”，宣布变法维新。此后又发布了一系列的变法诏令，涉及政治、经济、军事、文化教育等方面的改革。教育上的改革包括破旧和立新两方面。有关废八股、变科举等破旧之举在前节已述，这里主要分析建立新的学校制度方面的改革。

1. 设立京师大学堂

百日维新期间，光绪帝数下谕旨，再三督促，并严词警告，若再拖延，即严惩不贷。于是军机大臣、总理各国事务大臣迅速议奏。该奏议由梁启超仿照日本和西方学制起草，并参酌本国情形，拟定了《京师大学堂章程》。《章程》共8章52条，内容包括总纲、学生功课、学生入学、学成出身、聘用教习、设官、经费等。学堂以“培植非常之才，以备它日特达之用”为教育目标，在“中学体也，西学用也，二者相需，缺一不可”的宗旨下，教学内容是“中西并重，观其会通，无得偏废”①。光绪帝批准了该《章程》，并委任孙家鼐为管学大臣，管理京师大学堂事务。“百日维新”期间，京师大学堂并未开学，仅作了规划、选址、聘教习等筹办工作。但戊戌变法失败后，京师大学堂仍得以保留，与铁路矿务局一起成为硕果仅存的两项维新成果。

2. 兴办三级学堂和专门学校

康有为在变法中曾上《请饬各省改书院淫祠为学堂折》，建议改直省书院为中学堂，乡邑淫祠为小学堂。光绪帝采纳了康有为的奏议，下令各省、府、厅、州、县之大小书院，一律改为兼习中学、西学之学校。并以省会之大书院改为高等学堂，郡城之书院改为中学堂，州县之书院改为小学堂。这就建立起一个三级学堂的系统，初步搭起了中国近代学制的框架。光绪帝还诏令地方自行捐办的义学、社学等，也一律中西兼习。民间祠庙也由地方官晓谕民间，一律改为学堂。光绪帝期望由此而广开兴学之风，实现“人无不学，学无不实”。② 此外，又筹建各类专门学堂，如铁路、矿务、农务、茶务、蚕桑、医学等学堂，意在培养实业人才，以振兴实业。

3. 废除八股取士，改革科举制度

1898 年 6 月 23 日，光绪帝下令废除八股考试，“自下科始，乡会试及生童岁科各试，向用四书者，一律改试策论。”③ 6 月 30 日光绪帝又颁令：“乡会试既改试策论，经济岁科，亦不外此，自应并为一科考试，以免纷歧。至生童岁科试，著各省学政，奉到此次谕旨，即行一律改为策论，毋庸候至下届更改。”④ 7 月 19 日，光绪帝批准了礼部拟定的《遵议乡会试详细章程疏》，下诏“著照所议，乡会试仍定为三场：第一场试中国史事国朝政治论五道，第二试时务策五道，专问五洲各国之政，专门之艺，第三场试四书义两篇，五经义一篇。”⑤ 虽然在变法失败后，清政府仍然恢复了八股制度，罢经济特科，但是这次冲击无疑对于科举的最终废止发挥了作用。

---

① 《总理衙门筹议京师大学堂章程》，《中国近代教育史资料汇编·戊戌时期教育》，125～128页，上海，上海教育出版社，1995。

② 《上谕：上谕改学校》，《中国近代教育史资料汇编·戊戌时期教育》，55～56页，上海，上海教育出版社，1995。

③ 《中国近代学制史料》第一辑下册，82页，上海，华东师范大学出版社，1986。

④ 《中国近代学制史料》第一辑下册，87页，上海，华东师范大学出版社，1986。

⑤ 《中国近代学制史料》第一辑下册，96页，上海，华东师范大学出版社，1986。

三、中国近代教育制度的建立

（一）废除科举

只有改革旧的教育制度才能确立和巩固新的教育制度。近代以来有识之士一再提出要改革和废除科举，戊戌变法科举改革虽失败，但其趋势已不可逆转。1901 年，湖广总督张之洞、两江总督刘坤一、两广总督陶模、广东巡抚德寿、安徽巡抚王之春、御史张百熙等及政务处和礼部相继上书，奏请变通科举。8 月，清政府下令《以策论试士禁用八股程式》："自明年为始"，嗣后乡、会试，生童岁科考试，进士朝考、殿试，"均以中国政治、史事及各国政治、艺学命题。以上一切考试，凡'四书''五经'义均不准用八股文程式，策论均应切实敷陈。"① 又下令"嗣后武生童考试及武科乡会试，着即一律永远停止。"② 至此，自明代以来实行的八股考试正式废除。

1903 年 3 月，直隶总督袁世凯、署理两江总督张之洞上《奏请递减科举折》，认为朝廷不罢科举，天下士林则心存观望，而不能专心注重学堂发展。因此提出按年递减科举取士名额，学政岁科试分两科减尽，乡、会试分三科减尽。并以学堂取中之额补充科场递减之额。1904 年 1 月，张百熙、荣庆、张之洞在复奏重订学堂章程后，附呈《奏请递减科举注重学堂片》，提出将科举学堂合并为一，并根据当时中国学堂普遍未立的情况，建议"将科举旧章量力变通"，乡会试每科递减名额三分之一，学政岁科每次递减四分之一，到末科中额减尽即停止科举考试。清政府批准了此奏议，下令自丙午（1906 年）科始，将科考中额逐科递减，俟各省学堂办齐，再将科举学额分别停止，归学堂考取。

1905 年 9 月，直隶总督袁世凯、盛京将军赵尔巽、两湖总督张之洞等会奏，认为"欲补救时艰，必自推广学校始；而欲推广学校，必自先停科举始。"科举不停，民间相率观望，"学堂决无大兴之望。就目前而论，纵使科举立停，学堂遍设，亦必须十数年后人才始盛。如再迟至十年甫停科举，学堂有迁延之势，人才非急切可成，又必须二十余年后，始得多士之用。强邻环伺，岂能我待？"要求立停科举。迫于形势和全国舆论压力，清政府下令："著即自丙午科为始，所有乡、会试一律停止，各省岁科考试亦

① 《光绪二十七年七月十六日谕以策论试士禁用八股文程式》，《中国近代教育史资料汇编·学制演变》，4 页，上海，上海教育出版社，1991。

② 《光绪二十七年七月十六日谕停武生童考试及武科乡会试》，《中国近代教育史资料汇编·学制演变》，5 页，上海，上海教育出版社，1991。

即停止。”[①] 至此，自隋代开始，延续1300多年的科举考试制度终于结束了其历史使命。

（二）近代教育制度和教育思想的介绍和引进

中国近代新教育制度是在艰难曲折、复杂矛盾的斗争过程中建立起来的。甲午战争后，面对中国政治军事的失败和衰弱以及国内教育落后和人才匮乏的状况，又在日本明治维新教育改革和国家强盛的成功范例的映照下，维新派在力倡维新变法，救亡图存，在教育上提出改革科举制度的同时，积极主张学习西学，建立新教育制度。此后，朝野上下纷纷呐喊，要求改革教育，强国富民，并提出建立新学制的设想和建议。

早在洋务思潮中，王韬、郑观应等人就已提出要建立近代学制，并介绍了西方资本主义国家的学制。后来康有为、梁启超等对西方各国学校制度系统也作了详细介绍。进入20世纪，中国出于救亡的目的更加大规模地译介西方近代学制。1901年5月，中国第一份半官方性的教育专业杂志，由罗振玉发起、王国维主编的《教育世界》在上海创刊。该刊在第1号的“序例”中就特别强调：“无人才不成世界，无教育不得人才。方今世界不出四语，曰：‘优胜绌败’。今中国处此列雄竞争之世，欲图自存，安得不于教育亟加之意乎?”[②] 为了给中国建立新学制提供借鉴，《教育世界》不仅刊登了国内外有关教育的言论、奏折、章程、法规、调查报告，而且还以大量篇幅刊载译作，介绍外国近代教育思想、教育制度和教科书等。由于日本的文化、地理等与中国相近，《教育世界》特别关注日本，重点介绍了日本的教育。如在1902年2月《教育世界》就连载了84个日本教育法规，50多本不同学科的教科书以及教育学、教育史的论著。其中影响较大的有日本文部省编定的《日本学校章程三种》，对日本的学制、教育方针、教育系统、经费筹划、教职员条例、教科书编写及其种类作了系统的译介。罗振玉还发表了《日本教育大旨》一文，专门探讨日本的教育经验得失。1902年12月，该杂志开始引介欧美各国的教育理论和教育发展的历史及现状，并对重要教育学家作了介绍和说明。此外，像《译书汇编》、《游学译编》、《东方杂志》、《江苏》、《浙江潮》等也都译述和论说了欧美日本的教育制度。

清政府对建立新学制的热情也在高涨，因此不断派员游学。1901年清

---

① 《袁世凯、赵尔巽、张之洞等：或奏立停科举推广学校折暨上谕立停科举以广学校》，《中国近代教育史资料汇编·学制演变》，530～531页，上海，上海教育出版社，1991。

② 《教育世界》“序例”，第1号，1901年5月。

政府强调“各省办理学堂员绅宜先派出洋考察”，后又一再下令各省督抚遴选官员和学生送日本游历游学，也鼓励人民自费赴日本留学。到1906年，在日本的游学人数达万人以上。这些人回国后，或直接参与全国和各省的教育改革，或著书撰文，将日本和西方的教育和教育理论介绍到中国。如罗振玉1901年受张之洞、刘坤一之委托，率队考察日本学务。京师大学堂总教习吴汝纶1902年东渡扶桑，全面考察了日本大学行政和教育体制，参观了各级各类学校、政府机关和文化设施，采访了文部省官员和日本教育界各方面人士。不少人将考察学务游记汇集成书，其中影响较大的有：1898年4月姚锡光的《日本学校述略》，对日本的普通学校、陆军学校、专门学校及学校的官立、公立、私立情况都作了全面的介绍。该书出版后，反响强烈，作者又略加增补，以《东瀛学校举概》为名，于1899、1900年两次再版。1902年10月吴汝纶将其考察日本的成果汇编成《东游丛录》，对日本的学校系统、教育教学、经费、管理等作了全面介绍。据统计，从1898年到1908年，共出版各类游记、观感26种。

这个时期，介绍日本和西方学校体制和教育理论的翻译著作也大量出版。如1899年京师大学堂翻译出版的《日本东京大学规则考略》；1901年出版学生总监夏偕复的《学校刍言》；1902年天津出版东寄学社所译日本文部省编定的《日本新学制》；正学堂出版翁崐焘译的《日本东京师范学校章程》；泰东同文局出版的《日本学制大纲》等。与此同时，西人斯宾塞的《教育论》，卢梭的《教育论》、《爱弥尔》以及日人嘉纳治五郎的《支那教育问答》，熊谷五郎的《教育学》，富山房的《教育学新书》、《学校管理法问答》等教育理论著作也不断被翻译出版。

在朝野一致要求进行学制改革，并已在各方面基本作好理论和舆论准备的情况下，政治需要和政治意志就将新学制催生下来。

（三）近代学制的建立

1. 教育宗旨

清政府在废科举、兴学校的教育改革中，始终贯穿着“中体西用”的精神。教育改革的一系列措施和方法都是在“中体西用”的思想指导下制定和实施的，清政府还将“中体西用”明定为教育宗旨。

“中体西用”是“中学为体，西学为用”的省称，“中学”，又称“旧学”、“内学”，指中国传统文化，特别是指曾长期被认作中国文化核心的儒家伦理纲常名教；“西学”，又称“新学”、“外学”，泛指西方文化，其具体内涵随着中西接触的加深和中国社会思想的进步，不断更新、发展和丰富。冯桂芬1861年提出：“以中国之伦常名教为原本，辅以诸国富强之术。”主张“采西学”，“制洋器”[①] 郑观应说：“中学其本也，西学其末也；主以中学，辅以西学。”[②] 王韬说：“形而上者中国也，以道胜；形而下者西人也，以器胜。”[③] “器则取诸西国，道则备自当躬。”[④] 薛福成说：“今诚取西人气数之学，以卫吾尧舜禹汤文武周孔之道。”[⑤] 上海中西书院掌教沈毓桂 1895 年第一次采用了“中学为体，西学为用”这八个字。但将中体西用思想表达得最为明确和系统的是张之洞。正是在张之洞等人的影响下，“中体西用”成为清末改革的指导思想和办学宗旨。

清政府在 1901 年废科举兴学校的“新政”改革中，以“中体西用”为方针，“朝廷以更新之故而求之人才，以求人才之故而本之学校，则不能不节取欧美日本诸邦之成法，以佐我中国二百余年旧制。”“其教法当以四书五经、纲常大义为体，以历代史鉴及中外政治艺学为用，务使心术端正，文行交修，深通时务，讲求实济，庶几植基端，本成德，达材用，副朕图治作人之至意。”[⑥]《奏定学堂章程》规定：“中小学堂宜注重读经以存圣教。外国学堂有宗教一门，中国之经书即是中国之宗教。若学堂不读经书，则是尧舜禹汤文武周公孔子之道，所谓三纲五常，尽行废绝中国必不能立国矣。”其后张百熙、荣庆、张之洞在呈奏《重定学堂章程折》中明确提出：“立学宗旨，无论何等学堂，均以忠孝为本，以中国经史之学为基，俾学生心术一归于纯正，而后以西学，沦其知识，练其技艺，务期他日成才，各适实用，以仰副国家造就通才、慎防流弊之意。”1906 年学部建立后，正式颁布教育宗旨：“忠君、尊孔、尚公、尚武、尚实”。忠君、尊孔是“中国政教之所固有，而亟宜发明以距异说”，这实际上就是坚持中国传统之学，即“中学为体”；尚公、尚武、尚实是“中国民质之所最缺，而亟宜箴砭以图振起”，这实际上就是学习近代西方各种学问技艺，即“西学为用”。

“中体西用”不仅是晚清教育改革的指导思想和教育宗旨，也为晚清教育改革提供了理论基础，在相当一段时间内为中国近代的教育改革起到了积极有效的推动作用。但“中体西用”不管在理论上还是在实践中都存在

---

① 冯桂芬：《采西学议》，《中国近代教育史资料汇编·教育思想》，25 页，上海，上海教育出版社，1997。

② 郑观应：《西学》，《中国近代教育史资料汇编·教育思想》，84 页，上海，上海教育出版社，1997。

③ 王韬：《韬园尺牍》，30 页，光绪九年刊本。

④ 王韬：《韬园文录外编》卷 11，323 页，光绪九年刊本。

⑤ 《筹洋刍议》卷 1，21 页。

⑥ 《光绪朝东华录》(五)，4902、4917 页。

严重不足和缺陷。其根本目的是为了维护封建专制统治，随着近代化的发展，“中体西用”就成为更大规模吸收西方文化教育的阻碍，变为对中国传统教育进行革命性变革的阻力，由对中国教育近代化的促进而转变为对教育近代化的反动。

2. 壬寅学制

1902 年清政府颁布了由管学大臣张百熙拟定的“学堂章程”，这些学堂章程包括《京师大学堂章程》、《考选入学章程》、《高等学堂章程》、《中等学堂章程》、《小学堂章程》和《蒙学堂章程》，总称为《钦定学堂章程》。这是中国近代最早制定的学校教育制度。因 1902 年为农历壬寅年，故又称“壬寅学制”。

《钦定学堂章程》具体规定了各级学堂的性质、办学宗旨、入学条件、课程设置、学制年限等内容。这一学制将学校体系在纵的方面分为三段七级。第一阶段为初等教育，包括蒙学堂 4 年，寻常小学堂 3 年，高等小学堂 3 年；第二阶段为中等教育，设中学堂一级，4 年；第三阶段为高等教育，包括高等学堂或大学预科 3 年，大学堂 3 年，及不定年限的大学院。在横的方面，设实业学堂和师范学堂：与高等小学堂平行的是简易实业学堂；与中学堂平行的是中等实业学堂、师范学堂；与高等学堂平行的是高等实业学堂、师范馆和仕学馆。壬寅学制已提出国民义务教育，并重视实业教育和师范教育。为吸引学生，还给学堂学生赏以科举功名。但壬寅学制虽经公布，却未施行。

3. 癸卯学制

由于壬寅学制制定仓促，未得实行，1903 年，张之洞、张百熙、荣庆等重新拟定新学制，于 1904 年 1 月颁定实行《奏定学堂章程》，由于拟定年份为癸卯年，故称癸卯学制。

癸卯学制规定了各级各类学堂的宗旨、任务、入学条件、修业年限、课程设置及相互之间的衔接关系。癸卯学制将在学校系统纵的方面仍分为三段七级：第一段为初等教育，包括蒙养院 4 年（3～7 岁），初等小学堂 5 年（7～12 岁），高等小学堂 4 年（12～16 岁）。第二段为中等教育，设中等学堂一级 5 年（16～21 岁）。第三段为高等教育，包括高等学堂或大学预科 3 年，大学堂 3 年到 4 年，通儒院 5 年。

在横的方面设师范学堂和实业学堂，师范学堂：分初级师范学堂和优级师范学堂，分别招收高等小学堂毕业生、初级师范学堂和普通中学堂毕业生，培养高等和初等小学堂教员、初级师范学堂和中学堂教员旨。实业学堂：分实业学堂、补习实业学堂、实业师范学堂三类。实业学堂又分初、

中 、高三级。初级实业学堂有农业、商业、商船三种，相当于高等小学堂程度。中等商业学堂有农业、工业、商业、商船四种，相当于普通中学堂程度。高等商业学堂有农业、工业、商业、商船四种，相当于高等学堂程度。补习实业学堂有普通实业学堂和艺徒学堂两类，相当于高等小学堂程度。实业师范学堂有农业、工业、商业三类实业教员讲习所，相当于高等学堂、大学预科程度。

这是第一个由政府颁布且付诸施行的近代学制，仍然抄袭了日本学制的基本框架，带有资本主义色彩。它是张之洞等为代表的洋务派“中学为体，西学为用”思想的产物，学制中强调：“无论何等学堂，均以忠孝为本，以中国经史之学为基，俾学生心术壹归于纯正，而后以西学瀹其智识，练其艺能，务期他日成才，各适实用，以仰副国家造就通才，慎防流弊之意。”各级学校开设了西方的课程；采用西方近代的教学方法；学校的培养目标开始转变成为各种专业人才；重视实业教育和师范教育；开始认识到初等教育应为义务教育等。

但与此同时，“中小学堂，宜注重读经，以存圣教”，教学内容中经学占有很大比重，封建气息浓厚；并且学制中没有女子的地位，认为“中西礼俗不同，不便设立女学”，“若设女学，其间流弊甚多，断不相宜”，之后虽然由于资产阶级民主思想的传播和舆论的压力，于 1907 年设立了女子小学以及女子师范学校，但仍然限制男女同校，男教师不能任教于女学堂，体现了“男尊女卑”的封建观念；学制在一定程度上还和科举制度相挂钩，根据学生的成绩和品行，“奏请赐予各项出身，分别录用”；对于学生也仍然有门第等级的限制；还监视学生行动，禁止学生干涉政治等等。

以上这些特点说明，癸卯学制归根结底是为了在国门洞开的新形势下维护清朝的封建统治，具有半殖民地半封建性质。癸卯学制整个学习年限过长，是我国学程最长的一个学制。但它的颁行对于我国近代教育制度的统一和发展有着重要意义。

4. 近代的教育行政制度

中国传统的政治制度中没有专门的教育行政机构，科举考试和学校教育由礼部兼管。礼部有四司：仪制、祠祭、主客和精膳。仪制司的职责主要是“掌学校贡举之法”，所管辖范围为“掌朝廷府属乡国之礼，稽天下之学校，凡科举，掌其功令”。但礼部并不是专门的教育行政机构。在这种体制下，教育行政的特有功能不可能得到重视和发挥，学校也因此很难获得强有力的行政支持而稳定持久的发展。

自 1862 年同文馆成立以来，新式学堂日益增多，学堂的管理问题也就随之而来。如同文馆先隶属总理衙门，后又归于外交部。其他新学堂也多从属于各省总督和总理衙门。但这些部门本不是专门的教育职能机构，不可能将主要精力放在教育管理上，也很难管理好教育。而旧制度下专门管理教育的礼部和各省学政却并不负责新学堂的管理，这就严重地阻碍了新学堂的创建和发展。为了推进全国教育发展，保证新学制的贯彻执行，设立专门的教育行政机构就极为必要而且势在必行。

1898 年京师大学堂成立，其章程规定"各省学堂皆当归大学堂管辖"，确立了京师大学堂兼有管理各省学堂的职责，这样它既是全国的最高学府，又是最高的教育行政机构。京师大学堂之设是建立中国近代教育行政的初步尝试，也反映了中国近代新旧教育体制转换之中的特有形态。1901 年，清政府实行"新政"，建立新学制，并要求整顿全国学校，学务日益繁重，礼部更加难以兼管学政。清政府因此特设管学大臣，并任命"张百熙为管学大臣，将学堂一切事宜，责成经理"。管学大臣既是京师大学堂的校长，又是全国教育行政机关的长官。

在新式学校迅猛发展的形势下，京师大学堂的管学大臣于自身事务尚且自顾不暇，更不可能兼管全国学务。因此，1903 年，张之洞、张百熙、荣庆在《重订学堂章程》的《学务纲要》中明确提出"必须于京师专设总理学务大臣，统辖全国学务"。还建议学务大臣之下设"属官"，分为专门、普通、实业、审订、游学和会计六处。1904 年，京师大学堂乃改设"总监督"一员，专管大学堂教务。另又在其上设立学务大臣和六处属官。这一制度施行时间虽较短，但却是中国近代中央教育行政机构的肇端。

1905 年，经政务处奏请，清政府下令设立学部，并将国子监撤销，有关教育事务全部归学部管理。这样，中国近代统辖全国教育事务的最高行政机关就正式成立。学部最高长官为尚书，下设左右侍郎，均为政务官。又下设左右丞、左右参议、郎中、员外郎、主事等各项事务官。学部的组织机构由五司十二科构成：总务司，包括机要、案牍、审定三科；专门司，包括政务、庶务两科；普通司，包括师范教育、中学教育、小学教育三科；实业司，包括实业教务、实业庶务二科；会计司，包括度支、建筑两科。每司置郎中一员，总理司务。各科置员外郎一员，设主事一员，办理科务。此外，另设司务厅，掌管印信收发文件，又设编译图书局、京师督学局、学制调查局、高等教育会议所、教育研究所等附属机构。1909 年全国划分为 12 个视学区，学部设视学官，轮流到各省视察教育。

1906 年，清政府撤销各省提督学政，裁撤学务处或学校司等省级教育行政机关，改设提学使司专管全省教育，设提学使 1 人，归督抚节制。并在省会设学务公所，置议长 1 人，议绅 4 人。学务下设总务、普通、专门、实业、会计、图书六课，各课设课长 1 人，副课长 1 人，课员 1～3 人。另设省视学 6 人，巡视府厅州县学务。各厅州县设劝学所，置总董 1 人，统辖本地学务。各属应就所辖境内划分学区，每学区设劝学员 1 人，负责推动本区教育。这样就建立起了从中央到地方的教育行政系统。

四、近代教育的发展

（一）清末新式学校的发展

虽然中体西用的办学指导思想与近代教育精神还有一定距离，但它基本上适应了中国当时的社会、文化和教育状况，对中国近代教育的发展起到了积极的推动作用。制定统一的教育宗旨，创立完备的学校体系，建立专门的教育管理机构，这就使中国近代教育不但在形式上建立起来，而且在实质上也有了巨大进步和飞速发展。小学的发展最为迅速（见表 1），其他各级各类教育也有长足的进步（见表 2）。

表 1　清末小学发展情况

年份	学生总数	小学生数	小学生占学生总数百分比（%）
1902	6912	约 5000 余	72.3
1903	31428	约 20000 余	63.6
1904	99475	约 80000 余	80.4
1905	258876	约 230000 余	88.8

表 2　清末教育发展概况

年份	学堂及教育处所	学生数	教员数	职员数
1907	37672	1013571	63556	59359
1908	47532	1284965	73703	77432
1909	58896	1626720	89362	95820

清末新教育的发展，使得西方的思想和文化大量输入，同时接受了新式教育的知识分子也逐渐成长起来。这些新知识分子在新的思想武器下深刻地认识到清政府的统治和封建制度的腐败，乃产生了进行资产阶级革命的思想，并付诸行动。而为了为资产阶级革命准备思想和人才基础，他们

积极创办符合资产阶级思想和革命要求的新型学校，爱国学社、爱国女校、大通师范学堂就是其中最有影响的。

爱国学社：1902 年由中国教育会蔡元培、章太炎等在上海创立，以支持学生反对封建当局的正义斗争。蔡元培为总理，吴稚晖为舍监。学校的主要任务是传播民主主义思想，培养资产阶级革命分子。该校分寻常和高等两级，课程主要体现了西方资产阶级的学说，包括社会、国家、经济、政治、法理及心理、论理等科，实行学生自治制度，在《章程》中写道："重精神教育，重军事教育，而所授各科学皆为锻炼精神、激发志气之助。"学生积极参加政治运动，教员为《苏报》撰写评论，为当时的爱国革命运动作出了贡献。1903 年，因为《苏报》案而被政府解散。

爱国女学：1902 年春由中国教育会蔡元培、蒋观云创办。旨在培养女刺客，是一所女子革命学校。低年级班授予普通知识，高年级则开设法国革命史以及理化课等。不取"贤妻良母主义"，而是"以暗杀于女子更为相宜，于爱国女学，预备下暗杀的种子"。爱国女学 1908 年曾被迫解散，辛亥革命后续办，在革命斗争中起到了一定的作用。

大通师范学堂：1905 年由光复会成员徐锡麟、陶成章在浙江绍兴创办大通师范学堂。1907 年曾由秋瑾主持校务。该校名义是培养小学体育教师，实际上也在从事革命活动，成为江浙革命的联络机关之一。特别强调军事体育的训练，如兵式体操、器械体操、夜行军等。学生大部分为光复会成员，参加了徐锡麟和秋瑾的武装起义。1907 年 7 月起义失败后学校被查封。

这些资产阶级性质的新型学校既是清末中国资产阶级革命的基地，也为资产阶级革命骨干人才和资产阶级思想的传播起到了重要作用。

（二）留学教育的发展

中国人留学海外是传教士的教会学校开始的。1847 年，在马礼逊学校读书的容闳、黄宽、黄胜随传教士布朗赴美，成为中国最早的留学生。19 世纪 60 年代，洋务派为了学习西方先进技术，培养洋务人才，开始倡议派遣人员去国外游历学习。

容闳 1854 年耶鲁大学毕业后回国，立志将美国教育输入中国。1860 年，曾向太平天国洪仁玕提出实施新政的 7 项建议。1867 年，容闳在通过江苏巡抚丁日昌代奏的条陈中向清廷建议："政府宜选派颖秀青年，送之出洋留学，以为国家储蓄人才。"① 1870 年又通过丁日昌向曾国藩提出派遣留

① 容闳：《予之教育计划》，《中国近代教育史资料汇编·教育思想》，42 页，上海，上海教育出版社，1991。

学生的教育计划，该计划由曾国藩、李鸿章联名向朝廷呈奏，并获得批准。曾、李所以积极支持留学教育，是因为在他们看来，西学“苟非遍览久习，则本源无由洞彻，而曲折无以自明”，只有身入其中，才能得其精奥。故而若能选“聪颖幼童，送赴泰西各国书院，学习军政、船政、步算、制造诸学，约计十余年，业成而归，使西人擅长之计，中国皆能谙悉，然后可以渐图自强。”① 左宗棠也认为：“遣人赴泰西游历各处，藉资学习，互相考证，精益求精”，可使“我之神智日开，以防外侮，以利民用。”② 进而，洋务派还认识到，留学不限于英、法、美等国，无论何国，只要有所长，尽可随时斟酌资遣；又提出哪国的某项技术最好，就去该国学这门技术；后来还看到幼童留学的不足，提出选派学有所成的生徒赴外国游历，以“开扩耳目，既可以印证旧学，又可以增长心思。”③ 洋务派的留学教育主要是派遣留美和留欧学生。

1871 年，曾国藩、李鸿章上《选派幼童赴美肄业酌议章程折》，并附《挑选幼童赴美肄业章程》12 款。其中提出：在上海设局挑选幼童，每年派送 30 名，4 年计 120 名，15 年后，每年回国 30 名。清政府乃按此计划实施，并任命陈兰彬、容闳为赴美留学正、副监督，负责驻美管理学生工作。1872 年 8 月第一批幼童赴美，随后，1873 年 6 月、1874 年 11 月和 1875 年 10 月第二、第三和第四批幼童也相继赴美。幼童赴美规定肄习西学，如军政、船政、步算、制造诸学，但在传统教育观念的影响下，学生须“随时课习中国文义”，如孝经、小学、五经及国朝律例等。正是因为保守势力的阻挠，1881 年 7 月，清政府关闭留学事务所，留学生分三批被撤回国内。

与此同时，福州船政学堂也在积极筹划派遣学生赴欧留学。1873 年沈葆祯奏请选派船政学堂学生出洋留学，但因经费问题和发生日本侵犯台湾事件，未能实现。1875 年，船政大臣沈葆祯再次奏请派生徒赴英、法游历。奏准后，即选派船政学堂魏瀚等 5 人随船厂法国监督日意格赴欧游历。1876 年李鸿章选派海防营武弁卞长胜随德国都司李劢协赴德国军营学习兵技。1877 年李鸿章、沈葆祯又联名奏请遣派福州船政学堂学生赴欧留学，3 月 31 日福州船政学堂第一批留学生乘船赴欧。1881 年 12 月，李鸿章又选派船政学堂第二批留学生赴欧。1886 年 5 月和 1897 年 6 月，第三、第四批船政学堂学生也仿前例赴欧洲留学。留学教育冲破了中国传统教育的藩篱，它

① 《筹办夷务始末（同治朝）》，卷八十二。
② 《左文襄公全集·尺牍》，卷十三。
③ 《船政奏议汇编》，卷十二。

使中国学生在全新的环境中接受近代教育的熏陶，全面接触和认识西方文化。其影响不仅在于培养了一批近代人才，如詹天佑、严复等，更在于他们回国后，开创了一种新的人生价值、思想观念和社会事业，从而冲击并转变着社会风气，推动中国教育和社会、文化由传统走向近代。

此后，中国的留学教育由涓涓溪流逐渐蔚为大观，特别是甲午战争深深地刺痛了中国人的心灵，乃痛下决心学习西方科学技术和文化。1896 年，清政府派遣唐宝锷等 13 名学生去日本留学，自此揭开中国留日序幕。1898 年起，清政府把各省选派留日学生作为一项政策固定下来。

1901 年，清政府实行新政，倡导留学，1903 年公布《约束奖励游学毕业生章程》，明确了对留学生的奖励和管理方法。1905 年，科举制废除，读书人开始向国外尤其是较近的日本寻求出路，1906 年留日学生数计 8000 以上，达到了最高峰。这些留日学生中的一部分归国后成了资产阶级革命的代表人物，在辛亥革命中发挥了较大的影响。学部于 1905 年拟定留日学生章程，后来又制定了留欧美各国学生的章程。1908 年美国实行“退款兴学”，将庚子赔款的一部分退还中国以发展教育，清政府 1909 年在华盛顿设立游美学生监督处，管理中国留美学生，同时在北京设立游美学务处，负责留美学生的选拔派遣。1911 年，留美预备学校——清华学堂建立，教学内容和方法上都采取美国的样式，教学语言也采用英文，教学质量比较高。这些措施使得留美学生越来越多。1910 年前后，出现了近代中国第一次留学高潮。

留学教育使中国知识分子比较深入地接触了西方先进的文化和科学技术，为中国带来了先进的思想，并且促进了清政府更大范围的开放，促进了中国的近代化发展。

第二节　中国近代教育思想的发展

一、洋务教育思想

洋务教育思想的源头可以追溯到林则徐、魏源、龚自珍等人“师夷长技以制夷”的思想。之后的冯桂芬和郑观应等也表达了相似的观点，早在 19 世纪 60 年代，冯桂芬就曾在《采西学议》中写道：“如以中国之伦常名教为原本，辅以诸国富强之术，不更善之善者哉?”由于洋务派主要由具有买办性质的封建官僚组成，其思想中既有学习利用西方的成分，又保留着封建保守的基调。如早期的洋务派代表曾国藩就既表现出封建卫道者的姿势，又认为“驭夷之道，贵识夷情”。李鸿章也提出，“中国与洋人交接，必先通其志，达其意”，并派遣中国学生留学欧洲学习军事技术，以“操练成才，储备海防之用”。这些观点实质上都是中体西用的观点。“中学为体，西学为用”是洋务运动的纲领和指导思想，也是洋务教育思想的核心。1898 年 4 月，张之洞在他的《劝学篇》中对这一思想作了系统而详细的论述，这实际上也是整个清末洋务运动的理论总结。

张之洞（1837～1909），直隶南皮县人，曾任湖北、四川学政，山西巡抚、两广两湖总督，还曾作为军机大臣兼管学部，主持全国教育工作，直接参与制定《奏定学堂章程》，对于清末教育影响很大。他在 19 世纪 80 年代逐渐投入洋务运动，是后期洋务派的主要代表。

1898 年，张之洞著成《劝学篇》，提出：“今欲强中国，存中学，则不得不讲西学；然不先以中学固其根底，端其识趣……其祸更烈于不通西学者也”；“学堂之法约有五要：一曰新旧兼学。四书五经、中国史事、政书、地图为旧学；西政、西艺、西史为新学。旧学为体，新学为用，不使偏废”；“中学为内学，西学为外学；中学治心身，西学应世事。”① “中学”最重要的是纲常伦理，“西学”则包括“学校、地理、度支、赋税、武备、律例、劝工、通商”等“西政”，和“算绘矿医、声光化电”等“西艺”，张之洞提出“西学”包括“西政”，比之前的洋务派认识有所深化；但他所认识到的只是表面的一些制度和规章，和资产阶级革命所倡导的民主自由思想有着本质区别。做到“旧学为体、新学为用”，即在坚守封建礼教，维护封建统治秩序的前提下，引进西方的先进律例和先进技术，作为维持和巩固封建统治的工具。张之洞说：“中国学术精微，纲常名教以及经世大法无不具备，但取西人制造之长补我不逮足矣。”

中学为体，西学为用的思想，反映了封建统治阶级的利益，同时也是资本主义列强侵略的结果。在当时的历史条件下，中体西用的思想有利于促进资产阶级文化和先进科学技术的传播，但其出发点仍然是维护落后的封建统治，阻碍了资产阶级革命运动和进步思潮的发展，终将为社会所淘汰。

二、维新教育思想

19 世纪 60 年代开始，资产阶级改良主义思潮逐渐发展，最终于 19 世

① 张之洞：《劝学篇》之《循序》、《设学》、《变法》，《张文襄公全集》卷 202、203。

纪末发起了维新变法运动。维新派的思想在源头上与洋务教育思想相同，都是对“师夷长技以制夷”的发展。他们的不同主要体现在向西方学习的深度和广度上。洋务派仅仅停留在实用技术和浅层律例的层面，而维新派则认为要改革封建专制，实行君主立宪制，自上而下地进行政治、经济等多个方面的改革。维新派认为，只有对进行改革，中国才能有出路，而改革的根本和关键在于教育。他们尖锐地批评封建社会用以维护自己存续的纲常名教，抗议“三纲五伦之惨祸烈毒”，竭力主张废除八股取士的科举制度，变革传统的封建教育，全面学习西学，仿照西方学制建立系统的各级学校。其中，康有为、梁启超、严复等人提出了系统的维新思想，成为维新教育的代表人物。

（一）康有为的教育思想

康有为（1858～1927），原名祖诒，字广厦，号长素，又号更生，广东南海人，人称“南海先生”。他出身于官僚家庭，幼年接受过系统的封建教育，深受儒家思想熏陶。22岁时游历香港，开始接触资本主义文化，“始知西人治国有法度，不得以古旧之夷狄视之。”此后开始研究“西学之书”，重视学习西学。

1888年康有为首次向皇帝上书，提出自己的政见，结果被保守派扣压。1891年康有为在广州创办万木草堂，兼授中西学，宣传自己的维新主张，讲学期间完成了《新学伪经考》和《孔子改制考》，为变法提供了理论基础。1895年康有为、梁启超等联合在京应试的举人联名上书要求变法，虽然失败却轰动一时，此即著名的“公车上书”。此后康有为又多次上书清帝，要求光绪帝“及时发愤，革旧图新”，促成并领导了1898年的“戊戌变法”。变法失败后，康有为流亡日本，思想却更趋保守，仍然坚持改良主义，组织保皇会，反对资产阶级革命。辛亥革命后，他又发表尊孔复古舆论，为复辟帝制服务。但康有为在维新运动期间起到了重要的领导作用，其著作《新学改制考》、《孔子改制考》、《大同书》等也产生了很大的影响。

康有为十分重视人才和教育的作用，他说：“才智之民多则国强，才智之士少则国弱”，“欲任天下之事，开中国之新世界，莫亟于教育。”

他认为要改革教育，首先要废八股、变科举。“民智不开之故，皆以八股试士为之。学八股者，不读秦汉以后之书，更不攻地球各国之事，然可以通籍累至大官。今群臣济济，然无以任事变者，皆由八股致大位之故。……今变法之道万千，而莫急于得才；得才之道多端，而莫先于改科举。”1898年，他向皇帝递呈《请废八股试帖楷法试士改用策论折》，促成了八股的改革和最终废除。

康有为还积极倡导兴办学校，“兴学育才之事，若追亡救火之急”。在《请开学校折》中主张“远法德国，近采日本，以定学制”，希望仿照西方学制建立各级学校：乡立小学，7岁以上儿童入学学习文史、算术等；县立中学，14岁入学，分初、高两级各两年，学习普通文化知识外，还学习实用学科和外语；中学后有专门学校和大学，专门学校毕业后也可以进入大学，主要学习经学、哲学、律学和医学。他提议将书院、祠庙等改为新式学校。在教育内容上，主张“兼习中西”。最终实现“人人知学，学堂遍地”，以至“国势日强”。

康有为积极介绍西学，在万木草堂的科目中就有很多西方的社会政治学说和自然科学内容。为了更深入地学习西学，他还提出派遣留学生出国学习和翻译西书的主张，“亟派游学，以学欧美之政治、工艺、文学知识，大译其书以善其治”，促进了中国留学教育的发展。

康有为在他的《大同书》中，描绘了他所想象出来的大同之世、万世乐土的美好蓝图，构筑了从人本院、育婴院到小学院、中学院、大学院，“公养”、“公教”的学制体系，表达了他乌托邦式的教育理想。

（二）梁启超的教育思想

梁启超（1873～1929），字卓如，号任公，又号饮冰室主人，广东新会人。出身于封建知识分子家庭，熟悉传统典籍，但青年时期开始接触西学，1891年入万木草堂学习，后又兼任部分教学工作，追随和协助康有为宣传维新变法思想。梁启超参与了“公车上书”，又与康有为创办《万国公报》、《时务报》等，并任《时务报》主笔，发表了《变法通议》等著名文章。1898年作为维新变法的骨干，起草了《京师大学堂章程》，积极倡导教育改革。变法失败后，梁启超也逃亡日本，在宣传资本主义学说的同时，坚持改良立场。1905年曾与资产阶级革命派激烈论战。辛亥革命后回国，五四运动时反对复古，20年代后主要从事讲学和学术研究，曾任清华研究院导师。主要著作有《饮冰室合集》等。

梁启超也十分重视教育的地位，提出：“中国之兴首在变法，而变法之本尤在育才。”他着重强调了教育“开民智”的作用，“言自强于今日，以开民智为第一义”，“亡而存之，废而举之，愚而智之，弱而强之，条理万端，皆归本于学校”，把兴学校和开民智看做是救亡图存的关键。

梁启超又提出了“新民”的教育宗旨，教育的目的在于培养具有爱国心、独立性、公共心和自治力的“新民”，认为“新民”包括民智、民力、民德三个方面，其中民德最为重要。培养出这样的民众，就可以实现社会的改良，国家的兴盛：“苟有新民，何患无新制度、无新政府、无新国家。”

梁启超和康有为一样，主张废科举，兴学校。值得注意的是，他非常强调师范教育，在《变法通议》中还设师范专题，专门阐述了有关师范教育的主张。他从日本明治维新后的教育发展得到了启示，认识到师范教育是“群学之基”，提出：“欲革旧习、兴智学，必先以立师范学堂为第一义。”他还介绍了日本的师范体制和课程，主张仿照其制度，加以修改补充。在他提出的教育制度体系中，师范学堂也占有一席之地。

梁启超在女子教育和儿童教育方面提出了独到的主张。他借鉴了西方资产阶级男女平权的思想，提倡女子教育。他说：“吾推极天下积弱之本，则必自妇女不学始。”他在《变法通议·论女学》中系统论述了女子教育的问题。1898 年，还参与了中国最早的女学——经正女学的创办，拟《倡设女学堂启》和《女学堂试办略章》，推动了女子教育的实施。

在儿童教育方面，梁启超认为“人生百年，立于幼学”，在《变法通议》中专辟《论幼学》一章，主张儿童教育应由浅入深、由易到难，按照儿童身心发展的规律循序渐进。主张培养儿童学习和理解的兴趣，而不是仅仅死记硬背。他还为儿童教育拟定了课程表。

（三）严复的教育思想

严复（1853～1921），原名本初、宗光，字又陵，又字几道，福建侯官人。出身于封建儒学家庭，幼年从儒师。后考入福州船政学堂，以优异成绩毕业。1877 年被派往英国留学，成为第一批留欧学生之一，较多地接触了西方资本主义的思想文化，深受进化论的影响。1879 年回国后，任福建船政学堂教习，随后任天津北洋水师学堂总教习直至总办，到 1900 年才离开该校。1895 年，严复在天津《直报》上发表《论世变之亟》、《辟韩》、《原强》、《救亡决论》等文章，阐述改革变法主张，1896 年还翻译了赫胥黎的《天演论》，之后又翻译了《原富》、《群学肄言》等名著，是资产阶级思想启蒙的著名人物。他曾出任京师大学堂总监督，但在京师大学堂改为北京大学后，只担任了几个月校长就辞职了。在政治上，严复也坚持改良，反对革命。

严复和其他维新派代表一样主张教育救国。他说：“中国之弱，其原因不止一端，而望国人之暗，人才之乏为最重要。”他认为国家的强弱取决于国民的素质，主张“鼓民力”，“开民智”，“新民德”。只有这三者具备，才可以算得上是“真国民”。这其实是一种德、智、体全面发展的观点。但在三者的具体地位问题上，与梁启超不同，严复主张把“开民智”放在第一位，突出了“愈愚”的智育的基础性作用：“三者之中，尤以愈愚为最急”，“新民德”乃“三者之最难”。

严复强烈抨击僵化的科举制度和腐朽的封建学风，他说："如今日中国之不变法则亡，然则变将何先？曰莫亟于废八股"。他认为八股文有"锢智慧"、"坏心术"、"滋游手"三大祸害，应当立即予以废止。"八股宜除，与凡宋学、汉学、词章小道，皆宜且束之高阁也。"

与此同时，他高度赞扬西学，主张"西学西用"，教育必"皆有事于西学"，表现出强烈的"西化"倾向。他翻译了各种西学书籍，介绍西方资本主义国家的政治学说和自然、社会科学，还介绍了西方的科学体系和治学研究方法。1902 年在《与外交报主人论教育书》中，严复表达了对中西文化的看法，并拟定了一套简略的"教学方法"，阐述了对师资和课程的一些主张，表达了他"融会中西"和"体用一致"的教育观。

第六章　中国近代教育的发展（民国时期）

20世纪初，清政府被迫签订丧权辱国的《辛丑条约》，中国濒临被瓜分的危险，民族危机进一步激化，而腐朽的清政府则完全变成了帝国主义的奴仆。这激起了人民奋起自救，资产阶级民主主义革命蓬勃发展。

1911年，资产阶级革命派发动武昌起义，推翻清政府的统治，结束了统治中国两千多年的封建制度，建立起中华民国临时政府，史称“辛亥革命”。1912年元旦，中华民国南京临时政府成立，孙中山就任临时政府大总统。为了巩固新建立的政权，临时政府颁布了一系列的政策、法令，对政治、经济、文化教育等各方面进行了改革。

第一节　民国初期的教育

一、中国近代教育制度的演进

（一）民国初年的教育改革与反动

1. 民国初年的资产阶级教育改革

1912年1月9日，民国临时政府正式设立教育部，并任命蔡元培为教育总长。2月，蔡元培根据资产阶级民主共和国的要求，对清政府颁布的教育宗旨进行批判，提出应确立新的教育宗旨。蔡元培认为民国教育与封建教育有着本质的不同，“民国教育与君主时代之教育，其不同之点何在？君主时代之教育方针，不从教育者本体上着眼，用一个人主义或用一部分人主义，利用一种方法，驱使受教育者迁就他之主义。民国教育方针，应从受教育者本体上着想，有如何能力，方能尽如何责任；受如何教育，始能具如何能力。”① 清末“忠君、尊孔、尚公、尚武、尚实”的教育宗旨完全

① 蔡元培：《全国临时教育会议开会词》，《蔡元培全集》第二卷，262页，北京，中华书局，1984。

不符合民主共和精神，“忠君与共和政体不合，尊孔与信教自由相违。”① 因此，蔡元培在《对于新教育之意见》一文中提出军国民教育、实利主义教育、公民道德教育、美感教育、世界观教育“五育”并重、和谐发展的教育方针。

1912 年 7 月，教育部召开“临时教育会议”，讨论教育的方针、宗旨和学制法令等。9 月，教育部公布了会议通过的教育宗旨：“注重道德教育，以实利教育、军国民教育辅之，更以美感教育完成其道德。”这项宗旨以蔡元培提出的教育方针为基础，只是没有采纳蔡元培所提出的世界观教育。它反映了资产阶级的新教育观念，以道德教育为核心，第一次在教育宗旨中明确了美感教育的位置，要求德智体美四育共同发展，有着积极意义。

以此为宗旨，临时政府又相继颁布了一系列教育改革法令。1912 年 1 月 19 日，教育部发布《普通教育暂行办法通令》和《普通教育暂行课程之标准》，对清末的教育宗旨、学制、课程等进行了重大改革。“暂行办法”共 14 条，其主要内容有：学堂名称改为学校，监督等名称改为校长；初等小学可以男女同校；各种教科书必须符合共和国宗旨，一律禁用清学部颁行的教科书；一律废止小学读经科；注重小学手工科；初等小学算术科从三年级起加设珠算；高等小学体操注重兵式操；中学为普通教育，废止文、实分科；废止清末学堂毕业生奖励出身制度等。

《暂行课程标准》具体规定了初小、高小、中学和师范学校的学习科目、各学年每周各科授课的时数等。“标准”规定：初等小学科目为修身、国文、算术、游戏、体操，根据各地情形可以加设图画、手工、唱歌一科或数科，女子加设裁缝；高等小学科目为修身、国文、算术、历史、地理、博物、理化、国画、手工、体操（兼游戏），女子加设裁缝，视地方情形加唱歌、外国语、农工商一科或数科；中学校科目为修身、国文、外国语、历史、地理、数学、博物、理化、图画、手工、音乐、体操，女子加设裁缝、家政；初等师范学堂课程为修身、教育、国文、外国语、历史、地理、博物、理化、法制、经济、习字、图画、手工、音乐、体操，女子加设裁缝，视地方情形加设农工商之一科。这些科目中外语可为英、法、德、俄中之一种。可以说，“标准”将民主共和的教育宗旨和“暂行办法”的改革精神具体落实到课程设置和日常教学中。

南京临时政府的教育改革是一次较全面系统的近代资产阶级民主主义性质的教育改革。它是辛亥革命后中国经济、政治和思想文化现实在教育

① 蔡元培：《对于新教育之意见》，《蔡元培全集》第二卷，136 页，北京，中华书局，1984。

上的反映和要求，由此将近代资产阶级的教育思想、教育理论、教育制度在中国确立下来，使得资产阶级新教育基本取代传统教育而立足于中国。这次改革虽有种种不足，但具有重要的历史意义，标志着中国教育近代化已迈入一个新的时期。

2. 复古主义的教育逆流

但辛亥革命的胜利果实很快被袁世凯所窃取。1912 年 3 月，袁世凯篡夺了民国大总统的职位，使资产阶级民主主义在文化和教育领域中正在高歌猛进时遇到了强大的阻力。

袁世凯的买办政权从建立之初就主张尊孔复古，为复辟帝制大造舆论。袁世凯于 1913 年发布《通令尊崇孔圣文》，把孔子的地位抬到至高无上的地步，1914 年又通令全国恢复祀孔典礼。袁世凯政府 1913 年还出台《天坛宪法》草案，明文规定“国民教育以孔子之道为修身之大本”，修改民国元年的教育宗旨，1915 年《颁定教育要旨》中重新恢复了封建教育宗旨，提出“爱国、尚武、崇实、法孔孟、重自治、戒贪争、戒躁进”七项，要求学生“恪守圣人垂训”、“奉公守法”、不要“犯上作乱”。同年颁定的《特定教育纲要》还要求学校读经讲经，恢复儒经在学校课程中的核心地位。袁世凯还认为女子不应当接受教育，少数女子师范中，也应该“保持严肃之风纪”。袁世凯政府的这些政策，使得封建教育重新抬头，教育领域出现了复古主义的逆流，使得民初教育改革的成果遭到了很大破坏。

（二）壬子·癸丑学制

随着政体的变更和社会条件的变化，清末制定的癸卯学制已经不能适应新形势的要求。民国南京临时政府成立以后，7 月 10 日，全国 23 个省及华侨代表 82 人在北京召开中央临时教育会议，就学校系统、各级学校令及规程、学校细则、社会教育、教育行政等 90 多项提案进行详细讨论。9 月 3 日，教育部颁布了《学校系统令》，因 1912 年是农历壬子年，故该学制又称为“壬子学制”。从学制开始实施到 1913 年，又颁布了《小学校令》、《中学校令》、《师范教育令》等各种规程，对壬子学制有所充实和修改，这些规程与之前的壬子学制一起，构成了一个完备的学制系统，因 1913 年为农历癸丑年，故这套系统合称壬子·癸丑学制。

壬子·癸丑学制规定，儿童 6 岁入学到 23 岁或 24 岁大学毕业，整个学程为 17 年或 18 年，普通教育分 3 段 4 级。初等教育分 2 级，初等小学 4 年，男女同校，为义务教育；高等小学 3 年，男女分校。中等教育 1 级，学习年限 4 年。高等教育 1 级，大学本科 3 到 4 年，预科 3 年，专门学校本科 3 年（医科 4 年），预科 1 年。小学之前有蒙养院，大学之上有大学院，均不限年限。壬子·癸丑学制同样将学制分为普通教育、师范教育和实业教育三个系统。师范教育分师范学校和高等师范学校二级，各相当于中等和高等教育阶段。实业教育有乙种和甲种实业学校，各相当于高小和中等教育阶段。其详情如下：

1. 小学校

1912 年 9 月教育部颁布的《小学校令》规定：小学教育以留意儿童身心之发育，培养国民道德之基础，并授以生活所需之知识技能为宗旨。小学分初小、高小，以主办者的性质有乡立、县立和私立 3 种。初等小学课程主要有：修身、国文、算术、手工、图画、唱歌、体操 7 种，女子加缝纫。高等小学课程主要有：修身、国文、算术、中国历史、地理、理科、手工、图画、唱歌、体操 10 种，男子加农业，女子加缝纫，并可根据情况改农业为商业，还可增设外语。

2. 中学校

1912 年 9 月教育部颁布的《中学校令》规定：中学校以完足普通教育，造成健全国民为宗旨。中学校以主办者的性质有省立、县立和私立 3 种。中学校的课程有：修身、国文、外国语、历史、地理、数学、博物、物理、化学、法制经济、手工、图画、乐歌、体操 14 种。女子中学校加家事、园艺、缝纫，园艺可缺。外语以英语为主，也可选择法、德、俄语。

3. 大学校

1912 年 10 月教育部颁布的《大学校令》规定：大学以教授高深学术养成硕学闳才，应国家需要为宗旨。大学分文、理、法、商、医、农、工 7 科。大学以文理二科为主，只有文理并设、文科兼法商二科和理科兼农医工三或二科一科者方能称为大学。大学设预科和本科，预科 3 年，本科 3 年到 4 年。大学毕业可入大学院，修业年限不限。1913 年 1 月教育部又颁布了《大学规程》，对大学的分科、门系、修业年限、课程等作了详细规定。

4. 专门学校

1912 年 10 月教育部颁布《专门学校令》，11 月颁布《公立私立专门学校规程》，规定：专门学校以教授高等学术，养成专门人才为宗旨。专门学校以主办者性质有国立、公立和私立 3 种。专门学校的种类有法政、医学、药学、农业、工业、商业、美术、音乐、商船、外国语专门学校等。专门学校下设预科，上设研究科，修业年限预科 1 年，本科 3 年，研究科 1 到 2 年。

5. 师范教育

1912 年 9 月教育部颁布《师范教育令》，规定：师范学校以造就小学教员为目的；女子师范学校以造就小学教员及蒙养园保姆为目的；高等师范学校以造就中学校、师范学校教员为目的；女子高等师范学校以造就女子学校、女子师范学校教员为目的。师范学校为省立，一县或数县联合、私人或私法人也可设立师范学校；高等师范学校为国立。师范学校应设附小，女子师范学校再加设蒙养园，高师应设附小、附中，女子高师应设附小、附中和蒙养园。高等师范学校、女子师范学校均设选科、专修科和研究科。同年12月，教育部颁布了《师范学校规程》，1913年2月，教育部又颁布《高等师范学校规程》，对师范学生的要求、科目、修业年限、课程设置、教学要旨等都作了详细规定。

6. 实业教育

1913年8月教育部颁布《实业学校令》和《实业学校规程》，规定：实业学校以教授农工商业必需之知识技能为目的。实业学校分甲种乙种：甲种实业学校施完全之普通实业教育，乙种实业学校施简易之普通实业教育，亦得应地方需要授以特殊之技术。实业学校的种类有农业、工业、商业、商船、实业补习学校等。甲种实业学校由省设立，乙种实业学校由县及城镇乡或农工商会设立。《实业学校规程》对各类各科实业学校的种类、分科、课程设置等作了规定。

壬子·癸丑学制仍然是以日本的学制为蓝本，与之前的学制相比，该学制有以下特点：第一，在年限上比癸卯学制缩短了3年，有利于教育的普及，符合普通百姓的受教育要求。第二，女子开始享有与男子平等的受教育权利，规定初小可以男女同校，专门为女子设立了女子中学、女子师范和女子职业学校等，体现了资产阶级男女平权的观念。第三，废除了学堂的名称，一律改称学校，取消了清朝存在的贵胄学堂，取消对学校毕业生奖励出身，大学中不设经科等这些措施，有助于清除学校系统中的封建性。第四，开始出现专门培养蒙养园教员的教育机构，首次把幼儿教育看做是属于公共教育范畴，使其摆脱了家庭教育的附属地位，具有进步意义。第五，重视师范教育和实业教育，相对提升了他们的地位。

壬子·癸丑学制在民国初年社会动荡政治不稳的情况下，进行过一些局部的调整，但在整体框架上基本没有变化。

（三）1922年新学制

五四运动前后，民国初年建立的壬子·癸丑学制已经逐渐不适应新时期的需要，同时西方教育思想大量传入中国，留美学生归国者越来越多，而杜威和孟禄相继来中国讲学，更是造成了很大影响，这些都促使中国在教育上开始学习美国模式，推动了学制的改革。

1919 年全国教育会联合会第五届年会开始讨论修订学制的问题。1920 年第六届年会开始征求各省区对于学制的改革方案。1921 年，全国教育会联合会第七届会议在广州召开，以讨论改革学制为主要内容，会上广东、湖南、浙江、江西、安徽、直隶、山西、福建、云南、奉天、黑龙江十一个省提出了自己的学制改革方案，经过讨论，决心以广东教育会的提案为基础，稍加修改，征求全国意见。1922 年教育部综合考虑各种意见，对草案进行修改，于 11 月正式以大总统令公布了《学校系统改革案》。这就是 1922 年的新学制，因当年为农历壬戌年，也称壬戌学制，由于其移植自美国的“六三三”制，故亦称“六三三学制”。

新学制首先提出了 7 项标准，作为学制改革的指导原则。这些原则包括：(1) 适应社会进化之需要；(2) 发挥平民教育精神；(3) 谋个性之发展；(4) 注意国民经济力；(5) 注意生活教育；(6) 使教育易于普及；(7) 多留各地伸缩余地。这些标准体现了新文化运动所倡导的民主与科学精神。

整个新学制分为初等教育、中等教育和高等教育三段。初等教育分为初级小学 4 年和高级小学 2 年，其中初级小学为义务教育阶段，可以单设，高级小学可以根据情况增设有关职业的准备教育，初等教育之前的原蒙养院改称幼稚园；中等教育为中学校 6 年，分初、高级两段，初级中学为普通教育，可以单设，也可以根据情况兼设各种职业科，高级中学分普通、农、工、商、师范、家事等科，可根据地方情况设一科或数科。旧制中的甲种实业学校改为职业学校或高级中学中的农、工、商科，乙种实业学校改为职业学校，修业年限可依据需要而定。师范学校 6 年，可单设后 2～3 年实行分组选修制；高等教育 4～6 年，医科法科为 5 年，师范为 4 年，大学采选科制。根据地方和学科情况可以设立专门学校，修业年限 3 年，大学和专门学校可以设专修科，年限根据情况而定。大学院是大学教育后的研究所。

学制结构改革的同时，全国教育会联合会还成立了课程标准起草委员会，对新学制中建立的各中小学的课程设置进行讨论。1922 年 10 月，委员会拟定了中小学的毕业标准，12 月又拟定了中小学各科课程要旨，1923 年 6 月，经过专家的讨论，全国教育会联合会刊布了《新学制课程标准纲要》，虽然未经政府正式公布，但联合会所具有的代表性和权威性，仍然保证了该纲要在全国各地施行。根据这一纲要规定：

初等教育课程包括：国语、算术、卫生、公民、历史、地理、自然园艺、工用技术、形象艺术、体育、音乐等科。初级小学将公民、卫生、历史、地理四科合为社会科。授课时间以分钟为单位对各级学校做了规定。

中等教育中，初级中学的课程包括：社会、算学、自然、艺术、体育、言文等6科。采用学分制，共需修满180分，其中164分为必修科，其余为选修科。高级中学分设普通科和职业科。普通科又分为两组，第一组注重文学和社会科学，第二组则以数学和自然科学为主。职业科根据不同类别设置课程。课程分为公共必修科、分科专修科和纯选修科三类。采用学分制，共需修满150分方可毕业。纲要还对每一科的具体学分做了规定。

1922年新学制与壬子·癸丑学制相比，小学年限缩短一年，有利于初等教育的普及；而中学为旧制的4年延长为6年两级制，符合我国儿童的身心发展规律；并且普通中学中亦有职业教育的成分，由旧制的单一准备升学改为升学与就业兼顾，改变了原来学制中双轨制的特点，表现为民主的单轨制；中学和大学中实行学分制、分科制和选科制，适应了教育对象的不同发展程度，使学生有了更大的选择余地，有利于个性发展；取消了大学预科，使得大学教育更加专业化；从对各类学校、科目的设置以及年限长短的规定来看，都强调可以根据地方情况和实际需要进行变动，表现出很大的灵活性和自由度。

1922年新学制经过了长期的实践，比较符合中国社会的特点和当时资本主义工商业发展的要求，是比较成功的一个学制。

二、中国资产阶级的教育思想

（一）资产阶级革命派的教育活动

1894年，孙中山成立中国第一个资产阶级革命团体兴中会，开始从事反清活动。戊戌变法失败后，资产阶级革命派领导的民主革命开始成为社会的主流。资产阶级革命派激烈反对封建专制主义、改良主义教育，和帝国主义奴化教育作斗争，把学校作为传播民主革命思想的阵地，把教育作为宣传革命的有力渠道，通过各种形式的革命教育活动，推动了革命形势的发展。

资产阶级革命派猛烈抨击封建专制主义教育，认为以“三纲五常”为核心的封建教育和封建礼教，归根到底是要培养出驯服的奴隶：“于儿童学语之初，即告以奴隶之口号；扶立之顷，即授以努力之拜跪……而后合此麻木不仁天然奴隶之格”；以孔教为代表的儒家学说，实质上是历代统治者专职独裁的工具，是为封建统治培养后继者：“儒家之病，在以富贵利禄为心”，“其教弟子也，惟欲成就吏材，可使从政”；他们还尖锐地批评“女子无才便是德”的“谬说”，提出“女子无学，是坏了根本，哪里有好枝叶呢！”倡导妇女不作“幽禁闺中的囚犯”，冲破封建牢笼，争取自己的权利。

革命派进一步指出，清政府强迫人们“诵读四书五经及其笺注文字”，目的正是培养出“优美高尚的各色各等奴隶”，维新后的教育改革，实质上也只是形式上的变化，“所谓新教育者，论其内容，八股专家主持讲习，以格言语录为课本者有之，禁阅新书新报者有之，禁谈自由者有之”，仍然腐朽之极。革命派驳斥维新派以教育而非革命“开民智”的主张，他们并非不重视教育的作用，而是认为不以革命推翻清王朝统治，就不可能彻底地“开民智”、“治民愚”，章太炎在《驳康有为论革命书》中明确提出：“今日之民智，不必恃他事以开之，而但恃革命以开之。”针对康有为的“人心愚昧，公理未明，若行革命，必遭亡国之祸”的保守论调，他驳斥说：“公理之未明，即以革命明之。旧俗之俱在，即以革命去之。”革命派尖锐地提出：“今日的中国，实无教育之中国也”，必须以一种“革命之教育”将其取代。

基于以上观点，资产阶级革命派特别重视教育对于民主革命的鼓动宣传作用，孙中山等提出“教育便是宣传”，是“唤起民众”，展开了多种多样的革命教育活动。他们创办了《民报》、《苏报》、《国民报》、《民呼报》、《民吁报》、《中国女报》等等革命报刊，还积极深入社会开展宣传和组织工作，以通过广泛的社会教育把“把三民主义的道理，注入到人内心，要人人心理上都倾向共和”。革命派还创立了很多新型学校和学会，如湖南明德学堂，福建侯官两等小学堂，浙江大通师范学堂，上海爱国学社、爱国女学以及蔡元培创立的中国教育会等等，宣传革命主张，集结革命力量，培养革命人才。这些学校和组织在革命中发挥了非常积极的作用。

（二）蔡元培的教育思想

蔡元培（1868～1940），字鹤卿，号孑民，浙江绍兴山阴人。是我国近代著名的民主革命家和教育家。他出身于小康的商人家庭，少年时期饱读经史，接受过系统的儒家教育。17 岁中秀才，后任塾师。21 岁考中举人，24 岁中进士，授翰林院庶吉士，26 岁任翰林院编修。

甲午战争的失败使蔡元培认识到清政府的腐朽，促使其探求救国救民的真理，从而开始涉猎西书，接触西学。戊戌变法失败后，他认识到清朝的“无可希望”，辞职返乡任绍兴中西学堂监督。1901 年任南洋公学特班总教习。1902 年与章太炎、蒋智由等人共同在上海组织中国教育会，任会长，期间创办爱国学社和爱国女学，培养民主革命人才。同盟会成立后，任上海分部创办员。

1907 年自费赴德国留学，在莱比锡大学学习哲学、实验心理学和美学等，辛亥革命爆发后回国。1912 年 1 月至 7 月，任中华民国南京临时政府教育总长，领导了民国初年的教育改革，主持制定了一系列教育法令政策。

辞职后蔡元培再次留学德国，1913 年回国参加二次革命，遂又赴法国，期间组织留法勤工俭学会、华法教育会等。回国后于 1917 年担任北京大学校长，对北大进行全面改革，使北大成为新文化运动的中心，他支持学生运动，多方努力营救因从事进步活动而被捕的学生，对五四运动起到了支持和推动作用。1927 年后相继担任国民政府大学院院长、监察院院长和中央研究院院长等职。九·一八事变后，积极主张抗日，支持国共合作，参与组织中国民权保障同盟，任副主席，与宋庆龄、鲁迅等共同努力，援救爱国志士。1937 年上海沦陷后移居香港，1940 年病逝。蔡元培是中国近现代著名的教育家和民主革命家，他的教育活动及教育思想极大地促进了中国教育近代化，并产生了广泛而深远的影响。

1. “五育”并举、和谐发展

蔡元培教育思想的核心是对于“完全人格”的教育，即“五育”并举，全面、和谐发展的教育方针。他提出，国民教育“不外乎五种主义，即军国民教育、实利主义、公民道德、世界观、美感是也”。这五者，“皆今日之教育所不可偏废者也”。蔡元培在 1912 年 1 月就任教育总长时就指出：“民国教育应以养成共和国民健全之人格为根本方针”。2 月，他又在《对于教育方针之意见》一文中对军国民教育、实利主义教育、公民道德教育、世界观教育和美感教育五育进行了详细地阐述。

军国民教育，包括军事训练和体育锻炼。军事训练是为了强兵自卫，恢复国权：“我国强邻交逼，亟图自卫，而历年丧失之国权，非凭借武力，势难恢复”。并且“非行举国皆兵之制”，就可能导致军阀专政，不能维护民主政权。与此同时，“先有健全的身体，然后有健全的思想和事业，这句话无论何人都是承认的，所以学生体力的增进，实在是办教育的生死关键”。

实利主义教育，蔡元培认为：“当今世界之竞争，不仅在武力，而犹在财力”，而我国摆脱贫困局面的关键就在于培养学生的实业知识和技能，这就需要重视科学文化知识的教育，只有如此，才能实现国富民强。他的这种观点也受到了当时流行的杜威实用主义学说的影响。

公民道德教育，蔡元培认为“五育”“以公民道德为中坚”。他提出，即使通过军国民教育和实利主义教育实现了国富兵强，也可能会出现恃强凌弱、贫富悬殊的不良现象，有必要对公民施以道德教育，而这种道德与封建纲常有着本质不同，“现代人的道德，须合于现代的社会，绝非数百年或数千年以前之圣贤所能预为规定”，“自由、平等、亲爱。道德之要旨，尽于是矣”。

世界观教育，蔡元培把世界分为“现象世界”和“实体世界”两个不可分割的方面，现象世界受因果律制约，与时间、空间不可分离，属政治范围，以现世幸福为目的；实体世界则不受因果律制约，没有时间空间可言，超越于政治，超越于现世幸福。世界观教育的作用就在于，“消极方面，使对于现象世界，无厌弃而亦无执着；积极方面，使对于实体世界，非常渴慕而渐进于领悟”。为了达到实体世界，就必须消除“人我之差别”和“幸福之营求”。

美感教育，蔡元培认为美感“介乎现象世界和实体世界之间，而为津梁”，美感教育可以陶冶性情，消除人我之见，使人超越利益关系。因而，“由现象世界而引以达到实体世界之观念，不可不用美感之教育”。蔡元培在他的教育实践中积极提倡和贯彻美育，在民国初期的教育改革确定了美育为四育之一的地位，在北大时亲自开设美学课，担任大学院长时开办艺术学院等，他还提出了以美育代替宗教的观点。

在“五育”的关系问题上，蔡元培提出“军国民主义为体育；实利主义为智育；公民道德及美育皆毗于德育；而世界观则统三者而一之”。强调要“五育”并举，不可偏废，要全面、和谐地发展。

2. 思想自由、兼容并包

思想自由、兼容并包是蔡元培办学的指导思想，也是其对北京大学进行改革的指导思想。蔡元培指出：“大学是包容各种学问的机关”，是“囊括大典，网罗众家”之学府。他主张学术自由，“对于学说，循‘思想自由’原则，取兼容并包主义”，“言之成理，持之有故”的各种学派都可以“听其自由发展”。因而在他管理北京大学时，不同思想、不同派别、不同政治观点的学者都可以争鸣甚至对峙，对于学术的发展起到了很大的推动作用。蔡元培还以这一思想为方针，对北京大学的行政管理机构、学科设置和教学体制都进行了深刻的改革，使京师大学堂发展而来的北大从一所充满封建思想和官僚气息的学校，变成了一所朝气蓬勃、学风向上的现代大学，成为新文化运动的阵地。

蔡元培提出了“五育”并举的教育方针，并领导了民国初年的教育改革，主持制定了壬子·癸丑学制，促成了中国近代较为完整的资产阶级教育思想体系和教育制度的建立，并把北大改造为新型大学，为中国教育事业的发展作出了不可磨灭的贡献。

三、新文化运动时期的教育发展

（一）新文化运动时期的教育思潮

新文化运动发端于1915年，最初是作为对于当时封建主义复古逆流的反击而出现的。袁世凯窃取辛亥革命的胜利果实以后，为了复辟帝制，大力鼓吹尊孔祀孔，恢复学校的读经讲经课，一时间教育领域出现了复古的逆流。袁世凯等的倒行逆施马上遭到了资产阶级革命派和激进民主主义者的反击。在陈独秀、李大钊、胡适等的领导下，思想文化和教育领域兴起了一场声势浩大的新文化运动。新文化运动的发起以 1915 年《新青年》的创刊为标志，它除了是对封建教育的打击之外，也适应了当时民族工商业迅速发展、民族资产阶级和工人阶级日益壮大的要求，反映了资产阶级在文化教育方面的利益和主张。

陈独秀、李大钊等扛起“民主”和“科学”两面大旗，向封建思想文化发起了攻击。他们首先对封建文化中尊为圣人的孔子进行了尖锐地批评。李大钊强烈抗议袁世凯重新鼓吹的尊孔祀孔，认为“孔子者，数千年前之残骸枯骨也”，“历代帝王专制之护符也”，他特别指出：“余之抨击孔子，非抨击孔子之本身，乃抨击孔子为历代君王所雕塑之偶像的权威也；非抨击孔子，乃抨击专制政治之灵魂也”。他们还对封建礼教发起批判，鲁迅先后发表了《狂人日记》和《孔乙己》等，无情地抨击了封建礼教的“吃人”本质。陈独秀提出三纲五常是一切封建政治的根源，以其为核心的封建道德“皆非推己及人之主人道德，而为己属人之奴隶道德也”。他们号召青年“冲决过去历史之网罗，破除陈旧学说之囹圄”，将腐朽思想“完全洗得干干净净”。

在新文化运动中，民主主义战士不仅对封建复古教育提出了激烈批判，还积极宣传西方的自由民主、崇尚科学等精神，提出了一些改革主张，形成了一些新的教育思潮，其中影响较大的思潮有：

1. 平民教育思潮

民主是新文化运动的两面旗帜之一，要求每个人都有受教育的权利和独立发展的自由，新文化运动的旗手们纷纷倡导平民教育，呼吁底层平民的受教育权利。陈独秀较早提出教育机构“都应该公开，使社会上人人都能够享用”，主张“引车卖浆之徒，瓮牖绳枢之子”都应当能够接受教育。李大钊进一步认为：“要把现代的新文明，从根底输送到社会里面，非把知识阶级与劳工阶级打成一气不可。”

美国教育家杜威在中国的讲学也起到了为平民教育推波助澜的作用，他提出“现代世界是平民的世界”，认为教育必须“为全体人民作想，为组织社会的各分子作想，使能成为便利平民的教育，不成为贵族阶级式的有特殊势力的人的教育”，平民主义的教育有助于实现社会政治的改良。他的学生蒋梦麟进一步阐释说：“世界潮流日趋于平民主义，平民主义愈发达，则和平之基础愈巩固。欲言和平之教育，当先言平民主义之教育。”“平民教育”成为新文化运动期间一句响亮的口号，并发展成为一系列的平民教育运动。

1917年，毛泽东等在湖南长沙第一师范学校开办工人夜校，被誉为“当时萌芽中的全国平民教育事业的前驱”。1919年邓小平、邓中夏等组织“平民教育讲演团”，在北京地区进行宣讲，传播爱国、民主、科学等有关知识。进入20年代后，各地纷纷成立平民教育促进会，平民教育思潮影响进一步扩大。

晏阳初（1890～1990）堪称平民教育思潮的典型代表。他幼年曾接受儒学启蒙，后又进教会学校。1916年毕业于耶鲁大学后，赴法国任青年会战地服务干事，组织华工识字教育，这是他从事平民教育的开端。1920年晏阳初硕士毕业回国后，任职于上海中华基督教青年会全国协会平民教育科，编修发行《平民千字课》，并先后在长沙、烟台、杭州等地进行平民教育实验。1923年8月，晏阳初提出，要改造社会，“惟有努力于教育机会的平等，使人人所蕴藏的无限能力都有发展的机会”。他和陶行知、朱其慧等在北京共同发起组织中华平民教育促进会总会，之后从城市到农村，辗转各地宣传和推动平民教育。他认为，要解救中国，就要“多在平民教育上下功夫”，“凡是中华民国国民，无论男女贫富，只要他是在应受教育而未曾受教育的，或受过基本教育而缺乏公民常识的，都应领受平民教育”，这种教育是“民主国家里最重要、最正宗的教育事业”。平民教育是全民的，教育内容也应该适合平民的生活需要。晏阳初的思想和活动，为推动平民教育的发展做出了很大的贡献。

平民教育实质上可以视为是五四民主精神在教育领域的反映。

2. 实用主义教育思潮和职业教育思潮

这一思潮的勃兴是对当时中国教育改革大多借鉴西方不满的反映，也是杜威实用主义教育理论传入中国的结果。

新文化运动之前，黄炎培、蔡元培等就撰文比较系统地介绍了美国教育家杜威的实用主义学说，提出了“实利主义教育”、“学校实用主义”等观点，提出教育要与社会现实和实际生活相结合。五四前夕，杜威应北京大学、江苏省教育会等单位的邀请来华讲学，在华期间，他做了多次学术演讲，极力宣传实用主义的教育思想，提出“教育即生活”、“学校即社会”等口号，提倡“从做中学”的方法。这种思想迎合了当时中国教育摆脱封闭僵化模式的需要，对中国的传统教育造成了有力的冲击，加之杜威的学生和追随者如胡适、陶行知、蒋梦麟等为其助阵，实用主义教育思想一时间蔚为风潮，影响巨大。

与实用主义相并行的还有职业教育思潮。1911 年陆费逵首先提出，“国民生计之羸绌，恃职业教育”，1915 年开始，陈独秀提出“欧美各国教育都注重职业”，中国教育要想学习西方获得发展，就应该“重自然科学的知识和日常生活的技能”。胡适也进一步提出：“社会所需要的是做事的人才。”黄炎培考察美国教育后，开始提倡职业教育，并系统阐述了职业教育的地位和目标。他认为只有兴办职业教育，沟通职业与教育，才能“矫正教育之弊，救济社会之穷”。1917 年他在上海创办中华职业教育社，其章程中指出，职业教育的目的在于：“为个人谋生之准备、为个人服务社会之准备、为国家及世界增进生产力之准备”。他还把职业教育的终极目标概括为“使无业者有业，使有业者乐业”。1918 年黄炎培在上海组建中华职业学校，进行职业教育试验活动。职业教育开始在全国范围内投入实践。1923 年东南大学设职业教育科，系统研究职业教育理论。

实用主义教育思潮和职业教育思潮反映了新文化运动时期人们对于教育实用性的探讨和追求，是对于脱离实际的传统教育的有力批判。

3. 工读主义教育思潮

这一思潮又称“工学教育思潮”，它的兴起受到了一战后世界工人运动的影响，又是与新文化运动提倡知识分子阶层和劳动人民阶层相结合紧密联系的。1912 年，吴玉章、李石曾、吴稚晖等在北京发起组织“留法俭学会”，1919 年至 1921 年间，出现了赴法勤工俭学的高潮。这一高潮引起了关于工读主义或称工学主义的讨论。“工与学为一途，工人即学者，学者即工人”、“工便是学，学便是工”、工人求学、学生做工、工读结合、半工半读等一些口号纷纷提出，成为工读主义教育思潮的核心思想。

工读主义认为做工和求学都是神圣的必要之活动，并且“做工和求学是互相需要的”。李维汉说：“学了不做工，学同虚设；不学去做工，便是盲目行动。”1915 年蔡元培在《勤工俭学传序》中提倡“工学兼营”，认为“工中自有学在”，工和学二者相互促进。胡适还主张创办“工读介绍社”，为学校和工厂搭桥。工读主义者认为，工读结合可以使劳心者自食其力，劳力者增进知识，有助于打破阶级界限，缓和阶级矛盾，消除社会中的不平等现象，工读主义也由此被认为是救治社会的良方。

1919 年底，王光圻在北京倡议成立“工读互助团”，得到蔡元培等的支持。互助团的宗旨主要是通过“实行半工半读”，达到“教育和职业合一”，进而实现一个“人人做工，人人读书，各尽所能，各取所需”的理想社会，避免“一场流血的革命”。上海、天津、南京、广州等地也先后建立“工学会”、“工读互助团”等社团组织，进行工读互助的试验。但是由于经济问题无法解决，这种深受无政府主义和空想社会主义影响的工读互助实践很快便难以为继，宣告失败。

虽然工读互助的试验失败了，但是工读主义教育思潮主张学以致用，要求教育和生产劳动结合起来，其流行促进了知识分子劳动化和劳动人民知识化，有助于知识分子和工农大众的紧密团结，“手脑并用”、“心力结合”的主张也有利于人的和谐全面发展，有一定的积极意义。

4. 科学教育思潮

科学教育可以追溯至清末的“西艺”教育，但是清末主要是介绍西方的科技知识和技能，并没有真正将科学和教育联系起来。至新文化运动期间，科学教育的思潮才真正的形成并达到盛行。

1915 年，任鸿隽主张将科学的方法运用到教育研究和对人的培养中去，提出“教育之事无论从何方面言之，皆不能离开科学以从事”，“科学之于教育上之重要，不在于物质上之智识，而在其研究事物之方法；尤不在研究事物之方法，而在其所与心能之训练”。由此可见，科学并不仅仅包括数理化等学科和具体的“物质上之知识”的传授，而主要是指科学精神、科学态度和科学方法的应用。

科学是新文化运动中除民主之外的另一面旗帜，新文化运动的战士们大力提倡发展科学教育，主张以科学的方法解决困难问题，“夫以科学说明真理，事事求诸证实，较之想象武断之所为，其步度诚缓，然其步步皆踏实地”，推动了课程设置和教学、研究方法的改进。测量和统计的方法开始运用到教育研究当中；新的教学方法如道尔顿法、设计教学法等也广为应用，收到了良好的效果；科学教育的意识深入人心。

除了以上提到的几种思潮之外，当时流行的主要思潮还有教育试验思潮、教育独立思潮、乡村教育思潮等等。新文化时期同时并存的这几种教育思潮，突破了传统教育的樊篱，表现出中国教育近代化的趋向，反映了各种地位和阶层的知识分子在社会大变革中以不同渠道救济和振兴中国的探索和追求，有很大的进步意义。但是，由于时代和阶层的局限性，这一时期的教育思潮也不免偏颇之处，如过分夸大教育的社会功能、忽略了教育的政治经济背景等等。

（二）新文化运动中的教育改革运动

新文化运动与袁世凯的封建复古教育展开了激烈的斗争，随着复辟帝制的破产和资产阶级民主革命的发展，复古主义教育也败下阵来。在教育领域也相应发生了以下改革：

1. 废除读经，修改袁世凯制定的教育宗旨

1916 年 9 月，政府撤销了袁世凯颁布的教育纲要，他所提出的七项教育宗旨也随之废除。10 月废止了中小学中的经科内容。1917 年，宪法审议会否决了“将孔教定为国教”的提案，撤销了 1913 年《宪法草案》中有关“国民教育以孔子之道为修身大本”的规定。1919 年 4 月，教育部通过了“养成健全人格，发展共和精神”的教育宗旨，其精神与民国初年“四育”并举的教育方针一脉相承，又添加了新的共和内容，反映了时代精神。

2. 国语运动和白话文运动，使得语言文字得到了统一和规范

1916 年成立“国语研究会”，次年全国教育会联合会议决《推行注音字母以期语言统一案》。1918 年 11 月，教育部公布《注音字母表》，供各地推广。1919 年 4 月，国语统一筹备会正式成立，10 月全国教育会联合会提出改国文科为国语科，次年年底教育部公布《国音字典》，学校教育使用国语教学逐渐制度化。与此同时，陈独秀、胡适、刘半农、鲁迅等提倡并使用白话文，1920 年教育部通令学校改用现代语体文教材，并公布新式标点符号案。这些措施使得语言文字统一化和规范化，有利于教育的推广普及。

3. 调整学制，改革学校的教育内容和管理方法

新文化运动期间，为了适应教育的新发展，教育部对民国初年制定的学制做了简单的调整，如中学加设第二部，从第三年起减少普通科目，加习农工商等职业科，明确中学教育升学与就业双重职能的定位等等。一些学校还进行了不同学制的试验。为了适应学制的调整和社会条件的变化，学校教育的内容也进行了改革，如增大了实用知识的比重，增加了实验课，重视实验能力培养等。还出现了一些新的教学组织形式和教学方法，如“设计教学法”、“道尔顿法”等。在学生的管理方面，取消了“学监”或“舍监”，设训育主任，实行导师制，中学以上学校设立学生自治会等。在学校的改革中，尤其值得一提的是蔡元培对北京大学所做的全面改革，它使得北京大学从封建学堂变成了民主和科学精神的代表，成为现代大学的典范。

4. 提倡男女平等，重视女子教育

1915 年袁世凯发布的《国民教育令》规定：小学一、二年级男女生合班上课，三年级以上男女生禁止同班，只可同校。新文化运动对封建道德中的男女不平等进行了猛烈抨击，积极提倡男女平权。1920 年北京大学首开女禁，开始招收女生。同年广东省立中等学校和北京高师附中也开始招收女生，此后很多大学开始招收女生，男女合班和同校的现象也越来越普遍，为以后女子获得平等的受教育权打下了基础。

第二节　国民政府时期的教育

一、国民政府时期的教育宗旨及方针政策

（一）“三民主义”教育宗旨

1927 年 4 月，蒋介石公开叛变革命，发动了血腥的“四·一二”事变，并于 9 月在南京成立了国民政府。国民政府成立之初，蒋介石即宣布了“国策”：“我们现在只有研究总理的三民主义，拿来做建设的方针，不要讲共产主义，不要讲国家主义，也不要讲无政府主义。……以党治国，就是以党义治国，就是以本党的三民主义来治中国”，表现出一党独裁的反动本质。

在教育领域，南京政府沿用了 1926 年广东国民政府实行的“党化教育”的方针。1927 年的“五四纪念会”上通过了“实行党化教育”的反动议案，8 月，国民党教育行政委员会颁布了《学校施行党化教育办法草案》：“我们所谓党化教育就是在国民党指导之下，把教育变成革命化和民众化；换句话说，我们的教育方针要建筑在国民党的根本政策之上。”根据这一反共反革命的教育方针，国民党采取了一系列按照“党义”变更学校课程，审查教材、参考书，检定教师资格等措施，为其独裁专政服务。

然而，“党化教育”的露骨遭到了很多人士的反对，1928 年 5 月，第一次全国教育会议决定取缔党化教育的名称，代之以三民主义的教育，并通过了《三民主义教育宗旨说明书》。1929 年 3 月国民党召开第三次全国代表大会，确定了制定教育方针的根本原则：“必须以造成三民主义的文化为中心”。“中华民国今后之教育，应为三民主义之国民教育”。4 月 26 日，南京政府正式颁布《中华民国教育宗旨及其实施方针》，规定教育宗旨为：“中华民国之教育，根据三民主义，以充实人民生活，扶植社会生存，发展国民生计，延续民族生命为目的；务期民族独立，民权普遍，民生发展，以促进世界大同。”同时颁布的《三民主义教育实施方针》对于各级各类学校如何贯彻实现三民主义的教育宗旨做了具体规定，这些方针包括：

1. 各级学校之三民主义之教育，应与全体课程及课外作业相贯连，以史地教科阐明民族之真谛；以集团生活训练民权主义之运用；以各种之生产劳动的实习，培养实行民生主义之基础；务使知识道德，融会贯通于三民主义之下，以收笃信力行之效。

2. 普通教育，须根据总理遗教，以陶融儿童及青年“忠孝仁爱信义和平”之国民道德，并养成国民之生活技能，增进国民生产能力为主要目的。

3. 社会教育，必须使人民认识国际情况，了解民族意义，并具备近代都市及农村生活之常识，家庭经济改善之技能，公民自治必备之资格，保护公共事业及森林园地之习惯，养老恤贫防灾互助之美德。

4. 大学及专门教育，必须注重实用科学，充实学科内容，养成专门知识技能，并切实陶融为国家社会服务之健全品格。

5. 师范教育，为实现三民主义的国民教育之本源，必须以最适宜之科学教育，及最严格之身心训练，养成一般国民道德、学术上最健全之师资为主要之任务。于可能范围内，使其独立设置，并尽量发展乡村师范教育。

6. 男女教育机会平等，女子教育并须注重陶冶健全之德性，保持母性之特质，并建设良好之家庭生活及社会生活。

7. 各级学校及社会教育，应一体注重发展国民之体育。中等学校及大学专门学校，须受相当之军事训练。发展体育之目的，固在增进民族之体力，尤须以锻炼强健之精神，养成规律之习惯为主要任务。

8. 农业推广，须由农业教育机关积极实施。凡农业生产方法之改进，农业技能之提高，农村组织与农民生活之改善，农业科学知识之普及，以及农民生产消费合作社之促进，须以全力推行。并应与产业界取得切实联络，俾由实用。

1931 年 9 月，国民党第三届中央执行委员会第 157 次常务会议又通过了《三民主义教育实施原则》，分 8 章对初等教育、中等教育、高等教育、师范教育、社会教育、蒙藏教育、华侨教育和留学教育的目标和纲要做了详细规定。

（二）抗战时期的教育方针

1937 年，抗日战争爆发，当时的教育部长陈立夫等主张教育要“维持平时的原状”，8 月 27 日，国民政府颁发《总动员时督导教育工作纲要》，提出了“战时须作平时看”的教育政策，规定“在战争迫近时，各级教育务持冷静，以就地维持课务为原则”。1938 年 4 月，国民党临时全国代表大会通过《中国国民党抗战建国纲领》，并制定和颁布了《战时各级教育实施方案纲要》，确立了九大方针和十七个要点，规定教育目的要与政治目的保持一贯；对现行学制大体仍维持原状；对于管理应采严格主义，中等以上学校一律采用军事管理方法等等。另外，教育部还拟定了《沦陷区教育实施方案》，组建“教育部战区指导委员会”管理沦陷区的教育工作。

二、国民政府时期的教育发展

（一）学校制度的改革

1928年5月，国民政府大学院第一次全国教育工作会议通过《整理中华民国学校系统案》，对1922年新学制做了局部调整，又称“戊辰学制”，但它未经政府正式公布，因此不具有法令化的性质。这次学制调整的内容包括：中等教育阶段仍为6年，分初高级中学各3年，但可以根据地方和学科情况，分为初中4年高中2年；初中为普通教育，但可以依地方情形设各种职业科；高中分普通科和农、工、商、师范、家事等科，但依地方情形普通科可以单设，其他各科也可以单设为高级职业学校，修业年限不超过3年；中学3年以上可以酌行选科制；高中普通科取消文理分组。抗日战争期间也对学制做过修订，但是1922年学制的基本框架没有变化。

1928年8月，颁行《中小学课程暂行标准》，对学分制和选课制等做了比较具体的规定，并进行了修正原学制重文轻理倾向，提高必修科目比例等一些改革。

初等教育方面，1932年教育部颁定《短期义务教育实施办法》和《第一次实施义务教育办法大纲》，规定设置“短期小学”，收留失学儿童。接着，国民政府还公布了《小学课程标准》、《小学法》、《小学规程》，规定小学分为完全小学、初级小学、简易小学、短期小学等，课程设置也有一定的变动。

中等教育方面，1932年连续颁布《中学法》、《师范法》、《职业学校法》，1933年又公布了《修订中学规程》和《中小学正式课程标准》，把原中学的分科制修改为普通中学、中等师范和中等职业学校，但普通中学的课程中增设职业科目。高级中学取消文理分科，取消了学分制和选科制，实行学年制。

高等教育方面，1929年制定并公布《大学组织法》、《大学规程》、《专科学校组织法》和《专科学校规程》，提出大学的办学目标是“研究高深学术，养成专门人才”。法规将大学分为国立、省立、市立和私立四类，大学分为文、理、法、教育、工、农、商、医等学院，3个学院以上者称大学，不足3个者称学院。将专门学校改称专科学校，分设甲类（工）、乙类（农）、丙类（商）、丁类（药学、艺术、体育、行政等）。1938年教育部召开大学课程会议，通过《文理法三学院各学系整理办法草案》，对大学课程的设置进行了规定。1939年教育部公布《大学及独立学院各学系名称》，将全国高校院系名称做了统一。

除了学制的改革和对各级学校教育的具体规定以外，国民政府还开始实行毕业会考制度和高校统一招生制度。上海市教育局1930年率先试行初、高中毕业会考之后，教育部于1932年公布《中小学校毕业会考暂行规程》，1933年公布《中学毕业会考规程》，明确规定应届毕业生在通过各校的毕业考试之后，还必须参加统一会考，成绩合格者方可获得毕业证书，其目的是为了“整齐学生毕业程度及增进教学效率”。其实行虽然在一定程度上促使学生认真学习，有助于提高知识教学的质量，但同时也成为学生思想和能力发展的禁锢，有着很大弊端。近代以来的高校均为自行招生，1937年教育部指令部分国立高校试办联合招生，1938年教育部公布《统一招生办法大纲》，规定实行全国统一的高校招生考试，由教育部统一录取。统一招生制度虽然由于种种原因只实施到1941年便被废止，但其思路对以后的统一招生发生了影响。

（二）教育行政制度的改革

1927年6月，国民党中央政治会议通过提案，撤销原广东国民政府的中央教育领导机构——教育行政委员会，决定在中央设立大学院，作为全国最高的学术教育机关，管理全国的教育事业，由蔡元培任院长；在地方试行大学区，取代各省的教育厅。10月1日，大学院正式成立，设有大学委员会作为最高教育评议机构，下设秘书处、教育行政处、专门委员会等。

由于这次改革并没有取得理想的效果，反而降低了工作效率，产生了很多负面效应，1928年下半年废止了大学院，仍由教育部管理教育工作。12月11日公布《教育部组织法》，在教育部下设大学委员会和其他委员会，设编审处。1929年10月，增设蒙藏教育司和华侨教育设计委员会。1931年，增设督学，恢复清末的教育视导制度。在地方行政制度方面，由于大学院的撤销，大学区制逐渐废止，河北、热河、浙江、江苏等逐渐恢复教育厅制。

（三）学校教育管理的强化

南京国民政府为了维护自己的独裁统治，采取一系列措施，加强了对学校教育的统一管理和规范调整。

1930年行政院公布《整饬学风令》，同时蒋介石发表《告诫全国学生书》，要求学生“一意力学，涵养身心”，不得干涉政治，参加学生运动；还颁布了《学生自治会组织大纲》和其细则，规定学生不能随便集会、结社，学生活动不允许越出学校范围，不准干涉学校行政。

基于“要救国必先提高道德，要提高道德必先加强训育”的观点，1929年教育部颁行《中小学训育主任办法》，此后又发布了各种学校的训育暂行标准，建立起训育制度，1931 年颁布《各级学校党义教师及训育主任工作大纲》，由训育主任考察学生的思想、言论和行为。1938 年 3 月，教育部颁发《中等以上学校导师制纲要》，在中学以上实行导师制度，由导师检查学生的思想和学业，并依据训育标准进行严格训导。这些制度加强了对学生思想的钳制。

为了严格控制学生，使青少年习得服从精神，1931 年，教育部和军事委员会训练总监部还规定，高中以上学生实行军事训练，用军事方法管理学校，初中和小学设童子军课，使儿童接受军事教育，同时对少年儿童进行反共思想的灌输。

在教学内容方面，国民党政府除了公布各级各类学校的课程标准，对课程内容和目标予以规定，不允许学校擅自增删课程之外，还于 1929 年公布了《教科图书审查规程》，对教科书进行严格审查，要求符合三项标准：适合党义；适合国情；适合时代。这些标准带有浓厚的政治色彩。又因书商编纂教材不利于统治思想，规定中小学教科书由政府统一编纂。

1934 年，教育部公布《小学教员检定暂行规程》、《中学及师范学校教员检定暂行规程》，1944 年起又规定了各级各类教员检定办法，对教师队伍进行审查，以进行严格的监督和控制。

以上种种措施，以及国民政府当时实行的会考制度等，加强了对教师和学生的操纵和控制，其根本目的是为了强化国民政府的专政统治。但其中的部分举措在客观上又起到了规范和统一教育内容、提高教学质量的作用。对其利弊要进行全面和客观的评价。

三、陶行知的教育思想

（一）教育活动

陶行知（1891～1946），原名文浚，后改名知行，又改行知，安徽歙县人，中国现代伟大的“人民教育家”。

陶行知幼年家贫，曾断断续续地就读于旧式私塾和经馆，后入教会学校崇一学堂接受西方教育。1908 年考入杭州广济医学堂，后退学考入南京汇文书院。因其并入金陵大学，故陶行知入金陵大学文科学习。1914 年他凭借各方赞助赴美留学，最初进入伊利诺州立大学攻读市政，获得该校政治学硕士学位。随后他又转哥伦比亚大学师范学院攻读教育学博士，师从杜威、孟禄、克伯屈等著名教育家。1917 年获哥伦比亚大学都市学务总监资格文凭，回国任南京高师专任教员，主讲教育学、教育行政、教育统计等课程，后又担任东南大学教授和教育科主任。

1921年陶行知发起成立中华教育改进社，任主任干事，并接编《新教育》杂志。1923年，与晏阳初等发起成立中华平民教育促进会，并与朱经农合编《平民识字课本》。同时主编《申报·平民周刊》和《新教育评论》。1926年开始从事乡村教育工作，成立乡村教育研究会，创办《乡教通讯》，1927年春在南京近郊创办南京市试验乡村师范学校，即后来的晓庄学校等一系列学校，其核心思想“生活教育”即在这一时期提出的。1930年陶行知因被通缉而逃往日本，1931年回到上海开始从事教育普及活动。他创办自然科学园和儿童科学通讯学校，1932年创办“山海工学团”，“工以养生，学以明生，团以保生”，把工场、学校、社会打成一片。他还创立了“小先生制”，让上学的儿童教不识字的儿童和成年人。

1935年“一二·九”运动爆发，陶行知发起成立国难教育社，主张把教育和民族革命结合起来。1936年受到全国教育联合会委托，担任国民外交使节，赴欧、美、亚、非28个国家宣传抗日。抗战爆发后，他改称国难教育为战时教育，将《生活教育杂志》更名为《战时教育》。1938年12月，生活教育总社在桂林成立，同时创立中国战时教育协会，陶行知均任理事长。1939年，在重庆创立育才学校。

1945年，陶行知开始提倡民主教育运动，任中国民主同盟中央常务委员兼教育委员会主任委员，把《战时教育》更名为《民主教育》，同时主编《民主》周刊。1946年创办了重庆社会大学。同年7月去世。

陶行知从事教育活动前后长达30余年，发起许多教育运动，提出了重要的教育理论，为人民的教育事业作出了卓越的贡献，周恩来曾称赞他为“无保留追随党的党外布尔什维克”。“生活教育”理论是陶行知的基本理论，也是他在教育理论领域的最大贡献。

（二）教育思想

生活教育理论是陶行知教育思想的核心，贯穿在他教育实践的各个方面。这一理论是在他学习杜威教育思想的基础上形成的。杜威曾经提出过“教育即生活”、“学校即社会”和“从做中学”等论点，陶行知结合中国的社会条件和他自己的教育实践，对这些思想进行了改造，在提倡平民教育运动时就开始酝酿，到从事乡村教育运动时提出了生活教育较为全面和系统的观点。

陶行知曾经对生活教育做过多次定义，在《生活教育》一文中，他说：“生活教育时生活所原有，生活所自营，生活所必需的教育。”在《谈生活教育》一文中，他又说道：“从定义上说：生活教育是给生活以教育，用生活来教育，为生活向前向上的需要而教育。从生活和教育的关系上说：是生活决定教育。从效力上说：教育要通过生活才能发生力量而成为真正的教育。”1936年在《生活教育之特质》一文，陶行知又提出生活教育具有生活的、行动的、大众的、前进的、世界的、有历史联系的六大特征。具体说来，生活教育理论包括三个组成部分：“生活即教育”、“社会即学校”和“教学做合一”。

1. “生活即教育”

“生活即教育”是陶行知生活教育理论的核心，这一论题本身又包括三个层面的内容：首先，是生活便是教育，生活本身就含有教育的意义，“出世便是破蒙，进棺材才算毕业”，生活教育是与生俱来、与生同去的；其次，生活决定教育，实际生活是教育的中心，过什么样的生活，便会受什么样的教育：“过好的生活，便是受好的教育；过坏的生活，便是受坏的教育”；第三，教育可以改造生活，教育的目的即是满足生活向前向上的需要，陶行知还说过：“教育是民族解放、大众解放、人类解放之武器”。“生活即教育”要求重视教育与实际生活的联系，强调二者的不可分离，表现出对八股传统教育的批判精神。

2. “社会即学校”

主张在广阔的社会环境中进行教育，“以社会为学校”，整个社会都是教育的范围：“整个的社会是生活的场所，亦即教育之场所。”“学校含有社会的意味”，同时“社会含有学校的意味”，主张走出校门，接触生活和社会，在大社会和群众生活中向群众学习。他曾经在诗中提到：“人民创造大社会，社会变成大课堂”，对这种青天为顶、大地为席的社会教育进行了讴歌。

3. “教学做合一”

陶行知发展了杜威的“做中学”思想，提出教学做合一的观点，“教学做合一是生活现象之说明，即是教育现象之说明。在生活里，对事说是做，对己之长进说是教，教学做只是一种生活之三方面，不是三个各不相谋的过程。”“教的方法根据学的方法；学的方法根据做的方法。事怎样做便怎样学，怎样学便怎样做。教和学都以做为中心。”主张教和学都应该围绕生活实践这一中心而进行，认为劳力和劳心的结合才能获得“一切发明”。这一观点是建立在陶行知“行是知之始，知是行之成”认识论的基础之上的。

第三节　新民主主义教育

一、新民主主义教育思想

俄国十月革命一声炮响，给中国送来了马克思主义。以陈独秀、李大钊、毛泽东等为代表的中国先进知识分子很快就接受了马克思主义，并以之研究和分析中国的社会和历史，指导中国革命。而随着马克思主义在中国的传播和发展，马克思主义教育理论也与之俱来。同样地，早期马克思主义者也尝试运用马克思主义观点分析中国教育问题，研究教育理论和教育实践问题，从而形成了中国马克思主义者的教育思想。

（一）马克思主义教育思想在中国的传播

1918年俄国十月革命之后，李大钊连续发表了《法俄革命之比较观》、《庶民的胜利》和《布尔什维主义的胜利》，热情歌颂十月社会主义革命的胜利和马克思列宁主义的胜利。他又发表了一系列文章，系统介绍了马克思主义的观点和学说，堪称中国传播马克思主义的第一人。

1918年底，李大钊在北京大学成立第一个马克思主义研究会。1919年春在《新青年》上发表《我的马克思主义观》，系统介绍马克思主义的唯物史观、经济学说和科学社会主义，同时也开始传播马克思主义的教育思想。2月，李大钊发表《劳动教育问题》一文，指出：现时社会工人阶级之所以没有受教育的机会，完全是资本家剥削的结果。在《青年与农村》一文中，他指出："要想把现代的新文明，从根底输入到社会里，非把知识阶级与劳工阶级打成一片不可"。

与此同时，陈独秀等创办的《新青年》也开始发表《苏维埃的平民教育》、《苏维埃的教育》、《俄罗斯的教育状况》、《革命的俄罗斯底学校和学生》、《俄罗斯底社会教育》等文章，陆续介绍苏俄教育的情况。湖南的《湘江评论》、上海的《星期评论》和天津的《觉悟》等期刊成为传播马克思主义的著名刊物。毛泽东、蔡和森、邓中夏、李达等也成为我国早期马克思主义和马克思教育思想的传播者。

我国马克思主义的先驱者猛烈抨击旧制度和旧教育，积极倡导工农大众的教育，组织和参加留法勤工俭学活动等，把教育作为引导青年和工农大众参加革命斗争的工具，利用教育培养革命人才。

1921年中国共产党成立以后，把马克思主义作为指导思想和理论武器，指导自己的革命实践，马克思主义在中国获得了广泛的传播，并开始和中国自己的革命实践结合起来。第一次国共合作期间，中国共产党创办一些教育机构开展工农教育和干部教育，是中共最早运用马克思主义的教育实践。

（二）杨贤江的教育思想

杨贤江（1895～1931）字英父（英甫），笔名李浩吾、叶公朴等，浙江余姚人，家境贫寒，10岁进私塾，次年进入新式学堂。1911年高小毕业后任小学教员。1917年毕业于浙江第一师范，应聘为南京高师学监处事务员，同时在商务印书馆附设函授部的英文科学习，期间发表了多篇教育译作；1919年参加了“少年中国学会”，任南京分会书记，参加《少年世界》和《少年社会》的编辑工作，开始接触马克思主义。1921年，他接编《学生杂志》，致力于向青年学生宣传革命。1923年经沈雁冰等人介绍，加入中国共产党，帮助恽代英编辑《中国青年》。第一次国共合作期间，曾任国民党上海市党部青年部长，并在上海大学附中兼课，担当起青年领袖的角色。1925年在上海发起组织教职员救国同志会。“五卅运动”中，任上海学生联合会主席。1927年曾任短期的杭州《民国日报》编辑。大革命时期，是上海工人起义的组织者之一，曾任上海市教育局代理局长。“四·一二”政变后遭到通缉，逃亡日本。在日本期间，担任中国留日学生共产党组织的负责人，撰写和翻译了许多教育理论方面的论文和著作，第一部运用历史唯物主义分析教育史的著作《教育史ABC》也于此时成书。1929年回上海，年底完成《新教育大纲》。因积劳成疾赴日就医，1931年病逝东京。

杨贤江的一生虽然短暂，却完成专著两本，论文约300篇，译书译文约20部/篇。他是我国用马克思主义立场、观点、方法系统阐述教育理论的第一人，是教育战线上的一名战士，为我国无产阶级教育体系的创立作出了卓越贡献。

1. 关于教育的本质

杨贤江认为教育是“社会的上层建筑之一”，是“观念形态的劳动领域之一”，它“以现实社会经济生活为基础”，起源于生产劳动的需要，在劳动的过程中得以产生和发展：“教育的发生就只根于当时当地的人民实际生活的需要；它是帮助人营社会生活的一种手段”①。同时教育又有促进社会发展的作用，“教育也有率先领导或促进的功能”。

但是在阶级社会中，教育与生产劳动分离，教育权成为少数治人的劳

① 《新教育大纲》，《杨贤江教育文集》，413～414页，教育科学出版社，1982。

心者的专利，成为支配阶级统治被支配阶级的工具。“教育不仅由生产过程所决定，也由政治过程所决定”，“教育意义的变迁，便是在社会阶级关系的历史变动期中所表现的形态；自有历史，就没有脱离过政治的教育，无论哪一种的教育制度，终是由支配阶级掌握，且为支配阶级服务。”他指出了阶级社会中教育不同于原始社会的五大特征：教育与劳动分离，分化出治人的劳心者和治于人的劳力者；教育权跟着所有权走，“你有所有权，你就有教育权”；教育专为了支配阶级的利益服务，“一是当作政治的支配手段的”，“一是当作维持并促进经济的诈取手段的”；两重教育权的对立，即支配阶级有组织的教育和被支配阶级所自营的教育的对立；男女教育不平等。

2. 批判错误思潮

在正确认识教育本质的基础上，杨贤江对当时流行的一些教育观点——“教育神圣说”、“教育清高说”、“教育中正说”、“教育独立说”等进行了批判。他指出这几种超阶级超政治的论调是对教育的错误认识，教育总会受到社会政治制度和经济关系的制约，“教育神圣”只是统治者的圈套，统治者是利用教育为自己谋利益，并且“利用教育以愚民”，“教育真不过是卑贱的事业”；“教育清高”是把教育与政治、劳动隔绝；事实上是为统治阶级服务而不自知的说法；“教育中正”是为教育远离是非不议政事寻找的借口，中正只可能徒有其名；“教育独立”自有历史以来即不可能，教育“永远独立不住”，不会脱离政治而存在。

3. 关于教育的作用

杨贤江认为，教育可以起到“率先领导或促进的功能”，但是“教育绝对不会也不能超越了时代与环境”，教育的可能性存在着限度，基于这种观点，他对于当时的“教育救国论”、“先教育后革命”等观点进行了批判，说教育“有非凡的本领，有超越一切而独立特行的存在，不是梦呓，也准是夸大狂”。空谈教育救国以及主张先教育后革命是非常有害的，是放弃革命的做法。杨贤江指出，只有革命才能救国，不能用教育代替革命，但是革命中也不能没有教育，教育是革命的武器之一，应该在革命中促进革命纲领的实现。

杨贤江进而提出，正是因为教育是革命的武器，教师和学生就应该在革命中担负起政治使命。教师应该正确认识革命，了解教育和革命的关系，然后要教导学生引导他们深入民众，团结各种社会力量发起运动。而学生应该积极参与政治，以青年运动促进革命进程。

杨贤江的教育思想，具有强烈的批判和战斗精神，曾经起到过振聋发聩的作用。

二、新民主主义教育实践

（一）早期的新民主主义教育

1919年的五四运动，标志着新文化运动的高潮，是我国近代史上具有转折意义的重大事件，中国的民主革命从旧民主主义革命进入新民主主义革命时期。新民主主义教育也伴随着新民主主义革命的发展而产生和发展。

早期的马克思主义者积极倡导工农大众的教育，深入工农群众，创办夜校和劳动补习学校，宣传马克思主义思想，为建立政党和从事革命活动作准备。1919年，邓中夏等发起组织北京大学平民教育讲演团，致力于劳动人民的知识化。1920年到1921年初，各地纷纷成立共产主义小组，北京小组在长辛店创办劳动补习学校，这是中国第一所工人阶级自己的学校。此后各种工人学校相继建立。

1921年中国共产党成立，将教育作为自己斗争的有力手段。1922年，中国社会主义青年团第一次全国代表大会，通过了《关于教育运动的决议案》，作为本团的行动纲领，这一纲领成为中共二大提出的新民主主义教育纲领的基础。在这一基础上，中共二大提出：改良教育制度，实行教育普及，同时提出，女子在政治上、经济上、社会上、教育上一律享受平等权利。1924年第一次国共合作时期，国民党一大发表共同纲领，在教育方面提出“厉行教育普及，以全力开展儿童之本位之教育，整理学制系统，增高教育经费，并保障其独立”，并“于法律上、经济上、教育上、社会上确认男女平等之原则，助女权之发展”。这样，新民主主义教育就有了明确的发展方针。

在此期间，中国共产党人进行了很多新民主主义教育的实践活动。1921年8月，毛泽东在长沙创办湖南自修大学，教授马克思主义理论，这是中国无产阶级的第一所革命大学。1924年7月，彭湃成立广州农民运动讲习所，培养农民运动的骨干。该讲习所在广州举办6届以后，移到武昌由毛泽东主持续办，有力地推动了各地农民运动的发展。1926年到1927年，毛泽东发表《中国社会各阶级的分析》和《湖南农民运动考察报告》，系统阐述了各阶级的地位，提出了发展教育的路线，奠定了新民主主义教育的理论基础。

（二）土地革命时期的新民主主义教育

1931年，中华苏维埃共和国临时政府中央政府成立，第一次全国工农兵代表大会的宣言就指出：一切工农劳苦群众及其子弟，有享受国家免费教育的权利。教育事业之权归苏维埃掌管。大会通过的《宪法大纲》规定："中国苏维埃政权以保证工农劳苦民众有受教育的权利为目的。"同时发布的《中华苏维埃共和国第一次工农兵代表大会宣言》又指出："工农劳苦群众，不论男子和女子，在社会、经济、政治和教育上，完全享有同等的权利和义务。""取消一切麻醉人民的、封建的、宗教的和国民党的三民主义教育。"1934年第二次全国苏维埃代表大会上，毛泽东提出："苏维埃文化教育的总方针在什么地方呢？在于以共产主义的精神来教育广大的劳苦民众；在于使文化教育为革命战争与阶级斗争服务；在于使教育与劳动联系起来；在于使广大中国民众都成为享受文明幸福的人。"正是这个"文化教育的总方针"成为当时新民主主义教育的行动指针。

土地革命时期，根据地主要进行三类性质的教育：干部教育、群众教育和儿童教育。

为了适应当时斗争的需要，根据地始终把培养干部的教育放在首位，组建了一些干部学校。毛泽东曾总结说："为了革命斗争领导干部的创造，我们已设立了红军大学、苏维埃大学、马克思共产主义大学及教育部领导下的许多教育干部学校。"除了大学以外，还有一些中层干部学校，如中央农业学校、中央列宁师范学校、高尔基戏剧学校等。这些干部学校以军事类和师范类居多，非常重视革命理论的学习和思想政治教育，同时也注重调查研究实际问题，理论结合实践。

除了干部教育外，根据地还把群众教育提到了很高的地位，1932年，江西第一次工农兵代表大会曾提出："群众教育不独与儿童教育并重，以目前革命需要发展斗争的形势而论，应视为首务。"① 1933年6月，中华苏维埃共和国临时中央政府召开瑞金等8县贫农团代表大会，决议："以查田运动的胜利去发展文化教育事业。普遍地建立俱乐部、列宁小学、夜校、识字班、列宁室、书报阅览所和墙报等等，以提高工农群众的文化水平。"②可见当时的群众教育组织形式比较灵活，其主要机构有夜校、星期学校、半日学校和各种识字扫盲班等，开展了广泛的扫盲运动；而俱乐部、列宁室、书报阅览所等则作为群众性的文娱组织存在，推动了苏区群众文化教育的开展。

在儿童教育方面，根据地设立了列宁小学和劳动小学等，其宗旨是要"训练参加苏维埃革命斗争的新后代，并在苏维埃革命斗争中训练将来共产

① 《江西省工农兵第一次代表大会文化教育工作决议》，《老解放区教育材料》（一），第79页。
② 《江西苏区教育资料汇编》（一），第79页。

主义的建设者”。在教育内容上重视政治教育和生产劳动的教育，相应在方法上也把小学教育和生产劳动以及政治斗争相结合，注重发展儿童的创造性。

1933年7月中央教育人民委员部曾在第四号训令中指出：“在目前一切给与战争，一切服从战争利益这一国内战争环境中，苏区文化教育不应是和平的建设事业，恰恰相反，文化教育应成为战争动员中一个不可少的力量，提高广大群众的政治文化水平，吸引广大群众积极参加一切战争动员工作，这是目前文化教育建设的战斗任务。”这正是土地革命时期新民主主义教育特点和作用的表现。虽然当时的教育实践受到各方面条件的制约，但其仍然取得了不容忽视的成绩，一些经验至今值得借鉴。

（三）抗日战争时期的新民主主义教育

1937年7月7日卢沟桥事变，标志着抗日战争的正式开始。毛泽东同志指出：“伟大的抗战运动，必须有伟大的抗战教育运动与之相配合。”抗战时期的教育是抗战事业不可缺少的组成部分。

在陕甘宁边区，1938年中共六届六中全会上，通过了《实行国防教育政策，使教育为民族自卫战争服务》，毛泽东指出具体政策包括：第一，改订学制，废除不急需和不必要的课程，改变管理制度，以教授战争所必需之课程及发扬学生的积极性为原则。第二，创设并扩大增强各种干部学校，培养大批抗日干部。第三，广泛发展民众教育，组织各种补习学校、识字运动、戏剧运动、歌咏运动、体育运动、创办敌前敌后各种地方通俗报纸，以提高人民的民族文化与民族觉悟。第四，办理义务的小学教育，以民族精神教育新后代。在一切为着战争的原则下，一切文化教育事业，均应使之适合战争需要。教育为革命斗争服务。

1940年1月毛泽东发表《新民主主义论》，系统阐述了新民主主义的概念，包括新民主主义的政治、经济和文化。而其文化方针，也就是教育方针。他提出：现阶段上中国新的国民文化的内容，既不是资产阶级的文化专制主义，又不是单纯的无产阶级的社会主义，而是以无产阶级社会主义文化思想为领导的人民大众反帝反封建的新民主主义。民族的、科学的、大众的文化，就是人民大众反帝反封建的文化，就是新民主主义的文化，就是中华民族的文化。正式提出“民族的、科学的、大众的”指导原则。新民主主义的教育方针指导了抗日民主根据地和此后新民主主义运动的教育活动。

在毛泽东新民主主义教育政策的指导下，抗日民主根据地仍然重视干部教育和群众教育，建立初、中、高各级干部学校以及各种短训班，培养革命干部，同时成立各种识字扫盲组，组织冬学、夜校等社会教育形式广泛开展群众教育。根据当时一切为了抗日战争彻底胜利的方针，教育继续为党的中心工作服务，教育和革命斗争与生产劳动相结合，走群众路线。

在干部教育的实施过程中，一度出现了理论和实际脱节、学与用脱节的现象。针对这种情况，1941 年颁布《关于延安干部学校的规定》，开展延安整风运动，批判和纠正了工作中主观主义和教条主义，使得新民主主义教育发展到一个新阶段。

这一时期著名的学校包括抗日军政大学、陕北公学、鲁迅艺术学院、延安大学等。抗日军政大学，原名抗日红军大学。1936 年于延安成立，1937 年改名为中国人民抗日军政大学，主要教授政治课、军事课、实际战斗、生产劳动等，为抗日战争培养了大批无产阶级战士。

下篇：外国教育简史

第一章　古代教育起源与初步发展

第一节　教育的起源及初步发展

人类教育究竟起源于什么时候？教育作为一种社会现象，是如何从其他的社会现象中独立出来，成为一种具有独立形态的社会现象的？教育又是在人类进化的哪一个生物阶段出现的？当教育作为人类社会特有的社会现象产生后，其最初的发展是什么样的？诸如此类的问题，都是人类在进行教育研究和实践时不得不面对的问题。

一、教育起源的理论流派

教育最初究竟是如何起源的问题，目前学术界主要存在以下几种观点，分别从不同的角度对教育的起源问题进行了探究。

（一）*教育的生物学起源论*

教育的生物起源论是近代西方第一个有代表性的教育起源观点，代表人物包括法国哲学家、社会学家利托尔诺（1831～1902）、英国教育学家沛西·能（1870～1944）等。

教育的生物起源论认为教育主要是一种生物现象，教育从本质上说是按照生物学规律进行的本能的传授活动。

利托尔诺作为教育生物起源论的主要代表人物，他在《各人种的教育演化》一书中就指出，教育是在人类出现之前就已经存在的一种现象，他认为动物界也存在着教育。在此基础上，利托尔诺专门撰写了《动物的教育》一书，他在该书中进一步指出，不但在脊椎动物中，而且在非脊椎动物中都存在有教育现象。为此，利托尔诺曾用大猫教小猫捉老鼠，大鸭教小鸭浮水来证明动物界同样存在着教育现象。既然教育是动物普遍具有的一种本能现象，因此，人作为动物的高级形式，在出生后就自然地继承了现成的教育形式，教育在人类社会中只是不断改变和发展并且将其制度化而已，从本质上说和动物界存在的教育并无二致。

教育的生物学起源论的另一代表人物沛西·能在 20 世纪 20 年代指出："教育从它的起源来说，是一个生物学的过程，不仅一切人类社会有教育，不管这个社会如何原始，甚至在高等动物中也有低级形式的教育。"教育之所以是一个生物学的过程，意思就是说"教育是与种族需要相应的种族生活天生的，而不是获得的表现形式……教育是扎根于本能的不可避免的行为。"因此，"生物的冲动是教育的主要动力。"教育的生物学起源论是 19 世纪下半叶出现并一度十分流行的观点，是当时流行的庸俗进化论在教育起源问题研究上的反映。其核心观点就是认为教育起源于动物的本能，教育是一种本能性的行为。人类的教育与动物的教育并不存在着本质上的区别和不同，都是本能的反映而已。

（二）教育的心理学起源

教育的心理学起源以美国教育史学家孟禄为代表，该学说是在批评教育的生物学起源论基础上形成的。

教育的心理学起源其主要观点主要体现在孟禄所著的《教育史教科书》中，其中第一章"原始的教育"从人类学和心理学角度出发对人类教育的起源和发生过程作了专门、详细的论述。孟禄认为，在原始社会，不论是社会还是个体，其教育的发生都是"非理性的""单纯无意识的模仿"。因此，他断定原始人的教育过程从未表现出是有意识的过程，人类仅凭观察和尝试成功的方法进行学习，这是一种心理的学习过程和现象。如儿童学习如何使用弓箭，如何射击与打猎，如何学习烹调等，这些技巧的获得几乎全部是通过不断模仿和尝试的方式而获得的。因此，教育从本质上说就是一种模仿，模仿在很大程度上是一种心理现象，因此，孟禄将教育的起源归之为心理起源。

（三）教育的劳动起源论

教育的劳动起源论观点由苏联学者、苏联教育史学家米定斯基所提出的。这种观点也被我国学术界所普遍采用。

教育的劳动起源论主要来源于恩格斯关于劳动创造人以及人类社会起源于劳动的理论所推导出来的。米定斯基认为："只有从恩格斯'劳动创造人类本身'的理论出发，这个著名原则出发，才能了解教育的起源，教育也是在劳动过程中产生出来的。"为什么说教育是从劳动过程中产生的呢？米定斯基根据恩格斯"劳动创造人类本身"的理论观点，认为劳动实践是人们认识的主要源泉，是知识的主要来源，是手脑等生理结构进步完善并通过遗传途径传给后代的必要条件；原始社会的人们为了保持并延续原始公社的生活，必须由经验丰富的长辈对年青一代传授制造工具和使用工具的知识经验，即在劳动过程中积累起来的经验，教育是在传授劳动经验的情况下产生的，因此，教育起源于劳动。

（四）教育的需要起源论

教育的需要起源论是建立在对教育的劳动起源学说进行范围拓展或修正的基础上的。最早由我国教育理论家杨贤江所提出。

杨贤江在《新教育大纲》中指出："教育的起源只是与社会的生活过程、物质的生产关系有密切联系的，而且是以这种现实的社会经济生活为基础……教育的产生，就只根植当时当地人民实际生活的需要，它是帮助人营造现实生活的一种手段……自有人生，便有教育，因为自有人生，便有实际生活的需要。"[①] 因此，教育的产生从本质上是对人类需要的不断满足，教育因而起源于人类存在的各种需要。

（五）对教育起源理论的评价

除开以上四种观点外，关于教育的起源还有许多学术上的争论和观点，但主要以这四种为其代表。综观这四种观点，各有所长，也各有偏颇和侧重。大致可以将这四种观点划分为两大类，第一大类是以教育的生物学起源和心理学起源为代表，第二大类则以教育的劳动起源和需要起源为代表。

教育的生物学起源和教育的心理学起源，强调了人类教育与动物的联系，具有合动物性的一面；但同时，教育的生物学起源论在强调人类教育与动物学习存在联系的同时，却忽视了人类与动物的区别，把人类教育等同于动物的本能学习，这有失偏颇；而教育的心理学起源说则在重视儿童模仿学习的同时，漠视成人在教育中的主导作用和主动性的发挥，也有其不合理之处。

教育的劳动起源论和需要起源论则把教育看成是人类的一种有目的和有意识的活动，教育从其起源上，主要社会经验的传递和个体逐步社会化的过程，因此，这两种观点充分注意到了人类主动性在教育中的体现和发挥，在一定程度上克服了前两种教育起源论的不足。

二、原始社会的主要教育特点

根据马克思关于人类社会形态的划分，原始社会是人类社会历史发展的第一个阶段，也是人类教育产生和发展的起点。原始社会在人类历史发展进程中，占据了很长的发展历程，前后经历了前氏族社会、母系氏族社会、父系氏族社会和军事民主制社会等四个时代，如果按照不同时期所使

---

① 《杨贤江全集》第 3 卷，266 页，郑州：河南教育出版社，1995。

用的生产工具加以划分的话，则可以包括旧石器、中石器和新石器等三个时代。

作为人类最初的社会发展形态，原始社会时期生产力发展水平低下，与此相应，整个社会既无阶级之别也无剥削之分，社会实行原始的民主制度。在这种制度形态下，人们公养公育，根据能力进行分工，共同生活、共同劳动、共同延续种族和个体在自然中的生存。这种状况直到原始社会后期才开始发生了一定的变化，随着军事民主制的出现，最初的军事贵族开始产生，开始出现了财产的私有制，开始有了等级之别，原始社会从此逐步向阶级化的奴隶社会开始转变。

与这一时期低下的生产力发展水平相适应，教育也处于一个较低的发展水平之上，这一时期还没有出现学校，教育内容多以生产、生活经验为主，教育形式主要是口耳相传和生产、生活实践中的模仿等，教育者主要由具有一定经验的年老者担任。这些都决定了这一时期教育发展的初级特性，也表明了原始社会时期教育发展对人类教育走向制度化和规范化的奠基性意义和作用。

原始社会时期的教育发展具体包含以下几方面的特点。

（1）教育性质方面，和原始社会的社会组织和经济结构相对应，教育无阶级性，教育权平等，对儿童实行公养公育；

由于原始社会时期，不存在阶级之分，私有制尚未产生，包括儿童在内的私有财产的观念更无从谈起，因此，儿童从出生开始，就属于原始公社的共有财产，并由氏族公社公养公育。这种特性反映在教育领域，就表现为教育的无阶级性和平等特色。这也标志着原始社会时期受教育权利的平等。

（2）教育内容方面，原始社会的教育与生产劳动及生活紧密联系，以生产劳动知识、技能的传授为主，同时也传授社会文化、习俗和观念意识等。

与原始社会时期低下的生产力发展水平相适应，这一时期的文化发展水平也较为低下。由于尚未形成文字，因此，这一时期的文化积累主要以口头相传作为主要方式，具体蕴涵在社会的习俗之中。教育作为个体社会化的重要手段，对社会文化、习俗的传递就成为这一时期教育的主要目的。具体来讲，这一时期的教育主要涉及两方面的内容。一是对生产技能的传授，由成年人在生产劳动的实践中，运用观察和模仿等手段，使儿童学习相关的生产劳动技能，并向他们传授相应的生产劳动经验。第二方面的教育内容，主要是部落或氏族的基本规范、风俗习惯、历史传说、图腾和禁忌等，以帮助儿童实现社会化。对生产劳动经验和技能的学习是儿童继续生产的重要保证，而对社会文化、习俗等的学习，则是使儿童能融入团体生活，实现其社会化的重要步骤。

（3）教育的组织和方法都还处在原始状态。没有文字、教科书、学校及专职教师，教育的主要方式是以观察和模仿为主。

原始社会时期，教育尚未从其他社会现象中独立出来，因而这一时期的教育缺乏现代意义上的正规组织，既无教育机构，也没有专门的教育人员。也由于教育是蕴涵于其他社会和生活现象之中，使教育方法更多的是在生活中、在实践中施行，因此，观察和模仿就成为这一时期教育赖以实施的主要方法。

（4）在原始社会后期，教育开始分化，出现了有阶级的教育，同时，也出现了文字及学校的雏形和萌芽。

原始社会后期，尤其是进入原始的军事民主制时代，随着私有财产的出现，等级划分和阶级差别开始产生，这导致通行了几百万年的儿童公养公育制度开始受到挑战，教育开始向等级化迈进。同时，由于原始社会末期生产力水平有了比较大的提高，出现了剩余产品，这为一部分人脱离生产劳动领域而专门从事文化传播提供了条件，因而到了原始末期，开始有了教师职业的萌芽。特别是作为记录文化发展工具的文字开始出现，使这一时期的教育增添了一项新的职能，就是进行文字的教学，并在此基础上，使教育开始向规范化的有记载的文明传递发展和演变，学校在这一时期开始孕育。因此，这一时期也预示着人类准备迈进文明的门槛，教育也准备向制度化和规范化的方向发展。

三、古代东方各国的教育发展

古代东方各国主要是指古代巴比伦、古代埃及、古代印度和古代希伯来四个国家和地区。

古代东方各国的教育发展是世界上教育发展最早并取得巨大成就的地区，之所以出现世界上最早的教育发展，与这几个地区文明的发展进程是相一致的，在古代东方，诞生了人类最早的文明发展高峰，即四大文明（包括古埃及文明、古代巴比伦文明、古印度文明和中华文明等）。在此意义上，可以说，古代东方各国在文化上是世界文化发展的起源和基础，这也直接影响到教育的发展，使古代东方各国的教育成为世界各国教育发展的重要起点和基础所在。正是在古代东方各国教育发展奠定的坚实基础之上，为人类后来教育逐步走向规范化和正规化提供了前提，也为后来西方文明和西方教育的繁盛准备了条件。因此，古代东方各国的教育发展其意义是无比深远和重大的。

（一）古代巴比伦的教育发展

古代巴比伦地处西亚，居于底格里斯河和幼发拉底河流域（现在的伊拉克）。境内以平原地形为主，农业十分发达，这为古代巴比伦的文化发展奠定了重要基础。在古代巴比伦，文化十分发达，不但发明了人类历史上最早的文字，同时，在自然科学、数学和天文学等方面取得了巨大的成就，这些都成为古代巴比伦教育走向高峰的重要前提和基础。

1. 古代苏美尔和巴比伦的文化

苏美尔文化是巴比伦文化的前身，约在公元前 3500 年，苏美尔人开始从原始社会向奴隶社会过渡，并在两河流域建立起了自己的奴隶制国家。在公元前 2000 年左右，苏美尔文化开始衰落，后为巴比伦文化所取代。因此，古代巴比伦文化是苏美尔文化和巴比伦文化的集合体。

在文化上，苏美尔人达到了很高的文化高峰。他们创造出了人类最早的文字，据考古显示，大约在公元前 4000 年，苏美尔人就已经发明了文字，由于他们把这种文字用芦苇管或小木棒等工具刻写在泥板之上，因此，该文字也被称为“泥板书”，同时，用这种方式书写的文字由于落笔处印痕较为深宽，而起笔处则较为细小，形同木楔，因而又得名“楔形文字。”楔形文字的出现大约是在公元前 3000 年左右。

此外，古代巴比伦在自然科学、天文学和数学方面也取得了巨大的成就。在公元前 2000 年初，巴比伦人就已经可以区分五大行星和恒星了，他们还制定了历法，将每月确定为 29 日或 30 日；在数学方面，巴比伦人发明了 60 进位制，会四则运算，会开平方和立方，会解二次方程式和某些三次方程式等。

在医学和建筑学方面，古代巴比伦人也取得了相当高的成就，至今仍流传于世的“空中花园”就是其典型代表。

文字的发明和科学的发展，为古代巴比伦的教育发展奠定了深厚的基础，这也是巴比伦教育得以发展的重要前提。

2. 古代苏美尔和巴比伦的教育

古代巴比伦教育是世界上最早的教育发祥地，是人类最初的学校教育摇篮，也是人类正式教育的起点。

古代巴比伦出现了迄今为止通过考古发掘证明的世界上最早的学校，该学校大约出现于公元前 2100 年左右，位于世俗的居民区附近，据此，学者判断该学校是一种世俗性的教育机构。当时的学校主要使用泥板作为主要的书写工具，因此，学校也被称为“泥板书舍”。

由于早期的文化知识大多由祭司阶层所垄断，因而这一时期的学校教育带有浓厚的宗教色彩。古代巴比伦有专门的寺庙学校，分为初级和高级教育两种，初级教育主要传授读写方面的内容，高级教育除了读写外，还须学习文法、苏美尔文学和祈祷文等。

教学方法方面，古代巴比伦主要采用讲授法，实行师徒传授制。学校纪律严格，常采用体罚，学生会经常受到老师的棒打和鞭笞的处罚。

古代巴比伦的教育发展可以说已经初步具备了现代教育的一些萌芽，是人类学校教育发展的重要起点。大约在公元前3世纪前后，随着巴比伦文明的衰落，古代巴比伦的教育也逐渐衰落，从而成为人类记忆中的历史。

（二）古代埃及的教育发展

古代埃及位于非洲东北部，尼罗河贯穿全境，境内多以平原地形为主，由此发展出了较为发达的农业文明，在此基础上，诞生了古代埃及灿烂的文化。作为一个奴隶国家，古代埃及开始于公元前3000年左右，公元前332年被马其顿国王亚力山大征服，从而标志着古代埃及王朝的结束。

1. 古代埃及的文化

古代埃及是和巴比伦几乎同时出现的人类早期的又一文化发展高峰，在人类文明发展史上写下了光辉的篇章。

与古代巴比伦一样，古代埃及同样发明了自己的文字。至于文字的具体发明时间，学术界尚无定论，较为流行的说法是认为埃及文字大约于公元前3200年左右产生。古代埃及的文字开始时是象形文字，后来古埃及人发明了24个辅音字母，成为世界上最早的字母文字，这是埃及人对人类的独特贡献之处。这种字母文字后来传播到地中海沿岸，成为腓尼基文字的基础，而腓尼基文字最后对希腊字母的产生发挥了十分重要的影响。因此，古埃及的字母文字对于推动西方文字的出现发挥了重要作用。在文字发明的基础上，古埃及也在书写工具的发明上作出了巨大贡献，他们发明了“纸草”，这是一种可用于进行书写的人类最初的纸张。这为文字的传播提供了很好的载体，较古代巴比伦的泥板书而言，“纸草”的发明无疑是一大进步。

古埃及在天文学上也成就非凡，他们能够对行星和恒星进行区分，编制了天体图，还制定了精确的太阳历，将一年划分为365天。

数学方面，古埃及人采用了10进位制，对圆周率的计算精确到了3.16等。

同时，古代埃及的医学水平也相当发达，他们在人类历史上，首次提出了“大脑”的概念，并运用多项医疗技术制作木乃伊，标志着古埃及的医学水平已经达到了一个很高的水平。

此外，古代埃及以金字塔为代表的建筑也标明其建筑水平的高超。

古埃及文化的发展为其教育发展提供了条件、奠定了基础。

2. 古代埃及的教育

古代埃及已经形成了较为完备的学校系统，具体包括宫廷学校、寺庙学校、职官学校和文士学校等四种学校类型。

宫廷学校：是由法老在宫廷中开办的学校，其目的在于为皇室子弟提供教育，培养未来的官吏。

僧侣学校：这是一种开办于寺庙中的学校，着重于科学技术的教学，具体教学内容包括数学、天文学、建筑学、水利学、测量学和医学等，为国家培养能力出众的人才。同时，僧侣学校也承担起了全国学术中心的责任。

职官学校：主要以训练特定官员为目的的学校，学习年限通常为 12 年。该学校的教学内容主要包括普通文化课程的学习和专门职业课程的教育，其师资以在任官吏为主。

文士学校：以培养能熟练运用文字从事书写及计算工作的人为其目标，该类型学校属于最低级的学校，因此，入学限制较少，招收人数较多，修业年限也比较具有弹性，可长可短。在具体的教学内容上，该学校主要以书写为主，同时也包括公文、书札、契据和训诫等方面的学习。其中训诫是主要的书写内容。

教学方法主要以灌输和体罚为主。古代埃及有谚语曾这样说道：“男孩的耳朵是长在背上的，只有打他他才听。”这也表明这一时期教育的体罚色彩。

此时的教育已开始出现了明显的阶级性和贵族特色：这一方面是由于贵族对教育资源的垄断；另一方面则是由于当时学习代价的昂贵，致使贫民无力接受正规的学校教育。

（三）古代印度的教育发展

古代印度地处南亚，其疆域较现在的印度要大，包括整个南亚次大陆，境内印度河和恒河贯穿全境，形成肥沃的冲积平原，造就出了发达的古印度农业文明。

古代印度文明的发展一般可以分为两个时期，一是婆罗门时期，二是佛教盛行时期。在这两个时期之前，大约在公元前 2300～公元前 1750 年左右，古印度曾经出现过早期的较为发达的哈拉帕文化，但后来突然中断被后人所遗忘。直到现在，世人对该文化的了解也十分不足。

古代印度文化发展和其社会制度相联系，具有极强的等级性，这种等级性来源于古代印度盛行的种姓制度。古代印度的种姓制度其实质是一种等级制度，它把人分成四个等级，按等级高下依次分为：婆罗门，即僧侣；刹帝利，即武士；吠舍，即农民和从事工商业的平民；首陀罗，即处于奴隶地位的穷人。其中，婆罗门和刹帝利属于统治阶级，而吠舍则属于一般的平民和自由民阶级，首陀罗属于没有任何权利的奴隶，而婆罗门是最高的统治者。不同种姓之间，具有极为严格的等级规定，相互不能通婚，没有种姓间的阶层流动等。种姓制度实质上构成了古代印度社会的核心，也是其文化发展的核心要素，由此，也决定了古代印度教育发展的等级色彩和宗教色彩。

古印度的教育主要由婆罗门教育和佛教教育组成：前者是一种典型的贵族式的私立教育，而后者则是强调众生平等的宗教教育。

1. 婆罗门时期的教育

婆罗门是古印度早期宗教的称谓。从公元前 14 世纪到公元前 6 世纪的教育都属于婆罗门时期的教育范畴，之所以成为婆罗门时期的教育，主要是因为当时的教育权都掌握在婆罗门手中，教育对象也是以婆罗门种姓为主，教育内容主要是宣扬婆罗门的宗教教义。

这一时期的教育形式包括家庭教育和早期的学校教育两种。在公元前 9 世纪以前，以家庭教育为主，父母是主要的教育者，教育内容以婆罗门的宗教经典为主，教育方法主要是家长口授、学生背诵。到了公元前 8 世纪后，家庭教育的形式虽然仍然存在，但开始出现了最初的学校教育形式，即办在家庭中的婆罗门学校，被称为“古儒学校”。之所以得名，是因为当时的教师都被称为“古儒”，他们通过接受家长的丰厚赠礼为生，同时学生须为他们代种田地，这实际上是古代印度最初的专职教师。“古儒学校”教学内容与家庭教育时期的内容一致，都以宗教内容为主，在教学方法上，除开继承了家庭教育时期的教育方法外，这一时期较为强调师道尊严，体罚成为主要的教学管理手段。此外，古儒学校在教育过程中常常利用年长的儿童充当助手，由他们协助教师进行教学。

2. 佛教教育

佛教产生于公元前 6～5 世纪，相对于婆罗门严格的等级宗教而言，佛教强调众生平等，是一种大众的平民宗教。佛教的教育场所主要是寺院，教育内容以佛家经典为主，与婆罗门教育不同的是，在教学语言的选择上，佛教以各地的地方方言为主，照顾到了下层民众的教育需求，使教育向更加普及化方向发展。

（四）古代希伯来的教育发展

古代希伯来地处现在的巴勒斯坦地区，以希伯来人为主，希伯来人由以色列和犹太两个部落组成。约在公元前14世纪左右，希伯来人出走埃及，成为埃及法老奴隶，后在其首领摩西的带领下返回巴勒斯坦地区，此后，于公元前11世纪建立起了统一的希伯来王国。到了公元前586年，希伯来为巴比伦所灭，从此沦为“巴比伦之囚”，直到公元前538年，巴比伦为波斯所灭，希伯来人才得以重新返回家园。到1世纪时，希伯来被罗马帝国吞并，至此，希伯来作为国家的历史结束。

从教育性质上讲，古代希伯来的教育是一种平等的宗教教育，它主张：人人必须受教育，才能成为上帝的真正信仰者；只有人人成为诚笃的信仰者，才能使民族不受衰亡的威胁。故不受教育之人必须被剥夺一切权利并放逐城外，未设置学校的城市乃是不容存在的。

教育形式上，古代希伯来根据时间不同可以分为家庭教育和学校教育两种教育形式。前期主要以家庭教育为主，家庭是子女接受教育的主要场所，父亲既是家庭的祭司，又是子女的教师，教育内容以宗教为主，主要是《圣经·旧约》。在希伯来帝国后期则逐渐发展到学校教育阶段，到公元前1世纪时，希伯来已经具有较为发达的学校教育。当时希伯来人的每一村落都有设有1所学校，由专人管理，并确立了特定的师生比，儿童在25名以内者，由教师1人教学，儿童满40名，另增设助教1名。儿童满50名者，设教师2人。表明，古代希伯来的学校教育已经达到了一个较高的发展水平。希伯来学校教师被称为“拉比”，相当于埃及的文士。

教育内容方面，学校教育的教育内容除开继承了传统家庭教育对《圣经》的传授，同时还纳入了各种《圣经》注疏的教育，这成为儿童最为主要的教育内容。

四、古代东方各国的教育发展特征

（1）古代东方各国是世界上最早的文明发祥地，产生了最早的科学知识、文字以及学校教育；

（2）古代东方各国的教育都具有鲜明的阶级性和等级性；

（3）此时期，形成了相对较为完备的学校教育体系；

（4）在具体的教育实践中，设置了丰富的教育内容，在教育方法上，主要以体罚为主。在教学的组织形式上，家庭教育所占比重较大，还未能形成正式的教育组织形式。

第二节　古希腊的教育实践

古代希腊是现代西方文明的摇篮，同时也是现代教育的发祥地。对此，黑格尔曾经指出：一提到希腊，现代有文化修养的人就觉得亲切、熟悉。古希腊作为西方教育的发祥地，主要表现在以下几方面。首先，古希腊产生出了欧洲最初的学校形式；其次，古希腊学校所实施的学习计划和教学方法，和现代教学方法具有高度的相似性；第三，古希腊为现代学科教育奠定了基础，尤其是“三艺”（指文法、修辞和辩证法等三门学科）科目的确立和“四艺”（是指几何、天文、算术和音乐等四门学科）科目的萌芽，更是成为此后西方国家教育的主要内容支持；第四，古希腊产生出了西方最早的、最为系统的教育思想及理论，这对于后来欧洲西方国家教育思想理论的形成，产生了重大影响，尤其是通过古罗马的继承和现代转化，使古希腊的教育思想和时间更能适合西方国家的实际，从而具有久远的生命力。

古代希腊之所以成为西方文化和教育的起源，这是由两方面的因素所决定的。首先，希腊独特的地理位置和环境，使希腊的航海业十分发达，从而使古希腊与外界的交往日益增多和频繁，这为古希腊接触和借鉴其他地区的优秀文化提供了得天独厚的优势，也使古希腊较其他西方国家要领先一步，使其成为西方文明的起源；其次，古希腊的奴隶制对其文化起源的历史地位也产生了十分重要的作用。恩格斯曾指出：“只有奴隶制为古代文化的繁荣，为希腊文化创造了条件。没有奴隶制就没有希腊国家，就没有希腊的艺术和科学。”对外交流和良好的制度设计成就了古代希腊丰富而又灿烂的文化，从而为西方文化的发展提供了良好的土壤和基础。

古希腊的教育发展起源于以《荷马史诗》命名的“荷马时代”，后来经过了古代城邦国家的教育发展（以斯巴达和雅典的教育发展为典型代表），直至希腊化时期希腊教育的传播等几个阶段。

一、荷马时代与西方教育的起源

在古希腊的发展史上，把公元前 12 世纪到公元前 8 世纪这一历史时段成为“荷马时代”，这主要得名于记载这一时期并流传于世的《荷马史诗》。《荷马史诗》相传为公元前 8 世纪的盲诗人荷马所作，全诗包括《伊利亚特》和《奥德赛》两部分，详细记载了这一时期古希腊社会发展的各种形态，尤其是对这一时期军事民主制度的记载更为详尽，在诗中大量讴歌了这一时期涌现出的各种英雄，因此，“荷马时代”也被称作“英雄时代”。“荷马时代”实质上是古希腊从原始社会向奴隶社会过渡的一个时代。

“荷马时代”的教育也主要体现在《荷马史诗》中。

（一）荷马时代的教育

事实上，在《荷马史诗》中很少提到教育或类似于教育的现象，由此可见，这一时期的教育发展至少还未出现正规化或制度化的教育形式。

“荷马时代”的教育组织形式与古代东方各国最初的教育组织形式一样，以自发的家庭教育为主，家长尤其是父亲担负起主要的教育责任。但在《荷马史诗》中也反映出了初步的有目的、有意识的教育形态的萌芽，这也成分标明这一时期的过渡特征。

在教育内容方面，这一时期主要包括三部分的教育内容，即军事教育、道德教育（形成了古希腊最为推崇的四种基本的道德概念，即智慧、勇敢、节制和正义）和辩论方面的教育。军事教育主要培养适应当时社会生存需要的各种军事技能；道德教育则是为了养成当时社会所规定的一定的道德品质，具体来说，这一时期主要推崇四种最为基本的道德概念，即智慧、勇敢、节制和正义，这也为后来的古希腊民族所继承，被称为“四大德”，成为古希腊民族的典型道德特征；辩论教育则是训练人参与军事民主社会民主生活所需要的技能。由于这一时期文化发展所限，智力教育几乎没有体现，这也反映出这一时期教育内容的不完备性特征。

“荷马时代”的教育目的就在于培养具有相应军事技能、辩论才能和具有基本道德品质的军人和武士。

总体上讲，“荷马时代”的教育尚处在一个低水平的发展阶段。但这并不妨碍该时代教育对于古希腊教育的奠基性作用的发挥。

（二）《荷马史诗》对后来西方教育的影响

《荷马史诗》作为奠基性的作品，它所体现的这一时代的教育实践对后来西方教育发展产生出了如下几方面的影响。

(1)《荷马史诗》此后作为成为西方文化的经典作品，作为教育内容在西方的教育体系中长盛不衰；

(2)“荷马时代”所确立的四种基本道德品质，不仅成为后来西方人的重要道德规范，同时也是西方道德教育的重要内容和目标所在；

(3)《荷马史诗》确立了军事、道德和辩论等三方面的教育内容，这为古希腊教育的发展奠定了坚实的历史基础，在某种意义上也为西方教育的发展奠定了基础。

关于这一时代教育发展的意义和影响，美国教育史学家孟禄曾评价道："荷马时代的教育包含着希腊教育的全部萌芽。"

二、古代斯巴达的教育

（一）古斯巴达教育发展的经济、政治环境

古代斯巴达位于伯罗奔尼撒半岛南部的拉哥尼亚平原，北部群山环绕，南边多以沼泽地为主，斯巴达虽然临海，但境内缺少优良港湾，因此，斯巴达地理环境相对而言十分封闭，这决定了斯巴达主要是一个封闭的农业社会，自给自足的小农经济占据主导经济地位，导致古代斯巴达与外界接触较少，这同时也对其文化发展产生了深远影响，从而形成了古代斯巴达文化和教育发展的狭隘与封闭的特征。

古代斯巴达在政治体制上属于典型的贵族寡头统治。全国由三个等级组成，包括斯巴达人、皮里阿西人和希洛人。其中斯巴达人属于统治阶层，是贵族，但人数较少，全国共 9000 户，约 30000 多人；皮里阿西人则属于自由民，从事工商业，但没有政治权利；而希洛人则是被征服的奴隶，既没有经济权利，也没有政治权利，但人数在三个等级中是最多的，共有 30 余万人。实际上从人数上讲，古代斯巴达属于少数人统治多数人的社会，这种现实状况迫使统治阶层选择较为残酷的统治形式，即对多数人暴政。因此，专制、等级和暴力成为斯巴达社会的典型特征，这也在很大程度上决定着古斯巴达文化和教育发展的性质与特征。

（二）古斯巴达的教育概况

1. 古代斯巴达教育的性质与目的

为了巩固和维护少数斯巴达人对多数希洛人和皮里阿西人的统治，斯巴达选择了极端的军事寡头统治，这种制度设计决定了古代斯巴达的教育性质主要是一种集权、专制的军事教育。由这种教育性质所决定，斯巴达的教育权只有斯巴达人才享有，而包括皮里阿西人在内的被统治阶层，都没有接受教育的权利。

由于古代斯巴达的教育只是斯巴达人的教育，因此，其教育目的就被定位为：通过严酷的军事训练，把斯巴达贵族子弟培养成维护贵族统治的武士和军人。

为更好地实现对军人和武士的培养，古斯巴达还特别实施了婴儿选择制度，选择那些先天身体条件比较好的婴儿以为日后的教育做准备。婴儿选择制度的具体做法是，当婴儿出生后，由部族长老代表国家检查婴儿的体质状况，只有那些健康的婴儿才会被留下来继续抚养，那些不健康婴儿

则被弃之荒野。斯巴达这样做的目的在于保证种族在体质上的优越性，培养体格健壮的战士。

2. 古代斯巴达的教育阶段

古代斯巴达的教育主要包括四个阶段。

(1) 家庭教育阶段（0～7 岁）

7 岁以前的儿童须在家接受以母亲为主的家庭教育。家庭教育阶段以儿童的身体养护为主，这一阶段的儿童主要养成知足、愉快和不计较等方面的品格。斯巴达家庭教育最为突出之处在于其婴儿养护，斯巴达人认为为了使婴儿肢体能自由伸展，就不应用襁褓包裹他们，而应让他们自由发展。由于斯巴达较为成功的家庭教育，使得斯巴达妇女成为古希腊各国争相聘请保姆的首要考虑。

(2) 集中的军事教育阶段（7～18 岁）

集中的军事教育阶段主要以军事训练和道德养成为主，教育目的主要是要培养儿童强健的体魄和顽强的意志，养成他们勇敢、坚忍、顺从和爱国的品质等。

教育内容主要是“五项竞技”，包括赛跑、跳跃、摔跤、掷铁饼和标枪等五个项目。此外也进行音乐、神话故事等方面的教育，但这些教育无一例外都打上了军事烙印。此外，儿童还要参加祭祀、竞技和各种仪式等。

集中的军事教育在组织形式上采取军事组织形式，把儿童按年龄分成若干小队，每小队选拔勇敢机警的儿童担任小队长，小队教官由 20 岁左右的青年担任，负责他们的日常教育训练，这些人被称为“埃伦”，在“埃伦”之上，还有“执鞭者”，负责对儿童的日常教育训练等进行监督。此外，由于斯巴达儿童实行公养公育制，因此，所有的斯巴达人都有权管理、教育和监督儿童。

教育方法方面，这一阶段为了养成儿童坚毅、刚强、勇敢和机警等方面的品质，主要采取忍耐劳苦和鞭打等方法，在日常生活中，经常赤足行走，在冬天只能穿一件衣服，以锻炼儿童忍受艰苦环境的意志品质和能力；同时，儿童还经常接受鞭打的训练，这一方面是为日后的教育做准备，同时也是为了培养儿童忍受痛苦的能力，目的还是在于强化儿童的意志品质。

(3) 埃弗比教育阶段（18～20 岁）

18 岁以后，必须首先接受鞭打的考验，只有那些合格者才能进入埃弗比教育阶段的学习。满 18 岁后，儿童必须在神庙的祭坛前当众接受鞭打的考验，凡是能够忍受者为合格，忍受次数多者为优胜，会受到嘉奖，而那些在鞭打过程中哀号者，则会被剥夺接受这一阶段教育的机会。

这一阶段主要的教育任务就是接受正规的军事训练，学习内容是对“五项竞技”的强化和加深，重点在于把这些技能运用到实际军事作战中。为此，这一阶段特别设立了一个科目，即“秘密服役”，该科目主要是让斯巴达青年在夜间对希洛人发起突然袭击，或者在公众场所当众羞辱希洛人等。这一方面是联系青年的军事技能，另一方面激起他们对希洛人的仇恨。

到20岁后，斯巴达青年开始进入正规的军事机构服役，直到30岁，才能成为正式的斯巴达公民。

3. 斯巴达的女子教育

斯巴达教育相对于整个古希腊教育而言的重要特点，也是重要贡献之处即在于对女子教育的重视，他们之所以重视女子教育，主要有两方面的原因。一方面，出于战争的需要，斯巴达把女子看成保卫家园的重要力量，尤其是在男子外出征战时期，女子在保卫家园方面就发挥着至关重要的作用；另一方面，则是出于妇女可以生育出健康的下一代的角度来考虑，斯巴达人认为只有健康的母亲才可能生育出健康的子女。

斯巴达的女子教育尽管其出发点是维护其军事寡头统治的需要，但在客观上推动了妇女社会地位的提高，体现出了较为先进的女性观念。

三、古代雅典的教育发展

（一）古代雅典教育发展的政治、经济环境

古代雅典是与古代斯巴达齐名的一个城邦国家。雅典地处希腊阿提卡半岛之上，境内三面临海，多优良港湾，便于通过海洋于其他民族交往。据史料记载，古代雅典在很早以前就与地中海沿岸国家有着密切的商贸往来，这在很大程度上推进了雅典的文化发展。同时，这种地缘结构也形成了雅典人开放的民族性格，为吸收其他地域文化提供了良好的心理支撑。

从政治上讲，雅典是一个典型的奴隶主民主制度国家，实行的是奴隶主的民主政治，这使得在其公民之间，具有一定的民主参与氛围；同时民主的参与也强调社会的和谐，“和谐”观念成为整个雅典社会文化和教育发展核心概念。

正是由于独特的政治经济环境，形成了雅典有别于斯巴达的教育发展。可以说，在整个古希腊教育发展史上，斯巴达和雅典代表了两种不同的教育发展类型。

（二）古代雅典的教育发展概况

1. 古代雅典的教育目的

古代雅典教育的核心概念是“和谐”。因此，古代雅典认为教育的主要

目的在于培养身心和谐、且具有一定道德的社会公民。具体是指培养包括智力、身体和道德等方面在内的和谐而又全面的人的发展。

2. 古代雅典的教育内容

古代雅典主要有两方面的教育内容：一是音乐，一是体育。

(1) 音乐教育：这里所说的音乐教育并不是现代意义上的音乐教育。在古代雅典，音乐教育几乎包括了除体育以外的所有的科目，它不仅指节奏、旋律和声调，而且还包括诗歌、阅读、写字和算术，甚至包括法律、哲学和自然科学。总之，古代雅典的音乐教育是凡有关知识、陶冶性灵、培养德行的学问都算在音乐教育的范畴之中。如果说与体育教育相对而言的话，音乐教育实质上是一种广泛意义上的文化教育。具体到狭义的音乐学科的学习，古代雅典十分反对对音乐技巧的过分追求，对此他们大都抱着中庸的态度，他们认为过分的专业化，会影响人其他方面的发展，无助于人的全面而又和谐的发展。因此，在古代雅典，人们十分反对专业化和职业化的训练，与此相应的是，专业运动员、专业音乐家、专业演员，甚至专业教师的社会地位都不是很高，甚至会遭到社会的鄙视。

(2) 体育：古代雅典的体育在内容和形式上都和古代斯巴达相似，都以“五项竞技”为主，也包括了游泳等其他有助于身体强健的科目。但与斯巴达不同的是，雅典的体育并非一味是为了培养军人，并非强调极端的军事体育训练，与此相反，雅典发展体育的一个重要指导思想是通过体育训练使人得到身心的和谐发展，因此，在具体的体育活动中，雅典人十分注重身体健美方面的训练；同时他们也注意在体育中渗透道德方面的训练和教育，以培养儿童一定的道德规范和素养，培养他们的意志品质。这是与斯巴达教育所不同的地方。

3. 古代雅典的教育阶段

古代雅典教育主要包括以下几个阶段。

(1) 家庭教育阶段（0～7岁）

儿童在7岁以前由父母在家庭中进行养育和教导。雅典与斯巴达一样也有婴儿选择制度，但选择权在父亲。当婴儿出生后，被放到父亲的脚边，如果父亲将其抱起即承认养育他，否则则会把婴儿扔掉。在古代雅典这种婴儿选择制度执行得并不是十分严格。

古代雅典的家庭教育在形式和内容上都较斯巴达要发达，他们十分看重玩具的教育作用，在整个古代雅典的家庭教育中，发明了许多流传至今的玩具，如拨浪鼓、铁环和陀螺等，游戏教育十分普及，同时讲故事也是这一时期家庭教育重要的教育形式。可以说，家庭教育阶段同样是围绕

“和谐”的教育目标而展开的。

（2）基础的学校教育阶段（7～15 岁）

这一阶段又可以根据学习重点的不同，而划分成两个不同的阶段。

第一阶段是 7～12 岁的阶段，儿童主要是在音乐学校和文法学校接受基本的读写算方面的教育，这时也进行一些基本的和简单的身体方面的训练，为以后进一步的高强度的身体训练奠定基础。《荷马史诗》和《伊索寓言》是这时期最为重要的教育内容。

第二阶段是 12～15 岁的阶段，这一阶段是音乐教育与体育并重的阶段。除继续在文法学校学习外，主要是在体操学校学习，学习内容以五项竞技为主，目的在于增强儿童的体魄，训练其相应的军事、体育技能。

（3）体育馆学习阶段（15～18 岁）

这一阶段的教育属于选择教育，只有那些经过选拔被证明是合格的贵族子弟，才可以进入体育馆进行学习。国家体育馆实际上是实施全面教育的场所，主要实施体育训练，内容仍以五项竞技为主。同时文化知识的学习在其中也占有十分重要的地位，文化知识的学习具体包括文法、修辞和哲学等学科。目的在于培养青年参与政治生活的才能。

（4）埃弗比的军事教育阶段（18～20 岁）

这一阶段也被称为预备公民阶段，主要以军事训练和实习为主。到了 20 岁以后，经过一定的仪式，青年会被授予公民称号，正式成为雅典的公民。

与斯巴达不同的是，古代雅典并不注重女子教育，女子到了 7 岁以后，仍然留在家里跟随母亲学习，没有接受正规学校教育的权利和机会。

总体上讲，古代雅典教育尽管仍然具有浓厚的等级性，仍然属于贵族式的教育，但古代雅典教育所体现出来的对人的关注以及它对人发展的和谐、全面的理解，都成为后世人文教育的先导。古代雅典教育相较于古代斯巴达教育而言，在西方无论是教育的起源还是文明的起源上，都发挥出了更大的影响和作用，其历史功绩和意义都是十分巨大的。

（三）古代斯巴达和古代雅典教育的比较

古代斯巴达和古代雅典虽然同属古代希腊重要的城邦国家，但他们在教育上却存在着极大的不同，这主要体现在以下几方面。

从教育性质角度讲，都是属于奴隶主贵族的教育。但斯巴达是一种极端的军事教育，而雅典则施行的是具有一定自由的、能满足人和谐发展要求的教育。可以说雅典教育更符合教育发展的客观规律。

从教育目的上讲，都是为了维护奴隶主的统治秩序而培养人才。但在培养的途径选择上，斯巴达实行了极端的军事人才的目标定位，而雅典则力图通过人的和谐而又全面的发展达到培养统治之才的目的。

教育内容方面，尽管都强调体育和音乐教育，但各自的侧重不一样。斯巴达主要以军事训练为主，而雅典的教育则在注重体育的同时，也更多地体现出文化、智力的色彩。

教育方法上，都强调体罚。但似乎斯巴达的体罚力度较之雅典更甚。

此外，古代斯巴达十分注重女子教育，而这恰巧是古代雅典所忽视的。

总之，古代斯巴达和古代雅典的教育共同开创了西方文明和西方教育的起源。

四、希腊化时期的教育

何谓希腊化？所谓希腊化是指公元前 334 年到公元前 30 年这一段历史时期。其实质是希腊文化向其他地区进行传播和渗透的时期，也是使其他地区的文化打上希腊文化烙印的历史时期，同时更是希腊从繁盛走向衰落甚至最后导致灭亡的时期。

希腊文化教育在希腊化时期的传播与扩张，主要得益于马其顿国王亚历山大对外的版图扩张，正是这种军事扩张，在客观上为不同地域、不同民族文化的交流与融合创造了条件，也为希腊文化向外传播提供了契机，这对于丰富和保留古代希腊文化无疑具有积极的意义。但不可否认，由于希腊化时期是希腊由盛而衰的时代，其文化和教育发展都因时代不同而发生了相应的改变，从而表现出不同于以往文化和教育发展特点。

希腊化时期的教育发展主要呈现出以下几方面的特点：

（1）希腊的教育制度在空间范围上得到了极大的传播，推动了其他地区的教育发展；

（2）文化和教育中心开始发生转移，埃及的亚历山大利亚城逐渐取代希腊雅典而成为地中海的文化、教育中心；

（3）希腊的各级学校教育开始衰落，教育内容逐渐趋于窄化；小学教育只关注读写算方面的教育，而注重多方面和谐发展的传统遭到人们的抛弃和破坏，而中学教育日益偏重知识的教育，体育和美育则逐渐遭到人们忽视，从而导致中学教育偏离了希腊的教育传统。总体上讲，希腊化时期的教育开始向实用化方向发展，由此也奠定了日后古代罗马的教育发展基础。

（4）高等教育有所发展，出现了早期的雅典大学和著名的亚历山大大学。但这一时期的高等教育发展也呈现某种蜕化的趋势，主要表现为高等教育内容逐步压缩，日益侧重与修辞学科的学习，且这种学习也表现出某种形式主义的倾向，使传统意义上的雄辩教育向狡辩和诡辩的方向发生转变。

(5) 教育机会逐步扩大。由于不同民族和不同文化之间交流的扩大，使得教师之间的流动增强，这为人们接受教育提供了新的机会。

第三节　古代希腊的教育思想

正是在丰富的教育实践基础上，孕育出了古代希腊丰富的教育思想，以苏格拉底、柏拉图和亚里斯多德为代表的思想家，提出、创立并发展了西方教育发展史上最早的教育思想体系和最早的教育理论体系，他们提出的一些根本性的教育命题，成为西方乃至整个世界教育领域几千年来不断探索的永恒话题，尽管他们并不是现代意义上专业的教育思想家，但他们对教育现象和教育问题的深度思考无疑使他们成为西方教育发展史上第一批教育思想家，也正是在他们思想的基础上，才为近代意义上的西方教育理论体系的形成奠定了坚实的基础，在此意义上，苏格拉底、柏拉图和亚里斯多德成为西方教育思想的先行者和开拓者。

一、苏格拉底的教育思想

苏格拉底（Socrates，前 469～前 399 年），出生于一个手工业者家庭，父亲是雕刻匠，母亲则是当地有名的接生婆。苏格拉底生活在雅典由盛而衰的历史时代，这为他们思考社会问题提供了环境和氛围。他是古希腊著名的哲学家和教育家，他对西方哲学史的贡献在于开辟了从自然哲学向伦理哲学转变的新阶段，在西方哲学发展史上，第一次开始关注“人”的研究。而他在教育上的贡献主要以其“产婆术”著称。他是西方教育思想史上第一位产生了深远影响的教育家。

（一）苏格拉底的教育思想

1. 苏格拉底论教育目的与教育意义

对于教育的意义与价值，苏格拉底认为教育最大的价值就在于能使人进步，这种进步对任何人皆适用。他指出，无论天赋如何，都可以通过教育的力量使人在原有基础上得到改进和提高。因此，对于任何人而言，教育都是必须的。另一方面，苏格拉底也认为人类除开不能预测结果的事情外，其他一切事情都可以通过教育来加以解决，由此，他提出教育和学习对于那些可以预测结果的现实社会和现实世界来说是可能的，也是可行的。

苏格拉底认为教育的目的就在于培养治国之才。这种治国之才应该是专家，因此，苏格拉底也是一个典型的专家治国论者。关于这种治国之才的具体标准，苏格拉底指出他们必须要有德有才、深明事理，并且要具有各种实际有用的知识。他认为多数人的意见不一定正确，在判断是非、荣辱、善恶时，应受“有专门知识的人的意见所支配和左右……应敬畏有专门知识的人更甚于敬畏其他所有的人。”

2. 智慧即德行

所谓智慧即德行，即是苏格拉底认为通过智慧的训练和养成可以塑造出良好的德行，而德行的好坏是以智慧的程度高低为重要基础的。而智慧是通过教育加以训练和养成的，由此推论出道德是可教的，道德可以成为教育的重要内容，这为以后学校道德教育的实施提供了理论上的论证和基础。

具体而言，苏格拉底认为道德不是天生的，正确的行为基于正确的判断，做坏事的人按照错误的判断行事，没有人会明知故犯，因此教人道德就是教人智慧，在此意义上，智慧就是道德。

3. 苏格拉底论教育内容

从培养治国者的教育目标出发，苏格拉底主张治国者要掌握广博的而又实用的知识。他指出：“在所有的事实上，凡受到尊敬和赞扬的人都是那些知识最广博的人，而那些受到谴责和轻视的人都是那些最无知的人。”因此，作为治国者，就必须是具有广博知识的人。

这种广博而又实用的知识具体包括哪些知识呢？苏格拉底认为除了教授当时在古希腊十分流行的政治、伦理、雄辩术和人生所必需的各种实际知识外，还应当将几何、天文和算术列为学习科目，他认为学习这些科目的主要目的在于实用，而不在于纯粹的理论思辨。

（二）苏格拉底教学法

苏格拉底教学法也被称作“产婆术”、“苏格拉底问答法”等，这种方法的实质是一种启发诱导式的问答法。

苏格拉底教学法包括讥讽、助产、归纳和定义等四个环节。讥讽就是教师不断对对方的回答进行追问，使对方最终陷入自相矛盾的境地，从而迫使对方意识到自己的无知，这构成了教育的重要起点；助产即在对方认识到自己的不足和问题基础上，教师根据学生自己的知识水平，帮助学生自己找到问题的正确答案；归纳就是在以上两个环节的基础上，使学生能从具体事物中总结出一般规律，这实际上是一种提高性的学习；定义则是在归纳出一般规律的基础上，将这些规律提升到概念的高度，使对事物的学习进入普遍的概念领域。这是一种高度抽象化的学习，是从具体走向思辨的最高阶段。

简单地讲，苏格拉底教学法就是首先由苏格拉底提出问题，但不出示问题的答案，而是在老师的不断提问和启发下，使学生认识到原有观点的荒谬之处，然后在老师的启发与帮助下归纳出正确结论的方法。之所以称之为“产婆术”是指这种方法像产婆接生一样，是一种自然而然的引导过程。

苏格拉底教学法的优点是不将现成的结论硬性灌输或强加给对方，而是与对方共同讨论，通过不断提问引导对方认识并承认自己的错误，自然而然的得到正确的结论。这种方法同时也存在着很大的局限。事实上，这种方法并非对一切教育对象都适用，只有对那些已经具有一定知识基础和具有一定判断力的人才适用。此外，对于那些没有热情去探究问题的学生来说，这种方法的作用也十分有限。

苏格拉底问答法的历史价值就在于该方法在西方教育史上第一次将学生或学习者放在了核心的位置，第一次提出了启发诱导的思想，为后来西方教育思想体系相关思想的形成提供了启示。

二、柏拉图的教育思想

柏拉图（前427～前347年）是古代西方哲学史上客观唯心主义的典型代表。在西方教育思想史上，柏拉图的《理想国》和卢梭的《爱弥尔》及杜威的《民主主义与教育》被誉为教育领域的三大里程碑。这也足见柏拉图在西方教育思想史中的重要地位。

柏拉图生活在雅典由极盛向衰落转变的历史时期，社会动荡、无序、多变，这成为柏拉图探询建立理想社会和理想国度的外部动因，这也在很大程度上直接促成了柏拉图思想的形成。柏拉图本人出生于名门望族，母亲是希腊著名政治家梭伦的后裔。20岁时师从苏格拉底学习，直至28岁，前386年41岁时于雅典近郊创办阿卡德米学园，直至公元前347年去世。在这里写出名篇《理想国》，该书系统阐述了柏拉图对理想社会进行的系统思考，在这种思考的基础上，他还曾试图将哲学家治国的理想运用到叙拉古的政治实践中，但终以失败告终。晚年时，柏拉图对其理想政治和理想社会的思想与实践进行了深刻反省，并写就《法律篇》，对其早年思想进行反思和修正。无论是《理想国》还是《法律篇》都在西方思想史上产生了深远的历史影响。

柏拉图在进行理想社会设计时，将教育作为构建理想国家和理想社会的重要手段加以思考，因此，教育问题成为柏拉图关注的一个中心问题，同时，他在阿卡德米学园的教育实践也为他的教育思考提供了现实基础，这些因素都使柏拉图对于教育问题的思考达到了一个新的高度。他关于教育问题的论述主要体现在《理想国》中。

（一）柏拉图教育思想的基础

柏拉图的教育思想奠基于其政治学说、理念论和回忆说之上。

1. 柏拉图的政治观

柏拉图主张哲人政治，即主张有智慧的哲学家来治理和统治国家。由此出发，柏拉图对理想国家的阶级结构进行了相应的划分与设计，他把理想国的公民分成三个等级：第一等级是居于统治地位的哲学家，也被称为哲学王，这是理想社会的最高统治者。柏拉图认为这一等级的人是由金子所做成；第二等级为军人，由白银做成，军人同样属于国家的统治阶层，属于国家的卫护者；第三等级则是手工业者和自由民，是由铜和铁等金属做成。柏拉图旨在通过金、银、铜、铁等金属的贵贱来标明各自等级、地位的高低与贵贱。

在用金属的贵贱来划分等级的同时，柏拉图也通过赋予不同等级以不同的道德品质来标明等级身份的不同，他认为作为统治者的哲学王应具备智慧的品质，而军人的品质则是勇敢，对于手工业者和自由民来讲，则被赋予了节制的道德品质。而这三类人各安其分、各守其责，互不逾越自己的本分、分工合作，使社会处于有序之中，这就是正义。由此，智慧、勇敢、节制和正义成为柏拉图维系其理想国家和理想社会的内在道德纽带。

虽然一方面柏拉图强调不同等级应各安其位、各守其责，应不逾越自己的本分，但同时，他也反对出生决定论的观点，他指出理想国家的不同等级之间，应根据智慧水平的高低进行等级间的自由流动，金质人的儿子如果生来只含有银子或铜或铁的元素，那就只应归入军人或手工业者，反之，如果其他等级的后代含有金子，则应成为哲学王，成为统治者。这种思想实际上打破了严格的等级限制，为等级间的流动提供了可能。这也为教育地位的提升提供了可能。

2. 柏拉图的哲学观

柏拉图哲学观的核心论点是主张理念论，所谓理念，柏拉图认为就是概念，是共相，是普遍的真理。他认为现实世界中的一切事物，一切个别可以感觉的事物，都不具有真理性，而只有理念才具有真理性。因此，教育的目的和出发点就在于了解和掌握各种理念。

柏拉图把整个世界划分成了理念世界和现实世界两部分，其中理念世界是可知的世界，而现实世界是可以感觉的世界。在现实世界与理念世界二者的关系上，柏拉图认为现实世界都是理念世界的摹本，是对理念世界的模仿，是理念世界的具体化和表现而已。现实世界从属于理念世界。因此，人类的探索最终应定位于通过探究现实世界，最终实现对理念世界的把握与了解。在此基础上，他进一步提出，只有对可知世界的认识才能算是知识，而对可见世界或对可以感觉的世界的认识只能算是意见，因此，人类对知识的追求就是对可知世界的追求，是对理念世界的探究和追求，至此，柏拉图表明抽象的概念、真理等才是教育最终要实现的目的。

3. 柏拉图的回忆说

从理念论出发，柏拉图提出人的学习过程就是一个解弊和回忆的过程。他认为，人在出生时灵魂中就蕴藏着某些普遍的原理和概念，只是在人出生后，这些先天的知识、概念和原理被世俗事物所蒙蔽，导致人们暂时性的遗忘了这些概念和原理。因此，柏拉图认为人对世界的认识不是对物质世界的感受，而是对理念世界的回忆，认识真理就是接近最高的理念。认识真理的过程也就是回忆理念世界的过程。由此，他得出结论，认为学习过程就是恢复我们固有的知识的过程，学习只不过是回忆，“学习即回忆”。

（二）柏拉图的教育观

柏拉图的教育思想是在充分吸收古代斯巴达和雅典教育思想精华的基础上而形成的，是古代斯巴达和雅典教育在柏拉图身上的完美结合。

1. 教育目的观

柏拉图对教育目的进行了分层，包括教育的普遍目标和教育的终极目标两类。

柏拉图认为教育的普遍目的在于培养国家的统治人才，即培养哲学王和军人，同时他也主张通过教育使自由民和手工业者具有一定的智力水平。

除开普遍的教育目的外，柏拉图还为教育确立了终极性的目标，他认为教育的最终目标在于使人们了解理念世界，养成人们善的理念。

普遍性的社会目标和终极性的教育本体目标共同构成了柏拉图的教育目的论。

2. 教育阶段

柏拉图在《理想国》中将人的教育划分成了以下几个阶段。

（1）学前教育阶段（3～6 岁）

这一阶段，儿童被送到附设在神庙的儿童游戏场，在女公民的监督下接受教育。教育内容主要有讲故事、做游戏、音乐和唱歌等活动。在这一阶段，柏拉图对教育内容实行严格的审查制度，只有那些符合其教育目的，能够培养儿童德行的内容才允许成为教育内容。

（2）普通的学校教育阶段（6～17岁）

柏拉图认为，这一阶段的儿童，无论其出身如何，都须到学校接受正规的学校教育。教育内容和古代雅典的教育内容大致相似，仍然以音乐和体育为主，尤其强调基础的读、写、算等知识的传授。柏拉图较为进步的是，他比较注意音乐和体育的联系，认为音乐和体育二者是相互联系和互相促进的。他指出，若受音乐教育者只沉溺于音乐之中，就会成为精神萎靡者，难以有任何成就的懦夫；而专门从事体育者也只能是身体发达、饮食过人而已，他们的脑力未受训练，遇事迟钝，成为不学无术之人。因此，二者不可偏废，必须实现有机的结合。这实际上是取得人知识、智慧和身体的前面发展。这是柏拉图继承古代雅典"和谐"教育思想的结果。

（3）埃弗比教育阶段（17～20岁）

这一阶段也被称作青年军事训练团阶段。在该阶段，17～20岁的奴隶主贵族子弟在经过一定的选拔后，被证明合格者才能进入这一阶段的学习。这一阶段的教育目的在于培养保家卫国、维护国家统治秩序的军人。因此，这一阶段也被称为意志教育阶段。

埃弗比阶段的教育内容主要以军事体育训练为主，同时也学习相应的文化知识。在此阶段，柏拉图提出了"四艺"的学科设置，所谓"四艺"，是指四门基本的学科，具体是指几何、天文、算术和音乐等四门学科。处于这一阶段培养军人的目的，柏拉图把这些学科的教学与军事训练的要求相联系，赋予了这些学科以鲜明的军事色彩。

（4）理智教育阶段（20～30岁）

埃弗比阶段结束后，通过相应的选拔，使那些20～30岁具有接受进一步教育基础的少数贵族子弟接受更为高深的理智方面的教育，以培养他们成为高级官吏和哲学家，同时也培养他们理智的美德。

这一时期的教育内容在保留"四艺"学科的基础上，进一步强调了哲学和辩证法的学习。哲学和辩证法成为这一阶段学习的核心，其目的在于强调抽象和思辨的学习，以培养未来官吏的哲学修养和逻辑思维能力。

（5）哲学王的培养阶段（30～50岁）

理智教育阶段结束后，大部分人都进入社会，只有个别有天赋的学生，可以继续学习到35岁，这5年主要是对辩证法进行深入 探究与学习；再经过15年的实践锻炼，到50岁时成为哲学王，最终成为国家的统治者。

柏拉图的教育阶段划分充分表明他所设计的教育实质上是一种具有高

度选拔性质的教育，是属于精英型的哲学王的教育。

3. 柏拉图的女子教育思想

柏拉图继承了古代斯巴达对女子教育十分重视的传统，并为女子教育的实施进行了理论上的论证。他认为各种天赋才能同样分布于男女两性身上，根据自然，男女都可担任各种职务。因此，他指出女子应和男子接受同样的教育，从事同样的职业。女子也应同样接受体操训练和军事教育。这实际上是对古代斯巴达女子教育实践的理论化表述，也体现出了初步的男女平等的思想萌芽。这无疑具有相当的进步意义。

三、亚里士多德的教育思想

亚里士多德（前 384～前 322），古希腊著名的“百科全书式”学者，他在学术涉猎甚广，他所研究的学科涉及哲学、美学、诗学、伦理学、文法、修辞、逻辑学、天文、物理、生物、解剖、气象和心理等学科，几乎涵盖了当时所有的学科和知识部门。亚里士多德的思想对后来西方乃至整个人类的学术发展都产生了深远的影响，因此，黑格尔曾评价亚里士多德是“人类的导师”。亚里士多德一生著述甚丰，相传著作有 1000 多卷，流传至今的不到其作品的四分之一。这也足见他思想成就的巨大。

亚里士多德出身于医生家庭，父亲曾为马其顿国王的御医。公元前 367 年，他 17 岁时到雅典入伊索克拉底的雄辩术学校学习，同年入柏拉图的阿卡德米学园学习，直至公元前 347 年柏拉图去世，共 20 年；公元前 343 年任马其顿王子亚历山大的家庭教师，在对亚历山大的教育方面，亚里士多德注重发展亚历山大的人格，对他进行哲学方面的熏陶。日后，当亚历山大接位后，为亚里士多德的学术研究提供了巨大的支持；公元前 335 年，创办吕克昂学园，使该学园成为古希腊科学发展的中心，对后世西方教育机构产生了深远的历史影响。亚里士多德在此讲学、著述和研究共 13 年。亚里士多德于公元前 322 年去世。

（一）亚里士多德的哲学观

1. 质料与形式说

亚里士多德的质料与形式说是在批判柏拉图理念基础上形成的。亚里士多德认为柏拉图的理念不能解释现实的物质世界，理念并不是事物的模型，相反事物才应该是理念的摹本或模型。在这种批判的基础上，亚里士多德提出了世界的两大构成要素质料和形式，他认为事物是质料和形式的统一，质料即是指现实世界的各种物质因素，它为事物的发展提供了可能性，而这种可能性之所以转变为现实性，是由于形式推动和作用的结果。

因此，质料是事物发展的基础，而形式是事物从可能性转变为现实性的关键。质料与形式的统一共同构成了运动。

从质料与形式说出发，亚里士多德提出了认识论观点，如果说柏拉图的理念论带有浓厚的唯心色彩的话，那么，亚里士多德的质料与形式说则具有鲜明的唯物主义特点。这种唯物论反映到认识论上就表现为：亚里士多德认为认识的对象是物质世界而非虚妄的精神世界，而物质世界是经验和感觉的源泉，经验和感觉有可以成为理性思维和概念的起源。因此，从对物质世界的认识开始，人类最终走向对抽象的理性和概念进行思维和探究的境地。这种认识论观点基本反映出了人类认识事物的客观规律，体现出亚里士多德思想本身的先进性。

2. 灵魂论

灵魂问题是整个古希腊探讨的中心问题之一，对此，亚里士多德认为人类的灵魂包括理性灵魂和非理性灵魂两种，而非理性灵魂则又可分成植物性灵魂和动物性灵魂。这样，灵魂实质上就由三部分组成：植物性灵魂、动物性灵魂和理性灵魂。这三种灵魂如果与人的发展相对应的话，亚里士多德认为，植物性灵魂对应于人的生理发展如营养、生长、发育等；动物性灵魂则对应于人的本能、情感、欲望等；理性灵魂对应于人的思维、理解、判断等。由此，亚里士多德认为人的发展由三个阶段组成：即身体发展、情感发展和理智发展。

亚里士多德的灵魂论虽然探讨的是人的灵魂构成问题，但它却具有深刻的教育意义，这种教育意义具体表现在以下几方面。

首先，该理论确立了人具有动物性的一面。它说明了人身上也具有植物和动物性的因素，这是进行教育的重要基础；

其次，该理论也明确了人除开具有动物性外，还具有理性的特征，这是高于动物性的一面。由此也表明人既是动物同时有高于动物，因此，人的发展具有不同于动物的特征。

第三，灵魂论提出的人发展的三阶段即身体发展、情感发展和理智发展实际上也标明了教育的三大组成部分，这为教育必须包括体育、德育和智育提供了人性论的依据。这在很大程度上也成为后来人全面发展学说的重要起点。

3. 白板说

白板说是亚里士多德认识论的深化，亚里士多德在讨论知识的起源问题时认为，人的大脑在出生时就像一张白板或白纸一样，也就是说理智没有什么东西是先在于感觉的，所有的知识都是来自于经验和外部的客观物质世界。因此，人类知识的获得是外部的感觉、经验通过一定的形式逐步进入意识的结果。教育的作用则正在于此。他说："正如蜡块只把带印的金戒指的印记接纳到自己身上，而不取黄金本身，而只纯粹取其形式。"白板说实际上强调出了后天教育的重要意义，同时，白板说也体现了从经验到概念、从具体到抽象、从个别到一般的教育过程。这在很大程度上摆脱了柏拉图"学习即回忆"学说的虚妄，使教育更符合人和事物发展的客观规律。

（二）亚里士多德的教育思想

亚里士多德和柏拉图一样，十分重视教育与国家制度之间的关系。认为教育事关国家的稳定与否。因此，他十分重视教育。相传他曾有过教育著作，但现已失传，无据可考。现在对他的教育思想的研究主要依据其哲学和伦理学方面的著作。《尼各马可伦理学》是一部主要的参考著作。

1. 教育阶段论

亚里士多德根据他对儿童身心自然发展的观察，他在教育史上第一次提出了按年龄划分教育阶段的思想。他以 7 岁为一周期，将儿童的教育划分成三个阶段。

第一阶段（0～7 岁），相当于学龄前幼儿教育阶段。亚里士多德认为，在这一时期应顺应自然，以儿童身体的发育成长为主。包括重视对婴儿的抚育；5 岁以前通过游戏进行身体活动，可以结合讲故事的方式进行教育。5 岁后可进行初步的课业方面的学习等。

第二阶段（7～14 岁）为初级学校教育阶段

以情感道德教育为主，目的在于发展人的非理性灵魂。教育内容主要是阅读、书写、体育和音乐教育。这一阶段强调和谐教育的实施，因此，音乐教育成为主要的教育科目。亚里士多德认为，音乐不仅是进行美育最有效的手段，而且他还担负着智育的一部分职能，又是实施道德教育不可缺少的内容。对此，亚里士多德还提出音乐的主要功能在于供人娱乐，为人们提供文化消遣，陶冶人们的心智等，这几种功能如果放在教育环境下，则主要是为了陶冶人们的心智。他认为音乐的学习主要是为了人们在闲暇是使用。由此他提出了自由教育的概念以区别于专门教育。

第三阶段（14～21 岁）为智力教育阶段

也有学者把这一阶段称作高等教育阶段。关于这一阶段的论述现已无据可考。现在对此的了解主要来自对学园的材料。这一时期以学习思辨学科和哲学为主。教育内容可能包括"四艺"和"三艺"等学科。主要的教育目的在于发展人的理智灵魂。

2. 教育适应自然思想

在亚里士多德的教育思想体系中，包含着西方最早的教育适应自然思想的萌芽。

亚里士多德十分重视对人的生理的研究，提出应根据儿童的生理发展划分年龄阶段，根据年龄阶段而制定出不同的教育划分，明确不同阶段的教育任务。也正是在这种思想的指导下，亚里士多德以 7 岁为周期，将青少年的教育分成了三个阶段，从而形成他对教育阶段论的认识。

从灵魂论出发，亚里士多德认为人的发展首先应是非理性灵魂的发展，只有在此发展的基础上，人的理性灵魂才能得到逐步发展和完善，因此，人的发展有其自身的自然发展过程，合理的教育就应遵循这种自然过程。

此外，亚里士多德认为教育目的与作用的界定就应该效法自然。他说："教育的目的及作用，有如一般的艺术，原来就在效法自然，并对自然的任何缺漏加以殷勤的补缀而已。"这里，亚里士多德在西方教育史上第一次提出了教育应"效法自然"的思想。

第四节　古罗马的教育发展

从古罗马的历史发展来看，古罗马从其出现到西罗马帝国的灭亡，大致可以分成三个历史时期，分别是王政时期（公元前 8～公元前 6 世纪）、共和时期（公元前 6～公元前 1 世纪）和帝国时期（前 1 世纪～公元 5 世纪：476 年，西罗马帝国的灭亡。）从教育的角度来看，由于王政时期是古罗马社会由原始社会向奴隶社会的过渡时期，关于教育的史料较少，基本上已无据可考。因此，我们所介绍的古罗马教育发展主要是介绍共和时期和帝国时期的教育发展概况。

古罗马教育是在古希腊教育的基础上发展起来的，相对而言其独创的成分较少，在某种程度上可以说是古希腊教育在罗马的移植和翻版。当然，古罗马教育也并非没有自己的特色，正是这些特色的存在，才奠定了古罗马教育在西方教育发展史上的重要地位。对此，美国教育史家克伯雷曾指出"古罗马教育是西方文明的四大渊源之一"。

总体上看，古罗马教育的发展遵循一种实用的理念，这与古希腊的理想主义形成了鲜明对比。

一、共和时期的教育概况

古罗马的共和时期包括共和早期和共和晚期两个阶段，因而共和时期的教育也包含了这两个阶段的教育发展。

（一）古罗马共和早期的教育发展

共和早期，由于罗马仍然是以农业为主，手工业和商业都不发达，因此，农民是社会的重要组成要素。由于古罗马处于各城邦割据时期，战争不断，这就要求社会要具有一定数量的军人的存在。所以，这一时期的教育主要是围绕这一时代背景而展开的。在共和早期，学校教育尚未出现，因此，这一时期的教育以家庭教育为主。

在共和早期，儿童 7 岁以前主要是由母亲抚养和教育，7 岁以后，女孩继续跟随母亲学习。而男孩则跟随父亲在实践中学习基本的生产、生活技能和经验等，同时也进行公民道德方面的教育，以养成社会所公认的公民道德。此外，还接受体育方面的学习和锻炼，为日后成为军人奠定基础，这方面的教育具体包括角力、游泳、骑马和使用各种武器等。有文化的家长还会教子女初步的读写算方面的知识。古罗马早期颁布的法典《十二铜表法》也是这一时期主要的教育内容。儿童到 16 岁时成为军人，开始服兵役，这就标志着他们已经成为正式的罗马公民。

（二）古罗马共和晚期的教育发展

从公元前 3 世纪开始，古罗马开始对外扩张，最终形成地跨欧亚非的大帝国。这一改共和早期封闭的农业社会特征，逐步加强了与其他民族和地区的文化、商贸交流，这也为古罗马的教育发展带来了契机。尤其是公元前 146 年，古罗马对希腊的完全征服，使古罗马的教育得到了质的飞跃。对希腊的征服使大批的希腊学者涌入古罗马，这些人成为古罗马最早的教师。同时古希腊灿烂的文化观念甚至习俗风情也随之进入，这些都对古罗马的教育产生了巨大的冲击和影响，这也迫使古罗马向古希腊学习，从而推动了古罗马教育的发展，这成为古罗马教育发展的重要基础。在此基础上，形成了古罗马自身的学校教育制度。

1. 初级学校

7～12 岁的儿童进入该类型的学校学习，这类学校相当于古雅典的文法学校。学校以私立为主，收费较高，所以，很难说所有平民子弟都能到该类型的学校学习。并且这种学校发展并不正规，并未产生多大影响。教育内容主要是读写算，也学习道德格言和《十二铜表法》。在此类学校中，在古希腊受到重视的音乐和体育遭到忽视。教师的社会地位和待遇十分卑微。

教学方法以教师的讲授为主，学生背诵教师所讲的内容。学校体罚盛行。

2. 中等学校教育

共和晚期的中等学校主要是文法学校，包括希腊文法学校和拉丁文法学校两种。最初只有希腊文法学校，后来逐渐由希腊文法学校向拉丁文法学校的转变，最终以拉丁文法学校取代了希腊文法学校。文法学校私立为主，招收 12～16 岁的儿童，学生主要是奴隶主贵族子弟。教育内容以文法学习为主，包括对文学作品和作文等方面的学习；同时，学校也设置历史、地理、几何、天文、音乐、数学等方面的学科。在条件较好的学校，还介绍一些初步的修辞学知识，为日后雄辩才能的培养奠定基础。在这类学校，体育遭到严重忽视。教师的待遇和地位较初级学校的要高。

3. 修辞学校

16～20 岁的青年入该类学校学习。学校的主要目的在于培养演说家和雄辩家。这是当时日趋激烈的政治斗争和社会生活需要在教育领域的反映。教育内容包括修辞学、哲学（包括辩证法和伦理学等）、法律、希腊语、数学、天文学和音乐等。其中以文学和修辞学的学习为主。从修辞学校毕业的学生大都凭借其出色的演说才能成为官吏，从而介入共和晚期罗马的政治生活。

总的来讲，共和时期的教育主要是学习希腊教育的阶段，还处在一个较低的发展水平，古罗马教育真正走辉煌则要等到帝国时期。

二、帝国时期的教育发展

罗马帝国时期，出于统治的需要，古罗马的政治体制发生了根本性的变化。从以前具有一定民主性质的共和政体转变成为以中央集权为特征的专制政体。随着政治制度的变化，相对于共和时期的教育而言，罗马帝国的教育发生了一定的改变。这种变化主要表现在以下几方面：（1）教育目的方面的改变。改变共和时期以培养演说家为主的教育传统，帝国时期的教育主要是以培养效忠帝国的顺民和官吏为目的；（2）帝国时期开始对初等学校实现国家监督，将部分私立文法学校和修辞学校改为国立，以加强国家对教育的严格控制；（3）提高教育的地位和教师待遇，实行官师合一的制度。教师成为国家官僚体系的重要组成部分，在教师的选派上以国家为主。

从学校制度上看，帝国时期无论从教学内容还是从教学方法上，都与共和时期基本一致。初级学校基本没有什么变化。文法学校的变化则在于以前十分盛行的希腊文法学校逐渐被拉丁文法学校所代替；并且，这时期的文法教育逐渐走向形式化。修辞学校的教育内容虽然被保留下来，但培养目标已经发生了根本性的改变。

此外，帝国时期教育领域发生的最大变化在于出现了一批早期的职业性学校，例如，出现了法律学校、医疗学校和哲学学校等。这类学校与当时的学校教育不同，他们采取师傅带徒弟式的教育方法。这在很大程度上开了西方职业教育的先河。

三、基督教对罗马教育的影响

基督教作为西方文化发展史上一个十分重要的因素，出现在罗马帝国时期，大约产生于公元1世纪左右。基督教在产生之初是作为底层人民的宗教而出现的，是底层人民为了摆脱强大的帝国奴役的重要精神慰藉，因此，基督教的早期教义宣称上帝面前人人平等，具有初步的平等博爱精神。对此，恩格斯曾指出，基督教“最初是奴隶和被释放的奴隶、穷人和无权者、被罗马征服或驱散的人们的宗教。”随着基督教的逐步壮大，基督教由于威胁到罗马帝国的统治，因而开始遭到罗马帝国的压制，为了使基督教继续存在下去，基督教开始通过改变自身的教义来适应当时的环境，其教义开始宣扬“泛爱”，宣扬逆来顺受，宣扬君主是神的代表，基督徒要像敬神一样尊敬君主。由此，基督教开始逐步从平民宗教向统治宗教转变，这种转变到了公元4世纪时，终于为当时的罗马帝国所承认，成为罗马国教。也奠定了基督教在西方社会、文化发展史上的重要地位。

随着基督教逐渐从平民宗教向统治阶级的统治工具变化，也随着其势力的不断壮大，这些都为基督教干预教育提供了客观条件。基督教对教育的干预，主要表现在以下三方面。

首先，教会向世俗学校派遣牧师作为教师，一方面起到监视和牵制的作用，另一方面，也达到排挤和取代世俗教师的目的；

其次，教会对教育内容按照宗教的标准加以控制和改变，在教育内容中渗透进宗教的精神。《圣经》开始逐步成为学校教育的主要内容。

第三，创办教会自己的学校。以教义学校为主，教学内容具有浓厚的宗教气息，主要围绕《圣经》来开展和组织教学。

基督教对教育的干预为日后教会教育取代世俗教育奠定了基础。这在一定程度上加速了西方文化的衰落。从另一个角度看，教会教育的存在也在一定程度上保护了西方文化遗产，延续了西方文化传统，在此意义上，基督教对教育的介入对于整个西方文化发展历史而言，具有不可否认的历史功绩。

四、古罗马的教育思想

（一）西塞罗的教育思想

西塞罗（公元前106～43年）是古罗马最为杰出的演说家和教育家，也是杰出的罗马文学家，他所创作的文学作品被后人尊为“西塞罗文体”加以学习，他典雅的拉丁文体不仅促进了当时拉丁文学的发展，同时也对后来西方文学和教育的发展都产生了重要影响。西塞罗的教育思想主要体现在《论雄辩家》一书中。

1. 雄辩家的概念界定

西塞罗指出，一个名副其实的雄辩家必须能够就眼前的任何问题，任何需要用语言艺术阐述的问题，以规定的模式，脱离讲稿，伴以恰当的姿势，得体而又审慎地进行演说。他认为，能就任何问题进行得体的演说是雄辩家最为本质的特点。

为进一步说明他所理解的雄辩家，西塞罗把雄辩家与能清楚地进行表达的人和各种专门家进行了对比，认为雄辩家具有他们都不具有的优势和特点。相比于能清楚进行表达的人而言，雄辩家不仅能清楚地表达自己的思想和主题，同时他还具有高贵的风度，并通过运用相应的演说技巧，使表达更为生动；相比于专门家而言，虽然雄辩家没有专门家的深厚的专业知识，但只要雄辩家一旦获得了该专业的基本知识，他演讲起来就会比那些专门家还要生动和精彩。因此，雄辩家是一个独立的群体，而不是其他群体可以替代的。

2. 雄辩家的标准以及教育

西塞罗认为作为一名雄辩家，首先要具有广博的学识，这种广博的学识除了传统意义上的智力教育外，还包括伦理道德教育和社会活动能力方面的训练。因此，在教育内容的设置上，西塞罗设置了文法、修辞、算术、几何、天文和音乐等广泛的学科；同时，他还十分强调伦理学的学习；西塞罗也十分注重对雄辩家社会活动能力的培养，以使他们了解社会和自然，为日后的雄辩积累社会方面的基础和素材。

西塞罗认为作为一名雄辩家，其次还应具备修辞技巧方面的特殊修养，认为修辞技巧方面的特殊修养具体应符合下列标准。第一，表达正确；第二，通俗易懂；第三，优美生动；第四，语言应与演讲主题相关。

作为雄辩家，应具备的第三方面的素质是要有优美的举止和文静的风度，主要是强调演说过程中身体语言的运用。

在雄辩家的具体培养上，西塞罗认为练习是最好的方法，他强调练习是使有关雄辩术的各种知识转化为演说效果的最重要的方法。练习又可以包括模拟演说和写作练习两种。

（二）昆体良的教育思想

昆体良（约35～约95年），公元1世纪时期罗马最杰出的教育家，由于他在雄辩术方面的高深造诣和他在雄辩家培养方面的丰富经验，78年时，他被任命为罗马第一个国立雄辩术讲座的负责人。昆体良的教育思想主要反映在《雄辩术原理》中，该著作既是他自己多年雄辩教育实践经验的总结，同时又是古希腊和古罗马教育经验的集大成，是古希腊教育传统与后来西方文艺复兴时期教育发展建立联系的重要桥梁和纽带。《雄辩术原理》曾失传一千多年，后于1415年被重新发现，成为当时人们了解古希腊、古罗马教育传统的重要指南。

昆体良和西塞罗一样，都以培养雄辩家作为教育的最终目标。

1. 论教育与天赋

昆体良继承了柏拉图和亚里士多德重视人天性差异的传统，并有了进一步的发挥。他认为人的天赋虽然有差异，但这种差异并不像人们想象的那么大。事实上，人的天赋并不存在多大差异，一般的人都是可以通过教育而培养成人的。由此，昆体良便确立了教育对于人的重要作用，教育在人之为人的过程中扮演着十分重要的作用。另一方面，昆体良也并未忽视儿童间客观存在着的天性差异，他认为教育应尊重这种差异，并能将对差异的认识运用到具体的教育、教学实践中去。对此，昆体良提出了教育应加强对儿童天性的了解，如何才能了解儿童的天性呢？昆体良认为可以从两个方面来进行：一是研究儿童的天赋、倾向、才能，根据其倾向和才能进行教育和教学。这实质上含有因材施教的思想萌芽；二是教育必须适应儿童的年龄特征，根据儿童的年龄特征来组织和实施教育、教学。

2. 论学校教育与家庭教育的关系

在昆体良所处时代，人们对学校教育颇有微词，认为学校教育不如家庭教育优越，为此，昆体良提出了学校教育优于家庭教育的观点。之所以说学校教育优于家庭教育，昆体良认为主要是由于学校教育具有家庭教育所没有的优点，这些优点具体体现在以下几方面。

首先，学校教育可以起到激励学生的作用；

其次，学校能给儿童提供多方面的知识；

第三，学校可以养成学生适应社会公共生活的习惯和参加社会活动的能力。

第四，学校还可以发展儿童之间的友谊，促进和培养儿童与人打交道的能力。

因此，学校教育要优于家庭教育。

3. 教学理论

昆体良在教学理论方面提出了许多精辟的见解，对后来教育理论和实践的发展产生了重大影响，这也是昆体良对西方教育发展史的重要贡献所在。

（1）在昆体良的教育思想中，出现了班级授课制思想的萌芽。

昆体良认为大多数的教学都可以用同样大小的声音传达给全体学生，无论学生多少，每个学生都可以十分清楚地听到教师的讲授；在他的著作中，他还提到过当时一些教师在实际的教学中把儿童分成班级，依照他们每个人的能力，指定他们依次发言。这实际上已经具备了班级授课制的初步形式，但由于昆体良并未对班级授课制进行较为系统的理论论证，且该制度也并未在教育、教学实践中得到广泛的运用，因此，只能说昆体良的教育思想中具有班级授课制的萌芽，而不能说他创立了班级授课制。

（2）在专业教育与其他知识教育的关系方面，昆体良认为专业教育应建立在广博的知识教育基础之上。与西塞罗一样，昆体良认为雄辩家首先必须具有广博的知识基础，对于雄辩技巧的掌握必须是以广博的专业知识教育为基础的。因此，在雄辩家的教育上，昆体良力主应进行尽可能广博的知识教育，为此，他特地为雄辩家的培养设置了如下教学科目："四艺"、哲学（包括物理、伦理学和辩证法等科目）、文法、修辞学等。旨在使雄辩家具有较为广博的视野和厚实的知识基础。

（3）教学方法。在教学方法上，昆体良以启发诱导和提问为主。他认为提问有诸多好处：第一，可以借助提问来测验学生的鉴别能力；第二，课堂提问可以防止学生漫不经心，防止学生上课走神；第三，课堂提问可以引导学生自己去发现问题，并能运用自己的智慧去解决问题。

在教学安排上，昆体良提出了学习和休息应交替进行的原则。昆体良认为由于学生本身精力所限，因此，在教学安排上就应将学习和休息二者进行合理的搭配，这样才有助于提高学习的效率。同时，昆体良也对休息提出的要求，他认为休息要有度，反对过度放纵的休息。

在休息的方式上，昆体良认为游戏是最好的休息方式，因此，在教育和教学实践中，教师应尽量多组织和设计一些游戏，以帮助学生更好地放松和休息。

（4）对教师的要求。根据自身的教育实践经验，昆体良对教师提出了严格的要求，这些要求主要有：

第一，教师应该德才兼备，既要教学生学习基础知识和雄辩术，又要教学生学习做人。

第二，教师对学生应宽严相济。应严肃而不冷酷，和蔼而不纵容；

第三，教师对学生要有耐心，多鼓励少惩罚。奖励时要注意分寸的把握；

第四，教师应懂得教学的艺术，教学应简明扼要，明白易懂，深入浅出；

第五，教师应根据儿童的先天差异，实行因材施教。教师要注意到儿童之间在能力、资质和心性方面的差异，及时根据这些差异调整自己的教学。

第二章　西方古典教育的“没落”与复兴

所谓西方教育发展的“没落”是相对于古希腊、古罗马教育发展水平高度发达的状况而言，这里所说的“没落”主要是指从公元 5 世纪到公元 14 世纪的中世纪教育发展，也即是在中世纪时期，整个西欧的教育发展处于一个低谷时期，无论文化还是教育都处于整个西方历史的最为低潮时期，因此，把这一时期的教育发展归结为“没落”时期。但是“没落”并不意味着发展的停滞，也不是如某些学者所说的那样，是属于“黑暗的时代”或者是“西方文明的断裂”。虽然这一时期的教育发展处于低潮，但这一历史时期是对古希腊、古罗马文化教育的沉淀时期，是文化选择的历史时期，正是由于这一时期的教育积淀，为文艺复兴时期的教育复兴提供了前提、做好了准备。因此，这一时期是连接古代优秀文化与近代西方优秀文化的重要纽带和桥梁，它在西方文明发展史上的历史地位是不容否认的。当然，这一时期以基督教为主的文化发展形态，使整个西方社会表现出浓烈的宗教特征，而宗教在这一时期的蒙昧性则为西方文化向更高水平的进步和发展带来了负面影响。这是客观的历史事实。

所谓西方教育发展的“复兴”，主要是指在西方教育“没落”的基础上，出现的教育复兴，是对古希腊和古罗马教育传统的回归，是西方文化和教育的发展从中世纪的宗教特性向世俗性和人文性的回归与转化。因此，这种“复兴”在很大程度上也重新连接起了西方的文化传统，开启了近代西方文化发展的先河，具体到教育领域，这一复兴则使教育真正开始从社会其他领域中独立出来，从而开启了后来西方教育发展的大幕，从此，西方教育开始形成独立的理论体系，开始具有丰富的教育实践，涌现出了多样的思潮，也诞生了许多光耀人类的思想家，这是西方对世界教育的贡献。

西方教育发展的“没落”与复兴，从时间角度讲，主要是涉及欧洲中世纪和文艺复兴时期的教育发展；从内容角度看，则包含了中世纪时期基督教的教育发展、中世纪时期世俗封建主的教育发展、中世纪大学的产生、文艺复兴时期的教育发展以及宗教改革时期的教育发展等。其中宗教改革运动时期的教育发展是世俗文艺复兴在宗教领域的延伸。夸美纽斯的教育思想也是本部分的重点内容。

第一节　中世纪时期的教育发展

中世纪时期的教育发展主要包括基督教的教育与世俗封建主的教育。

一、基督教的教育发展

（一）基督教概说

公元476年，西罗马帝国灭亡，标志着西欧奴隶制社会的终结和封建社会的开始，也标志着西欧社会开始步入了中世纪时期。跟随这种社会性质改变的是整个西欧社会主导力量的改变，蛮族的入侵，使得高度发达的罗马文化迅速变为废墟，由于入侵民族总体文化水平较低的现实，使得这些民族无法继承和利用发达的罗马文化，从而导致罗马文化逐渐被人们所遗忘。同时，由于入侵民族文化发展水平的限制，使得他们无法建立起用于维系社会平衡和发展的文化规范，这为基督教以社会主导力量的身份介入中世纪时期的社会提供了契机，“其结果正如一切原始发展阶段中的情形一样，僧侣们获得了知识教育的垄断地位，因而教育本身也渗透了神学的性质。”① 这也成为整个中世纪时期教育和文化发展的特征。

基督教作为公元1世纪时期出现的一种宗教形态，为什么在中世纪时期能上升成为整个西欧社会的主导力量和控制因素呢？这实际上是基督教本身所具有的文化保持的本质特性使然。基督教作为一种文化，一种意识形态，它不但与西欧社会的风俗习惯、伦理道德相联系，而且对人们的精神、情感、心理产生重大影响。正是这些特点使基督教会在罗马帝国后期能够经受社会动乱的严重危机，而且在罗马帝国灭亡、蛮族势力全面控制西欧的情况下成为古代文明的唯一载体，基督教得以成为影响和教化新兴民族的主要力量。

此外，基督教得以成为影响和教化新兴民族主要力量还与基督教严格的组织、管理制度有着高度的关联。

基督教实行等级分明的教阶制度，从高到低主要包括教皇、大主教、主教、一般的教士和牧师等不同的教会等级；在组织制度上包括了修道院、

① 恩格斯：《德国农民战争》，《马克思恩格斯全集》第7卷，400页，北京：人民出版社，1959。

教区和教堂等。这种组织制度和教阶制度也为基督教控制社会提供了制度保证。

（二）基督教主要的教育形式和教育机构

中世纪基督教的主要教育形式和机构有修道院学校、主教学校和堂区学校等。

1. 修道院学校

修道院学校是基督教修道制度的附属产物。

修道制度是中世纪基督教的一种重要的教会制度，强调对人精神和肉体的修炼。修道制度的最早起源，学术界一般认为起源于6世纪的本尼狄克，他于529年在罗马与那不勒斯之间的卡西诺山上建立起以他自己的名字命名的修道院，自此以后，修道院在基督教世界广泛出现和兴起，成为基督教的重要组织形式。

修道院与教育的联系并非与生俱来。事实上，早期的修道院大多是以个人修行为主，并未形成一定规模。在修道院的发展过程中，由于个人的学术和人格或者是先行修道者执著的宗教信念在社会中的广泛影响，使得修道院规模不断扩大，最终形成一种群体性的机构。由于新人的不断加入，使教育成为修道院的重要活动之一。这样，修道院学校得以产生。

修道院学校的终极目的是出于传道的需要，是一种典型的宗教目的。对此，本尼狄克曾明确指出，说修道院学校是“为主效力的学校”。同时，现代学者道森也指出，“中世纪修道院一直具有一种对其社会责任及其传道功能的强烈意识”。这也促使修道院成为当时一种主要的教育机构。从修道院出去的人，犹如火种一样，成为中世纪文化的主要传播者，延续了西方文化的发展，在此意义上，中世纪的基督教具有一定的文化传承功能，具有相应的历史价值和历史功绩。

在教育形式上，修道院学校分成内学和外学两种。内学主要是专门培养从事神职工作的人员，是一种定向的教育培养；而外学则主要对那些日后不从事教会工作的世俗人员进行普通文化知识方面的教育。这两者在培养目标上是不一样的，因此，各自的教育内容的设定也不一样。外学主要是学习一些初步的读写算方面的知识，主要是为了让他们能够阅读圣经等宗教文献，养成他们对宗教的虔诚品质。而内学除了学习基础的读写算外，重点是学习宗教科目，包括对圣经的诠释，熟悉各种宗教典籍和著作以及学习如何传道、布教等。此后，修道院学校的教学内容逐步演变为以“七艺”（中世纪前期确立的以“三艺”和“四艺”为主的学习内容，包括文法、修辞、辩证法、几何、天文、音乐和算术等七门学科）为主。但这里的“七艺”科目已经与古希腊和古罗马时期的“三艺”和“四艺”时期的学科内容大相径庭了。这时的“七艺”学科更多打上了宗教的烙印。这些学科也成了用来解释宗教教义的工具。如意大利威微尔修道院院长卡西奥多鲁斯在他写的《神学与世俗学读本入门》中，就把“七艺”作为与神学并列的学问，认为这些学问不但不与神学对立，反而提供了上帝创造世界的明显证明。具体到学科本身来讲，这种神学性质就体现得更为明显了。例如，中世纪算术中对数字的学习，把1解释成为唯一的神，把2说成是指耶稣基督神性和人性的两重人格，3意味着圣父、圣子和圣灵的三位一体等。这充分表明当时的教育所具有的神性色彩和宗教特征。

修道院学校的教师主要由教士担任，这也是由当时的文化知识是由教会所垄断的特点所决定的。在教学方法上，以讲授为主，学生几乎没有学习的主动性和自由发挥的空间。所收学生一般十岁左右入学，学习八年后结束。在修道院学校中，尚未产生后来的班级授课制，因此其教学以个别教学为主；学校实行严格管理，体罚盛行。

2. 主教学校

一般设在主教所在地，具有较好的办学条件，但数量有限。在教育内容和教学方法上，与修道院学校没有太大的区别。

3. 堂区学校

堂区学校设在堂区教士所在的村落，是由教会举办的面向一般世俗群众的普通学校。这种学校是中世纪最为基础的学校。在办学条件方面，该类型的学校明显不如前面两种，无论是从教师的文化素质和水平而言，还是从学校所应具备的各种设施而言，都无法与前面两类学校相提并论。在这类学校中，主要进行初级的读写算方面的知识教育，教育的质量和水平视作为教师的牧师的水平而定。大多数时候，这类学校的教育质量是无法保证的。因为大多数教师连自己也无法完全清楚他所教的知识内容。尽管如此，不可否认，堂区学校的存在确实在客观上有利于文化知识在社会最底层的传播，为西欧后来的文化复兴奠定了一定的基础。

（三）经院哲学及其对教育的影响

经院哲学是西欧封建社会中的统治思想和官方哲学，因产生于天主教的修道院（也被称作经院），所以被称为经院哲学。该哲学起源于2世纪时期的教父哲学，所谓教父哲学实质就是早期的基督教学者利用古代哲学（主要是新柏拉图主义）来解释基督教教义，使基督教信条具有必要的哲学理论基础。而经验哲学真正的兴盛时期则是11～12世纪。

经院哲学的发展总体上具有两个重要特征：一是它以“经院”（即教会

所办的学校）为生存环境；二是它以辩证法为操作原则。经院哲学是使基督教神学理论更加深化和专业化、更加抽象和思辨的结果。但经院哲学在思辨过程中过分强调思辨而沦落为一种烦琐，这也是经验哲学频频遭到后人攻击和批判之处。

经院哲学的理论基础来源于柏拉图的理念论，但经院哲学又不是对柏拉图理念论的翻版，而是在批判柏拉图思想的基础上，吸收了亚里士多德思想而形成的一种新型的思想观念。经院哲学在整个中世纪的主要理论观点和内容实质就是唯名论和唯实论之争。

唯实论认为一般是存在于个别事物之先的某种精神实在，是第一性的，而物质世界是第二性的，是服从于、统一于精神实在的。从这种观点出发，主张唯实论的经院哲学家们就认为，基督教教义中有关神和上帝的理论是最终的判断标准，是最高的真理。因此，世俗的各种学问（包括科学在内）都是以有关神和上帝的学问为前提和标准的。神和上帝的存在是神圣不可动摇的，是不可怀疑的。这样就达到了维护神学正统理论的目的。

与唯实论相反，唯名论则认为，只有个别的、具体的事物才是真实的。一般只代表许多事物的名词，而不是客观的实在。与唯实论相比，唯名论更为强调逻辑分析，更注重理性思维的重要意义。唯名论观点的出现，可以说在中世纪基督教教会的知识愚昧政策的包围中打开了一个缺口，为以后更有力的理性声音的出现奠定了基础，唯名论也是对基督教神学思想体系的一种动摇。因为按照唯名论的观点，基督教主张上帝存在不可怀疑的思想和上帝是最终和最高标准的思想无疑遭到了自其产生以来的最为严重的冲击。

唯实论与唯名论的争论成为 11～12 世纪基督教会中思想发展的主流，甚至出现师徒反目成仇的现象。这种争论一直持续到托马斯·阿奎那。阿奎那可以说是经院哲学的集大成者，他充分吸收了自 12 世纪以来发现的亚里士多德的有关理论，对基督教的传统思想体系进行了修正，并对唯实与唯名之争进行了相应的调和。他承认感性经验，肯定理性认识，借助于客观世界，运用后天证明，这一切与基督教会的传统做法很不相同。阿奎那的另一贡献在于建立起了一个完整、庞大、系统的自然神学体系。在理性与启示的关系问题上，阿奎那认为，人同时具有自然理性和信仰的能力。有些知识可以通过自然理性获得，而有的带根本性的神学问题则只能由启示而来。他认为启示与理性并不矛盾和冲突，认为启示是超理性的，是与理性分属两个不同的领域。在启示与具体科学知识的关系上，阿奎那认为，首先，他承认科学知识的存在，科学知识有其存在的意义和必要性；其次，阿奎那也认为科学知识与启示的唯一区别在于等级的不同，科学知识属于低级的知识，而神学则是高级的知识。综观阿奎那的思想，实质是一种在传统基督教纯粹唯心基础上加入了唯理的因素，使基督教的神学体系更加完善和丰富，也正因如此，阿奎那在19世纪被封为圣人称号，这足见他对基督教的贡献所在。但阿奎那没有想到的是，正是他吹响了基督教退出历史舞台的号角，也拉开了世俗社会反对和抗击基督教独尊的序幕。

二、世俗封建主的教育

中世纪虽然是一个以基督教为独尊的时代，但这并不是说世俗的封建主就不存在了，事实上，世俗封建主在中世纪一直扮演着与基督教教会相抗争的角色。在教育领域也不例外。在力量对比上，世俗封建主处于明显的下风。除了与教会的斗争外，在世俗封建主内部也存在着不同等级的斗争，这在一定程度上也成为中世纪世俗教育得以发展的一个重要因素。同时，尽管世俗封建主和教会似乎是一种水火不相容的态势，但世俗封建主在维护其统治的大目标上，很多时候又与教会站到了一起，所以，中世纪的世俗封建主又具有浓厚的宗教性。可以说世俗封建主和教会之间是保持着一种动态的平衡。这种平衡状态直到14世纪才开始出现了有利于封建主的变化。自此以后，基督教开始退出西方历史的主要舞台。

世俗封建主的教育直到8世纪左右才开始出现。中世纪时期世俗封建主的教育是为了巩固王权、满足封建主需要的教育。世俗封建主的教育主要有宫廷学校和骑士教育等形式。

（一）宫廷学校

宫廷学校主要是一种设在国王或贵族宫廷中的学校，其目的主要是为了培养王公贵族的后代。在人类教育发展史上，这种学校最早出现于古代埃及。

中世纪典型的宫廷学校是法兰克王国的宫廷学校。相传法兰克王国的开国元勋查理·马特在任墨洛温王朝的宫相时，就曾聘请过西方一个著名的学者卜尼法斯在宫廷中设立以王室和贵族子弟为对象的学校。这一传统为其后代所继承，包括丕平在内的统治者都纷纷设立类似的学校。其中最有影响的宫廷学校当属法兰克王国国王查理曼所设立的宫廷学校。他于768年即位成为法兰克王国国王，之后，开始大力发展文化教育，他所开办的宫廷学校是当时欧洲最有影响也是最为有名的学校。查理曼对宫廷学校的建设主要是通过其教育政策的颁布和实施来加以实现的。查理曼的教育政策主要表现在以下两方面。

1. 通过公告的形式要求各教区广泛设立学校，以推行文化知识教育

查理曼于公元787年发布公告，要求全国的主教管区与修道院，除了维持修道院生活的秩序、进行神圣的宗教活动外，还应当对靠上帝恩赐能够学习的人，按照他们的才能，热忱地教他们学习识字。789年，查理曼又发布公告，要求各教区设立学校，使儿童学习阅读。这实际上为日后欧洲普及教育政策的实施奠定了基础。

2. 广揽知名学者

在当时查理曼的宫廷学校中，几乎集中了来自欧洲各地的所有的知名学者。他们成为这时期重要的文化传播者。同时，这也使宫廷学校成为这一时期欧洲的文化和学术中心。在这些学者中，最著名的是来自英格兰的阿尔琴。他曾任宫廷学校校长一职达14年之久。

宫廷学校的教育：教育内容以“七艺”为主；教学方法主要采用问答法，但这时的问答法较为机械。教育目的一方面是培养贵族子弟基本的文化素养，另一方面也是为了培养维护统治所需要的官吏。从总体上讲，宫廷学校与当时的教会学校之间并不存在太大的区别。

（二）骑士教育

骑士教育是西欧中世纪一种特殊的教育形式，它与当时社会存在的鲜明的等级制度相适应。

在西欧中世纪时期，社会存在着严格的贵族等级制度，这些等级基本被划分为国王、公爵、侯爵、伯爵、子爵、男爵以及骑士等不同的等级。骑士是最低一级的贵族。

骑士来自于不同等级的贵族之家。因为当时的欧洲实行长子继承制，使贵族家庭中其他的子弟就只能通过替国王和大贵族打仗，来获得分封和奖赏。这样就出现了一种以贵族子弟为主的骑士制度。该制度盛行于十字军东征时期。而那种为了培养骑士而开展的教育就是骑士教育。

从教育性质上讲，骑士教育是一种特殊的家庭教育。其主要目标是培养勇敢、忠顺的骑士精神和骑士技能。

骑士教育的阶段

骑士教育一般分成三个阶段来进行。

第一个阶段（0～7、8岁）是家庭教育阶段。这一时期的儿童在家庭中由母亲进行教育，教育内容主要以宗教知识、道德教育和身体的养护与锻炼为主。

第二阶段（7、8～14岁）是礼文教育阶段。这一阶段的学习场所是在高一级的贵族家庭，即下一等级的贵族将自己的子弟送到上一级贵族家庭

接受教育。这一阶段儿童主要是充当侍童，侍奉主人和贵妇。同时也要学习上流社会的礼节和行为规范；也要学习一定的知识内容，如识字、拉丁文法等。这一时期的学习内容以吟诗、下棋、歌唱和奏乐为主。同时还要学习赛跑、角力、骑马、游泳和击剑等体育方面的科目，以增强体质，为日后的武士训练奠定良好的基础。

第三阶段（14～21岁）为侍从教育阶段。主要学习“骑士七技”，“骑士七技”包括骑马、游泳、投枪、击剑、打猎、下棋和吟诗等七个方面的内容；同时还要学习如何侍奉主人，尤其是如何讨女主人的欢心是这一阶段比较主要的学习内容。

年满21岁时举行授职典礼，自此获得骑士称号。

骑士教育是一种典型的培养人服从和效忠、培养人的勇敢精神的武士教育。这种教育明显忽视文化知识的传授，是一种典型的军事教育形式。

三、中世纪大学的产生

（一）中世纪大学概述

中世纪大学的产生经历了一个很长的过程，正如博伊德和金所说：“确定大学起源的确切日期是不可能的，理由很简单，最初大学的形成是经历了一个相当长的过程。”① 中世纪最初的大学并不具备现代大学的含义，它是在“大学校”（Studia gemeralia）的基础上发展而来。所谓大学校就是指由来自不同地区学生所组成的学校。该类型学校实质上打破了中世纪时期学生的地域限制，正是这种学校成为中世纪大学的最初形式。

大约到了12世纪初的某一时期，在意大利的博洛尼亚和萨莱诺等地出现了最早的大学，此后不久，法国巴黎也在传统教会学校的基础上开始产生大学的萌芽。由此形成了被后人称为“母大学”的最早的大学，其中的典型代表是意大利的波隆那大学、萨莱诺大学，法国的巴黎大学。到了13世纪，英国在欧洲大陆大学传统的影响下，诞生了牛津大学和剑桥大学，它们共同构成了人类历史最早的具有现代意义的大学。在这些大学的带动下，欧洲各国纷纷开始关注大学的创立和发展，从地域上也逐步拓展到整个西欧。据史料记载，到公元1500年时，欧洲实际存在的大学总共有79所。

早期中世纪大学随地域不同而具有不同的发展特点，一般而言，北欧

① （英）博伊德、金合著：《西方教育史》，任宝祥　吴元训主译，126页，北京：人民教育出版社1985。

的大学以巴黎大学为代表，侧重于神学；而以意大利为代表的南欧大学则更多的侧重于与具有社会实用性的法律和医学等。在大学的办学方面，中世纪大学也不具备现代大学的高等教育性质，正确地讲，中世纪大学更多的是一种专业教育，主要包含了神学、法学和医学等三个专业。为更好地实施这种专业教育，各大学都设立了文学院，通过实施文法方面的教育，为专业教育奠定基础。这成为中世纪大学最为基本的结构构成。

（二）中世纪大学的产生

中世纪一般被看做是一个欧洲文化衰落的时代，但恰恰是在这样的一个时代却产生了大学这一影响后世文明的重要组织机构形式，为什么大学会在这一时期产生呢？可以说，中世纪大学的产生是中世纪社会经济和文化发展的产物，中世纪的社会发展为中世纪大学的产生提供了条件和氛围，这些条件主要体现在以下三个方面。

1. 城市的兴起为中世纪大学的产生提供了需要

公元10世纪到11世纪，欧洲封建制度进入巩固和发展时期，社会开始摆脱以前的动荡局面而趋于稳定，农业生产开始呈现出缓慢上升的态势，社会开始步入正轨。这一时期，手工业得到了较大发展，并逐步从农业中分化出来，形成专门的职业。手工业者也逐步成为一个独立的阶层，由于他们通常聚居在一起，从而推动了城市的出现。此外，自11世纪初期开始，地中海沿岸的商贸往来逐渐增加，使地中海沿岸各地逐步成为商品贸易的集散地。这也在很大程度上推动了城市的出现和诞生。

随着产生的出现，新兴的市民阶层开始提出了教育方面的要求，这就为中世纪大学的产生提供了现实的需要，同时，城市的出现，也为大学的诞生提供了场所和坚强的物质保证。因此，可以说，中世纪中期城市的兴起是中世纪大学得以产生的重要保障所在。

2. 地理环境因素对大学产生的影响

中世纪大学一般都产生于那些地理位置较为优越的城市，这种优越的地理位置便于不同地域的人汇集于此，这就为大学的产生提供了交通和地理上的便利。比如波隆那大学所在博洛尼亚就属于意大利北部与中部的交通枢纽，这一方面提供了交通上的便利，更主要的是，作为交通枢纽也有利于不同文化在此交流和沟通、碰撞与融合。这也为大学提供了思想交流的机会。此外，巴黎大学所在地巴黎是当时法兰克王国的首都，这无疑在很大程度上推动了巴黎大学作为文化中心、学术中心的发展。由此可见，良好的地理环境因素是中世纪大学产生的重要因素之一。

3. 著名学者的吸引

大部分早期中世纪大学产生之初都是和相关学者联系在一起的，通常某一所大学之所以能够吸引来自欧洲各地的学生是与大学这么学者的学术声望是联系在一起的。例如，当时波隆那大学以法律为其主要专业，波隆那大学的法律之所以能得到整个西欧的承认，主要得益于法律学者欧内乌斯，对此，博伊德和金指出："虽然普遍同意导致波隆那大学兴起的是波隆那在欧洲声誉中所处的地位，而实则应归功于欧内乌斯的。"① 欧内乌斯是当时一位著名的法律学家，尤其是他在课程中介绍了在欧洲已经失传许久的《查士丁尼法典》，这为他赢得了不小的声誉。同时，据载，他的教学也非常吸引人，这在很大程度上成为波隆那大学得以崛起的重要因素。其他如巴黎大学，同样与著名学者的影响休戚相关。当时对巴黎大学产生重大影响的是中世纪"第一位人文主义者"阿伯拉尔，他由于其人文主义的气质和对宗教的质疑与造诣，而成为当时法国炙手可热的学者。正是由于他及其他学者的影响，使巴黎大学逐渐成为早期大学的典型代表之一。

（三）中世纪大学的教学

1. 教学目的

总体上讲，中世纪大学教学目的呈现出多样性的特点，不同大学其目标定位是不同的。但都以专业教育为主，大学教学都是为了培养相关领域的专业人才，比较典型的专业有法律、医学和神学。

中世纪大学的专业教育与现代大学的专业教育有所不同，它并不是专门教育，而是建立在广博文化知识基础之上的专业教育，做到了专业教育与通识教育的统一。现代专业教育则主要是一种专门教育，是就专业而专业的教育。

2. 教学内容

中世纪大学由于受当时文化和科学发展所限，教育内容主要是继承了古希腊和古罗马的传统，以"七艺"教育为主，但这一时期的"七艺"内容被赋予了很强的宗教特色，发生了很大的改变，是中世纪社会特定的"七艺"学科的教育。

此外，中世纪时期，不同的大学在专业学科方面各具特色，如波隆那大学的法学科目、巴黎大学的神学和萨莱诺大学的医学等，这些专业学科构成了现代大学学科分化的基础，而正是在这些专业学科的基础上，使中

---

① （英）博伊德　金合著：《西方教育史》，129页，任宝祥　吴元训主译，北京：人民教育出版社，1985。

世纪大学教育有别于传统意义上单纯的“七艺”教育，这也是中世纪大学的贡献和特点所在。

3. 教学方法

中世纪大学在教学方法上没有太多的创新，主要有讲授法、问答法和辩论等。其中讲授法是最为普遍的教学方法，而问答法和辩论则显得十分机械和呆板，整个教学过程基本上由教师所主导，学生基本上没有太多参与教学的机会。

（四）中世纪大学的大学理念

1. 自治传统的建立

中世纪大学自产生以来，就具有高度的自治权利，虽然教会和世俗统治者都试图不断加强对大学的控制，但大学内部事务基本上由大学自己管理。同时，大学还利用教会和世俗政权及两个地方当局之间的矛盾为自己争取到不少特权，大学的自治就表现在大学这些特权之上。综观中世纪不同国家和不同地区的大学，主要有以下几方面的特权。

第一，大学有设立法庭的权利，有内部自治的权利。

大学内部可以自己设立法庭以解决大学内部的法律纠纷，大学拥有自己管理自己的权力，而不受大学所在地法庭和社会的干预，也不受当地政府的干预。在此意义上，大学基本上是一个独立存在的机构。

第二，大学师生可以免除赋税及服兵役的义务。

按照中世纪法律规定，凡国家公民都具有纳税和兵役的义务，但是中世纪大学的师生例外，他们可以减免赋税，可以免除兵役。在此意义上，大学师生在中世纪社会实际上属于独立存在的特权阶层；

第三，教师有参政权，有颁发特许证的权利。

大学教师可以对政府的各项政策发表自己的意见，可以参与当地社会各项政治事务等；在教师资格认证方面，由教师自己进行认证，社会其他机构不得干预教师资格的认证工作。

第四，大学有罢教和迁移的自由与权利。

中世纪大学由于拥有诸多特权，因而时常与所在地政府和民众发生冲突。另外，作为中世纪社会最大的主宰力量，教会也时常想控制大学的发展，因此，这也导致大学与教会之间时常发生冲突。为了保持大学的独立和自治，大学在与世俗政府或教会发生冲突时，经常选择罢教和迁移的方法，这也成为中世纪大学的一个独特权利。在中世纪大学发展史上，由于巴黎大学与当时的巴黎教会发生冲突而致使一部分巴黎大学教师出走，从而创办了牛津大学。此外，剑桥大学的产生同样是由于牛津大学内部斗争的产物。由此，也可以说明，中世纪大学在罢教和自由迁移方面具有充分的自由与权利。

2. 大学自治的模式

中世纪大学的自治包括学生自治和教师自治两种，前者以波隆那大学为代表，后者则以巴黎大学为典型。

所谓的学生自治就是在大学管理中，学生居于主导地位，由学生来主管大学的一切事务，包括教师的聘任、学费数额的划定、学期的时限以及教学时数等，同时学生还有权对教师的工作进行评价。因此，学生自治型大学以学生为其核心来维系整个大学的运转。学生自治型大学主要出现在南欧的大学，尤其以波隆那大学为典型代表。之所以会出现学生自治型大学，主要是与波隆那大学学生年龄较大、具有相当的自主管理能力有关。这种大学自治模式一直流传至今，在现在的南美还有这种大学自治模式的影子存在。

所谓的教师自治是指大学事务主要由大学内部的教师特别是教授加以主导和管理。在大学内部，教师居于管理者的地位，由教师掌管学校发展一切事务，而学生基本上没有参与管理的权力和机会。因此，教师自治型大学实际上也是一种教师完全主导的大学自治形态。这种自治模式主要以巴黎大学为代表，其他北欧大学也多采用这种大学管理模式。教师自治型大学实质上成为后来现代大学教授治校的先声。

3. 学位制度的确立

学位制度作为现代大学的典型标志之一，实际上萌芽于中世纪大学，学位制度的起点，大约是在13世纪初。中世纪大学主要包括学士和硕士两种。这时已出现了博士的提法，但还没有成为一种正式的学位。

中世纪的学位制度更多的是一种教师资格制度，只有取得相应学位的人，才有可能成为教师。学士学位最早出现在波隆那大学的法学学科，当时规定，法学专业的学生在大学学习5年后，可向大学校长提出申请，要求讲授法律教科书中的某一章，并且在一年后讲解全书。当学生能讲授整本教材后，不经过任何考试，就可以成为学士。这与现代意义上的学士学位具有很大的不同。而硕士学位，获得学士后在继续攻读两年，然后参加一个考试，考试合格者，经相关机构同意后，就可以获得硕士学位。学士学位只能在大学的文学院任教，而获硕士学位者则可以成为相关专业的教师。

至于中世纪大学的博士学位，更多的是一种教师的职称认定，并不具备现代学位制度中博士学位的含义。

中世纪大学还为那些获得学位的学生举行盛大的学位授予仪式，这也一直流传至今，成为当代大学重要的仪式之一。

（五）对中世纪大学的评价

中世纪大学的出现，一方面无疑具有非常积极的意义，尤其是对现代大学的产生奠定了坚实的基础，而另一方面，作为大学的最初雏形，中世纪大学还存在一定的不足和缺陷，这也为大学走向完善提供了契机和可能。

1. 中世纪大学的积极意义

第一，从教育制度上讲，中世纪大学实现了教育制度的创新，开创了大学这一新型的教育形式；

第二，从文化发展的角度来看，中世纪大学作为具有一定学术性质的机构，为人类理智与科学的发展积蓄了能量、准备了条件，这在很大程度上成为欧洲乃至人类科技世纪的到来奠定了基础；

第三，从人才培养来看，中世纪大学培养了一大批人才，正是他们推动文艺复兴运动的产生和发展，从而使整个西方最终迈出了中世纪宗教的束缚

第四，中世纪大学为现代大学孕育了许多新的教育观念，成为现代大学不可否认的起点和源头；

2. 中世纪大学的不足

第一，中世纪大学作为起源，具有任何起源都具备的缺陷，即大学的发展无论从制度还是从思想上看，都还很不完善；

第二，中世纪大学由于身处中世纪浓厚的宗教氛围之中，因而带有较为浓厚的神学色彩，这也受其所处时代局限的必然结果。

中世纪大学作为现代大学的起源，虽然具有很大的不足和缺陷，但我们应该看到，它作为西方文化发展的重要一环，在整个西方文化发展史上的重要的历史地位，尤其是中世纪大学作为一种教育制度创新，对现代教育所作出的巨大历史贡献。

第二节　拜占廷和阿拉伯帝国的教育发展

一、拜占廷的教育发展

拜占廷是东罗马帝国的首都。罗马帝国于395年被划分为东、西罗马两大帝国，其中东罗马帝国定都君士坦丁堡，史称拜占廷帝国，1453年东罗马帝国为奥斯曼帝国所灭。这也标志着罗马帝国最终彻底从历史舞台上

消失。

拜占廷帝国文化发展的一个重要特点是其世俗力量要远强于教会势力，这为其教育的发展提供了一个不同于西欧的发展环境，从而奠定了拜占廷帝国教育强烈的世俗特征。由于拜占廷帝国为后人留下的材料十分稀少，所以，我们对其教育发展状况的了解也并不全面。

拜占廷帝国当时存在着教会和世俗两种学校体系，其中世俗学校体系居于主导地位。

拜占廷帝国的世俗学校体系包括了初等、中等和高等教育的雏形，初等学校以私立为主，主要是继承了古希腊的文化传统，以算术、文法初步和《荷马史诗》及《圣诗集》为其主要教育内容；而中等教育则主要通过文法学校来加以实施，以文法和古典作品的学习为主；在中等教育的基础上，拜占廷帝国于公元425年创办了君士坦丁堡大学，以为国家培养高级官吏。由此，也形成了拜占廷帝国完整的世俗学校教育体系。此外，当时拜占廷帝国境内还设有专门的哲学、法律和传授“七艺”学科的世俗学校，以此作为专业教育的主要实施场所。

虽然世俗势力在拜占廷帝国居于主导地位，但和西欧其他地区的教会一样，拜占廷教会同样对教育表示了极大的关注，开设了相应的教会学校。主要以远离城市的修道院学校和附设于主教教堂里的座堂学校为主要形式。其中修道院学校较为注重祈祷、读经、行善和生产劳动等方面的教育，同时，为了积累更多的书籍，修道院学校也经常组织修士抄书，这为拜占廷帝国保留大量古希腊、古罗马的文化典籍发挥了重要作用。座堂学校是以培养神职人员为主的学校，教学内容主要以神学为主，同时，也传授一些与神学有关的世俗学科如哲学、文法等方面的知识。总体上，教会所开设的学校体现出了较为强烈的宗教神学色彩。

总观拜占廷帝国的教育发展，有以下几方面的特点：1. 拜占廷帝国直接继承了古希腊和古罗马的文化教育遗产；2. 在拜占廷帝国存在着因世俗生活需要而得到发展的世俗教育体系；3. 教会的文化教育体系和世俗的文化教育体系长期并存。

二、阿拉伯帝国的教育

正当以古希腊和古罗马为代表的西欧文明陷于衰落境地之时，在中东地区崛起了以伊斯兰教为精神象征的阿拉伯帝国（我国史称“大食”），成为这一时期主要的文化、学术和教育中心。

阿拉伯帝国于7世纪20年代由穆罕默德所创，经过一百多年的扩张和发展，最终于8世纪中期达到其鼎盛时期，形成一个地跨欧、亚、非三洲的大帝国。后于10世纪初，阿拉伯帝国一分为三，形成了以巴格达为首都的黑衣大食、以西班牙的科尔瓦多为首都的白衣大食和以开罗为首都的绿衣大食。

（一）阿拉伯帝国的教育发展基础：文化成就

阿拉伯帝国的教育发展得益于其开明的文化政策：他们对被征服地区人民的宗教信仰和文化采取一种比较宽容的态度，并积极鼓励学术研究，他们在继承东西方文化成果的基础上迅速发展起自己的文化教育，并在此基础上创造出了灿烂的文化成就。这些文化成就具体表现在以下几个方面：1. 在自然科学领域，阿拉伯作出了十分重大的贡献。如他们首先使用并向西方传播了印度的计数法，这即是我们日后所说的阿拉伯数字；他们创立了十进位制；数学家和天文学家花剌子模创立了代数学，写成《积分和方程计算法》，该书从12世纪一直到16世纪都是西方大学的主要数学教材。2. 在医学和化学方面，阿维森那所著《医典》一书，成为12～17世纪西欧大学医学教育的主要教材，素有“医中圣经”之称；3. 哲学方面，较为有名的是阿威罗伊，他对文艺复兴和经院哲学的发展都有过重要的贡献。他认为，真理可以有哲学和神学两种形式，这二者可能是对立的，但哲学却包括有科学上的真理。这种观点对于哲学摆脱宗教的控制具有积极的影响。正是在这种广博的文化发展的基础上，形成了阿拉伯帝国较为完善且水平相对较高的教育体系。

（二）阿拉伯帝国的学校

阿拉伯帝国的学校主要有昆它布、清真寺和宫廷学校三种。

（1）昆它布：这是一种初级的学校。该类型的学校办学条件相对较为简陋，一般由教师在家招收学生，传授简单的读写算方面的知识。《古兰经》也是一个十分重要的教育内容。

（2）清真寺：这是当时阿拉伯社会主要的教育机构，教学内容以宗教知识的传授为主，同时也传授高深的世俗学问。在很大程度上，清真寺通过讲学和论辩的教学形式成为一种高等教育机构。

（3）宫廷学校：为更好地统治具有较高文化水平的被征服地区，阿拉伯帝国历代统治者都十分注重通过在宫廷设立学校来教育和培养后代，同时也把宫廷学校建设成为帝国的学术中心，经常邀请学者到宫廷讲学、讨论，使宫廷学校在很大程度上成为当时帝国的咨询机构。这是一种典型的上层贵族教育机构。

此外，阿拉伯的高等教育也十分发达，据称在11世纪时阿拉伯帝国共有 12 所大学。其中的巴格达大学等在教育发展史上还有着重要的影响。

总体上，阿拉伯教育具有尊师重教、教育机会较为均等、神学与实用课程并存以及教学组织形式多样等方面的特点。

无论是拜占廷帝国还是阿拉伯帝国，其教育发展作为人类教育文化发展的重要环节，都对人类的文化发展作出了重要贡献，尤其是为西方文化的崛起保存了文明的火种，使得西欧的文艺复兴有了基础。可以说，这不仅是拜占廷帝国和阿拉伯帝国对西方文化发展的贡献，也是对人类文明发展的巨大贡献。

第三节　文艺复兴时期的教育

文艺复兴运动是西欧各国在 14～17 世纪期间兴起的一场文化改革运动，文艺复兴运动通过复兴古希腊和古罗马的文化，实现对统治欧洲近千年的宗教文化的颠覆和改革，从而为西欧步入近代社会奠定观念和意识方面的基础。

文艺复兴运动前后历经三百多年，涉及文学、艺术、哲学、教育和科学等众多领域，从观念上彻底扭转了宗教对文化发展的束缚，提升了世俗文化地位，为后来西方文化对人类理性的强调奠定了坚实的基础。文艺复兴运动发端于意大利，迅速波及法国、尼德兰、德国、英国等西欧大部分地区和国家，同时文艺复兴运动也影响了北欧地区文化教育的发展，可以说，文艺复兴运动的影响范围十分广泛，是西欧地区一次影响深渊的文化改革运动。在复兴的方向上，西欧文艺复兴运动不仅仅是简单的世俗文化复兴，它还深深地影响了宗教领域内部的改革和发展，正是在世俗文艺复兴观念、精神的推动和影响下，才导致宗教领域内部改革运动的出现，正是由于这种宗教改革的兴起，又迫使传统的天主教作出调整，实现对传统教会的改革。在此意义上，文艺复兴运动为西方宗教的现代化起到了推动作用，在很大程度上是西方宗教现代化的催化剂。

总体看，文艺复兴运动是西方文明史上一个重要的历史时期，这一时期掀起了欧洲社会方方面面深刻的变革，这种变革是如此深刻，从而影响了此后整个西方的发展途径的选择。正由于此，文艺复兴运动也被看成是西方近代化的重要标志所在。

由于文艺复兴运动既包括了世俗的文艺复兴，同时也包括了宗教改革运动和反宗教改革运动，相应的，这一历史时期教育也包含了这三方面的教育发展。

一、世俗文艺复兴时期的教育

（一）文艺复兴运动的世界观与人文主义教育特征

1. 文艺复兴运动时期的世界观及其特点

人文主义是文艺复兴时期不同国家、不同领域和不同时期的人文主义者所共有的世界观。与中世纪时期强调的神性世界观不同的是，人文主义世界观歌颂人的价值和尊严，提倡人道，反对神道，肯定人的价值、地位和尊严；宣扬人的思想解放和个性自由。人文主义要求把人从教会的教义、教规和其他教条的束缚中解放出来；肯定现世生活的价值和尘世的享乐，极力批判教会提倡的禁欲主义和来世说；人文主义世界观同时高扬理性的作用，反对神性对世俗社会的干预和控制。

2. 人文主义教育的特征

与人文主义世界观相对应，在教育领域，文艺复兴运动时期大力提倡人文主义教育，以此重建西欧社会的世俗教育。与中世纪基督教强调的神性教育不同，人文主义教育更多地突出了教育对人性的关注，突出了人在教育中的核心地位。具体来讲，人文主义教育主要有以下几方面的特征。

第一，重视教育培养人的作用

人文主义教育所要培养的是能够积极从事社会、政治、文化和工商业各种活动的实际活动家以及努力开拓事业的冒险家，这与那种只注重宗教教条，不许了解现实生活，只重死记硬背教会法规，不许独立思考的教育相比，具有极大的优越性。尤其突出的是，这一时期开始注重体育的作用，这是对古代希腊全面和谐发展教育思想的重要回归。在此意义上，人文主义教育所要培养的人，实际上是人在智育、德育和体育方面的全面而又和谐发展的人。

第二，依据人文主义世界观创办新型人文主义学校

文艺复兴时期，西欧各地创办了许多人文主义色彩浓厚的学校，其中影响最为深远、人文主义色彩最为浓厚的是意大利人维多里诺 1423 年创办的宫廷学校，史称“欢乐之家”。在宫廷学校里，除开教学内容以古希腊和古罗马的古典人文学科为主外，在办学理念上充分吸收了古希腊和谐教育的思想，同时，注重和谐校园环境的建设，整个校园环境优美，师生关系融洽，学生通过游戏等方式能得到自由的发展。由于学生的整个学习生活相对于中世纪而言，充满了欢乐，因而被称为“欢乐之家”。

此外，法国人文主义者于 1526 年创办的法兰西学院以及在德国形成的

文科中学和实科中学等都是这一时期所创办的具有人文主义理念的新型学校的重要代表。这些学校的创办对后世西方学校教育观念的扭转以及近代学校教育体系的形成都发挥了重要作用，产生了深远的影响。

第三，教育内容广泛发展，学科范围迅速扩大

与中世纪只强调神学教育，而刻意压制世俗理性教育和体育等有所不同，文艺复兴时期在教育内容的选择上恢复了古希腊关于人的全面和谐发展的思想，构建起包含智育、体育和德育三方面内容的学科体系。具体来看，智育在继承中世纪和古典文化课程内容的基础上，增加了富有时代特色的自然科学方面的知识。这时期智育的培养目的不仅是要传授科学知识，同时还要通过学科教学来发展儿童的智力，培养他们求知和独立思考的习惯；体育在经过中世纪近千年的忽视之后，在文艺复兴时期得以恢复，重新成为教育内容体系的重要组成部分；至于道德教育，主要是强调对人的尊重，这被认为是一切道德行为的出发点。

此外，这一时期开始涌现出对新的教学方法进行探索的实践尝试，如在德国教育领域开始进行年级制的尝试等，这些新的尝试为西欧近代学校教育教学方法体系的形成奠定了基础。

（二）世俗人文主义的教育思想

事实上，文艺复兴时期并没有出现独立的、进行系统研究的教育思想家，教育思想大多来源于其他领域的思想家对教育的关注，所以，这一时期的教育思想表现出较为分散和不系统的特征。

1. 意大利的人文主义教育思想

文艺复兴时期最早阐述人文主义教育思想的学者是意大利人文主义学者弗吉里奥，他曾撰写《论绅士的风度与自由学科》的专题论文。在该文中他认为，人文主义教育的目的在于对青少年施以通才教育以培养身心全面发展的人。弗吉里奥认为通才教育是一种符合自由人价值的、使受教育者获得德行与智慧的、能唤起和发展那些使人趋于高贵身心的、能获得最高才能的教育。为此，他设计了广泛的包含智育、德育和体育在内的教育内容体系。在智育方面他最为推崇历史、伦理学和雄辩术等三门学科；同时他继承了古代“七艺”的学科体系，体育和文学也成为教育内容的重要组成部分。在教学中，他主张教育内容必须适应学生的个人爱好和年龄特征。这些思想充分反映了文艺复兴时期人文主义世界观对人的注重和关怀。值得注意的是，在弗吉里奥的教育思想中，并未涉及在当时仍然具有很大势力的神学的教育，在很大程度上也体现出他对人文主义坚持的彻底性。

弗吉里奥开创的对人文主义教育所进行的系统思考，除开对意大利的

维多里诺等人文主义学者产生了深远影响外，也影响到西欧其他地区的人文主义学者，尤其是对神学的批判更是成为人文主义教育思想体系的重要组成。这方面以法国的拉伯雷和蒙田为典型代表。

2. 法国的人文教育思想

拉伯雷对教育的思想集中体现在他的传世之作《巨人传》中。在该书中，拉伯雷系统阐述了他对世俗人文教育的思考。他首先阐述了新的人文主义的教育观。他通过对人文教育与传统的中世纪教育进行比较，认为，真正的新教育是要培养出能读、能写、能唱、能弹奏乐器、会写字、勇敢、知礼、健壮、活泼、“爱做什么就做什么的新人”。这实际上是一种全面发展人才的培养，并且赋予了儿童以充分的自由。其次，拉伯雷主张身心并行发展，重视体育在教育中的重要地位；第三，他要求儿童要认识所有的事物，因此，在继承传统古典学科的基础上，拉伯雷也开始自觉地将自然学科方面的知识引入教育中来；第四，与中世纪统一用拉丁语进行教学不同，拉伯雷开始注重本族语（民族语）的教学，从而为打破神学教育的一统奠定基础；最后，拉伯雷提出了新的教学方法和途径，他反对对儿童进行机械的灌输，主张运用观察和谈话等方法来对儿童进行教育。同时，他还指出游学也是拓展儿童视野的重要途径和方法所在。

除了拉伯雷外，法国人文主义者蒙田在其代表作《散文集》中也涉及了教育问题。蒙田认为教育的目的在于培养那些具有渊博知识、良好道德品质、强健体魄和具有良好判断力的“完全的绅士”。这种教育目的实际上也是对古代全面和谐发展思想的继承。其次，蒙田提倡培养儿童的怀疑精神，反对盲信盲从，注重儿童对知识的理解，反对盲目听从所谓的知识权威。第三，蒙田强调了语言学习在教育中的重要地位。他认为语言的学习既不应局限在拉丁语的学习上，也不应只定位于狭隘的本族语的学习，而是应该包含本族语、邻国语言、希腊语和拉丁语在内的多种语言的学习。第四，蒙田强调儿童应到实践中为了实践而进行学习，反对死记硬背式的学习。在教育教学方面，蒙田反对强制压迫，主张儿童自然发展。蒙田的教育思想既是对前人思想进行反思、继承的结果，同时也是对人文教育思想的丰富和创新，充分反映和体现了他所处时代的教育思想水平，对后世教育思想的系统化奠定了坚实的基础。

（三）北方人文主义的教育思想

所谓北方人文主义是指在意大利世俗人文主义影响下，于尼德兰、英国和北欧地区盛行的人文主义运动，相对于世俗人文主义而言，北方人文主义具有典型的宗教性特征，其核心思想是强调用人文主义的观念来改造、改革传统的宗教，使宗教人文主义化、人文主义宗教化，因此，北方人文主义也被归入宗教人文主义的范畴。北方人文主义以尼德兰的伊拉斯谟和英国的莫尔为代表。

1. 伊拉斯谟的教育思想

伊拉斯谟（1466～1536）是16世纪早期最著名的学者，也是最杰出的理论家，于1466年出生于荷兰的鹿特丹。他被认为是宗教改革运动的先驱和理论奠基人，也是运用人文主义世界观去改造宗教的代表。其思想主要体现在《愚人颂》中。

伊拉斯谟教育思想的一个重要特点是主张宗教和古典文化并重。他与意大利和法国的世俗人文主义者不同，主张“人文主义基督教化，基督教人文主义化”。“人文主义基督教化和基督教人文主义化”主张用人文主义的世界观和方法论去改造传统宗教，同时也赋予人文主义以宗教的内涵，实质是实现人文主义和基督教的和解，强调人文主义和宗教二者之间的共存。

伊拉斯谟曾专门撰写了《基督教君主的教育》和《论童蒙的教育》，集中反映了他的教育思想。在教育目的方面，伊拉斯谟主张教育应培养人的虔敬、德行和智慧三方面的品质，其中虔诚是对上帝的信仰，德行是对世俗道德品质的获得，而智慧是人应该获得的基本能力和素质。这种对教育目的的界定也表现他对宗教教育和世俗教育并重的主张；为实现其教育目标，伊拉斯谟认为应通过古典学科的学习来完成，其中也包括《圣经》的学习。在古典学科的学习上，伊拉斯谟认为：文以载道，学文重要，学道更重要，学习古典学科最根本的目的是学古人之道以改造社会；伊拉斯谟同时赋予了教育以四大基本任务，一是在青年的头脑中播下虔诚的种子；二是使青年人能热爱并透彻地学习古典、自由学科；三是能使青年人为生活的义务做好准备；四是使青年人很早就习惯于基本的礼仪。四种教育任务的提出，实质是伊拉斯谟对教育目的的具体化，是他对教育作用的认识与思考。

2. 莫尔的教育思想

莫尔是英国著名的人文主义者，也是早期空想主义的重要代表人物。他的教育思想主要体现在《乌托邦》一书中。莫尔主张废除私有制，实行公共教育制度，提出所有儿童不分男女都享有平等的受教育权；他主张人的全面发展，由此规定了德、智、体三方面的教育内容；同时，莫尔强调以本族语即英语进行教学；他主张对儿童进行劳动教育，莫尔是西方最早进行劳动教育论述的学者之一；莫尔同时还涉及了成人教育的问题；此外，作为北方人文主义的典型代表，宗教在莫尔的思想中仍然占有十分重要的地位，他认为培养人对宗教的信仰应成为教育的主要任务和使命之一。

（四）意大利和北方人文主义教育的异同

意大利人文主义和北方人文主义之间既存在区别也有相同之处，总体上看，二者一致性大于差异性。从差异性上看，主要表现为二者对待宗教的态度不同，北方人文主义强调宗教性和世俗性的并重，而意大利人文主义则更多地注重世俗性的教育发展。而北方人文主义和意大利人文主义的相同之处在于：都把古典课程作为人文主义课程的基础和主干课程加以强调；都强调教育与社会的联系，都力图通过教育达到改造社会的目的；教学都以古典语言为主，本族语的教育开始受到人们的重视；都提出了许多进步的教育思想，都为后世西方教育发展产生了深远影响。

二、宗教改革时期的教育

（一）宗教改革运动总说或概说

宗教改革运动是16世纪初在欧洲兴起的一场天主教内部改革运动，其改革的矛头直指天主教会存在的各种弊端和不足；改革目的是企图以原始的天主教教义为依据，恢复天主教的本来面目，以一种“新”的宗教取代已经腐化堕落的原有的旧宗教；宗教改革运动是世俗文艺复兴运动在宗教领域的继续，是宗教领域因应时代变化而做出的调整和变革。因此，宗教改革者并不要求消灭而是改良天主教，并不是要废除教会而是主张建立新的教会以取代天主教会。

宗教改革运动否认教皇和教会的权威，强调个人而不是教会在宗教生活中的地位，宗教改革者认为《圣经》才是唯一的权威。在此意义上，宗教改革运动体现出鲜明的个人主义特征。宗教改革运动以原始基督教教义取代中世纪教会的教义，以古代教会为楷模来革新天主教，从而重新恢复人们对宗教的信心，达到重振开始逐步衰落的天主教的目的。

与世俗文艺复兴运动相比，宗教改革的意义绝不仅仅在于宗教的改革，而是触及了社会生活的各个主要层面。宗教改革同时也导致了教育的变化，这种变化虽然主要是一种教会教育的变化，但它对世俗教育也产生了强大的冲击。在一定程度上，宗教改革运动对教育领域产生的影响和贡献较世俗人文复兴运动要深远得多，尤其是对近代西方教育的发展更是如此。

宗教改革运动最先产生于德国，以后迅速波及瑞士、英国等欧洲国家，宗教改革运动在传播的过程中形成了不同的流派，其中影响最大的有德国的路德教派和瑞士的加尔文教派以及英国的国教派运动等，他们不仅对宗教领域的改革产生了深远影响，同时对教育也提出具有开创性和建设性的主张。

（二）路德教派的宗教和教育思想

路德教派由德国威登堡大学神学教授马丁·路德（1483～1546）所创，改革起因于1517年教会在德国出售“赎罪券”，为聚敛钱财，罗马教皇在1517年10月开始派遣特使到德国出售所谓的“赎罪券”，教会宣称“只要购买赎罪券的钱一敲响钱柜，罪人的灵魂就可以从地狱飞升天堂”。路德对此展开了猛烈的批判，并发表《九十五条论纲》。路德指出：教徒要使灵魂得救，须依靠自己对上帝的真诚信仰，而不需要购买赎罪券。认为赎罪券是典型的欺骗行为，是教会滥用职权的表现。《九十五条论纲》发表后，在德国产生了广泛的影响，自此拉开了宗教改革运动的序幕。1520年，由于罗马教廷宣布马丁·路德为异端，这直接导致了路德与罗马教廷的决裂。这同时也标志着新型宗教的建立。

1. 路德的宗教改革主张

路德的宗教改革主张主要体现以下四个方面。

第一，主张因信称义。路德认为人只要有真诚的信仰，就能够获救，就能获得上帝的赦免。因此，人类的获救并不需要施舍、斋戒，更不需要购买赎罪券等方式，来获得上帝的赦免。这种思想实际上强调个人信仰的价值和意义。

第二，主张众教徒都是教士。针对当时教会独享信仰大权的弊端和现状，路德提出人只要是因为真诚的信仰，每个人在信仰事务上都应该有同样的权利，因此，就不需要教会和教士作为人类信仰的代言人，教会信徒也可以像教士一样主持宗教仪式，信徒也可以不借助教士而实现与上帝的直接沟通。众信徒皆教士的主张实际上是宗教领域内平等观念的典型体现。

第三，提倡新的善功与天职观念。路德强烈反对中世纪的禁欲主义，认为上帝所接受的唯一生活方式是每个人完成其在尘事的义务，主张将人类的信仰与世俗事务实现有机的结合。

第四，主张政教分离。在教会和世俗政府的关系上，路德主张宗教事务和世俗事务应分离，教会主要掌管宗教事务，而世俗事物则应交由世俗政府进行管理。这实际上是彻底改变中世纪政教合一，教会独揽大权的局面。实际上限制和削弱了教会的权力。

2. 路德的教育主张

出于传播自己宗教新主张的需要，同时也是为了与天主教争夺教徒的需要。路德对教育投入了较多的关注，并提出了许多富有真知灼见的教育主张。

(1) 关于教育目的，路德认为教育既具有宗教性的目的，也具有世俗性目的。一方面，教育对培养人对上帝的虔敬品质有着重要作用，通过教育可以使人虔信上帝，最终实现自己灵魂的得救；另一方面，路德也认为教育对世俗政权具有同样重要的作用。他认为即便不考虑信仰、灵魂得救的问题，从培养有德有才的国家臣民和实现国家兴旺发达这个角度而言，教育也具有十分重要的作用，因此，作为世俗力量代表的国家应当兴办和重视教育。

(2) 路德对近代西方教育产生重大影响的教育主张是他提出的两大教育原则：一是主张教育权应由国家而不是教会掌握的原则；一是国家应推行普及义务教育的原则。

主张教育权由国家掌握而不是由教会掌握原则的提出实际是政教分离思想在教育领域的具体体现和反映。路德最初虽然主张教育应由国家办理，但他同时也认为教会应对国家举办的教育有监督之责。这种观点在后来发生了一定的变化，他认为由于教会人员作为特定国家的臣民，必须要服从国家的相关规定，由此出发，他认为教会也应从属于国家。因此，路德提出，国家除开对世俗事务进行管理之外，还应对精神事务也要进行管理，教育作为精神事务的重要组成部分，理当纳入到国家管理范畴中来。具体来说，国家应对教师聘任、学校的开办、教育经费的投入等承担相应责任。该原则的提出实际上彻底将教育权归属于国家，剥夺了教会对世俗教育的干预和介入。

国家应推行普及义务教育的原则是路德个人主义的宗教主张的必然结果，路德认为只有普遍的教育才能保证人们自由的宗教信仰，因为按照路德因信称义的主张，个人的信仰源于个体对《圣经》的阅读和理解，因此人人都应阅读《圣经》。如何保证人人都能阅读和理解《圣经》呢？路德认为只要人人都接受了相应的教育，就可以达到此目的。由此路德提出了普及义务教育的主张。路德认为对父母而言，使子女受教育是一种对于国家和社会应尽的义务，对行政当局而言，使儿童受教育是一种不可推卸的责任，国家应强迫父母把子女送进学校接受教育，对不承担义务的父母，国家应予以惩罚。

此外，在教学方法上路德要求废除体罚，满足儿童求知和活动的兴趣，并主张运用直观的教学方法。

3. 路德教育思想的实践及发展

尽管路德阐述了自己的教育主张，但并没有落实到具体的实践环节，对这些教育主张的实践最终由德国的梅兰克吞和斯图谟加以完成。他们不仅继承了路德的教育主张并在此基础上有了新的发展。

梅兰克吞是德国的一个新教神学家，又是一个人文主义者和教育活动家。他对教育的贡献主要在高等教育方面，为德国日后高等教育体系的建立奠定了坚实的基础。他主张教育由国家所控制，教育应兼顾宗教和世俗的双重目的。主张人文学科和宗教学科并重。在中等教育方面，他制订了学校改革计划，形成了日后德国的文法学校体制。同时他还编写了不少教材，对当时德国各级教育的课程建设产生了深远的影响。

斯图谟和梅兰克吞一样，继承了路德的教育思想和教育理念，并将其运用于实践领域，在此基础上有所突破和发展。斯图谟主要是对德国的中等教育发展作出了巨大贡献。他在教育中强调教育的宗教性；他创造了学校分级制度，他将学生分成十个年级，每级依照固定的课程进行教学，每级之间强调课程的联系，最后一级的课程与大学课程相联系。年级之间由升级制度加以联系，每年都举行浓重的升级仪式，以奖励优秀者。这成为以后德国各中学相模仿的对象。分级制度成为日后年级制度的先河，为班级授课制的最终确立提供了制度保障和支撑。这为近代学校教育的制度现代化奠定了重要基础。

（三）加尔文教派的教育思想和实践

加尔文是继路德之后的又一个重要的新教神学家和宗教改革家，加尔文是法国人，他于1534年到瑞士开始宣传新教，在多年的传教实践中，逐步形成了加尔文教派，对后来整个西欧教会的改革产生了深远影响。加尔文在《基督教原理》中，系统阐述了他的宗教改革主张和教育主张。

1. 加尔文的宗教思想

加尔文的宗教主张充分吸收了路德教派的主张，并在此基础上有所创造和发展。具体来讲，主要包括以下几方面的主张。

（1）主张因信称义。和路德一样，加尔文主张因信称义，强调个人在宗教生活中的地位。较路德更为激进的是，加尔文完全排除了教会在个人信仰中的作用，认为只要个人充分理解了《圣经》即可获救，并且认为只有《圣经》才是信仰的唯一依据。这种思想体现出鲜明的个人主义特点。

（2）在教俗关系上，加尔文认为，在教权高于政权的前提下，应实现教权与政权的统一。他认为世俗的政府和教会这一代表上帝意志的精神政府都是依上帝的意志建立起来的，服从于世俗政权和服从于教会是同一回事。实质是主张政教合一。

（3）加尔文的思想中还包括许多有利于日后资本主义发展的新教伦理，如强调节俭、勤劳，并以此作为获得上帝恩眷的重要途径和手段加以强调等。这些新教伦理的提出，使个人信仰与现实生活之间建立起了紧密联系，从而使加尔文的思想得以长盛不衰。

2. 加尔文的教育思想

加尔文的教育思想主要体现在《基督教原理》、《教会管理章程》和《日内瓦初级学校计划书》中。加尔文在教育方面提出了以下主张。

第一，加尔文十分重视教育对个人生活、社会生活和宗教生活的意义。

在个人生活方面，加尔文认为由于人生而具有“原罪”，如果再没有后天的教育的话，人终究难免堕落的境地，在此意义上，教育的作用就在于使人摆脱原罪，使人向善。

在宗教生活方面，由于强调个人的宗教信仰，为了使每个人都能具备直接通过阅读《圣经》而获得与上帝进行沟通的能力，对《圣经》进行直接的阅读就成为重要的途径，而教育则是实现这一任务的唯一选择。因此，教育对于个人的宗教生活具有重要意义和作用。

对于人的社会生活，加尔文认为人本身是不完善的，因此，人必须在社会中不断完善自己、不断追求新的知识，这样也需要不断接受教育。

最后，为使人成为一个真正的基督教徒，人也应该接受教育。只有通过教育，人才可能真正具备一个真正基督教徒应具备的勤奋、节俭和效率及责任感等方面的意识与品质。

第二，加尔文提出普及、免费教育的主张。

加尔文要求国家开办公立学校，实行免费教育，使所有儿童都有机会受到教育，学习基督教教义和日常生活所必需的知识和技能。实行普及、免费教育一方面是为了促进人们宗教信仰的形成，另一方面也是为了保障世俗利益。

加尔文不仅提出了普及、义务教育的主张，他较路德更进一步的是，他还在日内瓦进行了普及、免费教育的实践。正是从此出发，有西方学者把加尔文看成是“普及义务教育之父”。

第三，加尔文也十分重视人文学科的价值。

加尔文认为人文学科有助于对《圣经》的理解，他指出：“虽然我们把《圣经》置于首位，但我们并不排斥良好的训练。《圣经》确实是一切学识的基础，但是人文学科有助于充分理解《圣经》。”这种思想使加尔文在教育实践中，将人文知识的教育和宗教知识的教育两者结合起来，使其教育思想充分吸收了世俗文艺复兴时期的成果，从而赋予其教育思想以新的生命力和活力。

第四，加尔文借鉴了许多同时代的优秀的教育实践经验。如他曾借鉴斯图谟文科中学的分级制度。在借鉴过程中，他又有所创造和改变，他把十个年级改造成了七个年级。加尔文根据斯图谟文科中学的形式，于1559年在日内瓦创办了一系列的教育机构，如法律学校等。

第五，加尔文在高等教育方面也有建树，他于1558年创办日内瓦学院，学院以培养传教士、神学家和教师为目的。日内瓦学院成为后来许多欧洲大学的榜样。

总体上看，加尔文的教育思想由于更具时代特点，因而也具有较强的生命力，使他的思想对西方近代教育的产生发挥了重要作用。同时，随着加尔文新教的广泛传播，加尔文的教育思想也得到了更大程度的普及和传播。

三、反宗教改革运动与教育（天主教改革与教育）

面对宗教改革运动对天主教所产生的冲击，天主教不甘心接受失败，为了与新教争夺信徒，他们发起了反宗教改革的改革运动。目的在于进一步巩固和维护天主教的地位。这实质上是一种天主教被迫的内部改革。这种改革不仅涉及宗教自身的改革，同时，出于与新教争夺信徒和传播天主教教义的需要，对教育领域内的改革也成为天主教改革的重要内容。

（一）天主教改革的主要措施

为与宗教改革运动相抗争，天主教采取了以下几方面的措施。

第一，改组宗教裁判所，加强思想控制，以镇压异端。

第二，发展耶稣会，以与新教抗衡。

第三，召开特兰托大公会议。在会议上，确认了教皇的最高权威地位；并宣布所有的新教派别都是异端；宣称罗马天主教教义和仪式是正确的；会议通过广泛开设神学院的决议等。

第四，积极推进海外传教；以拓展信徒的范围。

天主教教会提出“在欧洲失去的，要在海外补回来。”因此，天主教会开始将眼光投向世界其他国家和地区，派遣大量传教士到海外传教，从而扩大了天主教在其他国家和地区的影响。

天主教的改革措施收到了一定成效，使天主教的力量较宗教改革时期有了很大程度的提高，这样，使新教和天主教的争夺越来越激烈，最终演变成一场宗教战争，史称“三十年战争”。“三十年战争”实质上是欧洲社会内部不同宗教信仰和派别之间为划分势力范围而发动的宗教战争，由于战争过程中双方力量均衡所致，新教或天主教一统的局面最终没有出现，战争最终以《威斯特伐利亚和约》的签订而告终，形成了宗教宽容、和谐共处的局面。由此奠定了现代西方的宗教势力格局。

（二）耶稣会与教育

除采取以上措施外，教育也是天主教与新教争夺信徒的一条重要途径。天主教主要是通过耶稣会来实现对教育的关注和控制。

1. 耶稣会概况

耶稣会是16～17世纪时期一个非常著名的天主教教派组织，它在正统天主教教义的坚持以及通过教育扩大天主教影响方面，发挥出了重要作用。同时，由于该组织对教育的关注，为后来西方教育留下许多经验和财富，在客观上为西方教育理论和实践的发展上作出了贡献。耶稣会的一些教育主张直到现在仍然在影响着教育理论和实践的发展。

耶稣会由西班牙人罗耀拉所创。由于罗耀拉出身军人，因此，耶稣会在制度建设上仿照军队建制组成，纪律森严。耶稣会以“四绝”作为发展理念，强调会士必须宣誓绝对效忠，宣誓绝财、绝色和绝意，实质是重拾天主教已经开始衰败的社会形象和声誉，恢复传统天主教禁欲的传统。这种严格的管理不仅使耶稣会迅速成为天主教会中重要的教派组织，也使耶稣会的教育成为当时最有成效的教育。但由于耶稣会举办教育的目的在于让世界都服从罗马教廷的统治，因此，在教育过程中，耶稣会积极参与教会事务和各国世俗事务，为达目的，甚至不择手段，最终招致各国痛恨，耶稣会最终于18世纪相继被欧洲各国取缔。

2. 耶稣会的教育

（1）教育目的

由于耶稣会把教育定位为是实现其宗教和政治理想的重要手段和工具，因此，在教育目的方面，耶稣会的教育主要是培养社会和教会精英，以控制未来的宗教和世俗统治阶层。由此目的出发，耶稣会的教育主要以中等教育和高等教育为主，对初等教育基本上没有涉及。

（2）耶稣会的教育形式

耶稣会所设立的学校都以学院（college）相称，学院包括初级部和高级部两部分。初级部修业年限为5～6年，内容以人文学科的学习为主。高级部属于高等教育的范畴，具体包括了哲学部和神学部。哲学部教学内容以逻辑、形而上学、心理学、伦理学和天文学等学科为主，而神学部除开设哲学部所开设的课程以外，还加强了对《圣经》和经院哲学的研究与学习，其修业年限为4～5年。

从教育内容本身来看，耶稣会学校与其他学校并无多大差异。但耶稣会学校的特色之处在于它的管理，在于它对师资的高要求和其较为先进的教学方法。

（3）耶稣会的教育管理措施

耶稣会制定了严格的管理章程，在耶稣会教育发展过程中，尽量做到有据可依、有章可循。耶稣会的章程主要是1559年由罗耀拉颁布的《耶稣会章程》和1599年颁布的《教学大全》，这些章程在耶稣会组织内部都具有法律的权威，这些章程对耶稣会各方面的发展都起到规范作用，尤其是对耶稣会学校的工作具有普遍指导意义，这些章程使耶稣会教育的组织形式得到了统一，从而保证了耶稣会教育工作的高效率运行。

在两个章程的指导下，耶稣会十分重视师资的培养和训练，他们对教师提出了严格的要求。耶稣会认为首先要对教师进行严格的宗教训练，使教师成为虔诚的天主教徒；其次是要对教师实施知识方面的训练，提高教师的业务水平和业务能力。总体上讲，耶稣会教师的学识在当时比新教的教师要更为渊博；第三，耶稣会主张对教师实施有关的教育和教学方法训练，包括一些教学技巧、班级管理方法等方面的训。这些措施的出台，极大提高了耶稣会教师的水平，为耶稣会高质量教育的发展奠定了重要基础。

教学组织方式和教学方法方面，耶稣会采用了寄宿制和全日制。同时，耶稣会根据学生的能力将学生分成不同的班级，实行分级教学；教学采用集体授课的方式，以教师教授为主；在教学方法上，除开传统讲授法以外，耶稣会还引入了座谈、讨论、考试和竞赛等方法；学校很少采用体罚，即使采用也不由教师亲自执行，而是由校工执行，认为这样有利于亲密师生关系的建立；耶稣会提倡爱的教育和管理，强调和谐学习氛围的形成；耶稣会在学生管理上提倡学生间的相互告密，便于加强对学生的控制和管理。这同时不可避免地使学生之间缺乏真诚的交流和信任。

不可否认，耶稣会教育在教育史上有其独特的历史地位，它的许多措施也为后世所继承，成为人类宝贵的教育经验。但由于耶稣会教育的逆历史潮流性，使耶稣会教育不可避免地被淘汰出历史的舞台，这也是其耶稣会组织自身的定位所导致的必然归宿。

文艺复兴时期是整个欧洲变动最为剧烈的时代之一，社会发展线索众多、头绪纷繁，宗教和世俗二者相互缠绕，这使得这一时期成为欧洲社会从中世纪向近代转变的重要时期。具体到教育领域来讲，世俗人文主义教育、新教教育和天主教教育彼此冲突，同时又相互借鉴直至实现融合，这些都为这时期教育的发展带来了活力。正是由于这时期教育发展充满活力，一些新的教育探索无论从理论还是实践上，都得到了很大程度的展开，这也为欧洲近代教育的兴起奠定了重要基础。因此，可以说，文艺复兴时期教育的发展，是整个西方近代教育发展的重要起点所在，它在西方教育发展的宏观历史上，具有承前启后的历史地位。

第四节　夸美纽斯的教育思想

捷克教育家夸美纽斯是西方教育史上一位开天辟地式的人物，他对整个教育学科的发展都做出了巨大的贡献，他所著的《大教学论》使教育学第一次独立于哲学等学科，从此，教育学科开始逐步独立成为一门新兴学科。这可以说是夸美纽斯对整个教育理论发展的最为重要的贡献所在。同时，他所提出的一系列的教育思想和理论，一方面，总结了从古希腊和古罗马以来的教育发展的经验和理论；另一方面，也为后来的教育研究开辟了新的领域，奠定了基础。因此，研究和了解夸美纽斯的教育思想具有十分重要的意义。

一、夸美纽斯的生平和世界观概况

（一）夸美纽斯生平概况

夸美纽斯于 1592 年出生在一个捷克兄弟会家庭，12 岁时父母双亡，后依靠兄弟会的支持得以继续其学业。兄弟会的背景对夸美纽斯日后思想的形成与发展都产生了深远影响，在其一生的思想发展过程中，一直都具有十分强烈的宗教情结即与此紧密相关。16 岁时，夸美纽斯进入拉丁文法学校学习，后到德国接受高等教育，最终于 1614 年学成回国。开始时担任一所由兄弟会所办的拉丁文法学校的校长，两年后成为兄弟会牧师。

从 1618 年开始，欧洲爆发了天主教反对新教的三十年战争，这场战争也波及捷克。1620 年，由于捷克新教势力战败，使得捷克兄弟会受到当时西班牙占领军的迫害，迫使兄弟会成员开始辗转于深山密林之中，作为兄弟会牧师和重要成员的夸美纽斯也不例外。在流亡过程中，夸美纽斯开始时丢失了所有的藏书和手稿，后由于瘟疫流行，使他先后失去了自己的妻子儿女，可以说境遇十分凄惨。尽管如此，夸美纽斯仍然坚持研究和著述工作，先后写出了《世界迷宫》和《心的天堂》等著作。

1628 年，由于宗教迫害，夸美纽斯率捷克兄弟会三万多人被迫移居波兰的黎撒，开始了其长期的流亡生涯。其间，曾担任兄弟会文科中学校长达 14 年之久，并撰写出《母育学校》（1628～1630），《语言学入门》（1631）和《大教学论》（1632）等教育理论著作和教科书等。1630 年以后，夸美纽斯开始进行“泛智教育”研究（所谓泛智是指一种百科全书式的能为一切人所掌握的各种自然和社会知识的大全），创办了泛智学校，并先后应邀到瑞典和匈牙利进行教育方面的实验，并撰写《世界图解》等重要的教育著作。1670年11月，夸美纽斯逝世。

（二）夸美纽斯的世界观

夸美纽斯的世界观总的来讲具有两重性，也可以看成是一种矛盾性的世界观。这是与当时文艺复兴的环境和中世纪的文化惯性以及夸美纽斯本人强烈的宗教背景有密切联系的。

夸美纽斯的世界观具体表现在两方面。一方面，他受人文主义的影响极深，思想中民主主义和人文主义的思想成分占很大比重。比如，他在其著作中强烈谴责大国欺负小国的现象，要求各民族和大小国家都一律平等的思想，就鲜明地体现了这种民主主义的思想；另一方面，他又是基督教新教派的领袖，基督教的世界观根深蒂固；他既强调感觉是认识的起点和基础，他认为，“早先在感觉中没有的东西，在意识中也不会有。”而与此同时他又认为《圣经》是人类认识的源泉，是所有知识的最初来源。这种世俗与宗教交织的矛盾世界观对夸美纽斯教育思想的形成产生了很大的影响，直接导致了夸美纽斯教育思想本身矛盾性的形成和产生。

二、教育的作用和目的

（一）教育目的观

由于夸美纽斯世界观的矛盾特征所决定，他的教育目的同样也表现出一定的矛盾性。一方面，他从宗教世界观出发，认为人生的最终目的是为了要达到“永生”，世间的生活只是“永生”的一种准备，因此，教育的目的主要是要使人为来世生活做好准备。另一方面，他从其世俗的人文世界观出发，认为人就应该成为理性的动物，要主宰万物，并利用万物来过好现世生活。因此，教育的目的就在于使人认识和研究世界上的一切事物，培养和发展他们的各种能力、德行和信仰，以便享受现世的幸福，并为永生做好准备。由此不难看出，夸美纽斯在教育目的的界定上是一种十分矛盾的目标界定。但总的来说，尽管有宗教的影响，夸美纽斯在教育的目标定位上，还是比较倾向于教育的世俗目的。

（二）教育作用

夸美纽斯认为教育应具有两方面的作用。

一是他把教育看作改造社会、建设国家的重要手段。他在《论天赋才能的培养》中，多方面对比了有教养的民族和没有教养的民族之间的差别，以说明教育对于开发自然资源、发展生产、增进人类幸福和加强国家实力的作用。同时在《大教学论》中，他也详细地讨论了合理的教育和人才培养与经济建设、国防建设的关系问题。这表明夸美纽斯把教育放在了国家和社会建设中的重要地位加以考虑。这实质上是对教育社会功能的一种界定。

二是夸美纽斯高度评价了教育对于人发展的重要作用。他认为，人都是有一定天赋的，而这些天赋发展得如何，关键在于教育。夸美纽斯指出只要接受了合理的教育，任何人都能够得到发展。他认为教育的作用主要在于培养身体、德行、智慧和信仰等方面和谐发展的人。

三、论教育适应自然的原则

教育适应自然的原则是贯穿夸美纽斯整个教育思想体系的一条最为基本的原则。这条原则的形成是建立在夸美纽斯对传统经院学校批判的基础之上的。

夸美纽斯认为："在此以前，没有一所完善的学校。"在那些不完善的学校中存在着种种弊端，之所以有这些弊端的存在，他认为归根结底是由于这些学校的教育工作不符合事物的自然秩序所致，"使得学校变成了儿童恐怖的场所"。因此，夸美纽斯认为必须改革这些不良的教育，使教育遵循自然的法则。

夸美纽斯这里所说的"自然"实质上是指宇宙中普遍存在的秩序和规律。他认为，正是这些秩序的存在，保证了宇宙万物的和谐发展。由此出发，夸美纽斯提出人的各种活动，包括教育活动都应该遵循自然、普遍的秩序或规律。他把遵循秩序这条普遍法则看做是教育适应自然原则的重要内容。夸美纽斯指出："教育组织的划分按四季来进行，对儿童的早期教育也应从春天来加以获得灵感……"

具体到教育领域，最这种秩序和规律的遵守应包含以下两方面的内容。

首先，教育适应自然原则表明教育工作是有规律性的工作，教育工作者应当遵循教育规律；既然教育工作有规律可循，那么就应该去努力探明这些教育的规律，以为教育服务；

其次，教育适应自然的原则还强调要依据人的自然本性和儿童的年龄特征进行教育。他认为，人是自然的一部分，因此，人的发展也有其自身的规律可循。夸美纽斯指出："各级学校自始至终，要按学生的年龄及其已有的知识循序渐进地进行教导。"

夸美纽斯教育适应自然原则的提出，打破了中世纪教育活动对《圣经》

的依附，开始关注到教育领域自身的发展规律，同时，夸美纽斯通过探索和总结教育规律，一方面是对以往较为零散教育规律的系统化，同时也为教育的发展开拓了新的方向，最终使教育确立了自己的独立学科发展道路。这是他对教育理论发展的又一重大贡献。

四、论学校体系和普及教育

（一）夸美纽斯论学校体系

夸美纽斯对学校体系的划分是建立在他关于儿童分期的认识基础上的。他认为，依据儿童的年龄特征，可以把人从出生到成年接受教育的过程分成四个时期，以六年为一间隔。每一分期对应于相应的教育阶段。为此，夸美纽斯提出建立四个阶段的学校：每个家庭一所母育学校；每个村一所国语学校；每个城市一所中学；每个王国或省一所大学。由此，形成了一个完整的教育网络和教育系统。

1．婴儿期：家庭教育阶段（0～6 岁）

这个阶段的教育由母育学校对儿童进行教育。这时期主要的教育内容是在家庭接受百科全书式的知识启蒙教育，使儿童获得有关自然界、社会生活和家庭生活的初步认识。夸美纽斯认为，母育学校的任务远远不只是感觉训练，它应该把“我们希望给予人们以应付生活所需要的全部基础知识灌输给孩子。”甚至孩子在其母亲怀抱中就开始学习各门科学和艺术。在这一阶段的教育中，夸美纽斯编写了《母育学校》和《世界图解》两本书作为教材，这使得这一阶段的教育开始逐步走向正规化的发展道路。

2．儿童期：初等教育阶段（6～12 岁）

这个阶段的教育由国语学校进行。国语学校的目标是“用那些对学生可能一辈子有用的东西教育所有年龄在 6～12 岁（或 13 岁）的儿童。”国语学校的教育内容在传统读写算和教义问答的基础上，增加了几何基础、历史、地理、天文、经济与政治生活基本常识等课程。也开设了一定的外语课程。这一阶段，夸美纽斯提出，所有儿童必须通过本族语受到一次彻底的训练。

3．少年期：中等教育阶段（12～18 岁）

这个阶段的教育由拉丁语学校负责实施。教育内容主要有四种语言课程：一年学习现代语，两年学习拉丁语，一年学希腊语，六个月学希伯来语。夸美纽斯也继承了传统的“七艺”科目的教学，同时，新增加了物理、历史、伦理学和神学等科目。其中尤其注重历史学科的教学。并对历史的教学进行了详细的划分。此外，学生还要专门学习语法、自然科学、数学、伦理学、辩证法和修辞学方面的课程。这一阶段，实质上是一个“泛智”教育阶段。

4. 青年期：高等教育阶段（18～24岁）

这个阶段的教育通过大学来加以实施。在高等教育领域，夸美纽斯继承了中世纪的大学传统，主张按照神、医、法三科来设置专业。同时，夸美纽斯也认为大学应该为研究人类知识的每一个分支做好准备。在这一阶段，高深课程的更加严格的要求将迫使大多数学生把自己限制在最明显地适合自己天赋的专门科目上；只有那些具有特殊才能的人，才被允许去探究一些分支科目的学问。夸美纽斯同时也提出大学应成为拉丁语学校的延续，在中学课程结束时应举行一次公开考试，被证明是适合于到大学深造的“那些精选出来的有才智者”才有进入大学学习的资格。这为近代国民教育体系的建立奠定了重要基础。

夸美纽斯关于学校体系的划分，其实质是在继承前人类似思想基础上的系统化。它对后来教育发展提供了完善的学校教育系统雏形。

（二）夸美纽斯的普及教育思想

1. 夸美纽斯的“泛智”思想

夸美纽斯的普及教育思想是建立在“泛智”思想基础之上的。他的“泛智”思想要求把一切事物教给一切人，并认为一切儿童都可以教育成人。具体来讲，“泛智”思想包括三个方面的内涵：一是应学习一切知识领域中精粹的综合；二是要行动熟练，能够实际运用所学的知识；三是要语言优美，能用语言完美地表达其知、其行。由“泛智”思想出发，夸美纽斯在对传统教育的等级性进行批判的基础上，提出了普及教育的民主要求。

2. 夸美纽斯论普及教育

夸美纽斯提出一切男女青年都应该进学校进行学习。夸美纽斯提出：“一切男女青年都应该进学校。”“不仅有钱有势的人的子女应该进入学校，而且一切城镇乡村的男女儿童，不分富贵贫贱，同样都应该进学校。”这实际上提出了受教育权利的平等问题，是一种典型的普及教育思想。

尽管夸美纽斯提出了普及教育的主张，但他同时也暴露出其思想的局限所在。他认为一切男女青年接受教育的目的和程度应该是不同的。权贵和富人的子女接受教育是为了更加有智慧，成为领袖人物；地位较低的人要受教育，他们才能聪明地、谨慎地、自愿地服从长上；至于妇女接受教育，主要是使她们能够照料家庭，增进她的丈夫和家庭的幸福。这表明夸美纽斯思想并未彻底摆脱传统教育的影响，这也是时代本身的局限。在此意义上，夸美纽斯所提倡的普及教育思想是一种不彻底的，仍具有贵族性和等级性的普及教育思想。

五、夸美纽斯的教学论思想

夸美纽斯的教学论思想主要包括教学原则和教育制度两方面的内容。

（一）教学原则

夸美纽斯以教育适应自然原则为总的教育理念，提出了一整套系统的教育原则。这是西方教育史上的第一次。他主要提出了以下几方面的教育原则。

1. 直观性原则

夸美纽斯反对单纯的书本学习，强调学习对现实生活有用的知识，这样的学习应当从观察事物开始，将文字的学习放在第二位。

他在感觉论的基础上论证了直观性的教学原则。他认为，一切知识都是从感官的感知开始。由此，他认为感官才是获得知识和经验的真正基础。

在实践中，直观性教学具体包括以下做法：首先应尽量做到观察；在不具备观察条件的时候，应利用图片或模型代替实物。同时，夸美纽斯也强调对教育环境进行布置，认为良好的环境可以提高学生的学习兴趣。

2. 循序渐进原则

夸美纽斯的循序渐进原则是以他对系统教学的认识为基础的。

他认为教学应该是一个知识系统传授的过程，只有在系统的基础上，才谈得上教学的循序渐进。如何实现循序渐进呢？夸美纽斯提出可以从以下几方面进行。

首先，在教学内容的组织上，要妥当地安排教学科目的先后顺序，每一学科的内容要仔细分成阶段；在知识教学上，要求做到由近及远，由简到难，有已知到未知，由具体到抽象等。

其次，在教学时间的安排上，也要仔细划分，做到教学安排的细化和渐进式发展；

第三，在学生的学习顺序上，要求从学生认识活动的特点出发，从感官观察到以理解为基础的记忆，最后才是实际应用的练习。因此，学生的学习过程应该是一个循序渐进的过程。在此意义上，循序渐进原则实质上包括了重视打好基础的思想在里面。

在循序渐进原则中，夸美纽斯极为强调教育一定要适合儿童的年龄特征，特别是为初学的儿童选择学习材料，一定要适当等。

3. 启发儿童的学习愿望和主动性的原则

要求教师、父母和学校都应该采取一切可能的方法去激发学生的求知欲望。夸美纽斯指出："强迫孩子们去学习的人就是大大地害了他们。"因此，教育者"应该用一切可能的方式把孩子们的求知与求学的愿望激发起来。"这种求学欲望的激发应该由父母、学校、教师和国家等因素共同进行。夸美纽斯认为，作为父母，应当在孩子目前时时赞美那些具有学问的人；教师应该用温和、亲切的语言教育学生；学校应该有一个良好的育人环境；国家和政府应该大众表扬那些用功和优秀的学生等。通过这些不同力量的共同作用，来激发出学生学习的兴趣和愿望。

4. 巩固性原则

夸美纽斯认为，巩固性的知识是不仅要使学生领会知识，牢牢地记住知识，而且还要会应用知识。对于如何实现知识巩固的问题，夸美纽斯提出：首先，理解性的教学有助于知识的巩固；其次，经常的练习和复习也是巩固知识的重要方法；第三，把自己掌握的知识教给别人，也是好的巩固知识的方法。

（二）教学制度

教学制度设计是夸美纽斯教育思想中对后世教育影响最为深远、也是最富有特色的思想。夸美纽斯主要对学年制度、班级授课制度、督学制度等方面进行了系统的深入思考和论述。

1. 学年制

学年制是学校运行的基本制度，夸美纽斯在充分吸收和借鉴德国斯图谟年级制的基础上，提出了学年制的制度设计。他在《泛智学校》一书中指出，学年制度应是学生同时开学、同时放假；每年只招生一次，学生于秋季入学；学校工作按年、月、日、时计划运行；采用考试手段来进行学业的评价，以考试结果作为升级的重要依据，学生应同时升级等。学年制的提出和实践，为不同等级学校教育之间的联系和衔接提供了重要的制度支撑，这为近代教育系统和教育体系的形成奠定了十分重要的制度基础。这也是夸美纽斯巨大的教育贡献所在。

2. 班级授课制

班级授课制是夸美纽斯对前人相关成果进行继承和系统化的结果。

夸美纽斯一方面针对当时学校教育松散的弊端，另一方面是系统总结了以往的经验，在此基础上提出班级授课制是提高教学效率的有力措施。

夸美纽斯主张把全校的学生按照年龄和程度分成班级，班级应成为学习最为基本的教学单位。每个班有一个固定的教室。有一位教师统一面向班级授课。每个班级以十人为单位分成小组，每小组设小组长，也称十人长。其职责是协助老师管理同学，考察学业情况等。

班级授课制的提出，为扩大教育规模、实现教育对象的普及和提高教育效率发挥了重大作用，这种制度也成为直至今天为止的所有学校教育都在采纳的基本教学制度，这也表明其深远的影响和巨大的历史生命力。

3. 督学制度

夸美纽斯提出，国家应设立督学对全国教育进行监督和评价。关于督学的聘任，夸美纽斯提出应选拔那些“受人尊敬的、贤明的、信教的和积极的人。”在实践中，督学主要应承担以下职责：第一，培训未来的教育管理者，使他们熟悉各种规章；第二，管理各级学校人员；第三，要检查学校的教学工作；第四，监督学校各项规章制度的执行；第五，了解和指导社会对儿童的教育情况，加强学校教育和社会教育之间的沟通。

夸美纽斯是世界上最早提出国家设立督学的教育家，他对督学素质的论述和对督学职责的规定，直到现在仍然具有十分重要的现实指导意义。

夸美纽斯作为西方教育史第一位系统论述教育的思想家和教育家，首次提出了系统的学校制度和普及初等教育的民主要求；建立了广泛的课程体系，编写了优秀的教科书；系统总结并创立了一整套学校的工作制度，特别是实施集体教学和班级授课制度；详细研究了教学工作所应遵循的原则和规则，并试图建立分科的教学法等。这些都体现出夸美纽斯对世界教育发展的贡献所在。但也不可否认，作为教育理论的开端和起源，夸美纽斯的思想还存在许多不完善的地方，尤其是由于他世界观的矛盾特点所决定的教育思想的矛盾性，是其思想不可否认的最大的缺点所在。但这也是夸美纽斯个人所处的历史背景使然。瑕不掩瑜，正是通过夸美纽斯的努力，才使教育开始从其他社会领域中分离出来，正是以此为起点，才有了最初的系统的教育学思考。在此意义上，夸美纽斯在教育发展史上具有他人所无法替代的重要地位。

第三章　近代世界各国的教育发展（17～20世纪初）

1640年的英国资产阶级革命标志着人类历史步入了近代社会，由此开创了人类历史发展的新篇章。随着社会的思想、文化等领域向近代转变，教育领域也开始出现了不同于古代社会的变革，近代教育发端，成为日后世界教育发展的重要基础所在。

启蒙运动是西方文化发展史上一个十分重要的时期，是彻底打破宗教对世俗社会统治的一个重要时期。因此，启蒙运动所有的思想，都建立在对中世纪宗教的批判基础之上，是对宗教的一种世俗和逆向的思考。启蒙运动时期主要强调人的理性的作用，提升人的主体地位，把人从宗教的束缚下解放出来的一个时期。正是从启蒙运动之后，人才真正成为世间的主宰。这种思想为人各种力量的张扬提供了重要的理论准备。反映到具体实际，就表现为，人相对于世界而言，具有无穷的创造力。人不但能够很好地去认识自然，同时也能够很好地去改造自然。这就为科学地位的提升开辟了道路。对理性和科学的重视也成为这一时期教育的重要准则。所以，启蒙运动时期的教育在目的上都倾向于强调人理性能力的培养，在教育内容的选择上，都加大了科学课程的容量。这可以说是这一时期教育发展的最为重要的特征所在。虽然从历史分期上，我们把1640年英国资产阶级革命作为近代的开端，但事实上，从思想发展的角度看，近代的真正起源是从启蒙运动时期开始的。由此也可见启蒙运动在西方历史上的卓越地位。启蒙运动虽然开创了西方甚至人类发展的新的历史，但有启蒙运动所倡导的对人理性的重视和关注，在后来却使人类陷入了对自身的无限迷恋中，过分夸大了人类对于自然和宇宙的力量，从而带来了许多新的社会课题，使人类自身的发展受到新的威胁。这可能也是启蒙运动时期的思想家们所始料未及的。不可否认，启蒙运动时期是一个产生了思想，涌现了大批的思想家，且群星璀璨的历史时期。这一时期的教育发展也不例外。

对于这一时期的教育，我们主要从制度和思想两个方面来进行介绍。

第一节　17～20 世纪初英国的教育发展概况

一、17～18 世纪英国的教育发展概况

17～18 世纪英国教育发展的一个重要历史背景是于 1640 年进行的资产阶级革命，打破了传统教育的许多成规和局限，为教育的发展提供了良好的制度环境和基础。同时，随英国资产阶级革命而来的工业革命，为新兴教育的发展提供新的刺激和新的教育目标定位。这些都是英国教育发展的十分重要的社会因素。

这一时期英国教育的发展从总体上看，相较于其他欧洲大陆国家而言，其发展水平较为低下。这可从其各级教育的发展可以得到反映。

（一）初等教育

由于英国政府不注重教育的发展，致使整个教育的发展水平较为落后。在初等教育方面，这时期主要以慈善学校为主，有国教会和一些团体、个人所办。称为免费学校、贫尔学校、乞尔学校和流动学校等。此外，洛克所倡导创办的工作学校也是重要的形式之一。也有一些私立的收费的初等学校。多为新兴的资产阶级贵族子弟所设，其目的在于升学。

总起来讲，初等学校的办学条件十分简陋；教学内容十分简单，以宗教和阅读为主，不重视计算方面的教育。教师多有手工业者、教堂人员、军人和老人为主。教师地位很低。教育对象主要是贫民儿童。

英国的初等教育可以说是当时欧洲发展水平最低的初级教育。这种状况一直持续到 20 世纪。

（二）中等教育

英国的中等教育主要是富家子弟的升学预备教育。所以，教育对象以富家子弟为主。

在学校形式上，主要是以私立的文法学校和公学为主，采取寄宿制。

文法学校和传统的文法学校没有多大的差别。但公学确是这一时期英国教育的一种首倡。所谓公学，并非公立学校的简称。英国公学是相对于私人延聘家庭教师的教学而言的。它强调这种学校是由公众团体集资兴办，其教学目的是培养一般公职人员，其学生是在公开场合接受教育。在整个英国的教育发展史上，公学以其高质量的教学而闻名。曾为英国社会培养了许多的社会精英。因此，公学教育总以天才教育相标榜，被誉为绅士的

摇篮。

在具体的教育实践上，文法学校和公学都实行五年的学习制度。以升学教育为其宗旨。教育内容以古典语言的学习为主，同时为适应上层社会交往的需要，也注重体育和军事训练，以养成绅士风度。在此意义上，文法学校和公学实质上是一种绅士养成教育。随着时代和社会的发展，文法学校和公学一味地对古典内容的强调受到了来自科学发展的冲击，一些自然学科开始出现，使文法学校和公学的教育内容大大滞后于社会学科的发展，由此，文法学校和公学也遭到了来自社会各界的猛烈批评 ，也迫使公学和文法学校作出极大的改革。尽管如此，公学和文法学校仍然以古典色彩留名于教育史册。

（三）高等教育

这一时期，英国的高等教育没有多大的起色，仍以牛津和剑桥为典型。在教育内容上尽管吸收了一些新的学科如自然科学等进入教育领域，但仍以古典学科为其特点，由此，也决定了他们在世人心目中保守的特点。这种特点一直到现在也无多大的改观。

总体上讲，这一时期英国的教育仍然沿袭旧制，如国家采取放任政策、教会渗透教育、首先双轨制、通行初等慈善教育等。当然，也有一些时代的新的变化的出现。但这种变化的力度却是十分的微小。

（四）培根的教育思想

培根是 17 世纪英国重要的哲学家，以提倡自然科学和科学教育而著称。他被誉为是“整个现代实验科学的真正始祖”，开辟了近代科学教育发展的道路。

培根在教育上伟大贡献在于他对科学教育和科学知识的论述以及他对科学方法论的贡献。

他在《新工具》中提出“知识就是力量”的观点。他这里主要是指的科学知识。这足见他对科学知识价值的高度评价。他认为，科学知识不仅是人类认识自然、驾御自然、使自然为人类服务的伟大力量，而且还是人类改造社会的重要力量，对于人类自身的进步和完善也有重要价值。

在方法论上，他认为经院哲学所倡导的演绎法，并不能给人类带来新的知识，更不能揭示事物的本质，相反，却会阻碍科学的进步。因此，他提出应实行归纳法。他认为“从感觉和特殊事物把公理引申出来，然后不断地逐渐上升，最后才达到最普遍的公理。”这实际上是立足于经验的一种研究方法。

在教育内容上，培根设计了广泛的学科体现，起草了一个百科全书式的学科大纲，几乎包括了科学知识以及新技术的各个方面。减少了古典学科在教育中所占的比重，取消了宗教学科。教学方法上，培根认为教师应注重启发、示范和直观演示等，认为教师应根据不同的教育内容选择不同的教学方法；同时教师要注意发挥学生的个性特长等。

在《新大西岛》中，培根提出创建所罗门宫。这实际上是一种科学研究和教育机构。其目的在于“探讨事物的本原和它们运行的秘密，并扩大人类的知识领域。”新大西岛也是培根心目中的一个科学主宰一切的社会，为近代社会科学教育的星期提供了重要的激励。

培根对经验和感觉的强调，一方面从方法论上取得了重大的突破；另一方面，也为科学的崛起提供了基础和条件。后来科学教育的盛行可以说培根是功不可没。这也是他的历史功绩和贡献所在。

二、19 世纪英国教育发展概况

英国社会在 18 世纪工业革命大发展的基础上，开始从自由资本主义向垄断资本主义转型。这种转型的社会特征无疑为英国社会的政治、经济和文化带来了极大的冲击，教育领域也不例外。

综观英国 19 世纪的教育发展，从宏观上讲，其最大的变化和特征在于国家加强了对教育的干预和控制。英国政府之所以开始干预教育，主要是各方力量不断冲突和平衡的结果，这也是社会发展提出的客观要求。具体来说，有以下几方面的原因促成了英国政府对教育的干预和控制。首先，通过国家对教育的干预，可以使社会下层民众的子女获得一定的教育，这对于促进社会生产力的提高、推动英国社会的进一步发展，具有重要意义。这一点也成为英国政府干预教育的最为根本的原因所在。其次，通过 18 世纪的发展，英国工人阶级逐渐成熟，表现在教育上就是提出了需求，尤其是认识到为改善自身地位，就必须接受教育。这样，他们开始对政府提出要求，从而加快了英国政府干预教育的步伐。第三，当时英国社会的一些开明人士也认识到，普遍的国民教育对于英国社会的发展具有重要影响。这也在一定程度上影响到英国政府对干预教育的决策。

英国政府对教育的干预具体表现为两种形式。一是通过拨款干预教育的发展。英国政府从 1833 年起，每年拨款 2 万英镑作为教育经费。这种方式开启了英国政府间接干预教育的先河。二是通过设立教育主管机构，来干预教育。英国政府于 1839 年成立了枢密院教育委员会，1856 年，英国政府将枢密院改组为教育局，具体管理与初等教育有关的事宜。这也成为英国历史上第一个政府教育管理机构。1899 年，英国成立了隶属于国会的国家教育委员会，同意管理全国的初等教育和中等教育。至此，英国开始从制度上加强了国家对教育的管理与控制。

19世纪英国教育在继承和延续18世纪传统的基础上，有了新的发展，尤其是在中等教育和高等教育方面，有了很大的变化。

（一）初等教育发展概况

英国初等教育的发展在19世纪分为前后两个时期，19世纪上半期基本上是18世纪初等教育的延续，无论从教学质量、国家的重视程度还是师资水平等方面，都没有太大的起色与变化。19世纪后半期，工人阶级开始逐步提出了初等教育的呼声，同时，英国政府也开始加大了对初等教育的关注和管理，为此，于1870年颁布《初等教育法》。这也标志着初等教育开始被纳入英国国家教育制度之内。

1. 导生制

导生制产生于19世纪上半期，是为解决当时初等教育师资短缺问题而出现的教学制度。由于该制度先后由英国传教士贝尔和兰卡斯特所提出，因此，也被称为贝尔—兰卡斯特制。该制度的具体做法是：教师先在学生中选拔一些年龄较大、学习成绩较好的学生出任导生，教师先对这些导生进行教学，在他们掌握有关知识的前提下，让这些导生再去教其他的学生。导生制的实施，在一定程度上解决了当时英国初等教育师资不足的问题，但这种方法不可避免降低了教育教学的质量。因此，导生制是特殊时代条件下产生出的一种特殊的教育方法。

2. 初等教育法规

19世纪，英国与初等教育有关的法律有两部，一是1833年颁布的《工厂法》，一是1870年颁布的《初等教育法》。后者是英国教育史上第一部关于初等教育的专门法令。

《工厂法》是英国在宪章运动的压力下，为缓解阶级矛盾而出台的一部有关工人阶级子弟教育的法律。该法规定：9～13岁的童工在每天的工作时间中，应有两小时的教育时间用于接受初等教育；工厂雇佣童工时，童工必须持有年龄证明书和入学证明书方可雇佣，否则要受到处罚。该法的颁布，对于保障工人阶级子弟的初等教育权利具有一定的积极意义。但该法在实践中并未得到有效的落实。

《初等教育法》也被称为《福斯特法案》，是英国教育史上第一部初等教育的法律，具体内容如下：（1）国家对初等教育有补助权和监督权；（2）将全国划分为若干学区，国家设立学校委员会管理地方教育；（3）对5～12岁儿童实施强迫的初等教育；（4）在缺少学校的地区设立公立学校，每个学生每周的学费不得超过 9 便士，民办学校收费不受限制；（5）学校中世俗科目与宗教科目分离等。

（二）中等教育发展概况

随着英国工业革命的发展，英国中等教育长期坚持的古典传统在 19 世纪受到很大挑战，因此，这一时期无论文法学校还是公学都对古典办学传统进行了相应的改革与调整。在坚持古典教育的同时，这一时期的英国中等教育开始逐步引入符合社会发展实际的学科内容，同时，从管理体制方面进行了调整和改革，以使传统的文法学校和公学更好地融入英国的教育管理体制。

这一时期英国中等教育改革影响最大的是对中等教育的学校体制进行了调整，使英国中等教育领域出现了三类学校形式。第一类中学是为贵族和大资产阶级子弟而开设，内容以古典学科为主，其功能是为升入大学做准备；第二类中学是为中产阶级子弟开设，课程除拉丁语教育外，大量开设数学和自然科学等。其功能是培养商业、法律和医学方面的专业人才；第三类中学是为中下层的平民子弟开设，强调实用学科的学习，其目的主要是培养从事普通职业的劳动者。

（三）高等教育发展概况

英国 19 世纪的社会发展为高等教育提出了新的需求，但由于牛津大学和剑桥大学仍然固守其传统的保守办学理念，使社会的需求无法得到高等教育的回应。在这种时代背景下，社会开设寻求新大学的建议，因此，19 世纪英国高等教育的发展可以归纳为新大学运动和大学推广运动。

所谓新大学运动，就是在牛津和剑桥等传统大学之外，再根据社会需要建设新的大学的运动。1828 年伦敦大学学院的成立，标志着新大学运动的开始。1829 年，国教派成立了英王学院，这两所大学于 1836 年合并成为伦敦大学。到 19 世纪中期为止，伦敦大学已包括了 60 所医学院和 29 所普通学院。在伦敦大学的示范效应指导下，一些新的大学纷纷涌现，尤其是出现了许多城市学院。这些学院大多属于民办性质，注重工业和科学领域。总的来看，新大学的办学理念与传统大学截然不同，主要开设经济学、工程学、数学、现代语和历史、法律等方面的专业，充分体现了与社会接轨的办学思想。新大学的出现，也极大地丰富和完善了英国的高等教育体系，使自然科学开始正式步入了英国高等教育的大门。

大学推广运动主要是指全日制大学以校内或校外讲座的形式将教育推广到非全日制学生的运动。该运动最早出现在 19 世纪 40 年代。大学推广运动旨在加强大学与社会的联系，增大社会中下层民众接受高等教育的机会。

伦敦大学、牛津大学和剑桥大学在大学推广运动中发挥了主要作用。

（四）斯宾塞和赫胥黎的教育思想

斯宾塞是英国19世纪著名的哲学家、社会学家和教育家，是科学教育的主要代表人物，他所提出的科学知识体系对英国教育产生了深远影响。赫胥黎则是这一时期英国著名的自然科学家和教育家，如果说斯宾塞是极端的科学教育论者的话，赫胥黎则主张科学教育和人文教育的和谐共存。

1. 斯宾塞的教育思想

斯宾塞于1861年出版《论教育》一书，集中讨论了教育问题。总体上，他的教育思想包括知识论和教学原则等两方面的思想。

第一，科学知识最有价值的知识观

斯宾塞认为在人类所有的知识中，只有科学知识最有价值。这种观点主要来自于他对教育目的的认识。

关于教育的目的，斯宾塞认为教育是要为人类的“完满生活作准备”。什么样的生活才算是完满的生活呢？对此，斯宾塞提出了人类生活的五种活动形式，包括：直接有助于自我保全的活动；间接有助于自我保全的活动；抚养和教育子女的活动；与维持正常的社会和政治关系有关的活动；在生活中的闲暇时间用于满足爱好和感情的各种活动等。所谓的完满生活，就是指人的以上五方面的生活活动都能得到完满发展的生活。怎样才能实现人的完满生活呢？斯宾塞在充分论证科学与以上五种活动关系的基础上，指出科学知识是对人类生活最有价值的知识。

科学知识的价值具体表现在两个方面：一是科学对社会生产起决定性的作用；二是在个人的能力、道德和宗教训练方面，科学知识也发挥着最为重要的作用和价值。由此出发，斯宾塞认为学校应充分传授与科学知识有关的课程，为此，他提出了五方面的课程：一是与直接保全自己的活动有关的课程，主要是指生理学和解剖学；二是与间接保全自我活动有关的课程，包括逻辑学、数学、力学、化学、天文学和社会科学等；三是与履行父母责任所必需的知识，包括设立学、心理学和教育学；四是与维持正常的社会和政治关系活动有关的课程，主要是指历史学科。斯宾塞认为历史有利于人们调节自己的行为，更好地履行公民的职责。五是满足闲暇时休息和娱乐的知识，具体是指文学和艺术等。

斯宾塞的课程论思想是与传统的古典课程截然不同的课程体系，反映了时代和社会发展的实际需要。当然，这种以科学尤其是以自然科学为核心的课程体系，无疑也具有其局限性。这也是斯宾塞所处时代的局限性所在。

第二，教学原则

斯宾塞认为，教学应遵循以下基本原则。

（1）教学要符合儿童心智发展的自然顺序；

（2）儿童的教育方式和教育安排必须同历史上人类的教育保持一致；

（3）教学的每个部分都应该遵循从实验到推理的过程；

（4）教学应引导儿童自己进行探讨和推论；

（5）教学过程中应注重儿童的学习兴趣；

（6）重视实物教学。

斯宾塞所提出的六大教学原则，更多地关注到了儿童的心理发展规律，具有积极的意义。但他对教学过程的思考，更多的是从自然科学教育的角度所做的思考，这在很大程度上也窄化了人类的教学过程。从此意义上看，具有一定的局限性。

2. 赫胥黎的教育思想

赫胥黎教育思想的提出是建立在他对当时英国教育状况的批评基础之上的。赫胥黎指出，无论是初等教育，还是中等教育或高等教育，都存在与社会脱节的现象，学校教育没有对自然科学知识给予更多的关注，同时，学校也未能就教育对象所处国家的历史和政治体制等方面的知识进行传递，而是固守与社会脱节的古典的教育传统。赫胥黎认为当时英国大部分学校和所有大学所提供的教育，仅仅是一种狭窄的、片面的和实质上无教养的教育。在某种程度上，这是一种近乎于完全没有的教育。

在对传统教育进行批判的基础上，赫胥黎强调了科学教育的重要性，他认为只有那些能够充分利用好自然科学的人，才能在工业竞争和生存中获得成功。因此，学校教育应充分吸收自然科学的知识，将科学教育纳入到学校教育的范畴之内加以考虑。

在科学教育的具体内容上，赫胥黎认为应包含三方面的内容。一是自然科学知识的教育。包括地理学、植物学、物理学、化学和人体生理学等；二是道德理论、政治和社会理论基础知识方面的教育；三是历史教育，尤其是英国历史的教育。

关于科学教育的具体实施，赫胥黎提出应从以下四方面着手进行。一是要恰当地选择论题；二是要注重实际的教学；三是要训练一些有实际经验的教师；四是要安排充裕的时间。

在强调科学教育的同时，赫胥黎也对简单抛弃人文传统教育的做法提出了批评。他认为知识可以包括科学和艺术两类，前者在教育领域体现为科学教育，而后者则体现为人文的古典教育。在二者关系上，并不是非此即彼的选择，而是要在教育领域内实现科学与人文的结合，只有同时接受过这两方面的教育，才能算是接受过自由教育，只有接受自由教育的人，也才能从事多方面的职业。

赫胥黎的思想无疑较斯宾塞的极端科学教育思想更具有合理性和现实性。这种思想也为扭转当时教育一味追求科学而否认人文教育的弊端发挥了重要作用。

第二节 17～20 世纪初法国的教育发展概况

一、17～18 世纪法国的教育发展概况

法国是启蒙运动的发源地，出现了许多具有进步意识的思想家，尤其是在对宗教和传统教育的批判上，具有相当强的彻底性。同时，正是由于启蒙思想的影响，使法国爆发了较英国资产阶级革命更为彻底、声势更为浩大的法国资产阶级革命。完全扫除了封建的社会因素，使整个社会沿着一条新型道路发展下去。法国资产阶级革命的这种彻底性，也影响到了美国的独立运动和独立革命。并且从理论上开创了现代政治学的先河。这也表明法国革命的重要历史贡献所在。革命的彻底性和思想中对理性的更多的强调，也对法国教育的发展产生了深远的影响，使法国教育发生了深刻的变化。也使法国教育成为启蒙运动时期领先的教育发展类型，为其他国家所借鉴和效仿。

（一）大革命前的教育发展概况

在教育权的控制方面，法国政府和教会共同控制了法国教育的发展。

法国政府在 16 世纪下半期颁布了三个有关的教育法令，17 世纪则颁布了 8 个相关法令。这也表明政府对教育的重视。但政府在这时期并不直接介入办学，这就形成了法国独具特色的世俗政权和教会共同举办教育的现象。所以，在具体的教育举办上，以教会为主。由于法国是一个以传统天主教为主的国家，所以，法国的教育以天主教教育为主。

1. 初等教育领域

天主教神甫拉·萨尔于 1684 年创建“基督教学校兄弟会”，它是法国从事初等教育的主要力量。初等教育以宗教教育为主，辅之以初步的读写算方面的教学；教学组织形式上，采取班级授课制，以法语讲课；教育对象是面向下层社会的子女，免收学费。1685 年，基督教学校兄弟会曾开办了

培养初等学校教师的讲习所，这表明他们对教师的质量开始关注。

2. 中等教育领域

法国的中等教育以耶稣会为主要力量举办。关于耶稣会的教育情况在此不做重复性的介绍。除开耶稣会外，胡格诺教派和冉森派也有所涉及。如胡格诺教派就创建过一些中等学校。教育内容以古典语文和法文为主；冉森派则特别强调法语和良好师生关系的建立；在教学方法上主张实物教学，反对滥施体罚和死记硬背。此外也能注重教育理论的研究和教育文献的整理。他们都对法国中等教育的发展作出过重要贡献。另外一个重要的办学力量是17世纪初成立的耶稣基督圣乐会，尤其是18世纪中期耶稣会被取缔后，更是成为最为重要的中等教育力量。他们受笛卡儿理性哲学的影响，在教学中尤其重视历史特别是法国史，此外还拓宽了数学教学的范围，以此训练人的理智。力学、地理和现代外语以及拉丁文也受到了重视。这也充分体现出该派教育的现代特色。

3. 高等教育领域

在高等教育领域里，法国并没有体现出先进性的一面。到18世纪时，法国共有22所高等学校，仍以巴黎大学为其典型代表。这一时期法国的高等教育体现出的保守性特征是最为突出的。这也与法国高等教育发展中神学色彩比较浓厚有着紧密的联系，这也算是文化发展的巨大惯性使然吧。

这一时期，法国教育领域出现了一种新型的教育形式，即专门技术学校的出现。这是由于法国政府实行重商主义的结果。建立了一些专门技术学校，如路桥学校、矿业学校和军事学校等；还建立了法兰西科学院、自然历史博物馆等机构。

此时期对女子教育也比较重视。

（二）大革命中的教育改革

法国大革命从1789年爆发，先后有立宪派、吉伦特派和雅各宾派上台执政。他们在关注政治的同时，也对教育进行了必要的注意。颁布了相应的教育改革法令。有代表性的是塔列兰教育法案（1791）、康多塞的国民教育组织计划纲要（1792）和雷佩尔提的教育方案三个教育方案。这三个方案尽管在具体内容上的表述不同，但在其实质上都反映了一种新型的教育观念的确立。这主要表现在以下几个方面。

第一，主张建立国家教育制度。

目的在于打破法国教会对教育的独断地位，实现世俗政权对教育的控制。

为建立国家教育制度，各法案都提出了具体的方案。都提出了课程及学习年限互相连接的学校系统的设想。

第二，主张人人都有受教育的机会和权利，国家应当给予保护，实现普及教育。

第三，在教育内容和教师问题上实现世俗化、科学化。

此外，他们在男女教育的平等和成人教育方面也提出了各种不同的主张。

综观大革命时期的教育发展，由于政权更替过于频繁，尽管执政的各派都提出了富有远见卓识的教育方案，但都无法得到长期的制度上的保证，使这些法案的实施无法顺利进行。从而延误了法国教育的提早腾飞。

（三）启蒙时代的教育思想

由于启蒙运动最早产生于法国，使法国在这一时期涌现出了一大批思想家。其中包括卢梭、伏尔泰、爱尔维修和狄德罗等光耀思想发展史的著名的思想家。他们在论述政治问题时，也对教育问题提出了他们独到的具有创造性个革命性的见解。这里主要介绍爱尔维修和狄德罗的教育思想。

1. 爱尔维修的教育思想

他是法国启蒙运动时期唯物主义派别的重要成员。在教育上，他的思想主要表现为教育万能论。

首先，爱尔维修从人的天赋角度出发，认为人人都有接受教育的可能。他指出："凡是构造得同样好的人，都由自然赋予了必要的感官细致程度"，所以，人人都有了获取同样知识、达到同样成就的能力。在此基础上，爱尔维修提出教育权的平等问题。他认为人人都有享受中等、高等教育的权利。这实际上既是对教育等级性的批判，也是一种教育民主化的主张。

其次，爱尔维修也承认在后天的发展中人与人之间存在差异。之所以产生这种差异，他认为是由于教育和环境的作用所致。他说："我们在人与人之间所见到的精神上的差异，是由于他们所处的不的环境，由于他们所受的不同的教育所致。"由此他把人的成长归因于教育与环境，并走向极端，提出教育在人成长过程中具有万能的作用的观点。从而构建起了教育万能论的观点。教育万能论实际上是一种忽视了遗传的极端的教育论点。不可否认有其历史的合理性，但也有违背人和教育发展规律的一面。

第四，在教育权的控制上，爱尔维修要求彻底改造旧学校。认为教会对学校事业的垄断是"民族的灾害"，主张由国家创办世俗教育。

爱尔维修的教育思想具有进步的历史意义。

2. 狄德罗的教育思想

狄德罗是和爱尔维修同时代的思想家。也是启蒙运动和百科全书派的领袖人物之一。在教育上，他进行了一定的论述，有些思想还成为其他国家开展教育的重要参考。

首先，他否定了爱尔维修的教育万能论的思想。他认为，对于有些天赋极低的人，教育也无能为力，因为这些人本身就缺乏教育的先天基础。但他同时也指出教育具有十分重要的作用。认为教育可以发展人的优良的自然素质，抑制不良的自然素质，进而启发人的理性，认识社会的罪恶现象，唤起对正义、善行和新秩序的爱。

第二，在教育的控制权和管理权上，他主张剥夺教会的教育管理权，把教育交给新的国家政府管理；国家应当推行强迫义务教育；中学和大学都应向所有的人开放。

第三，在具体的教学组织方面，狄德罗主张设置百科全书式的教育内容。反对过多的学习古典语言。在方法上，他指出以观察、思考和实验等方法为主。既应广泛地采集，获得大量感觉，又应深入思考，进行消化整理和实验验证，思维能力的培养也是教育的一项重要任务等。

可以说与爱尔维修相比较而言，狄德罗的思想更为客观，更具有唯物和进步的一面。

二、19 世纪法国教育发展概况

法国社会在 19 世纪的发展呈现出动荡的特点，从法兰西第一帝国开始，到法兰西第三共和国时止，法国社会共经历道路七个不同的发展阶段。在如此动荡和变化如此剧烈的时代条件下，法国教育的发展无疑也受到很大冲击和影响。就这一时期法国教育的发展来看，主要体现为两个方面的特征，一是从管理上看，中央极权式的教育管理体制逐步形成；二是加强了初等教育的立法进程，出台了《基佐法案》和《费里法案》。这两个法案主要是关于基础教育的法案，这也体现出在整个 19 世纪，法国社会对教育的关注主要集中在初等教育领域，而中等教育和高等教育的发展则几乎没有受到太多的关注。从中等教育和高等教育的发展来看，更多的是延续了法国在十七八世纪的发展模式，而未能有太多的新的发展。

（一）中央极权教育管理体制的确立和完善

对教育管理体制的调整开始于拿破仑的军事独裁统治时期，这种管理体制在巴黎公社革命时期得到了极大的强化和完善。

1. 法兰西第一帝国时期极权教育管理体制的确立

拿破仑统治时期，出于巩固统治的需要，提出加强教育管理的政策方针。为此，拿破仑政府专门颁布了《关于创办帝国大学以及这个教育团体全体成员的专门职责的法令》（1806）及《关于帝国大学条例的政令》(1808)，在这两个法令中，对法国教育管理体制进行了详细的规定。具体包括以下几方面的内容。

（1）帝国大学是国家教育管理的最高机构；

（2）帝国大学总监是国家教育的最高管理者，总监由帝国大学任命，负责学校的开办、取缔和教职员的任免、提升等；

（3）在帝国大学内组建由 30 人所组成的评议会，协助总监管理全国的教育；

（4）将全国划分为 27 个大学区，每学区设 1 个总长，并组建一个由 10 人组成的学区评议会，负责管理学区的教育事务；

（5）在帝国大学下设督学，负责各大学区的教育巡视工作；

（6）公立学校教师薪金由国家支付，教师被视为国家官吏。教师必须效忠皇帝。

2. 巴黎公社革命时期教育管理体制的变化和发展

第一帝国时期的中央极权式的教育管理体制在巴黎公社革命时期发生了很大的变化。巴黎公社革命后，设立了教育委员会，具体分管国民教育工作。在教育管理中，更为强调民主管理，广泛采纳各方的意见或建议等。这种管理体制实际上是对帝国时期的极权式管理体制的一种修正，对于实现教育的普及化具有重要的意义。在具体的教育管理方面，巴黎公社主要采取了以下措施：

（1）实现教育世俗化。以强制手段接收天主教会掌管的学校，清除教学内容中宗教性的成分；聘用大量的世俗教师；清除学校中的带有宗教崇拜性质的口号或信条等。

（2）实现普及免费义务教育。

（3）提高教师的物质待遇和社会地位。巴黎公社确定了教师的最低薪资水平，同时规定男女教师同教同酬的原则。

巴黎公社时期的教育管理体制变革，实际上为法国极权式的管理体制注入了新的具有民主色彩的因素，这也成为后来法国教育管理体制得以成型的两大基础所在。

3.《基佐法案》与《费里法案》

《基佐法案》与《费里法案》是法国 19 世纪出台的两个有关基础教育的法案，这两个法案的出台，为这一时期法国基础教育的发展提供了重要的法律支持和保障。

（1）《基佐法案》的主要内容

《基佐法案》是法国19世纪七月王朝时期所颁布的一个初等教育法案。法案规定：

政府与教会应携手发展初等教育；

公、私立学校应实施相似的道德与宗教教育；

扩大初等学校办学自主权；

在法国每一区内须设立初级学校1所，超过6000人的城市则须设立高级小学1所；

规定了初等教育的基本任务。初级小学的任务在于向学生传授生活上所必需的基本知识，树立并开展法国国民团结统一的精神，开展道德和宗教教育等。

(2)《费里法案》的主要内容

《费里法案》于1882年颁布，该法案的主要贡献在于为法国初等教育确立了国民教育义务、免费和世俗化的三原则。法案具体包括如下内容：

规定6～13岁为法定义务教育年龄，接受家庭教育的儿童须自第三年起每年到学校接受一次考试的检查；

对不送儿童入学的家长处以罚款的处罚；

免除公立幼儿园及初等学校的学杂费，免除师范学校的学费与膳食及住宿费；

废除以前有关法令中规定的教学监督学校及牧师担任学校教师的相关规定，取消公立学校的宗教课程，改设道德课与公民课。

《费里法案》所确立的教育原则及实施办法，不但促进了法国普及义务教育的发展，同时使法国教育摆脱了宗教的约束，为法国未来的初等教育发展提供了基础和方向指引。

第三节　17～20世纪初德国的教育发展概况

一、17～18世纪德国的教育发展概况

启蒙运动时期，德国尚未成为一个统一的国家，而是由许多分散的城邦国家组成，在教育的发展水平上，也无法与法国等国家相提并论。正是这个在当时毫不起眼的国家，在后来的世界中掀起了一阵又一阵的波澜。无论是19世纪流行的古典哲学，还是20世纪给人类留下的难以忘怀的战争创伤，都使德国在人类历史上成为一种颇具争议的现象。所以，对这一时

期德国的教育考察，有助于我们弄清德国教育的近代起点和德国强大的起点所在。对这一时期德国教育的研究和介绍，主要以普鲁士的教育介绍为主。

（一）初等教育发展概况

1.《普通学校规章》的主要内容

1763年，普鲁士国王威廉二世颁布著名的《普通学校规章》，对初等教育的各个方面作出了详细的规定。

规定在普鲁士实行义务教育。义务教育年限从5岁至14岁；对于适龄儿童不入学者，将对其父母实行罚款；对完成义务教育的儿童发给证书，作为就业的凭证；法令还规定了具体的上课时间。特别是在经费问题上详细列明了经费来源和使用办法和收费标准等。从法案本身来讲，无疑是具有一定的进步性和合理性，但在实际的操作过程中，由于德国经济发展的实际所决定，使初等教育的发展并未取得法案所希望的成效。这也使德国的初等教育发展处在一个较低的水平上。

2. 泛爱学校

泛爱学校是18世纪后期在德国出现的一种新型学校，是在夸美纽斯和法国启蒙学者思想影响下建立起来的新式学校。泛爱学校由德国人巴西多于1768年所创。得名于该类学校的经费来源于不同社会团体的捐助。巴西多在1768年发表《关于学校教育的重要性及其对社会公共福利的影响告慈善家及富人书》，按照卢梭的观点，提出培养博爱、节制和勤劳的美德，注重实用性和儿童兴趣，寓教育、教学于游戏之中等极富新意的办学设想，呼吁人们捐资兴学。由此，开始了泛爱学校的教学。

泛爱学校采用教育适应自然的教学方式。教学方法以直观的教学方法为主，学生常在游戏、表演、诵读、交谈和心算中学习。在学习内容上，本族语和实科知识占有重要地位，还有外语、音乐、舞蹈和农业劳动和手工业劳动等。表明教育内容十分广泛。

此外，巴西多还编写了《初级读本》，该书被誉为18世纪的《世界图解》，是人类教育史上第二本有插图的教科书。对后来的教材编写产生了深远的影响。

（二）文科中学和实科教育的发展

文科中学相当于英国的文法中学和公学，这是这一时期德国中等学校的主要类型。这类学校既保持了古典的传统，更把升学预备教育和培养上层职业者（医生、律师、牧师和官吏）作为重要任务。

在这一时期，由于工商业的发展，城市生活日渐丰富，实科教育逐渐发展起来。所谓实科教育实质上是指使用学科的教育。相当于现在所说的职业教育。实科教育的兴起，标明社会的需要逐渐成为了教育的主要选择标准，使教育摆脱了中世纪与社会相脱离的弊端，建立起了教育与社会的联系。这不能不说是德国教育的贡献所在。实科教育一般以实科内容为主，在教学方法上，采取直观的教学方法。并对贫民子弟免费提供教材。这种教育实际上是开创了职业教育的先河。

（三）现代大学的初步发展和雏形

现代大学最早是产生在德国，其起源的标志是1810年德国柏林大学的建立以及通过柏林大学所透射出的一系列的现代大学理念。但柏林大学的产生并非是无本之源，而是建立在德国先前大学发展的基础之上的。1694年建立的哈勒大学，就是第一所新式的大学。该大学表现出以下一些特征：

首先，该大学吸收了最新的哲学和科学研究成果，排除宗教信条；大胆选用那些崇尚理性、善于思考和具有冒险精神的学者任教，为大学注入了新的生机和活力。奠定了大学高水平科研和教学的基础。

其次，提倡教自由和学自由，为摆脱传统的束缚和促进科学进步提供了宽松的条件；

第三，哈勒大学还在高等教育中首开民族语讲课的风气，重视现代外国语。

在哈勒大学的基础上，建立起了新型的大学，哥廷根大学，在继承哈勒大学现代办学理念的基础上，进一步加强了对科学的研究，注重图书馆的建设。使研究逐步成为大学一项新的职能。

在哈勒大学和哥廷根大学的基础上，才有了现代意义上大学的产生。

（四）康德的教育思想

康德是西方哲学史上一个十分重要的哲学家，他在哲学史上的地位要远远大于他在教育上的功绩。但他作为一个在大学中从事了一生教育事业的教师，他对教育确有其独到的见解。这也使他在西方教育史上具有一席之地，他的教育思想主要体现在《论教育》一书中。主要可以从以下几方面加以体现：

1. 人与教育

这主要是反映出康德的人性论思想与教育之间的联系。

康德在人性论上认为，人性是不善不恶的。他认为人作恶的原因是因为对人的本性缺少适当的控制。由此出发，他主张教育必须去恶扬善，特别是要以理性去抑制人性中的野性，进而发展人的自然天赋。他认为只有这样，才能真正使人之为人。由此，康德指出人是教育的产物。表明他对教育持极高的肯定的态度。

在教育目的上，康德强调通过教育使人获得知识和道德，成为有道德和有理性的文明人。

在认识论上，康德认为理性和经验构成了人对世界认识的主要途径。他认为经验提供形成知识的材料，而理性提供形成知识的结构和组织。从此出发，康德在具体的教育世界中注重学生主体性的发挥，使学生开始摆脱传统教育中的被动地位而成为一个主要和核心的教育因素。这是康德的巨大贡献所在。

2. 道德人的培养

康德认为人与动物的最终区别就在于人有道德。他认为教育的最终目的就在于培养道德的人。因此，在康德的教育思想体现中，他十分注重对道德教育的论述。

关于道德教育，康德认为既要注意让儿童自然而自由地成长，又要让他们自觉接受理性的引导。他提出虽然自由是道德教育的最高目的，但要使儿童服从不可避免地需要一定的强制。在具体的强制论述方面，康德认为有两种：一是管束，要求儿童遵守规则，防止受动物冲动的支配；一是训导，即是积极地教育儿童逐渐自觉达到自律，从而具备良好的道德品质。

康德也不反对进行宗教教育，但他认为宗教教育应放在道德教育之后进行。此外，他提出应对儿童进行适当的性教育，以抑制一些不良的冲动。

3. 体育

康德所主张的体育是一种广义的体育。他在《论教育》中把教育分成体育、管束、训育和道德陶冶等四个部分。并且他把道德教育之外的所有部分都称为广义的体育。

此外，康德还对学校教育和家庭教育进行了优劣对比。他认为这二者应实行分工。婴儿的养育就应该由家庭来进行，这应成为家庭教育的重点。但其他方面则应由学校教育来实施。他认为，在学校中，儿童可以向教师学习课程和为人处世的生活准则；儿童的相互学习和竞争也有助于他们能力的发展。这表明康德是主张学校教育优于家庭教育论的。

二、19 世纪德国的教育发展概况

德国在 19 世纪仍然没有完成德国的统一，处于公国林立的时代。

在所有公国中，最具有代表性的仍然是普鲁士公国，因此，这一时期的德国教育主要是以普鲁士的教育发展作为主要的讨论对象。另外，德国在 19 世纪经历了普法战争的失败，正是这次失败，引发了德国知识界的反思，这在很大程度上成为德国崛起的重要动力所在。同时，19 世纪欧洲其他国家兴起的大革命运动，也间接推动了德国思想的发展。从而诞生了以费希特和黑格尔为代表的大批思想家。思想领域的繁盛同时也促进了教育思想的繁荣，在这一时期的德国，涌现出了赫尔巴特、福禄倍尔和第斯多惠等名垂西方教育史的教育思想家。可以说，这一时期是德国教育理论与实践得到极大发展的一个时代。在某种程度上，也是西方教育思想史上一个黄金时代。

（一）19 世纪德国学前教育和初等教育发展概况

1. 学前教育发展概况

德国学前教育在 19 世纪 40 年代前就已经得到了极大的发展，出现了一大批幼儿教育机构。在这些早期的学前教育机构中，尤其以福禄倍尔于 1837 年创办的机构影响最为深远。福禄倍尔将该所学前教育机构命名为幼儿园，这标志着世界上第一所幼儿园的正式诞生。在福禄倍尔的大力推动下，在德国出现了一场声势浩大的幼儿园运动。这对于德国学前教育的发展，乃至对于世界学前教育理论与实践的进步，都产生出了深远的影响。

2. 初等教育发展概况

德国初等教育在 19 世纪得到了极大的发展，总体上，这一时期德国初等教育的发展具有以下几方面的特征。

第一，《初等义务教育法》的颁布，推动了德国初等教育的大力发展

19 世纪，许多德国公国纷纷颁布《初等义务教育法》，推动了德国初等教育的发展。据统计，到 19 世纪末，德国初等教育的入学率达到 100%，文盲率则不到 1%。初等教育的普及，对于提升德国的整体国民素质和国家实力，都发挥了十分重要的作用。

第二，积极扩展初等教育内容

德国 19 世纪的初等教育内容，在 18 世纪 4R 内容（指读、写、算和宗教等四门学科）的基础上，增加了数学、博物学、自然、几何和地理等学科。

第三，师范教育开始兴起并得到初步发展

德国于 1809 年创办第一所师范教育机构——柏林师范学校，在此基础上，到 1831 年的时候，普鲁士几乎每个省都建立了师范学校。师范学校的主要任务是为初等教育机构提供合格且具有高素质的师资。可以说，师范教育的兴起与发展，对于提高德国初等教育的质量，发挥了重要作用。

（二）19 世纪德国中等教育发展概况

德国 19 世纪的中等教育机构主要有文科中学和实科中学两类。德国这

一时期的中等教育发展主要围绕这两类机构加以展开，具体表现为对文科中学的改革以及实科中学的进一步发展。

从19世纪初开始，德国对文科中学进行改革，改革主要从以下几方面进行。一是将所有的古典中学都统统称为文科中学，并规定只有文科中学毕业的学生才能进入大学或出任国家官吏。这实际上是明确了文科中学的职能及定位；二是对教师资格进行严格规定。如普鲁士政府于1810年曾颁布了有关的教师考核规程，具体明确了教师的资格要求；三是在文科中学中推行新的课程体系，实行“全面教育”。这种“全面教育”是把古典学科教育与现代学科教育结合起来，既保留了中等教育的古典传统，同时也使文科中学能很好地适应社会的发展、变化。

实科中学在19世纪的德国得到了迅猛发展，成为与文科中学相并列的重要的中等教育机构。实科中学重要传授自然科学和历史科学的知识，起初，实科中学的毕业生并不具备升入大学的资格，后来经过多年的斗争，最终于1870年部分获得了升入大学的权利。直到20世纪初，才真正将实科中学与大学联系在一起。实科教育的发展体现了对社会发展实际的关注，为德国培养了大量实用类人才。

（三）19世纪德国高等教育概况

这一时期德国高等教育发展最为重要的事件是德国柏林大学的建立以及通过柏林大学所反映出来的现代高等教育办学理念。

柏林大学于1810年由时任教育部长洪堡所创，是在普法战争中失败、德国民族处于民族危亡的大背景下所建立的。因此，柏林大学的建立在很大程度上寄托着德国民族复兴的希望。柏林大学建立后，针对传统大学的弊端，采取了一系列新的发展措施，由此也开创出了现代大学的先河。柏林大学的办学举措具体包括以下几方面：

（1）强调教学自由和研究自由的办学理念；

（2）在师资聘任方面，聘任那些学术造诣精深的著名学者任教；

（3）重视学术研究，重视对学生研究能力的培养；

（4）强调教学和研究的统一。

在柏林大学的影响下，德国在19世纪建立起了一大批重视学术研究的大学，这也对后来美国学术型大学的建立产生了深远影响。成为后来研究型大学的重要源头所在。

（四）第斯多惠的教育思想

第斯多惠是德国19世纪著名的教育家，他一生为德国师范教育的发展作出了巨大贡献，他本人也被后人尊称为“德意志教师的教师”，同时被誉为德国师范教育之父。他的思想主要体现在1835年出版的《德国教师指南》及其他一些论文中。

1．论人发展的影响因素

第斯多惠认为，人的发展受天性、激发和自由自主等三个因素的影响。

所谓天性是一个人本身能力和活动可能性的发展基础，是造物主安排给人的。第斯多惠认为每一个新生儿都具有一定的天性，但人与人之间的天性存在事实上的差异。这种差异无论是在身体还是智力发展方面都体现得十分明显。

激发即教育。如果说天性为人的发展提供了可能性的话，那么激发则使可能性变为现实性。在天性与激发的关系上，二者相互联系、互为因果。天性为激发提供基础，而激发则使天性得到更大程度的发展。这也即意味着教育是对天性的更好的发挥。

在天性、激发与自由自主的关系方面，第斯多惠认为自由自主是激发能否发挥作用的关键和前提，因此，第斯多惠非常重视自主学习。

2．教育目的论

第斯多惠认为，教育的最高目标或最终目标就在于激发学生的学习主动性，培养学生的独立性，最终使人达到自我完善。第斯多惠理解的自我完善更多的是指人的和谐发展。从这里可以看出，第斯多惠主张的是人的和谐教育。教育过程中，如何实现和谐发展的目标呢？

第斯多惠认为，和谐首先是针对全人类而不是个人而言的，因此，教育最终是实现人类的和谐发展。其次，和谐是针对人的身体和精神统一而言的。和谐发展要求全面发展人的身体和精神，不能简单地将二者割裂开来。

3．论形式教学与实质教学

第斯多惠在教育史上第一次明确地提出了形式教学和实质教学的概念。

形式教学是指教师旨在培养学生实际能力的教学，而实质教学则是指教师旨在传授学生知识、培养学生智力的教学。前者强调实践与应用，后者更多的是以知识本身作为目的，重在关注学生理性能力的获得与养成。

在形式教学与实质教学的关系上，二者是相辅相成的，形式教育只有在实质教育中才能形成，而实质教育最终离不开形式教育。具体而言，应用能力的获得离不开必要的知识习得和积累，而知识传递最终也必须回归实践与应用。

4．对教师的要求

第斯多惠十分重视教师的地位和作用，为使教师更好地履行自己的职责、发挥自己的作用，他对教师提出了以下几方面的要求：

第一，教师必须要进行自我教育

第斯多惠认为，凡是不能自我发展、自我培养和自我教育的人，同样也不能发展、培养和教育他人。因此，教师只有不断的自我发展、自我培养和自我教育，才能更好地胜任教师的角色。

第二，有崇高的责任感，并做到恪尽职守

第三，有良好的素养和教学技能

这些要求的提出，为规范教师队伍，提高教师队伍的整体素质，具有十分重要的作用和影响。

第四节　17～20 世纪初美国的教育发展概况

一、17～18 世纪美国的教育发展概况

17～18 世纪的美国总体上处于欧洲的殖民统治时期，独立的美利坚合众国直到 18 世纪中后期才真正得以建立。由于缺乏独立且统一的中央政府，所以，这一时期美国的教育尚未建立起相应的教育制度，更缺乏统一的教育安排。可以说，美国这一时期的教育在很大程度上仅仅是社会的一种自发行为。这也导致这一时期美国的教育出现办学水平参差不齐的特点。同时，由于早期美国居民的欧洲移民身份所决定，使这一时期美国教育带有浓厚的宗教色彩，尤其是那些在欧洲饱受宗教迫害的移民，在新大陆上，开始创办符合自己宗教信仰的教育，更是成为这一时期美国教育的重要特征。

1636 年，哈佛学院的建立，标志着美国第一所高等学府的开办，这也标志着美国学校教育的开始。在哈佛学院的影响下，美国到建国前，共创办了 9 所学院。这些学院成为后来美国高等教育发展的重要基础。这些学院的办学一方面充分体现了各宗教派别的思想和特点，同时也吸收了大量社会新的科学知识，在教学内容方面增加了航海、商业等方面的实用内容。

基础教育方面，有三方面的发展对后来美国基础教育产生影响。

一是新英格兰地区的马萨诸塞于 1642 年和 1647 年由地方当局颁布强迫教育法令，要求家长和师傅对自己的孩子或学徒进行教育，要求各乡镇居民共同出资兴办初等和中等学校，否则就会处以罚款等。这些规定的出台，为马萨诸塞州基础教育在 19 世纪的发展奠定了重要基础。

二是巡回学校的产生。巡回学校产生于1725年的马萨诸塞州，是为了解决离市镇中心较远的儿童接受教育的问题而兴起的一种教育方式。其具体做法是在乡镇周围的乡村设立若干教学点（也被称为“巡回学校”），这些教学点附近的儿童定时集中，由市镇学校的教师到各教学点巡回上课。巡回学校制度对于解决乡村儿童上学问题，发挥了一定作用。但由于各种客观条件限制，在具体执行过程中，教师的积极性并不高，这也极大地影响了巡回教学的教学质量和水平。但巡回学校制度，为美国后来在教育管理制度上实行学区制提供了实践基础。事实上，到1789年，美国的学区制度正式在马萨诸塞州得以确立，直到今天，学区制度仍然是美国教育管理的基本制度。

三是美国文实中学的出现。美国第一所文实中学是富兰克林于1751年所创，学校主要定位为大学预备教育，同时也教给学生就业所需的各种实用知识，以英语作为教学语言，招收女生。在富兰克林文实中学的影响下，美国迅速兴起了大批文实中学，但大多都属于私立收费性质，有的还采取寄宿制。文实中学的产生，标志着美国基础教育与传统的以宗教和古典为主的基础教育的脱离，是美国基础教育迈向新的发展阶段的重要标志。文实中学直到内战时期一直是美国中等教育的主要形式。对推动美国基础教育的发展，起到了十分重要的作用。

17～18世纪美国的教育发展，虽然没有系统的教育规划或法令，也没有集中的教育管理制度，但这一时期美国教育为19世纪美国教育的崛起奠定了重要基础，是美国教育发展重要的孕育时期。

二、19世纪美国教育发展概况

从1783年美国独立到19世纪末，美国社会得到了极大发展，尤其是美国经济在短短的一百年时间里迅速跃居到世界经济的前列。美国内战结束后，农奴制的废除，更是为美国社会带来了强大的发展动力，使美国社会的政治、经济和文化等都有了质的飞跃。对此，美国教育的发展也呈现出新的特点、产生出新的变化。

（一）教育管理制度的建立和完善

19世纪是美国教育管理制度确立的时期，学区制在18世纪的基础得到进一步完善，州教育管理体制得以最终确立，而联邦教育管理制度也正式出台。这些管理制度的确立及完善，为20世纪美国教育的崛起和腾飞，提供了良好的制度平台及基础，对于美国教育质量的提高发挥出重要作用。

1. 学区制的兴衰

在马萨诸塞州学区制的影响下，到19世纪中期时，各州纷纷建立学区制度，使学区制成为这一时期美国教育管理的主要制度。学区制的优点在于便于学生的就近入学，同时也符合了居民自治的愿望，因而受到地方人士的大力欢迎。但在实施过程中，学区制也开始暴露出其不足，即由于各学区的经费投入因学区所在区域的经济状况而存在事实上差别，这也导致各学区教育质量的参差不齐，出现了教育发展的区域失衡。为此，美国社会开始对学区制度进行反思，并提出两方面的改革意见。一是削弱学区的职权，如将教师聘任和教材选择的权利从学区上收，以保证学区教育质量的相对均衡等。二是合并学区，通过把许多乡村地区的小学区进行合并，使之成为大学区，这样，既便于管理，同时也有利于提高教育的质量。到19世纪90年代为止，学区合并成为学区制度改革的趋势。

2. 州教育管理体制的确立

美国教育管理权利主要集中在州政府的制度设计是在19世纪完成的。

1791年美国宪法修正案第十条规定：“凡是宪法未曾给予联邦而又未曾限制给予各州的权利，都是保留给各州或人民的。”正是以此为依据，美国社会认为教育的发展与管理权利应属于州政府所有。由此，确立了美国的州教育管理体制。1812年到1821年，纽约州设立教育督察长，对全州的初等学校进行管理。这标志着美国州教育管理体制的开端。在此基础上，马萨诸塞州于1837年设立州教育委员会，真正确立起了州对教育的全面领导与管理，这也直接影响了其他各州教育委员会的设立。到19世纪下半期，州教育管理与领导体制成为美国教育管理的基本制度，该制度也一直延续至今。

3. 联邦教育领导体制的形成

美国内战结束后，为加强对各州教育发展的协调，促进美国教育的均衡发展，美国联邦政府开始逐步介入对教育的管理与领导。当然，这种领导与管理是以维护地方权利为其前提的。1867年，美国设立联邦教育署，标志着联邦教育管理机构的正式成立。该机构后于1870年被改称为教育局，隶属内务部，负责教育事业的调查、统计；传达各州教育情况以及划拨教育经费等。教育局对各州的教育没有强制的行政约束力。这一职责定位直到今天仍然是美国联邦教育管理机构的主要职责所在。联邦教育管理体制的确立，对于协调美国教育的区域平衡，确保美国教育的总体发展起到了重要作用。

（二）公立教育运动

公立教育运动是19世纪由贺拉斯·曼和巴纳德等人在美国初等教育领域所发起的运动。

公立教育是指由公共税收维持、公共教育机构管理、所有公民都能享受的免费教育。基于此，美国19世纪的公立教育运动主要提出了三方面的政策措施。

1. 建立地方税收制度，兴办公立小学

通过地方税收制度的建立，为公立小学的创办和运行提供必要的经费支持。这也是保证免费教育和面向全体公民的重要制度支持。

2. 强迫入学

1852年，马萨诸塞州颁布了美国第一部义务教育法，规定8～12岁儿童每年必须入学12周。在马萨诸塞州的影响下，美国其他各州纷纷出台有关法律。到19世纪末期时，美国有2/3的州出台了本州的义务教育法。到20世纪初时，义务教育年限延长到16岁，提出了9年义务教育的主张。

3. 免费教育

公立教育运动认为义务教育阶段应对所有的符合规定的学龄儿童实行免费教育。1832年，纽约市首先对义务教育阶段实行免费，后来，大多数州都纷纷开始实行免费政策。免费政策的实行，对于确保公立教育的公平性和平等性，具有重要意义。

（三）中等教育类型

19世纪，美国中等教育除文实中学继续发展和完善外，在19世纪下半期出现了公立中学。文实中学和公立中学构成了美国19世纪中等教育发展的两大支撑性力量。

1. 文实中学

19世纪中期以前，文实中学一直是美国中等教育的主要类型。但这一时期文实中学得到了进一步的发展和完善，从性质上看，传统的完全以私立为主的文实中学开始出现变化，出现了许多公私合营的学校。在文实中学的类型上也有了进一步的丰富，出现了三类文实中学。一类是兼有升学和就业两种职能的文实中学；二是具有专业学科性质的文实中学，如师范类的文实中学等；三是职业性的文实中学。

文实中学的发展，扩大了中等教育的机会，促进了美国中等教育从欧洲的古典传统向关注社会发展的现代中学的转变。不可否认，文实中学也存在相应的局限，如其收费性质就极大地限制了中等教育机会的普及。这也为公立中学的出现提供了可能。

2. 公立中学

公立中学是公立教育运动在中等教育领域的延伸，公立和免费原则的实行，为更多的人提供了接受中等教育的机会。美国最早的公立中学于1821年创办于波士顿，但公立中学得到大力发展则是19世纪后半期的事情。由于文实中学在19世纪后半期出现许多不足，公立中学的出现恰好弥补了文实中学的缺陷。因此，许多文实中学在这一时期纷纷改为公立中学，这也极大地促进了美国公立中学的发展。

在具体的教学方面，公立中学除开坚持免费和公立原则外，在课程开设上，公立中学注重结合实际的需要，重视开设英语、数学、自然科学和现代语言等科目。使公立中学更具有时代气息，更能为社会提供符合其需求的各类人才。这也是公立中学迅速成为美国中等教育主要机构的重要原因所在。

（四）高等教育发展概况

19世纪是美国高等教育大发展的时代，无论从办学形式、还是课程设置、学校类型和办学规模等方面，美国的高等教育都有了巨大变化。具体而言，美国高等教育的发展在这一阶段具有以下几方面的特点。

1. 办学形式丰富多样

美国19世纪高等教育仍然以私立为其主体，但这一时期也出现了许多公立的大学或学院，在办学形式上呈现出公、私立并存的局面。

2. 高等学校数量大增，但规模普遍偏小

18世纪末，美国共有24所高等学校，到1885年，美国高校数量扩充到300所。从规模看，学校办学规模普遍较小。1885年时，学生数在250人以上的高校仅有9所，大多数的高校学生在100人以内。

3. 农工学院的兴起，开创出大学为社会服务的先河

1862年，美国颁布《莫里尔法案》（也被称为《赠地法案》）。该法案规定：联邦政府根据各州在国会的议员人数，按每位议员三万英亩的标准向各州拨赠土地。但规定各州只能将受赠的土地或出让该土地所获得的收入用于开办或资助农业和机械工艺学院。在法案的实际执行过程中，大部分的州都将受赠的土地用于创办农工学院或资助原本就已经存在的相关高等教育机构。这在很大程度上推动了农工教育的开展，为美国社会的发展提供了大批实用人才。

《莫里尔法案》的颁布及农工学院的兴起，为美国高等教育走向社会、打破古典高等教育传统的局限提供了契机。这也是对高等教育职能的极大丰富，尤其是提出了大学的社会服务职能。这也揭示出美国高等教育在这

一时期的巨大发展及其贡献所在。

4. 学术型大学建立，提高了美国大学的研究实力

美国在 19 世纪强调大学与社会接轨的同时，开始学习德国高等教育发展的成功经验。并于 1876 年创办美国高等教育史上第一所研究型大学，开创了美国高等教育关注学术研究的先河。在此影响下，一大批传统大学开始重视学术研究。这直接成就出了 20 世纪美国高等教育在学术领域的巨大贡献。

此外，美国高等教育在 19 世纪，开始面向女子开放。最初是从 19 世纪 20 年代开始，创办了一批女子学院。到 19 世纪末期，各大学纷纷向女性开放，实行男女同校的教育。这也显示出美国高等教育在民主和平等观念上的巨大进步。

（五）贺拉斯·曼的教育思想

贺拉斯·曼是美国 19 世纪著名的教育家，由于他在推动美国公立学校发展方面的杰出贡献，也被后人称为美国“公立学校之父”。贺拉斯·曼是美国马萨诸塞州人，先后任过众议员、参议员，也曾出任过议长。1837 年弃政从教，任马萨诸塞州首任教育委员会秘书，投身于该州的公立教育运动。在他的努力下，使马萨诸塞州成为美国公立教育的楷模，直接影响了美国其他各州公立教育运动的开展与普及。

1. 论教育目的及作用

从当时社会发展出发，贺拉斯·曼认为教育的目的应当致力于培养社会所需要的各种实际工作者。为此，他曾将教育比作机器，认为依靠这种机器，可以产生出发明家、发现家、技工、学者和律师等“产品”。由此表明贺拉斯·曼对教育的讨论主要是立足于社会发展实际和需要进行讨论及思考的。

在教育的作用方面，贺拉斯·曼认为教育可以在以下几方面发挥作用。首先，用建立免费学校的办法实施普及教育是共和政府继续存在的必不可少的保证。贺拉斯·曼认为美国是一个移民国家，不同的民族具有不同的文化背景，因此，如何使来自不同地域的民族能形成凝聚力，就成为美国发展必须思考的问题。他指出，只有通过学校教育，才能培养出符合美国需要的国家公民。也只有这样，才可能确保国家的稳定与团结。其次，贺拉斯·曼认为教育是维持现存社会安定的重要工具。他指出，如果公民没有受到良好的教育，就不能维持良好的社会秩序。如果没有良好的社会秩序，富人的财产安全也就得不到有效保障。为此，贺拉斯·曼提出，开一所学校犹如关闭一座监狱。第三，教育是使人民摆脱贫穷的重要手段。他

说，流氓与抢劫只能得到别人原先已经拥有的东西，而教育则能创造或开发出新的财源。因此，为使人民摆脱贫穷，更好提高人民的福利水平，作为国家和社会来说，就有责任、有义务承担起教育的职责，为公民提供免费教育。

2. 论教育内容

为实现培养社会实际工作者的教育目标，在具体的教育内容方面，贺拉斯·曼认为应从体育、智育、德育和政治、宗教教育等方面进行设计。

关于体育。贺拉斯·曼首先指出体育的意义。他指出在人类的幸福和繁荣中，健康和体力是必不可少的组成部分，个人、家庭和社会的幸福都以健康的身体为基础。而健康与否是可以由人自己控制的。因此，作为人类来说，既有必要也有可能保持身体的健康。在此基础上，贺拉斯·曼提出了体育的具体内容与方法。他认为智慧和服从规则是最有效的、也是最便于普遍应用的预防疾病的良方。所谓智慧是指于体育有关的各种知识，包括生理学方面的知识、健身知识以及其他卫生方面的知识等。而服从规则则是指通过对学生进行训练，使他们了解健康的规律，并学会服从这些规律，最终形成良好的健康习惯。

在智育方面，贺拉斯·曼认为主要应向学生传授对学生将来生活有用的实用学科，如生理学、历史和地理等方面的科目。在学习方法上，贺拉斯·曼强调学生对知识的主动掌握。

贺拉斯·曼认为道德教育是社会存在的基本需要。因此，学校教育应努力培养儿童的各种道德，使他们形成相应的道德意识、养成相应的道德习惯。如何实施道德教育呢？他指出：应尽早实施道德教育。贺拉斯·曼认为："在一个人的儿童时代就培养他走正路，他成人以后就不会离开它。"同时，道德教育应该由富有经验的教师来实施，同时应为道德教育提供一个良好的教育环境。

除体育、智育和德育外，贺拉斯·曼认为还应对儿童实施政治和宗教方面的教育。之所以要实行政治方面的教育，主要是为了培养合格的国家公民。他指出，共和国的公民应该具有政治知识。只有这样，公民才能明智地选出统治者，罢免不合格的当选人，并能合法地维护自己的权益。在宗教教育方面，虽然贺拉斯·曼一直反对教会或教派对学校教育的干预及控制，但他并不反对在学校教育中进行宗教信仰方面的教育。他认为让宗教进入校园，有助于宗教精神的弘扬与形成。

3. 论师范教育

贺拉斯·曼认为教学是一门艺术，这种艺术的掌握必须经过专业的训练与培养。为此，他提出通过设立师范学校来培养掌握教学艺术的教师。在这种思想的指引下，他于1839年在马萨诸塞州建立了美国第一批公立师范学校，开创了美国师范教育的先河。在这些师范学校中，除开设公立学校的各种教授科目外，还开设了学科教学法、心理学和哲学等方面的科目。

第五节 19世纪日本教育发展概况

日本19世纪的明治维新开始了日本社会近代化乃至现代的进程，因此，日本教育也从明治维新开始发生了质的变化。综观19世纪日本教育的发展，主要表现为中央集权教育管理体制的确立以及在此种管理体制作用下日本各级教育的发展。

一、中央集权教育管理的确立

明治维新前，日本的教育管理权主要集中在皇室、幕府和地方藩国手中，并没有建立起统一的教育管理体制。日本真正中央集权教育管理体制的确立，是开始于明治维新时期。主要体现在明治维新时期颁布的有关教育法令之中。

明治维新时期，日本政府为加强对教育的领导与管理，于1871年在中央设立文部省，负责全国的文化教育事业，同时兼管国家宗教事务。文部省的设立，标志着日本中央集权教育管理制度从机构上得以实行。至于这种制度的具体实施，则是通过法令加以规定和完善的。

1.《学制令》中关于教育领导体制的规定

1872年，日本颁布《学制令》，具体规定和确立了日本的教育领导体制。规定如下：实行中央集权式的大学区制；将全国划分为八大学区，每学区各设一所大学；大学区隶属文部省管辖；每个大学区设32个中学区，每一中学区设中学一所；每一中学区同时又设210个小学区，每一小学区设小学一所。

《学制令》使日本教育最终被统一到文部省的管辖范围之内，地方政府与各级各类学校均须无条件地遵守和执行文部省的政策，而不同层级的学区之间是典型的上下级关系。由此，真正建立起自上而下的集权式的教育领导与管理体制。

2.《教育令》中关于教育领导体制的规定

1879年日本颁布《教育令》，将《学制令》中执行的大学区制度改为美国的地方分权制，但由于这种制度过于自由化，在很大程度上削弱了中央文部省对教育的领导与管理权利，从而在实际上对日本教育产生了负面影响。为此，日本政府于1880年重新修订《教育令》，恢复实行大学区制。这一制度直到第二次世界大战结束，一直是日本教育管理的主要制度。对于促进和推动日本教育的发展，产生了深远影响。

二、初等教育发展概况

明治维新前，日本初等教育主要由寺子屋和乡学提供。寺子屋因其最初设在寺院，而就读者被称为寺子而得名。寺子屋一般由僧侣主持，面向平民子弟提供初等教育，除实施读写算的教育外，佛经也是主要的教育内容。而乡学则分为两类，一类是为大藩领主的支系或家臣子弟而开设，教育程度虽逊于藩学，但要比寺子屋的平面教育高。一类则为平民子弟开设，条件十分简陋，教育程度及水平均较为低下。

明治维新后，尤其是在《学制令》颁布后，日本废除了寺子屋和乡学，而改为在日本普遍设立小学，并提供8年的小学阶段义务教育。但由于当时日本社会发展尚无法支持8年的义务教育，因此，《教育令》将义务教育年限缩短为4年。后来日本政府于1886年颁布《小学校令》，规定：初等教育年限为8年，分两个阶段实施。前4年为寻常小学阶段，实施义务教育，后4年则为高等小学阶段，实行收费制；在贫困地区设立三年制简易小学等。

课程设置方面，日本小学主要进行修身、国语、作文、算术、自然科学知识、体操、图画和歌唱等方面的教育，而高等小学除以上科目外，还会开设一些外国语课程。

日本明治维新后的初等教育，在逐步趋于完善的教育法令的指导下，取得了巨大的进步。初等教育水平和质量不断提高，为日本社会整体步入近代化提供了重要动力和基础。

三、中等教育发展概况

日本近代中等学校的出现是《学制令》规定的结果。《学制令》规定设立六年制的中等学校，以私立为主，学制年限可以根据各地实际有所变化。

1886年，日本政府颁布《中学校令》，对中等教育进行了具体的规定。《中学校令》规定：中学主要承担两大任务，一是提供实业教育；一是为升入高等学校作准备。中学分为寻常中学和高等中学两类，寻常中学修业5年，由地方设置和管理，每府县设立1所；而高等中学修业年限为2年，每学区设立1所，全国仅设5所。高等中学属大学预科，直接受文部省所管辖。

由于寻常中学和高等中学各自的目标定位不同，因而在课程设置方面也存在差异。寻常中学毕业生大部分由于毕业后面临就业，因此其课程主要以实用知识的传授和学习为主。而高等中学则由于其升学的职能定位，故主要实施分科教育，一般分为文、法、理、医、农商等五科。

19 世纪末，日本政府颁布《实业学校令》和《高等女子学校令》，进一步丰富了日本中等教育的类型与结构。使日本在 19 世纪末期形成了以中学、中等技术学校和女子中学为主干的中等教育学校体系。

四、高等教育发展概况

与初等教育和中等教育一样，日本近代高等教育发展也开始于明治维新时期的教育改革。日本于 1877 年创办东京大学，以此为开端，开始了日本高等教育近代化的历史进程。

1886 年，日本颁布《帝国大学令》，将东京大学改称为帝国大学，规定帝国大学的任务主要是适应国家发展需要，教授学术、技术理论，研究学术及技术的奥妙等。在组织上，帝国大学由大学院及分科大学所组成。大学院侧重学术研究和科学研究，而分科大学则主要传授专门知识，培养应用型人才。帝国大学包括五个分科大学，即文、法、理、工和医科，其中尤以法学科最为有名。19 世纪末 20 世纪初，日本政府在其他地方分设帝国大学，而将原帝国大学改名为东京帝国大学。

《帝国大学令》建立起了日本近代高等教育的基本框架，为日本工业化的实现培养了大批科学技术人才和管理人才。在帝国大学的影响下，19 世纪 80 年代后，日本先后创办了庆应大学、早稻田大学和明治大学等。这也直接推动了日本高等教育的整体发展及进步。

第四章　近代世界各国主要的教育思想

第一节　洛克的教育思想

洛克是英国著名的实科教育和绅士教育的倡导者。他在哲学和政治学方面都有巨大的贡献，因而得以留名于西方思想史册。和他同时代的思想家一样，洛克也对教育进行了相应的论证，他的教育思想主要体现在《教育漫话》一书中。此外，他还曾经写过《人类理智论》等著作。

（一）洛克教育思想的哲学基础

洛克的教育思想是以其白板论为其理论基础的。他认为人产生后心灵如同一块白板，而后天的"一切知识都是建立在经验之上的，而且最后是导源于经验的。"白板说表明洛克是主张经验主义的认识论的。白板说的提出，为教育的存在提供了可能，从而为教育作用的发挥奠定了基础。尽管洛克提出了白板论的观点，但他这种经验主义的观点是不彻底的。他在主张白板说的同时，还认为光有经验是不够的，他说五官的感觉只能了解物体的部分性质，而内心的自我反省则可使人了解复杂的概念。在表明洛克并非是一个纯粹意义上的经验主义者。换句话说他的白板说是一种不彻底的经验论。

（二）论教育的作用和目的

关于教育的作用，洛克认为可以从教育对人发展的作用和教育对社会发展的作用两方面来考虑。他高度评价了教育在人形成中的重要作用，认为人之好坏与否，或有用和无用，"十分之九都是由他们的教育所决定的"。而教育的社会意义则在于它关系到国家的幸福与繁荣。在教育对个人和教育对社会的作用两者之间，洛克更为注重教育对个人前途、幸福和事业的作用。在一定程度上体现出明显的功利主义和个人主义色彩。

在学校教育和家庭教育的关系上，洛克与时代发展相悖逆，提出家庭教育要优于学校教育的主张。认为学校教育的环境会使学生染上恶习，而只有在家庭教育中，才可能避免这种情况。

在教育日的上，洛克从绅士教育出发，认为教育应培养身体强健、举止优雅、有德行、有智慧和才干的事业家。这也是洛克所主张的绅士教育的目的所在。

（三）教育内容

在具体的教育内容方面，洛克把教育分成体育、德育和智育三大块。

在《教育漫话》中，洛克把体育作为最为重要的教育内容加以阐释。他认为健康是一个人在社会中立身处事和追求事业的基础，只有健康的身体作保证，才谈得上人的其他方面的发展。具体到绅士教育而言，洛克希望每个绅士的身体必须适应一个事业家在对外开拓活动中可能遇到的艰苦环境。关于体育的具体内容，洛克认为，重点在于身体的保养和运动，强调人忍耐劳苦等意志品质的培养。他认为身体健康的主要标准是要能够忍耐劳苦，而要学会忍耐劳苦则需要从小逐步养成习惯，而不能间断。锻炼是洛克进行体育的一个十分重要的方法。

道德教育方面，洛克认为人的道德观念主要来自教育和生活环境，而不是如宗教所说的那样是天赋的和神的启示。因此，他强调教育中道德教育的重要作用，认为是比人掌握知识更为重要的教育内容。在具体的道德教育方法上，洛克把听从理性的指导，克制自己的欲望看成是一切道德与价值的重要标准及其基础。由此出发，他认为教育者应当依据理性去约束儿童，不可放纵溺爱。与此相反，洛克主张培养儿童心理上的忍受痛苦的能力。这样会使儿童学会克制自己的各种欲望。在此基础上，洛克指出，正确处理克制和精神活泼自由之间的关系是教育的真正秘诀。在《教育漫话》中，洛克具体论述了诚实、智慧、勇敢和仁爱等美德，但他最为钟情的美德是礼仪的获得和培养。他指出讲究礼仪就是整个外表和举止要优雅有礼，并视社交对象和环境灵活自如地表现自己，从而博得别人的好评与重视。人这样就有利于个人打开社交的视野。这也反映出洛克思想中典型的功利主义的特点。

在智育上，洛克提出了两方面的原则：一是德行重于学问；一是学问的内容必须是实际有用的广泛的知识。这实际上也是英国对外殖民所提出的必然要求。在具体的教学上，洛克提出，应培养学生的学习态度和学习方法。他认为，让学生了解各学科的基础内容即可，而不必过深过细，教学的目的只在于向学生启示一条门径，以为日后学生自己的自学打下方法上的基础。在具体的教学方法上，他重视兴趣、直观和循序渐进以及好奇心、注意力和记忆力的培养等。

（四）洛克与工作学校

工作学校是由洛克首倡并付诸实施的一种新型学校。1697 年洛克在《工作学习计划》中，主张将没有工作而领取教区补助金的贫民家庭的 4 岁以下的孩子组织起来劳动，以便安定社会秩序，减轻教会负担，创造更多的利润。

工作学校虽然名义上是学校，但在该种学校中，并不学习文化方面的知识，只有养成宗教意识的活动和从事纺织品制作等方面的手工业劳动。实际上，工作学校只是一种贫穷儿童收容所、职业分配机关或童工工场。这是一种典型的双轨制的教育。与他在绅士教育中所提出的光辉的思想相比，具有等级性的色彩。这不能不说是洛克思想的重要局限所在。

总体上讲，洛克的思想由于其时代的影响，使其教育思想打上了深深的功利和实用的特点。同时也是由于其所处社会环境的影响，使其思想具有等级性和双轨制的特点。不可否认，洛克的思想具有符合时代的合理性的一面。

第二节　卢梭的教育思想

（一）生平及主要教育著作

卢梭（1712～1778）是 18 世纪法国启蒙运动中最激进的思想家。马克思说："卢梭不断避免向现存政权作任何即使是表面上的妥协"。他的思想激励和催化了后来的法国大革命。卢梭一生经历较为坎坷，这保证了他思想中持久不衰的批判性的一面。

卢梭于 1712 年出生于瑞士，自小失去母爱。10 岁时父亲因债务原因被迫离家出走。卢梭年轻时几乎没有接受过正规的文化教育，他所有的知识都来自于他的勤苦好学，这也体现出作为一代宗师，其成长的不易和艰辛。他通过自学，在众多领域积累了深厚的、广博的知识，为他日后成为思想巨人奠定了坚实的基础。

1742 年，卢梭 30 岁时到达巴黎。在这里他创造了思想和学术上的巨大成就。

1749 年，卢梭以一篇《论科学和艺术的复兴是否有助于敦风化俗》获得第戎学院的征文奖。自此以后，卢梭开始步入思想和学术的殿堂，这次获奖也为他奠定了日后发展的重要基础。在该文中，卢梭力陈文明社会的种种罪过，论证科学和艺术的进步不仅未能提高人的品德，反而使社会道德败坏、人性遭到束缚和摧残。不久，卢梭写出新作《论人类不平等的起源和基础》，进一步认为人类在原始时代本是平等和自由的，但随着社会的发展，私有制和国家开始出现，才导致了财产和政治上的不平等。由此出发，卢梭认为要达到新的平等，就需要人们起来推翻不平等的社会。这实际上是鼓动人民的起义和革命。因此，该文也被看做是法国大革命的理论先导。

1754 年，卢梭重返日内瓦，但在短暂停留后又重新回到巴黎，在巴黎附近的乡村致力于著述，相继出版了《新爱洛伊丝》、《社会契约论》和《爱弥尔》等日后享誉世界的力作。卢梭在《社会契约论》中公开提出自由、平等和博爱的主张，成为后来资产阶级革命经典性的战斗口号，也成为人类社会直到今天仍在奋斗不息的理想，这足以说明卢梭思想的超时代性和合理性。而《爱弥尔》则在教育领域掀起了一场革命性的变革，正是这本著作成就了卢梭在西方教育发展史上的卓越地位。该书由于宣扬自然神论思想，因此，在出版后，即遭到教会的禁止，卢梭本人也为此招致来自各方面的迫害，使他被迫从 1762 年开始四处流浪。先后逃亡于瑞士、普鲁士和英国等地。最后在巴黎郊区隐姓埋名，写出《忏悔录》一书。

1770 年，卢梭获赦重返巴黎。他于 1773 年写成《关于波兰政治筹议》一文，阐发了他对理想国家的看法。在该文中，卢梭对教育在建设理想国家中所发挥的作用进行了充分的论证。他说："波兰若真做到以教育为重，就将得到新邦所有的活力。"

1778 年，卢梭逝世。在他去世 11 年后，法国爆发了大革命，使其思想特别是政治思想得到了第一次实践。但这决不是最后一次的实践。卢梭的思想直到现在还有其顽强的生命力。

（二）卢梭的人性论思想

人性论是卢梭教育思想赖以建立的思想基础。他的人性论思想包括性善论和感觉论两方面。

1. 性善论

性善论是卢梭教育思想的出发点和基础。他认为人的天性是善良的，他以原始社会的最初自然状态下的自然人为例进行了相应的说明。他说，在人类的原始时代，每个人都没有任何社会性，一无所有，虽然愚昧无知，但自由自在，人们十分纯洁、善良和快乐。一切听其自然，顺其天性。但随社会的发展，在私有制和国家出现后，尤其是暴君专制统治的出现，使人类开始变坏，从而改变了人性善的天性。因此，他认为自然是善的，人性是善的，只是社会把人变坏了。为改变这种状况，卢梭提出一是要推翻暴君统治，建立新的理想王国；一是要求教育培养社会条件中的自然人。由此，卢梭把人性论与教育联系在一起。

具体来讲，卢梭认为人性善包括自爱心、怜悯心和良心三种成分。自爱心是人天性中最为基本的、最为原始的，涉及自我生存的一种欲念；而怜悯心则是人在自爱心基础上的推己及人，是对他人的一种关心和爱护，“是使我们设身处地地与受苦者共鸣的一种道德”，他“调节着每一个人自爱心的活动，对于人类全体的相互保存起着协助作用。”对自爱心和怜悯心的论述，使卢梭把人的个性和社会性结合到一起。此外，卢梭还特别强调良心在人性善中的重要作用，他认为良心的作用不仅在于指导人判断善恶，而且能引导人弃恶从善，原因在于良心始终不是遵从人为的法则而顺从自然的秩序。但卢梭认为，由于后天的社会使人类的良心受到了极大的破坏，因此，他要求通过教育来挽救人类已经失落了的良心。主张人们远离城市社会，到大自然中去接受教育，只有这样，才能找回已经失落的良心。这成为卢梭自然教育的重要思想基础。

2. 感觉论

在人与动物的区别上，卢梭认为，人的自由意志、理性和良心是人区别于动物的根本所在。他说理性使人认识事物，只有意志使人选择事物，而良心则使人热爱正确的事物。在这三者的共同作用下，人最终就能获得知识和道德。

在知识的来源上，卢梭与其他启蒙学者一样，承认感觉是知识的来源。他说，一切知识都是通过人的感官而进入人的头脑的。感觉是人的知识的原料，感性经验是理性经验的基础。这种思想反映到教育上，就是卢梭主张对儿童进行感觉方面的训练，认为这是教育最为基础和重要的一部分。

如果说人性论为教育的存在提供了可能的话，那么感觉论则为具体的教育实践设定了准则和前提，由此也表明这两种理论对卢梭教育思想的影响。

（三）卢梭的自然主义教育理论

自然主义的教育理论是卢梭教育思想的主体。这种教育理论具体体现在他于1762年出版的《爱弥尔》一书中。该书曾对世界教育产生过十分重要的影响。歌德、康德和席勒等著名思想家都曾对该书和卢梭本人作出过极高的评价。

1. 自然主义教育的基本含义

卢梭自然主义教育的核心是复归自然

何谓自然呢？卢梭所理解的自然包括教育意义上的自然和社会意义上

的自然两个方面。他在教育领域中所提的自然和社会状态下的自然具有一定的区别。卢梭认为教育上的自然更侧重于人性中的原始倾向和天生的能力。而人类社会的自然状态在卢梭的眼里主要是指人类原始社会时的自然状态。卢梭认为教育上的自然是与人类的自然状态紧密联系的：善良的人存在于纯洁的自然状态之中。而社会的文明，特别是城市的文明才使人性扭曲、罪恶丛生。因此，只有回归自然的教育，才有利于保持人的善良的天性。对此，卢梭进行了全面的论证。

首先，他从儿童所受的多方面的影响来论证教育必须回归自然。

他认为人的教育由自然的教育、事物的教育和人为的教育三部分组成。只有这三种教育圆满的结合才能达到预期的目的。而这种圆满状态的获得，只有在事物的教育和人为的教育向自然的教育趋于一致才有可能实现。由此，卢梭提出教育的自然回归，是以自然的教育为基准，是事物的教育和教育向自然教育的回归。卢梭认为这种教育才是良好而又有效的教育。

其次，卢梭要求教育遵循自然天性，即要求儿童在自身的教育和成长中取得主动地位，无须成人的灌输、压制和强迫，教师的作用只在于创造学习的环境、防范不良的影响。由此也表明卢梭认为教师的作用仅仅是一种消极的而不是积极的作用。因此，卢梭的教育思想也被称作是消极教育。

第三，卢梭认为自然教育主要是针对富人的教育，而穷人则不存在教育脱离自然的问题。因为只有富人才脱离了自然的生活状态，才被现代城市文明所侵蚀。而对于那些穷人来说，他们本来就生活在自然状态之中，因此，他们从出生之时起就在接受着符合自然的教育。因此，自然主义教育仅仅针对富人而已。对于卢梭的这种思想，无疑存在一定的极端色彩。

卢梭的自然主义教育其核心和目的就在于教育的自然回归和教育遵从儿童的天性。

2. 自然教育的培养目标

在《爱弥尔》一书中，卢梭提出自然教育的最终目标在于培养“自然人”。卢梭这里所说的自然人是与公民相对立的一个概念，这种对立主要表现在以下几方面。

(1) 自然人是独立自主的人，他能独自体现出自身的价值；而公民则具有很强的依赖性，他们的一切都仰赖于社会，从而失去了其自身独特的价值。

(2) 在自然的秩序中，所有的人都是平等的，也即自然人本身是平等的；而在社会中，公民则是有等级的，存在着严格的等级划分。

卢梭警告说，社会正处于难以预测的变迁的前夜，身份和地位是靠不住的，皇冠可能落地，爵位可能丧失。这充分体现出了卢梭极强的预见性。正是在法国大革命中，卢梭所预言的一切均得以实现。

(3) 自然人是一种自由的人，他是无所不宜、无所不能的人；而国家公民在社会中却是某种专业化的人，往往被囿于某种特定的职业。他认为自然人首先是人，是一个应该怎样做人，他就知道怎样做人的人。

(4) 自然人还是一个自食其力的人，他靠自己的劳动为生；而公民则是依赖他人为生的人。

总之，卢梭所说的自然人是相对于专制国家的公民来说的，是一种独立自主、平等自由和道德高尚以及能力和智力都得到充分发展的人。

虽然卢梭认为自然人与公民有区别，但他并不认为自然人就等同于野蛮人。卢梭认为自然人是与一定社会的社会人发生某种联系的人。他强调指出，要培养一个自然人，并不等于要把他变成一个野蛮人，一定要把他赶到森林中去。他指出，一个生活在自然中的自然人和一个生活在社会中的自然人，两者完全不同。后者要头脑清醒，知道怎样在城市中谋生，与他人共处而不为偏见、欲念和权威所控制，也不参与狂妄的事情等。他既能尽到作为社会成员的职责，也能保持纯真的天性、自由发展，不受腐蚀和侵袭。因为他始终是在社会秩序中把自然的感情保持在第一位的人。所以，他被称作自然人，而不是社会人。由此表明，卢梭所主张培养的自然人，决非出世的野蛮人，而是积极入世的并能保持自然天性的人。

(四) 自然教育的方法与原则

卢梭提出自然主义教育的原则有二：一是正确看待儿童的研究；二是给儿童以充分自由的原则。

1. 正确看待儿童的原则

正确看待儿童原则的提出是卢梭基于传统教育摧残儿童天性的弊端而提出的。由于传统教育所持的儿童观主要是一种小大人观，即把儿童看成是成人的翻版，儿童与成人的唯一区别仅仅在于体格强壮程度和大小程度方面有所不同而已，因此，传统儿童观认为儿童就是一种小大人。卢梭认为，以小大人观为前提的传统教育所培养出来的儿童往往缺乏儿童的特征，我们大多老态龙钟，缺乏分辨善恶的能力等。但事实上，儿童就是儿童，他们还没有成为大人。所以，卢梭认为，儿童有他特有的看法、想法和感情，如果用成人的思想去代替儿童的思想和感情，这是一种最愚蠢的事情，是把教育引入歧途的重要原因。由此出发，卢梭就提出，自然主义教育首先应该改变对儿童的看法。他指出，在万物的秩序中，人类有其独特的地位；而在人生的秩序中，儿童也有其独特的地位，应当把成人看成成人，而把儿童真正当作儿童加以看待；卢梭呼吁人们既不要把儿童当成管教的奴仆，也不能把儿童当作成人的玩物。而应当把儿童看成是一个独立的个体加以看待。

2. 给儿童以充分自由的原则

卢梭反对在儿童的心灵成熟之前就向他们灌输种种本是要求于成人的东西，以免摧残儿童的心灵。他提出，取代这种积极教育的只能是遵循自然天性的教育。这也是卢梭自然主义教育的基本思想。卢梭这里所说的给儿童以自由实际上是指对儿童的教育和发展，无论是家长还是教师都应持一种不压制、不强迫和不灌输的态度，让儿童依据其天性自由和自在的发展。那么，在后人看来，这种不压迫、不强制和不灌输就是一种典型的消极教育。卢梭所提倡的消极教育并非是说成人或教师无所作为，其实在这种教育过程中，教师和成人有两方面的工作需要完成：一是观察自由活动中的儿童，了解儿童的自然倾向和特点；二是防范来自外界的不良影响。由此看来，所谓的消极教育实质上是与传统教育相反的，使成人和教师在教育中的中心位置让位于儿童的自主发展；儿童不再是被动受教，教师也不再主宰一切。这实际上是一种十分先进的教育理念，具有里程碑式的意义。

此外，卢梭还从尊重儿童个性差异出发，提出教育的因材施教原则。

（五）自然主义教育的实施

卢梭自然主义教育的实施是通过四个不同的教育阶段来实现的。

卢梭对教育阶段的划分是按照他对儿童年龄特征的观察和分析来进行划分的。这四个阶段依次分成婴儿期、儿童期、青年期和青春期。

1. 婴儿期的教育（0～2岁）

卢梭从这一年龄阶段儿童的发展特点出发，认为这一阶段的教育主要应以身体的养育和锻炼为主。他认为良好的体质是智力发展的基础，反之，虚弱的身体使精神也跟着萎靡不振。

在具体的教育实施方面，卢梭反对娇生惯养，强调锻炼的作用。这样做的目的就在于使儿童的身体未来能适应比较艰苦的环境。卢梭同时也针对当时的社会习俗特别强调指出：人们只想到怎样保护他们的孩子，这是不够的。人们还应该教儿童学会成人后怎样保护自己，教他经受得住命运的打击。

卢梭认为身体保育的一切措施都要合乎自然，要给孩子活动的自由和空间。他认为人的教育在出生时就已经开始了，因此，卢梭提出了许多具体的教育措施和教育建议，如卢梭主张母亲应该到乡村去分娩，并提倡用母乳喂养子女。在家庭教师的选择上，卢梭提出应选择那些受过良好教育、不重金钱和名利的尽可能年轻的人从事这一职业。并且家庭教师也应到乡村去对儿童进行教育。家庭教师的职责并不在于要他拿什么东西去教育孩子，而是要他指导孩子怎样做人。他的责任不是教给孩子们以行为的准绳，而是促使儿童去发现这些准绳。

2. 儿童期的教育（2～12 岁）

卢梭从这一阶段儿童发展的实际出发，提出这一时期的教育首先应该锻炼儿童的感官并继续发展他们的身体，以为儿童日后智慧的发展奠定更为坚实的基础。同时，卢梭又认为这一时期的儿童应该学习勇敢的精神，并且要培养儿童忍受痛苦的意志品质。

卢梭激烈批评了在儿童期向学生灌输理性教育的做法，认为这是一种严重的本末倒置，这不仅阻碍了儿童体力的发展，而且促使他们为了对抗外界强加的义务而学会逃避、虚伪和骗人等恶习。

卢梭同意在这一阶段对儿童进行一定的道德教育，以养成一定的道德观念。但他同时也指出这些概念的教育应当在晚些时候进行，在进行时应联系具体事例。在方法上行动要多于口训，认为这样才容易为儿童所接受。在道德教育问题上，卢梭十分强调自然后果法，这种方法主张利用儿童自身的不良行为所产生的不良后果使他们接受教训，这样，无需大人的教导和禁止也能使儿童感到十分公正而自行改正过失，且不容易忘记。如卢梭在《爱弥尔》中指出，儿童只有在被火烫过之后，他日后才会不再去玩火；如果他没有被火烫过，无论大人如何提醒，他也总会心存侥幸。只有让儿童冬天自己呆在被自己打破了玻璃的屋子里，以此让他充分体会到打破玻璃所带来的寒冷，这样他日后在要故意打破玻璃之前，他才会有所顾虑。因此，自然后果法实际上就是一种体验式的教育法，是儿童对自身行为后果的体验，通过体验来获得相应教育的方法。

卢梭反对儿童在这一时期读书，他认为这一阶段的儿童应注意观察和了解周围事物。卢梭认为儿童周围的事物就是一本对儿童十分有用的书，用不着再给儿童选择其他的专门书籍，因此，卢梭反对在这一阶段对儿童进行知识和理性方面的教育。作为成人，他们的教育作用就在于对儿童周围的事物进行慎重的选择而已，至多是让儿童尝到不识字的坏处而产生学习的欲望。除此之外，别无所为。

3. 青年期的教育（12～15 岁）

卢梭认为这一时期是儿童体力发展最为旺盛的时期，但又相当短促，因此，必须好好利用。这一时期的教育主要以文化知识教育和劳动教育为主。

（1）文化知识教育

在知识的学习上，卢梭把培养儿童兴趣和提高能力放在第一位，他同时也注意通过学习来陶冶儿童的情操。他认为这是儿童不依靠别人、自己也能很好地学习并成为一个独立的自然人的重要保证。卢梭指出，在这一阶段，问题不在于教给学生以具体的学问，而是在于培养学生的兴趣，而且在这种兴趣充分增长起来的时候，教给他研究学问的方法。卢梭认为这是所有一切良好教育的一个基本原则。主要的不是教给儿童各种各样的知识，而是要教他怎样在需要知识的时候获得知识，教他正确地估计知识的价值，教他爱真理胜于一切，教他怎样去发现真理。

在教育内容上，卢梭强调应首先学习那些有用的且能增进人聪明才智的知识。选择知识的另一个原则是不要让孩子学习他不可能了解的人际关系方面的知识。具体来讲，卢梭主张儿童学习机械和工业等有用的知识，反对学习人文学科方面的知识。

在教育方法上，卢梭的基本原则是让学生在实际活动中自觉自动地学习，反对啃书本式的学习方式，反对长篇大论的口头解释。卢梭认为要创造一种环境，儿童置身其中，以教师的行动为榜样，这样的学习效果要比老师讲解的学习效果要好得多。实际上，卢梭是主张儿童从活动中进行学习。

在教学原则上，卢梭认为良好教育的基本原则首先是培养儿童爱好学问的兴趣。提出应实行直观教学，并要求在讲解知识时揭示知识的用途。同时他也告诫教师，教育重在引发学生的好奇心，而不要去考虑如何满足他的好奇心。他呼吁：不要教儿童这样或那样的学问，而应由他自己去发现学问。

（2）劳动教育

卢梭从培养自然人的独立性出发，认为青年期的孩子应当学会劳动。他说，无一技之长而全靠他人之力生活，到了一无所有的时候又怎么办呢？他认为只有依靠自己的劳动和劳动成果，才能过上自由、健康、诚实、勤劳和正直的生活，保持自己做人的尊严。认为那些不劳动的寄生虫是盗贼，是强盗，是流氓。

具体而言，卢梭主张青年必须学习一门职业。学习职业的目的并不是为了职业本身，而是出于以下两方面的考虑：一是培养儿童对劳动和劳动者尊重的感情，得到思想的熏陶；二是通过学习劳动，锻炼学生的思维能力，养成反复思考的习惯，从而避免机械的劳动。这种思想至今仍具有其现实意义。

在职业的选择上，卢梭提出了相应的选择原则，这些职业原则具体包括：有用的原则，这是最基本的原则；适合自己禀赋的原则；适合自己的性别和年龄特征；清洁卫生，无害于身体的原则；此外，卢梭还强调要尊重一切对人有用的职业。综合考虑以上原则，卢梭认为最符合这些原则的职业是木工，因此，在《爱弥尔》中卢梭就为爱弥尔选择了木工的职业。

卢梭劳动教育思想的提出，一方面适应了当时社会生产和产业发展的需要，另一方面也对人的全面发展起到了积极的作用，具有进步的意义。

4. 青春期的教育（15～20 岁）

卢梭认为这一阶段实施教育的场所应从乡村返回城市，教育内容主要以道德教育和宗教教育为主，目的主要在于让儿童学会做一个城市社会中的自然人。

在这一阶段，卢梭认为教育的目的在于培养有德之人。所谓有德之人就是指那种能够克服情欲，遵照理性和良心的指引，尽其职责，成为自己的主宰而不受外界诱惑的，始终走正路的人。这种有德之人也是一个不受外界制约的有独立精神和地位的自然人。

在道德观念上，卢梭持一种比较矛盾的态度。他一方面否认先天道德的存在，但同时又认为人生而具有“公平的道德原则”，这就是良心。他认为只要服从良心的指导就可以只凭直觉而迅速作出道德判断。因此，卢梭把直觉的道德判断归于良心，而把其他的道德判断归于理性。他认为一个贤明的人首先关心的是大家的利益，然后才是个人的利益。表明卢梭在道德观上是主张集体的道德观而反对过分的利己倾向。这与他所培养的社会自然人的目标定位是相一致的。

卢梭进一步指出，道德的价值在于心灵的内在满足，是为了道德而道德。由此，他认为个体内心真正的道德感受是进行道德评价的最高标准。

在具体的道德培养上，卢梭认为道德教育应从发展人的自爱自利开始。他认为自爱是人的本性，如果一个人不能自爱，也就谈不上去爱护财产，更谈不上去爱他人。但卢梭又认为自爱并不是道德教育的最终目标，其最终目标在于把人的自然天性扩展开来，达到去爱别人，爱整个社会的目的，这是一种推己及人的博爱。这样就使奠基于个人的爱上升为一种社会之爱。这也反映出卢梭思想的社会关怀的一面。

青春期的道德教育具体应该培养人善良的感情、良好的道德判断能力和坚强的道德意志。培养道德感情是要引起学生仁慈、善良、同情和宽厚之心，卢梭认为这种道德感情的培养可以通过参观等方式来进行；道德判断力的培养则可以通过评判历史人物和时间进行训练；培养道德意志，必须通过实际行为特别是帮助穷人的行为来进行。

卢梭关于道德教育的论述可以说全面展示了他有关道德教育的思考，也投射出许多具有真理性的东西；在卢梭的道德教育思想中，尽管他强调人个性的张扬和发挥，但他的终极目标仍在于社会性道德品质的养成。表明在个性和共性的关系上，卢梭强调个性是基础，而共性是目标。

在注重道德教育的同时，卢梭也很重视宗教教育。他把宗教教育看成是道德教育的重要补充。他说，没有信念，就没有真正的美德。他要求人们爱上帝胜于爱一切。他认为人对宗教的信仰是一个自然的过程，当一个人依其天性发展到一定程度时就能自然而然地理解和信奉上帝。实际上，卢梭所主张的是一种自然神论的思想，他希望青年人能够正确地借助自己的理智去选择愿意信奉的宗教教派，把宗教教育的权利交给了理性，让自然来决定宗教信仰的归宿。这也是卢梭在《爱弥尔》后遭到教会迫害而被迫流浪的主要原因所在。

此外，卢梭还提出了青年期的爱情教育和性教育的问题，并把它们作为道德教育的一部分。

（六）论女子教育

卢梭关于女子教育的观点是从他的遵循自然和归于自然的基本思想中引申出来的。

卢梭对男女差别进行了论述，他认为男性和女性的差别在于：男性是积极主动和身强力壮的，而女性则是消极被动和身体柔弱的。但卢梭并不因为女子存在这些特性就否定女性的地位和作用，他认为女性也可以成为支配者，她是子女和父亲之间的纽带。对于女性来讲，卢梭认为，她们的自然义务在于生儿育女、帮助和体贴丈夫。由此出发，卢梭指出，女性有许多东西需要学习，但她们只能学习那些适合于她们学习的东西。这在一定程度上又含有对女性的歧视态度在内。

在女子教育的内容上，卢梭认为，女子教育首先应培养她们健康的身体，但倾向于灵巧的目的；其次，卢梭还认为，女子应学习唱歌、跳舞和绘画等。其目的并不是为了社交活动的需要，而是为了更好地愉悦家人、教育子女。第三，卢梭认为对女子治家能力的培养也是一个重要的内容，他认为女子的治家能力是她相夫教子所不可或缺的。因此，应注重这方面的教育。对于女子教育，卢梭反对进行文化科学知识的教育，因为他认为女性没有精细的头脑和集中的注意力去研究严密的科学。这又反映出卢梭思想中传统和保守的一面，在某种程度上，也体现出卢梭对当时妇女的歧视态度。

（七）论理想国家的公民教育

卢梭其实是反对培养国家公民的，在自然主义教育的思想中，他就把自然人的培养和国家公民的培养相对立起来。他公开反对培养国家公民，主张培养自然人，反对儿童阅读书本，主张儿童亲身活动；反对国家学校教育制度，提倡家庭教师实施教育；反对压制、灌输，主张给儿童以充分的自由。所以，从此意义上讲，卢梭似乎不大可能谈论国家公民的教育问题。但事实上，对自然人的培养仅仅是卢梭思想的一个方面而已，当他在设计他所理想的国家而不是现实社会中的国家时，卢梭开始关注国家公民的培养问题。他在《关于波兰政治的筹议》一文中明确提出要建立国家制度和培养良好的国家公民。

卢梭认为公民教育的目标是培养忠诚的爱国者。爱国者的教育是“给予人民的心灵以民族的形式”。作为爱国者来讲，“他只想到他的国家而不及其他。他生着只是为了他的国家。”因此，卢梭主张公民教育的主要内容是进行爱国主义的教育，他认为这种爱国主义教育应当从一个人的出生时就开始。为此，他提出了具体的培养方案。

在教育权的控制方面，卢梭提出应由国家控制教育。在国家中设立一个最高的行政院作为教育的最高机构，负责领导和实施整个国家的教育发展；他同时也提出要进行普及和免费的义务教育，为保证这种普及和免费教育真正能得以落实和实施，卢梭指出国家所收的学费标准应该是放低到那些最贫苦的人也能支付的程度；此外，卢梭也对教师提出了要求，他认为教师应是已婚男子，不但在良好的知识和智慧方面即在品德和诚实方面应已为人所确信，而且必须由本国公民担任，国家对优秀教师进行提拔重用等。

在教育的内容组织上，卢梭认为体育是最重要的教育内容。同时他也主张在公民教育中应充分实施消极的教育，以给予儿童以更多的自由空间。

在教育形式上，卢梭十分推崇伯尔尼市的一些做法，在学校内模拟政府机构组成相应的团体，让学生在团体中进行学习。

卢梭自然主义教育思想对后来的人类教育实践产生了重大的影响，他提出的自然教育原则和女子教育和国家教育的思想，无疑都具有跨时代的重大意义和价值，可以说，卢梭的教育思想开启了后来西方强调经验和学生教育思想的风气之先。但不可否认，卢梭的教育思想也存在一定的不足之处。尤其是他所理解的教育实质上仍然是一种等级教育的变体，并未能从根本上解决一切人的发展问题；他虽然极为强调女子教育的重要性，但他对女了的态度带有一定的歧视因素，这使得他所主张的女子教育是一种具有相当的局限性；此外，卢梭的教育思想由于强调教育的消极性，在一定程度上削弱了教师的作用，忽视了对社会和教师对教育的控制。瑕不掩瑜，卢梭无愧为启蒙运动时期一个伟大的教育思想家。

第三节 裴斯泰洛齐的教育思想

裴斯泰洛齐（1746～1827）是19世纪瑞士著名的民主主义教育家，也是著名的教育实践家和教育改革家。他的教育革新和教育理论成为世界教育史的重要组成部分。

一、生平及其教育革新

裴斯泰洛齐的思想受到卢梭思想的重要影响，同时也从康德的思想受到启发。可以说，裴斯泰洛齐是康德教育思想的具体实践者。裴斯泰洛齐先后从事过牧师和律师方面的职业，但都以失败告终，这迫使他转向教育事业，尤其是转向社会底层和平民的教育实践。由此，成就出他一生荣耀的事业。

（一）新庄实验

1768年，裴斯泰洛齐在苏黎世附近的诺依霍夫新庄建立示范农场，力图以此来影响和帮助附近农民获得新的农业技术，改进耕作方法，从而提高产量，改善生活。这一实验最终以失败而告终。新庄实验对裴斯泰洛齐投身于教育事业产生重大的推动作用。从此开始，他开始直接投身于教育实验，谋求通过教育革新来实现其社会理想的愿望。

（二）贫儿之家

1774年，裴斯泰洛齐将新庄示范农场改成“贫儿之家”，收容6～18岁的贫穷儿童，在具体的教育方面，裴斯泰洛齐一方面亲自教他们读、写、算的知识，并施以道德教育，同时让他们学习农耕、纺纱等生产技艺，参加生产劳动，从而在教育史上首次进行了教育与生产劳动相结合的初步实践。在教育目的上，裴斯泰洛齐企图通过教育将儿童培养为能独立生活的人，又能通过出售儿童的劳动产品来解决“贫儿之家”的部分经费。由于缺乏社会支持，贫儿之家于1780年被迫关闭。

贫儿之家之后，裴斯泰洛齐转向对社会和教育问题的深入思考和探索。在近二十年的时间里，他发表了《隐士的黄昏》、《林哈德和葛笃德》和

《我对人类发展中自然进程的追踪考察》等著作，总结了自己早期的社会活动和教育实践的经验、教训等，提出了一些富有新意的教育设想，形成了他的社会和教育观的雏形。

（三）斯坦兹孤儿院时期

1799年，裴斯泰洛齐受瑞士政府委托，在斯坦兹组建一所孤儿院。陆续收留了八十多个5～15岁的儿童。在这里裴斯泰洛齐进行了他的第二次教育实验。总的来讲，这次教育实验主要有以下教育理念。首先，是基于对儿童的爱心，力求将孤儿院办成一个充满亲子之爱的大家庭式的教育机构。其次，他力求对儿童进行心、手和脑的教育，使他们在智力、身体和道德等方面的全面发展。

在这次实验中，裴斯泰洛齐继续探索读、写、算的知识教学和学习工农业技艺以及参加与劳动相结合的教育途径，探索教育过程的人性基础。这些教育实验进一步为他的学习教育家庭化、要素教育和教育心理化等重要教育思想打下了实践基础。

1799年，由于战争关系，孤儿院被政府改成医院，这宣告裴斯泰洛齐实验的结束。

（四）布格多夫时期

从1800年开始，进入他布格多夫的实验阶段，开始他的第三次教育实验。裴斯泰洛齐这次实验的核心在于：如何在初等学校根据人性的发展规律，组织合适的教学内容，运用简化的教学方法对儿童进行全面的和谐发展教育。这一阶段他写成了《葛笃德如何教育他的子女》一书，明确提出和论述了教育心理学化、要素教育论、初等学校各科教学法等新的理论。

（五）伊佛东时期

1805年，裴斯泰洛齐将布格多夫学校搬到伊佛东，建立了伊佛东学校，开始了新的实验。在这里，他更系统地继续开展他的教育革新实验和教育理论探索。并深入地把新的理论运用到教学实际中，取得了一定的成效。并成为当时整个欧洲的经验圣地，吸引了许多欧洲各国的教育人士前往参观、访问和学习。

1825年，伊佛东学院停办。此后，裴斯泰洛齐写出了《天鹅之歌》和《生活命运》，对其一生的教育活动进行了总结。

1827年，裴斯泰洛齐去世。在他的墓碑上铭刻着这样的颂词：新庄贫民的救星，斯坦兹孤儿之父，布格多夫国民学校的创办人，伊佛东的人类教育家……毫不利己，专门利人。

二、论教育目的

裴斯泰洛齐的教育目的定位，一方面建立在他对教育功能的认识上，他认为教育是帮助人民摆脱社会底层命运，实现富强的重要途径和工具。另一方面，他的教育目的也来自于他对富裕阶层教育的等级性批判。他认为，所谓的平等的教育权利，不在于富人和穷人、平民和贵族受到相同的教育，而是要求每一个人都必须获得符合他的本性和社会地位的教育。他的着眼点是，农民的子女需要学习知识和新的耕种方法，手工业者的子女也需要学习文化和工艺技术，因为只有这样，劳动人民的生活才能得到改善。正是从以上两方面出发，裴斯泰洛齐建立了他的教育目的观。具体表现在以下几个方面。

教育的首要功能应是促进人的发展，尤其是人的能力的发展。发展人的天赋的内在能力，使其经过锻炼，使人能尽其才，能在社会上达到应有的地位，这就是教育的最终目的。他说："教育问题不在于传授专门的知识或专门的技能，而在于发展人类的基本能力。"关于这种教育目的定位，包含有极其广泛的内涵：首先，在裴斯泰洛齐看来，每个人都有天赋的潜能，都要求和可能得到发展。第二，人的发展必须通过教育。"人只有通过艺术，才能成其为人。"认为人具有动物性、社会性和道德性等三方面的要素，由此出发，提出教育的措施既要适合儿童的特性，又要符合他们所处的社会条件，将人的性质纳入社会的正轨，并促使他们把自己提升到道德状态。第三，教育意味着完整人的发展。第四，通过教育完美地发展人的能力，提高人民素质，授予人民谋生的本领，培养每个人树立自立、自尊等方面的意识，使人最终成为人格真正独立发展的人。

裴斯泰洛齐的教育目的定位实际包含了个人和社会两方面的目的定位在内。

三、论教育心理学化

在世界教育史上，裴斯泰洛齐是第一个明确提出"教育心理学化"口号的教育家。他关于教育心理学化的思想以及在教育革新实验中对教育心理学化的具体尝试，为把教育和教学工作置于受教育者的心理活动规律的基础上，开创了新的时代。

1800 年，裴斯泰洛齐在《方法》一文中首次明确提出"我正在试图将人类的教学过程心理学化；试图把教学与我的心智的本性、我的周围环境以及我与别人的交往都协调起来。"

1801年，他在《葛笃德如何教育她的子女》中更明确提出：他长期寻求一切教学艺术的共同心理根源。即力求探询人的基本心理规律，以此作为教育的基础。

关于教育心理学化的意义，裴斯泰洛齐指出，将教育和教学工作置于儿童的心理活动规律的基础上，实现教育心理学化，建立符合儿童心理规律的教学机制，是建立新式学校教育的关键所在。

什么是教育心理学化呢？裴斯泰洛齐认为，教育心理学化，就是把教育提高到科学的水平，将教育科学建立在人的心理活动规律的基础上。具体包括如下几方面的内容。

首先是要求将教育的目的和教育的理论指导置于儿童本性发展的自然法则的基础上。要求探索和遵循儿童的心理活动和心理发展的规律性。

第二，教育心理学化就是必须使教学内容的选择和编制适合儿童的学习心理规律，即教学内容心理学化。由此出发，他提出了要素教育理论。

第三，教学原则和教学方法的心理学化。

在这方面，他认为首要的是要使教学程序与学生的认识过程相协调。他指出人的认识过程包括三个阶段：从模糊的感觉印象到精确的感觉印象；从精确的感觉印象到清晰的表象；从清晰的表象到确定无误的概念。因此，从这三阶段出发提出直观教学和循序渐进原则。

第四，教育心理学化还要求让儿童成为他自己的教育者。教育者不仅要让儿童接受教育，还要使他成为教育中的动因。教育者要适应儿童的心理时机，使尽力调动儿童的自我能动性和积极性，培养他们独立思考的能力，使他们懂得教育自己。

四、要素教育论

所谓要素教育，就是裴斯泰洛齐认为初等学校的各种教育都应该从最简单的要素开始，然后逐渐转到日益复杂的要素，以便循序渐进地促进人的和谐发展。

裴斯泰洛齐对要素教育思想的探讨，是出于以下两方面的原因：

首先，是基于他认为儿童天赋能力和力量的发展都有其自然的顺序，这个顺序的基本特点之一就是从简单到复杂。认为人们只要掌握了简单的要素，就能逐步形成和扩大他们的知识或技能。同时，只有从要素开始的教育过程才是适合自然法则和心理发展规律的。

第二，要素教育论是为了使广大劳动人民都能受到更加简便有效的教育。是最适合于初次办学和每一位母亲的教学方法。

要素教育论的主旨就在于追求各种才能的均衡。

在学科方面，具体的要素思想是：

德育的基本要素是儿童对母亲的爱。这构成人类道德品质形成的最为基础的素质。

智育的基本要素则是数、形和词三中基本因素。

体育的基本要素是关节活动。

五、教育与生产劳动相结合的思想

裴斯泰洛齐是西方教育史上第一个将这一思想用于实践的教育家，并对于推动和促进这种思想的发展具有十分重要的作用。

裴斯泰洛齐在《林哈德和葛笃德》中具体描述和明确提出了教育与生产劳动相结合的概念。他认为既要使儿童通过自己的劳动生产获得一定的经济效益而实现生活自给，并学到一定的生产劳动技能，同时又能学习初步的文化知识。他认为这也是帮助未能进学校接受教育的农村贫民子弟提高劳动能力、学会谋生本领、改善生活状况的最好途径。

在斯坦兹实验中，裴斯泰洛齐对教育与生产劳动结合的思想进行了进一步的发展。主要有以下几方面的发展。首先，明确地把学习与手工劳动相联系、学校与工场相联系作为实验的内容之一而提出；其次，以学习为主，参加手工劳动为辅助，但注意二者的结合；第三，明确提出在学习和手工劳动能够结合以前，两者必须打好基础。第四，提出教育与生产劳动的结合也是基于教育心理学化的教育途径选择。

第四节　赫尔巴特的教育思想

赫尔巴特是德国 18～19 世纪的一个著名的哲学家、心理学家和教育家，他对世界教育的贡献在于：通过他的努力，使教育学成为一门独立的学科和科学。并提出了一个完善的教育理论体系。他的教育思想或明或暗地对世界各国的教育实践产生着影响。即使是现在我国的教育，仍时时体现出他教育思想的印记和痕迹。他对世界教育的影响是十分深远的。

（一）赫尔巴特教育思想的形成与发展

1. 生平及主要经历

1776 年出生；幼年人文科中学学习；1794 年考入耶拿大学。

此后到瑞士一贵族家庭做了 8 年的家庭教师；1799 年在布格多夫学院

结识当时著名的教育家，也是教育心理学化运动的倡导者裴斯泰洛齐。在这里，赫尔巴特对裴斯泰洛齐的教育思想进行了深入的研究，同时也对裴斯泰洛齐的教育实践做了仔细的观摩。这些都成为以后赫尔巴特构建教育思想的重要理论和思想来源。可以说在赫尔巴特的教育思想中，裴斯泰洛齐的影子随处可见。1802 年，赫尔巴特在哥廷根大学获博士学位，后留校任教，主讲教育学和心理学。1809 年，到哥尼斯堡大学继承康德的空缺，教授哲学和教育学。直到 1841 年他去世为止。

2. 赫尔巴特教育思想形成的阶段

赫尔巴特教育思想的形成是一个不断积累和不断丰富的过程，因此，在不同的发展阶段，他对教育的关注重心是不一样的。根据他对教育的关注的重点不同，大致可以把他的教育思想的形成分成三个阶段。

第一阶段：伯尔尼—不来梅时期（1797～1802）

1797～1799 年，赫尔巴特应聘任瑞士贵族斯泰格尔的家庭教师，负责对其三个孩子进行教育。在两年的教育实践中，赫尔巴特积累了丰富的教育实践经验，这为他日后进行教育理论方面的思考提供了重要的实践基础。在此期间，他还参观了裴斯泰洛齐的布格多夫学院，接触了裴斯泰洛齐的教育思想和实践。这对赫尔巴特的教育思想的形成产生了深远的影响。1800～1802 年，赫尔巴特主要在德国的不来梅致力于对裴斯泰洛齐的教育理论进行宣传和研究。在这一时期，他也对其早期的教育实践进行了一定的总结。可以说，这一阶段是赫尔巴特教育思想形成的准备时期。也正是有了这一时期的准备，才使赫尔巴特最终形成了自己独立的教育学思想体系。

第二阶段：哥廷根时期（1802～1809）

1802 年 10 月，赫尔巴特开始在哥廷根大学任教。这一时期是赫尔巴特教育思想形成的最为重要的时期。正是在这一时期他提出了“科学教育学”的基本学说。

在哥廷根大学任教期间，赫尔巴特先后写了《论裴斯泰洛齐的近著〈葛笃德如何教育她的子女〉》、《裴斯泰洛齐直观初步》、《裴斯泰洛齐教学方法之批评》、《世界审美启示》和《普通教育学》等教育著作。从这些著作的名称可以看出，这一时期赫尔巴特主要致力于了解和熟悉、研究裴斯泰洛齐的教育思想。但随《普通教育学》的出版，也就标志着赫尔巴特开始尝试建立自己独立的思想体系。他在《普通教育学》中，全面、系统地阐述了自己的教育理论。可以说提出了他日后教育理论体系的各个方面的内容的雏形和框架。如提出了儿童的管理、教学和道德教育所构成的教育过程，兴趣的多方面性等等。之所以说《普通教育学》仅仅是赫尔巴特教育理论形成的雏形，是因为，在该书中，赫尔巴特主要是侧重于伦理学方面的探讨。也就是说仅仅是运用了他教育思想的伦理学基础。但从他整个的教育理论体系来看，他的教育思想还有一个心理学的基础。这正是赫尔巴特所缺乏的。对此他本人也承认《普通教育学》在心理学方面所作的探讨是相对薄弱的。他说："普通教育学是不完善和有缺陷的，因为，虽然如标题所示（《普通教育学》一书的全名是《从教育目标推演而来的、心理学的教育科学的一般原理》)，它是从教育目标和心理学推演而来的，但在那时，我对心理学只是刚开始探索。"这也可以看做是赫尔巴特这一时期研究的缺陷所在吧！

第三阶段：哥尼斯堡时期（1809～1833)

1809 年，赫尔巴特应聘到哥尼斯堡大学任哲学教授。在这期间，他系统研究了心理学的理论，形成了较为系统的心理学理论体系。并且致力于把心理学的理论运用于教育问题的研究，尤其侧重于把心理学的成果运用到教育过程中。从而使他的教育理论最终完成了理论的构建，形成了伦理学和心理学的两大支柱。在此基础上，赫尔巴特对早期的教育思想进行了进一步的完善和整理，写出《教育学教授纲要》一书。标志着其教育理论体系的最终确立。

（二）赫尔巴特教育思想的理论基础

赫尔巴特的教育思想有两种理论支撑，一是伦理学的支撑，一是心理学的支撑。他自己曾说到："教育学作为一门科学，是以伦理学和心理学为基础的，前者指明目的，后者指出途径、手段和障碍。"由此也表明，伦理学和心理学在赫尔巴特的教育思想中是有着鲜明分工的。伦理学主要起着价值规范的作用，即为教育目的和基本方向的确立提供依据，而心理学则为实现教育目的确定方法和手段。

1. 赫尔巴特论伦理学基础

他的伦理学思想受康德的影响较大，但他并不赞叹康德所认为的道德先验论的观点。认为道德先验忽视了学生的可塑性，这在很大程度上抹杀了教育的作用和功能。因此，他基本上是主张道德的后天形成和教育的。在此基础上，他来构建起他关于道德和伦理方面的学说。

赫尔巴特的伦理学思想主要体现在他提出了五种基本的道德观念。他认为人有五种基本的道德观念：内心自由、完善、仁慈、正义和公平或报偿。这五种道德观念也被简称为五道念。关于五道念，赫尔巴特认为是巩固世界秩序的永恒真理，是维持现存世界秩序的道德标准。他认为重要人们头脑中具有这五种道德观念，任何扰乱社会秩序的行为都不会出现。他分别对这五种道德观念作了相应的说明和解释。

内心自由：指一个人有了正确的思想或者说对真善美具有明确的认识，就能够自觉地按照道德规范去行事，使自己的行为符合理性的原则。要求个人的意见和行为能受制于内心的判断。

完善：是指用多方面的意志力和坚强而紧张的毅力，给予“内部的协调”。也是人调节自己意志、作出判断的一种尺度。

仁慈：是一种绝对的善。它要求人无私地为他人谋福利、与人为善，从而使自己的意志与他人的意志协调一致。

正义：则是指一种守法的观念，它要求不同意志之间避免冲突，且按人们自愿达成的协议去解决冲突。

公平或报偿：是指当人故意作祟时应予以相应的惩罚，即善有善报，恶有恶报。

赫尔巴特的伦理学与教育联系的建立，是由他对知识在道德形成中作用的认识的观点所决定的。他说：“巨大的道德力量是获得广阔视野的结果，而且又是完整的不可分割的思想群活动的结果。”由此，他把伦理学作为了教育的理论基础。

2. 赫尔巴特论心理学基础

赫尔巴特是西方历史上第一位把心理学作为一门独立学科加以研究，并努力把它建成为一门科学的思想家。他对心理学的研究，是处于他对当时的教育现状的认识，他认为，教育学的大部分缺陷都产生于缺乏心理学。因此，心理学成为他关注的一个重要的部分。

赫尔巴特的心理学思想并非是无本之木和无源之水，而是受到了前人思想的影响，是在继承前人思想的基础上形成的一种心理学的思想体系。大概而言，赫尔巴特的心理学思想主要来源于英国的联想主义心理学、莱布尼茨的单子论、牛顿力学以及洛克的白板说等方面思想的影响。在这些思想的基础上，他提出了自己的心理学思想。提出了统觉、兴趣和注意等方面的心理学研究对象。

关于统觉，最初有莱布尼茨所提出，认为是一种自发的活动，它主要依赖于心灵中已有内容的影响。通过统觉，人们理解、记忆和思考互相联系的观念，从而使高级的思维活动得以完成。此后，康德对此进行了进一步的深入，提出统觉与经验的联系。在此基础上，赫尔巴特认为把学生在原有经验的基础上形成新观念的过程，称为统觉。赫尔巴特指出，当新的刺激发生作用时，表象就通过感官的大门进入到意识阈中；如果它具有足够的强度能唤起意识阈下已有的相似观念的活动，并与之联合，那么，由此获得的力量就将驱逐此前在意识中占据统治地位的观念，成为意识的中心，新的感觉表象与已有观念的结合，形成统觉团（即认识活动的结果）；如果与新的表象相似的观念已经在意识阈上，那么，二者的联合就进一步巩固了它的地位。统觉理论实际上所强调的就是新旧观念之间的联系的建立。运用到教学过程中，就要求教学内容的出现必须要根据学生已有的知识基础为起点，使学生的新旧知识能够产生一定的联系，这样才有利于把新知识内化到学生的观念中去，使之真正成为学生自己的知识和观念。这种理论与以后皮亚杰所提出的同化和顺应的理论是有一定的相似之处的。

赫尔巴特认为统觉的产生还必须要具备一定的条件，他认为这个条件就是兴趣。只有当学生有兴趣的时候才会形成一种积极的统觉，才会在学生的新旧观念间建立起真正的联系。对于兴趣，赫尔巴特认为是一种观念的积极活动状态，是一种好奇心和智力活动的警觉状态。因此，兴趣赋予统觉活动以主动性。

赫尔巴特的心理学思想是西方教育史上第一次运用心理学来解决教育问题的尝试。因此，他本人也被称为是教育心理学的开创者。他的心理学也是一种教育化了的心理学。这也可以看做是他对教育理论的一大贡献所在。

在伦理学和心理学的基础上，赫尔巴特形成了自己独立的教育理论体系。

（三）赫尔巴特的道德教育理论

1. 教育目的

赫尔巴特认为教育包括两方面的目的：一是可能的目的或选择的目的；一是必须的或必要的目的。

所谓可能的目的，是指与儿童未来所从事的职业有关的目的，也就是学生将来作为成年人本身所需要确立的目的。出于学生日后适应社会多样性的需要，赫尔巴特提出要对学生进行多方面的教育，要发展儿童多方面的兴趣，使学生的各种能力得到多方面的和谐发展。注重对儿童多方面兴趣的培养。由此，赫尔巴特也把兴趣的多方面性称为是教育目的的第一部分。

所谓必要的目的，是指教育所要达到的最高和最为基本的目的。赫尔巴特认为，这种目的应被定位于道德的目的。他说："道德普遍地被认为是人类的最高目的，因此，也是教育的最高目的。""教育的唯一工作与全部工作可以总结在这一概念中—道德。"具体而言，教育的根本目的就是要养成内心自由、完善、仁慈、正义和公平等五种道德观念。

2. 教育性教学原则

教育性教学原则的提出，是赫尔巴特为了实现教育的最高的道德目的而提出的一种途径。他认为通过在教学过程中引进道德教育的内容，使教学充满教育性的色彩，这样就会为教育最高目的的实现奠定一个良好的基础。

赫尔巴特教育性教学的原则是建立在他对道德养成的知识基础的认识基础上的。他认为，知识与道德具有直接的和内在的联系，人只有认识了道德规范，才能产生服从道德规范的意志，从而形成符合道德规范的行为。他明确指出，愚蠢的人是不可能有道德的。他说："德育问题是不能同整个教育分离开来的，而是同其他教育问题必然地、广泛地、深远地联系在一起的。"在此基础上他提出了教育性教学的原则，作为教育的基本准则。由此也可看出，该原则的提出，也是赫尔巴特强调道德教育的必然结果。

在教学与教育的关系上，赫尔巴特认为，不存在无教学的教育，同样，也不存在无教育的教学。实际上他认为，教育是通过，而且只有通过教学才能真正产生实际的作用，教学是教育的基本途径。即"通过教学来进行教育"。这里要注意的是，赫尔巴特所说的教育是具体指道德教育而言的。当然，相对于广义的教育概念，这也有其合理性的一面。

在具体的通过教学实现教育的实施方面，赫尔巴特指出首先应使教学的目的与教育的目的保持一致。即把教学的目的也定位于培养道德品质上。但这也只是一个总的方向而已，在此方向的指引下，应为教学设立近期的、直接的目的。赫尔巴特认为这个目的就是发展和培养儿童多方面的兴趣。他认为，多方面的兴趣具有一种道德的力量，"人们首先应通过扩展了的兴趣来改变个性，必须使其接近一般形式，然后才可以设想个性有对普遍适用的道德规律发生应变的可能。"

教育性教学原则提出的意义就在于：赫尔巴特运用心理学的研究成果，具体阐明了教育与教学之间存在的内在的本质联系，使传统的把道德教育与教学的分裂得以弥合，从而使道德教育获得了坚实的基础。同时，把教学等同于教育也不可避免陷入了机械论的境地。这是该种理论的不足之处。

3. 道德教育

赫尔巴特认为道德教育主要包括两方面的内容：一是儿童的管理；一是训育。

赫尔巴特认为儿童的管理其主要目的是要创造一种秩序。具体而言，他认为儿童管理的目的是多方面的：一方面是为了避免现在和将来对别人与儿童自己造成危害；一方面是为了避免不调和斗争本身；最后一方面是为了避免社会参与它没有充分权力参与却被迫要参与的那种冲突。具体到教育上，赫尔巴特认为，管理的任务主要是为随后进行的教学创造必要的条件。他说："如果不紧紧地抓住管理的缰绳，那么任何课都是无法进行的。"在管理与训育的区别上，他认为，管理主要是对一些恶行的预防，而训育则是为了形成美德。前者是一种消极的措施，而后者更为主动和积极。

赫尔巴特所主张的训育是指"有目的地进行的培养"，其目的在于形成性格的道德力量。他指出，训育可以分成四个阶段：即道德判断、道德热情、道德决定和道德自制。在训育的具体实施上，赫尔巴特认为有六种基本的措施或方法：一是维持的训育：巩固儿童管理所取得的结果，使儿童懂得行为的界限和对权威的服从；二是起决定作用的训育。它的主要作用在于引起学生作出选择。在此，赫尔巴特强调指出，教育者不应替代学生去作出选择，因为这是学生自身应当明确的性格。关键在于学生应能根据自身的实际经验证实教育者的告诫。三是调节的训育。一种从学生自己经历出发的自我调节的训育方式。四是抑制的训育。一种自我克制的训育方式。五是道德的训育，以上述四种训育为基础，向学生说明真理，进行真正的道德培养；六是提醒的训育，其作用在于及时提醒学生，并纠正他们的错误。

（四）赫尔巴特的课程理论

在赫尔巴特的教育理论中，他对课程设置的制约因素和课程的具体设置提出了较为完善的看法和观点。具体而言，他的课程观与心理学的联系较为紧密。

1. 经验、兴趣与课程

经验和兴趣在这里都是课程设置的重要的标准和尺度。

赫尔巴特课程理论的一个基本主张是认为：课程内容的选择必须与儿童的经验和兴趣相一致。他认为经验是教学活动赖以进行的基础。但他同时也反对纯粹的经验主义，他认为，儿童早期的经验是分散和杂乱的，因而需要教学加以补充和整理，这样，就将课程与经验与教学联系在一起了。在此基础上他指出，课程的内容必须与儿童的日常经验保持密切的联系。而真正符合这种需要的则是直观的教材。

在强调经验对课程的重要意义的同时，赫尔巴特也十分重视兴趣对课程的意义。他对兴趣作用的关注是来自于他对经验的看重。他认为，儿童的经验和兴趣是相互促进的，而不是冲突的。他指出只有与儿童经验相联系的内容才能引起儿童浓厚的兴趣。认为兴趣本身就存在于儿童的经验之中。作为兴趣与课程的关系来讲，赫尔巴特认为，只有能引起兴趣的教学内容，才能使儿童保持意识的警觉状态，从而更好地接受教材。由此，他提出教学科目的设置应立足于兴趣的研究和分类。

赫尔巴特认为，兴趣可以分成经验的兴趣和同情的兴趣两大类；每一类兴趣又包括三类不同的兴趣分类。其中经验的兴趣包括经验的、思辨的和审美的兴趣三类；而同情的兴趣则包括同情的、社会的和宗教的兴趣三类。而每一小类的兴趣都对应于不同的学科。具体如下：

经验的兴趣：包括自然、物理、化学和地理等课程；

思辨的兴趣：包括数学、逻辑和文法等课程；

审美的兴趣：包括文学和绘画等课程；

同情的兴趣：包括外国语（古典语和现代语）、本国语等课程；

社会的兴趣：设历史、政治和法律等课程；

宗教的兴趣：主要对应的是神学的课程。

从兴趣的分类出发，赫尔巴特就形成了一个较为独特的完整的课程内容体系。

2. 统觉与课程

赫尔巴特的统觉理论强调的是新旧知识间的联系，他把统觉理论运用到课程理论中，目的在于提出课程在知识内容呈现上的顺序。他认为课程的安排应当使儿童能够不断地从熟悉的材料逐渐过渡到密切相关但还不熟悉的材料。他指出："最有效地、自始至终地安排教学的整体，以便使每一个先前的结果能为学生在心理上对相似的和较远的结果做好准备，这是我在一些教学著作中主要考虑的问题。"

根据统觉原理，赫尔巴特提出了两种课程编制原则：一是相关性原则。即指学校不同课程的安排应当相互影响，相互联系。一是集中性原则。所谓集中，是指在学校的所有课程中，选择一门科目作为学习的中心，使其他科目都作为学习和理解它的主要手段。赫尔巴特把历史和数学当做所有学科的中心。相关原则和集中原则提出的目的在于保持课程教学的逻辑结构和知识的系统性。

3. 儿童发展与课程

赫尔巴特充分重视对儿童年龄分期的研究，并以此作为课程设计的一个重要的标准。

他把儿童的发展大致分成四个时期，每一时期对应相应的课程。

婴儿期（0～3岁），在这一时期，他主张对身体的养护重于一切，同时还应大力加强儿童的感官训练，发展儿童的感受性；

幼儿期（4～8岁），教学内容应以《荷马史诗》等为主，以发展儿童的想象力；

童年期和青年期（9～20岁），这两个时期，可以分别传授数学和历史等学科的知识，目的在于发展儿童的理性能力。

（五）赫尔巴特的教学理论

教学理论是赫尔巴特教育理论中对后世影响最大的部分。他的教学理论涉及范围甚广，但主要集中在对教学方法和教学形式阶段的探讨方面。

1. 教学进程理论

教学进程理论在某种程度上对教学方法所做的一种理论的提升和思考。赫尔巴特一方面继承了前人关于直观教学的思想，认为这是一种分成重要的教学方法。他曾说："除了直观教学，没有一种教学是适合儿童的。"但同时他又认为，单纯的直观是不够的，他认为，没有心智的训练，感官将是一事无成。为了解决这一矛盾，他力图把哲学领域中的经验主义和理性主义相结合，并在此基础上提出从感觉经验开始、经过分析和综合，最后达到概念的教学方法进程。因此，他的教学进程观念是以经验为基础的。同时，他所提出的教学进程的概念，又与他的统觉论有一定的关联。他从统觉论出发，认为统觉过程的完成大致要经过三个环节：感官的刺激、新旧观念的分析和联合、统觉团的形成。由此出发，他提出了教学进程也应包括三个不同的步骤：单纯的提示教学、分析教学和综合教学。

（1）单纯的提示教学实际上就是直观教学。赫尔巴特认为，单纯提示教学是直接建立在学生经验基础之上的，是对经验的模仿和复制，同时又进一步扩大了经验。单纯提示教学的目的在于，通过感官的运用，得到一些"与儿童已经观察过的事物相类似，并与之有关联"的感觉表象，从而为观念的联合做准备。因此，赫尔巴特强调这一时期的教育应以图画作为主要的教育内容。在主张单纯提示教学的同时，赫尔巴特也看到了提示教学的局限性，认为这种方法只能在一个十分有限的范围内才有效。超出了该范围，这种教学方法就会变得无能为力。因此，还必须有其他的教学方法与之相匹配。

（2）分析教学：分析教学是在单纯提示教学的基础上进行的。它的作用在于，对同时出现在感官面前的事物或物体加以分析，通过分析，使儿童对当前刺激的反应更为清晰，从而为观念的联合做好准备。其主要目的在于对不同的观念进行分析，明确其相似、系统和不同之处。赫尔巴特认为，分析教学包括两个不同的阶段：第一，教师要求学生指出并命名当前出现的事物，然后转向尚未出现的事物；第二是讲述某一个整体分割成的各主要部分，这些部分的相对位置、它们的联系和变动。与单纯的提示教学一样，分析教学也存在局限，它只接受一些事实材料，而不能通过分析教学把这些分散的事实材料加以提升，使之成为系统的知识。因此，还必须采用第三种教学方法，即综合的教学方法。

(3) 综合教学：提供组成的成分并准备成分的联合。通过综合教学，由单纯提示所提供的清晰表象和分析教学产生的对表象的区分，就形成了观念的联合，即获得新的知识和概念。

2. 教学的形式阶段理论

赫尔巴特所提出的教学的形式阶段，实际上就是课堂教学的一个完整的过程，是一个包括了教学方法、教学形式等在内的规范化的教学程序。

赫尔巴特的教学形式阶段理论是建立在他对兴趣活动的阶段划分之上的。他把兴趣的产生分成四个阶段：即注意、期待、要求和行动等四个阶段。其中他对注意作了详细的论述。他认为注意是学生产生学习兴趣的最重要的因素。只有在学生注意的前提下，才有可能谈得上兴趣的产生。同时，赫尔巴特对注意进行了相应的分类，他认为，注意可以分成随意注意和不随意注意两种，前者是指一种有意注意，具有极强的目的性；而后者则是一种无意注意，不具备任何的目的性。赫尔巴特认为这种无意注意又可以分成原始的注意和统觉注意两种。由此出发，他主张在教学中要充分运用注意的原理，适当调节教学的进度和方法，使学生能充分发挥其学习的积极性和主动性，从而提高学习的效果。所谓的要求，就是学生在注意和期待的基础上，产生出学习的欲望。到了这一阶段，实际上就标志着学生学习兴趣的获得。但教学并不仅仅停留于此，还应对学生的学习结果进行进一步的巩固，因而，就需要行动来加以巩固。对应于这四个不同的兴趣阶段，赫尔巴特提出教学的四个不同的形式阶段。

明了：在学生注意的基础上，教师通过直观教具和讲解的方法，进行明确的提示，使学生获得清晰的表象，以作好观念联合，即学习新知识的准备。

联合或联想：这时学生的学习处于新旧知识需要进行联合但还没有实现联合的阶段。对应于兴趣的期待阶段。此时教师的任务是与学生进行无拘束的谈话，运用分析的教学方法。以使学生找到新旧观念或知识之间的联系。为完全获得新知识准备条件。

系统：这实际上是引导学生把所学的新知识内化或消化为他自己知识的阶段。对应于兴趣的要求阶段。对于教师来讲应采取综合的教学方法，使新旧观念间的联合系统化和现实化，从而使学生真正获得新的知识和观念。

方法：这实际上一种强化和巩固阶段。对所学的知识通过行动去加以强化和巩固。是对知识的运用和时间。

赫尔巴特的教学的形式阶段论，在一定程度上客观地揭示出了教学的程序和过程，但这种程序和过程的界定不可避免地会带上一定的机械色彩，从而僵化了本来具有极大灵活性的教育和教学过程。但不可否认，赫尔巴特所提出的教学的形式阶段论对于教育实践而言，具有易于操作的特点，这在某种程度上也造成了后来教育实践领域对他思想的完全照搬的不良倾向。

（六）赫尔巴特教育思想的传播，即赫尔巴特学派的教育思想

赫尔巴特的教育思想在他有生之年，并没有引起很大的反响，但当他离开这个世界后，他的教育思想在他学生的努力传播下，却获得了极大的声誉，并且是一种世界性的声誉。非但对德国的教育发展，而且也对世界上其他地方尤其是美国的教育发展产生了深远而又持久的影响。同时，很多学者开始研究和实践赫尔巴特的教育思想，形成了一个赫尔巴特学派，对他的思想加以完善和修正，使其思想得到了更为广泛的传播。

对德国的影响：1868 年，在莱比锡成立了科学教育协会。致力于赫尔巴特教育理论的研究和传播。其中的代表人物是他的学生斯托伊和齐勒。此后，诸如此类的组织在德国全境纷纷成立。与此同时，大量的研究成果先后问世。据赖因在《教育百科全书》中统计，从 19 世纪 60 年代以来，在德国和瑞士先后出版了 2234 部有关赫尔巴特的著作。在此期间，先后创办了十种刊物，专门进行赫尔巴特学说的传播。法国教育史家康帕亚指出，在 19 世纪后期，赫尔巴特主义在德国已经成为一种宗教。

赫尔巴特的教育理论也在美国产生了广泛的影响。由于曾留学德国的哈里斯和加莫等人的大力推动，使赫尔巴特的理论在美国迅速成为一种占据主导地位的教育理论。其影响几乎超过了德国本土。1892 年，美国成立全国赫尔巴特协会，其目的在于促进赫尔巴特思想的传播和它在美国学校的运用。哈里斯曾在 1894～1895 年度的《教育委员会报告》中指出："今天，在美国的赫尔巴特教育学的信徒比在德国还要多。"这足见其思想在美国的影响。

此外，赫尔巴特的教育理论对中国也有着深远的影响。直至现在，在具体的教育实践中，赫尔巴特的影响也随处可见。

第五节　福禄倍尔的教育思想

福禄倍尔（1782～1852）是德国著名的教育家，近代学前教育理论的奠基人，是幼儿园的最早创立者。由于他在学前教育实践和理论研究方面的卓越贡献，他被后人誉为“幼儿园之父”。福禄倍尔教育思想主要是批判地继承裴斯泰洛齐教育思想的产物，同时，也是对他丰富学前教育实践经验的系统总结的结果。

福禄倍尔在创办“德国普通教养院”的基础上，写出了《人的教育》一书，该书基本上系统体现了他关于学前教育的思想，尤其是集中体现了他对人的认识。此后，他在德国卡伊尔霍开办了一所专门的学前教育机构，并于1840年，将该机构正式命名为“幼儿园”，这是日后“幼儿园”作为学前教育机构名称的起点所在。他在多年的学前教育实践中，发明和创造了一套被称为“恩物”的教学用具，并在此基础上发展出恩物理论和游戏理论。恩物理论和游戏理论也成为福禄倍尔学前教育理论的核心。

福禄倍尔教育思想主要涵盖了教育分期及其任务、学前教育理论以及学校教育等方面的内容。

一、教育分期及其任务

福禄倍尔在《人的教育》中，将人划分成四个发展阶段：婴儿期、幼儿期、少年期和青年期。而教育则与这四个阶段相对应，但福禄倍尔并未就青年期的教育进行深入讨论，他思想的重心主要放在前面三个阶段。

福禄倍尔对人发展阶段的划分与其他教育家有所不同，他并不具体规定每一个阶段的时间起止，而是根据每一阶段的典型特征作为阶段划分标准。

（一）婴儿期及其任务

福禄倍尔认为婴儿期的典型特征是“吸收”，是婴儿大量吸收外界事物的时期，因此，这一时期也被他称为“吸收时期”。

从“吸收”特征出发，福禄倍尔提出这一阶段人发展的主要任务就在于感官的发展，因此他提出应首先发展人的听觉器官，其次是发展人的视觉器官，然后发展人的感觉器官。对于这些器官的发展，福禄倍尔认为并不需要设定任何的外在目标，只是通过发展婴儿的各种感官，使婴儿最终能够“自动地向外表现内在本质”，也即是使婴儿能够自如地运用各种器官。达到此目标，就标准着婴儿期的结束，幼儿期的开始。

（二）幼儿期及其任务

福禄倍尔认为游戏和说话是儿童在这一时期的主要生活要素，因此，这一时期儿童的发展应主要侧重于语言和游戏方面的教育。这实际上也是学前教育的主要时期。

福禄倍尔认为这一阶段的教育主要依靠家庭进行，尤其是母亲在儿童的教育中应扮演重要角色。

（三）少年期及其任务

福禄倍尔认为这一时期与婴儿期和幼儿期向外表现内在本质的发展特征不同，少年期主要是使外部的东西成为内部东西的时候，因而这一时期是儿童主要的学习时期。

少年期的学习，主要是让儿童懂得事物的特殊关系和了解个别事物，以便他们以后能引出事物的内在统一性。因此，这一阶段，知识学习成为教育的主要任务，尤其是实例教学和言语教学更是成为教育的重要途径和手段。

二、学前教育理论

福禄倍尔的学前教育理论集中体现在《幼儿园教育学》一书中，主要探讨幼儿园工作的意义、任务、方法及课程等，因此，也被称为“幼儿园教育理论”。

（一）幼儿园工作的意义和任务

福禄倍尔在成人传统家庭教育的积极意义的同时，也指出传统家庭教育以家庭和母亲作为主要教育力量的做法存在一定的不足，因此，有必要创设专门的学前教育机构来弥补传统家庭教育的不足。为此，他提出必须为3～7岁的儿童建立幼儿园，以协助家庭更好地教育儿童。

基于上述考虑，福禄倍尔认为，以幼儿园为主要载体的学前教育是对家庭教育的重要补充，是儿童家庭生活和教育的延续及扩展。在幼儿园教育和家庭教育的关系上，二者是互补而非替代关系。

福禄倍尔认为幼儿园工作的任务在于通过开展各种活动和游戏，培养儿童的社会态度和民族美德，使儿童更好认识人类与自然，发展儿童的智力、体力以及他们相应的技能、技巧，尤其是培养儿童运用知识参与实践的能力。此外，福禄倍尔也认为幼儿园要承担师资训练的任务，以推广幼儿教育的经验。

（二）学期教育方法

福禄倍尔在自动性原则的基础上，提出了观察、游戏和社会参与的方法。

1. 自动性原则

自动性原则是一切学前教育实践的方法论原则。

福禄倍尔认为自动性或自我活动是一切生命体最为基本的特征，也是人类生长的基本法则，儿童对此也不例外。而自动性或自我活动具有多方面的教育意义，因此，在学前教育中，应充分利用这一法则实施教学。

自动性的教育意义主要体现于以下几方面。

第一，通过自我活动，可以帮助儿童认识自然和认识人类；

第二，自我活动能体现出儿童的发展程度，激发儿童对新知识的兴趣与关注；

第三，自我活动还有助于鼓励儿童的自信与自尊；

第四，自我活动有助于引导儿童了解各种知识之间的关系。

2. 观察法

福禄倍尔从自动性原则出发，指出，教育者应当引导儿童学会用眼睛进行有意识的观察，并引导儿童学会从自己的经验、从事物和事物之间的关系以及从人类的真正生活中去总结，最终形成相应的观念。

3. 游戏法

游戏法作为学前教育的主要教学方法，一直受到诸多教育家的关注与重视，对此，福禄倍尔也不例外。

福禄倍尔认为游戏是儿童内在本质向外的自发表现，是人在这一阶段最为纯洁的精神产物；游戏不等于儿童的外部活动，而更多的是指儿童的心理态度；游戏是一切善的根源和整个未来生活的萌芽。

关于游戏的作用，福禄倍尔指出，游戏既可以给儿童以欢乐、自由和满足，也能培养儿童的意志力和自我牺牲的精神；游戏同时还具有相应的社会功能，通过游戏，可以培养儿童关于社会的共同意识和情感，有助于发展社会共同的法则和要求。正因如此，福禄倍尔要求“每一个村镇都应当具备一个自己的、供儿童世界使用的公共游戏场所。”他认为公共游戏场所对整个社区的生活都将产生出卓越的成效；

福禄倍尔对于游戏教学的重视以及他对游戏教学所作的理论阐述，成为他学前教育思想的重要组成部分，这也得到了美国著名进步主义教育家杜威的高度评价。

4. 社会参与法

福禄倍尔从儿童社会化的需要出发，提出儿童只有通过与他人交往，才能清楚地认识自己与他人的关系，并在此基础上认识人性。如何实现儿童的社会化呢？福禄倍尔提出儿童应该通过参与团体活动来实现“社会参与”，即要求儿童通过参与团队活动，来适应小组生活，从而适应社会生活，最终实现社会化的目标。在团队活动的设计中，福禄倍尔指出要重视通过活动来复现家庭生活与邻里生活，实际上是要求将与儿童现实生活密切相关的社会生活引入到儿童的团队活动中，这实际上是一种间接的“社会参与”。

（三）学前教育内容

福禄倍尔对学前教育内容的设计主要体现在他对幼儿园课程的设计上，他在后期的教育实践中，将主要精力都放在了对课程的设计和开发之上，最终形成了一个符合儿童实际的较为丰富的学前教育课程体系。

福禄倍尔认为虽然游戏和活动是学前教育的主要教育内容，但并非所有的活动和游戏都具有教育价值，因此，必须对各种游戏和活动进行相应的选择。他依据感性直观、自我活动和社会参与的标准，最终选择了游戏与歌谣、恩物游戏、手工作业、运动游戏和自然研究等方面的内容作为学前教育的主要课程，并最终形成了以活动和游戏为特征的幼儿园课程体系。

1. 游戏与歌谣

这方面的内容主要体现在《母亲与儿歌》一书中，福禄倍尔在该书中除重点强调了母亲在儿童教育中的重要性外，还选了七首“母亲的歌”，以反映母亲对孩子的情感。此外，本书还包括了50首“游戏的歌”。在这些儿歌的呈现方式上，每一首歌都由四个部分组成：（1）指导母亲的格言；（2）儿歌；（3）与这首儿歌的内容相联系的图画；（4）有关适合儿童身心发展的运动方式说明。

2. 恩物游戏

恩物是福禄倍尔创造的一套供儿童使用的教学用具，包括不同颜色的球类、各种可以拆解的大小不等的立方体、球体和圆柱体等。恩物的教育价值就在于恩物是帮助儿童认识自然及其内在规律的工具。但福禄倍尔认为并非任何一个球体或立方体等都能被看成是恩物，作为真正的恩物应具备三个条件：一是能使儿童了解周围世界，又能表达他对于这个客观世界的认识；二是每种恩物都应包含一切前面的恩物，并应预示后面的恩物；三是每种恩物本身应表现为完整的有秩序的统一观念，即表现整体是由部分组成，部分可以形成有秩序的整体的观念。

福禄倍尔一共制作出了8套恩物。

3. 手工作业

手工作业是建立在儿童充分熟悉和掌握了恩物的基础之上的一项学前教育活动，手工作业最主要的目标是要求儿童将恩物的知识通过手工活动这一形式能熟练地运用于实践之中。

福禄倍尔也详细介绍了手工作业所需要的材料，大致有三：一是大小和色彩不同的纸和纸板，这种材料可以用来剪或折；二是供绘画、雕塑和编织等工作所需的材料；三是沙、黏土和泥土等。

在手工作业中，教师还必须教会儿童相应的工作技巧。

手工作业虽然建立在恩物教学的基础上，但它于恩物存在明显的区别。这种区别具体表现在：一是在教授顺序上，恩物在先，而手工作业在后；二是恩物的作用主要在于吸收或接受，而手工作业在主要在于发表和表现；三是恩物并不改变物体的形态，而手工作业则要改变材料的形状，而创造出新的形状。因此，手工作业在很大程度上体现了对儿童创造力的培养。

4. 运动游戏

运动游戏重在强调儿童的身体活动，同时也关注儿童活动的教育价值和意义。

福禄倍尔所是设计的运动游戏具体包括圆圈游戏、团体游戏和伴有诗歌的游戏等三种形式，这些游戏设计的基本原理是对“部分与整体关系”的关注，其目的在于使儿童通过游戏理解个体与团体、整体与个别的关系。同时，福禄倍尔在设计运动游戏时，也注重模仿自然界和日常生活中的各种动作，以此建立起儿童幼儿园学习与其生活的联系。

为了更好地开展运动游戏，福禄倍尔也对游戏场所提出要求，认为应给幼儿园应提供一个便于开展游戏的大房间，以利于在天气不好时开展室内活动。同时在这个大房间外应有一个花园，方便儿童在天气好的情况下进行户外活动。

5. 自然研究

这方面的内容包括旅行、园艺与饲养等。主要目的在于使儿童更好地了解自然、接触自然并亲近自然。同时也可以通过自然研究来满足儿童对外部世界的好奇心。

（四）关于学前教育与学校教育的关系

学前教育与学校教育关系的核心是从学前教育向学校教育的过渡，也即是通常所说的幼小衔接的问题。

福禄倍尔敏锐地关注到了从幼儿园到学校过渡的问题。早在福禄倍尔创办幼儿园之前，他就已经将从幼儿园向学校过渡的问题纳入到自己的关注视野之中，他在《人的教育》一书中，强调学前教育与学校教育二者的连续性，这是福禄倍尔关注幼儿园向学校过渡问题的最明显的证明。

福禄倍尔认为儿童在离开幼儿园进入学校之前，必须要有所准备。这是因为幼儿园的教育方法与学校教育方法存在区别使然：幼儿园主要采取直观教学法，而学校教育则多以抽象的教学方法为主，教学方法的不同，容易使儿童产生适应方面的障碍，进而造成儿童心灵的损害。基于这种认识，幼儿园和学校之间必须要有相应的过渡，以使儿童能顺利适应学校生活。

在过渡的途径选择上，福禄倍尔也提出了自己的观点，他提出应在幼儿园与普通学校之间建立一种“中间学校”，这种学校的主要任务是要帮助儿童顺利实现从感觉直观到抽象思维的转变。在具体的做法上，一方面继续采用幼儿园的直观教学方法如游戏、唱歌和图画等，另一方面则在直观教学的基础上，逐步引导儿童进行抽象思维活动。通过中间学校，最大限度地减少从幼儿园到普通学校之间的不适应。

幼儿园向学校过渡问题的提出，表明了福禄倍尔思想的前瞻性和教育规律性，他所提出的解决之道，对于今天更好地解决幼儿园儿童和小学学生衔接的问题，仍具有一定的启示意义。

三、学校教育理论

福禄倍尔对学校教育的论述是建立在他对儿童发展不同时期特点认识的基础之上的。他认为处于幼儿期的儿童，其认识的主要任务是对事物的外部特性进行观察和了解，而到了少年期，其认识的对象则转向了对事物内部本质的思考。因此，幼儿期的教育应与少儿期的教育有所区别，后者正是学校教育的任务和使命所在。

福禄倍尔关于学校教育的思想集中体现在他对学校教育内容的认识方面。

福禄倍尔从学前教育与学校教育衔接的思想出发，认为在学校教育的内容选择上应顾及到与家庭教育的内在联系。尤其是要保持学校教育内容与家庭事务的一致。福禄倍尔认为这会有助于使学校教育更富有生气、教育能更多的面向实际。

学校教育内容选择的另一原则是要照顾到少年期儿童发展的性质和要求，对于这一阶段的儿童来说，心灵、外部世界以及联系二者的语言媒介构成了儿童生活的核心。因此，学校教育内容的设置就应从围绕这三方面来进行。由此出发，福禄倍尔认为学校相应的应设置四方面的课程：一是有关认识心灵的科目，如宗教等；二是认识外在世界的科目，如自然科学等；三是统一外在世界与内在世界的科目，如语言等。此外，学校还应开设一些能够丰富人内心的学科，如艺术等。

福禄倍尔关于学校教育内容的选择基本上围绕以上两个原则加以进行，在以上原则的指导下，福禄倍尔提出了16个教学科目的内容体系。在这16个教学科目中，艺术教育、手工训练和身体训练方面的科目深受福禄倍尔的重视。

福禄倍尔极力呼吁人们要重视艺术教育。他认为艺术工作是上帝赋予人类的创造本能的表现形式，因此，人类的学校教育应发扬人类的创造本能，其目的并非要培养专门的艺术家，而是通过艺术教育，去培养儿童的艺术欣赏能力和艺术修养，使儿童得以实现全面发展。

福禄倍尔在西方教育史上第一次把手工训练作为学校的正式科目加以提出并进行相应的实践。他认为手工训练既是教育内容，同时也是一种教学的手段，儿童从中既能学到各方面的丰富知识，又有助于文化知识的吸收。手工训练同时也是用实践的方式将知识学习与经验联系在一起。

福禄倍尔从学校训育出发，提出应把身体训练也作为学校的教育科目。他认为身体训练应作为训育的基础而存在。同时又指出："身体同精神一样必须经过真正学校的训练"。身体的训练可以有效地促进儿童的精神活动，对精神活动产生积极的影响。

福禄倍尔作为西方近代学期教育理论的开创者，对于后世学期教育无论是理论和实践的发展都具有重要的奠基性意义。他的幼儿园实践及在此基础上总结出来的学前教育理论，一直影响着后来世界各国的学前教育发展，正是在此意义上，他才被后人尊称为"幼儿园之父"。

第六节　马克思和恩格斯的教育思想

马克思和恩格斯的思想对整个人类社会的发展产生了极其重要和深远的历史和现实影响，无论我们是否承认他们思想的存在，无论我们持何种态度去评价他们的思想，但他们思想对人类社会发展的烙印是永远不会磨灭的。这种影响主要表现在以下几方面：首先，马克思和恩格斯创立了共产主义的社会理想模式，成为人们的一种希望和精神所在；其次，他们的思想在人类20世纪的历史上，形成了资本主义和社会主义的两大阵营，对人类的政治生态产生了深远的影响。并且这种影响还将持续下去。第三，他们的学说和思想也在一定程度上总结了在他们之前的人类思想发展的成果，起到了集大成者的作用。由于马克思和恩格斯的思想体系的博大和精深，所以，虽然人类一直在试图对其作一个客观和公允的评价，但要做到这一点确实是非常的困难，这也是为什么现在对他们的思想仍然存在争议之处的原因。此外，新中国成立后我们所说和所用以作为工作宝典的马克思主义在很大程度上，只是一种我们所理解的马克思主义，这种马克思主义由于受列宁和苏联的影响较大，因而和学术意义上的真正的马克思主义还有一定的差别。尽管我们现在仍然把马克思主义作为我们的一种指导性理论，但事实上，我们已经走上了另一条或许与马克思的初衷相悖逆的发展道路。这一切有马克思和恩格斯思想本身的局限和过多的理想色彩所致，更多的也是由于多年来，我们对马克思的错误了解导致人们对马克思和恩格斯主义本身丧失信心，从而使马克思主义现在处于一种衰落的地位。但无论现在马克思主义的处境怎样，它毕竟是对人类社会产生过重大影响的一种社会思潮，并且也很难预料它今后不会再有其他新的时代意义。因此，我们有必要对这种思想进行一些学术而非政治上的了解。这也包括对他们教育思想的了解和学习。

一、马克思和恩格斯的教育思想

马克思和恩格斯借助他们对人类社会的综合考察，从实际出发，科学地论述了一系列重大的教育问题，从而形成了他们独特的教育观。这些教育观成为他们教育思想体系形成的基本元素和基础。他们的教育思想与前人相比，为教育的发展提供了一种可供选择的新的视角，从而丰富和发展了教育的思想和理论体系。他们的思想都是在继承和批判前人思想的基础上建立起来的。

（一）对空想社会主义者教育思想的批判继承

空想社会主义有三大代表人物，即欧文、傅立叶和圣西门。他们不但提出了空想的社会和理想的乌托邦，同时也对乌托邦社会的教育提出了他们独特的看法和见解。他们对马克思和恩格斯的影响，一方面是为马克思共产主义思想的提出提供了蓝图或参考；另一方面也为马克思和恩格斯教育思想的建立提供了借鉴。因此，马克思和恩格斯的教育思想在很大程度上是对空想社会主义的教育思想进行继承和批判的结果，当然，其中也必然包含有他们自己对教育实际的考察和思考。这种继承和批判主要是从以下几方面来展开的。

1. 对资本主义社会的教育的继承与批判

马克思和恩格斯继承了空想社会主义者对资本主义教育的批判。无论是欧文、傅立叶还是圣西门都对资本主义的教育弊端进行了深刻的揭露和批判。他们认为资本主义教育违反儿童本性，方法单一，理论脱离实际，严重压抑儿童的需求和个性。同时他们还对当时十分盛行的宗教教育提出了严厉的批评等。对于他们对资本主义教育的这种批判，马克思和恩格斯表示了首肯和赞成。恩格斯曾指出："在傅立叶的著作中，几乎每一页都放射出对备受称颂的文明造成的贫困所作的讽刺和批判的火花。"他们认为空想社会主义者的批判对启发和觉醒工人具有重要意义。同时，马克思和恩格斯也认为空想社会主义者的批判主要是从人性论出发所做的批判，只是认为资本主义制度及其教育中的各种弊端只是由于它不符合人性或者所谓的理性。马克思认为这种批判有其局限性，而主张对资本主义教育的批判应从资本主义制度的本质出发进行批判和理解，认为只有这样才能真正理解资本主义教育弊端产生的深层的社会和阶级根源。

2. 关于环境和教育对人发展的影响思想的继承和批判

三大空想社会主义者吸收了18世纪唯物主义者关于人性本善和人们智力平等，关于经验、习惯和教育的万能关于外部环境对人的影响，关于享乐的合理性等唯物主义学说，也对人发展的先天决定论提出了尖锐的批评。在批评的基础上强调人发展的社会制约性，重视教育在人发展的作用。但他们在这一过程中，走向了极端，走上了主张教育万能论的道路。如欧文就公开提出："人可以经过教育而养成任何一种习惯和情感，或任何一种性格。"这实际上是夸大了教育的作用和影响。对此马克思和恩格斯提出了批评，认为空想社会主义者将人完全看做是环境的消极产物，忽视了人的主观能动性。

3. 关于人的全面发展思想的继承和批判

空想社会主义者都认为应实现人的全面发展，并对人的全面发展做出了详细的带有预见性的描述。对此马克思和恩格斯作了充分的肯定，并且吸收了许多合理和有益的主张。同时，他们也对空想社会主义者只从人性和理性角度出发要求人的全面发展提出了批评，认为人的全面发展不仅是人理性发展的需要，同时也是现代大工业生产的本性对人提出的要求，是社会向共产主义社会过渡和发展的必然趋势。这实际上在一定程度上拓展了空想社会主义者对人全面发展论述的立场和视野。

4. 关于教育与生产劳动相结合思想的继承和批判

三大空想社会主义者都主张教育应与生产劳动相结合，其中欧文的思想较为丰富。在欧文看来，教育与生产劳动相结合，不仅可以培养儿童的优良品德，还将使所有的人都能在利用科学的基础上轮流参加社会的一项或多项工作，从而既可增加社会物质产品的生产，也促进人们自身的多方面发展。马克思对此进行了高度的评价，他说："正如我们在罗伯特·欧文那里可以详细看到的那样，从工厂制度中萌发出了未来教育的幼芽。"这些思想都对后来马克思和恩格斯构建他们自己的教育体系提供了借鉴和素材。但马克思和恩格斯在空想社会主义者的基础上又有所发展和进步。从而建立起了他们独特的教育思想体系。

（二）论教育与社会的关系

关于教育与社会的关系，马克思和恩格斯从以下几个方面进行了论述。

首先，他们认为教育是人类社会特有的社会现象。只要人类社会存在，就不能没有教育。教育始终是社会的。

其次，马克思和恩格斯认为，由于人类社会存在和发展的基础是社会物质生活资料的生产和再生产。因此，教育与社会的关系就首先体现为教育与人类生产的关系。对此马克思进行了具体而又详细的论述。他们认为生产关系总合起来就构成了所谓的社会关系，构成了所谓的社会，并且是构成为一个处于一定历史发展阶段上的社会，具有独特的特征的社会。因此，教育与社会生产的关系，也就必然表现为教育与一定社会关系的关系。而这种社会关系主要是包括同一定社会生产力相适应的说闲话关系以及在生产关系总和基础上的政治等社会上层建筑领域的关系。在此基础上马克思和恩格斯进一步提出社会生产决定教育。也就是说一定社会的关系制约着教育的发展和教育的性质以及教育社会职能的实现。但这种制约也并非是一种单向的被动的制约，同时教育也要为这些关系服务，特别是为维护和发展一定社会的经济、政治服务，发挥教育的社会功能。

第三，从教育受社会关系制约的理论出发，马克思和恩格斯提出由于社会是在不断变化的，并且不同社会其性质也是不同的。因此，教育就具有历史性和阶级性的特征。

第四，从教育与社会的关系角度出发，马克思和恩格斯进一步提出了教育改革和社会改革的关系问题。他们认为："一方面，为了建立正确的教育制度，需要改变条件，另一方面，为了改变社会条件，又需要相应的教育制度"；可见，教育改革和社会改革是相辅相成的。因此，马克思提出教育改革要根据现实情况而定。

（三）论教育与社会生产

这个问题实际上是教育与社会关系问题的具体化和细化。从教育与社会的关系出发，马克思和恩格斯对教育与社会生产的关系问题进行了深入的讨论。

他们认为由于物质生活资料的生产是人类社会存在和发展的基础，因此，教育的发展，归根到底要受社会生产力的制约。不同的生产力发展水平，为教育提供了不同的物质基础，也对教育提出了不同的要求。这从社会生产力的纵向发展对劳动力的需求就可以看出。

他们认为，首先，社会的发展，不仅促进了教育发展的规模和速度，也这样或那样地推动了教育的内容和方法以及组织形式的改革。其次，随着现代科学技术在生产中的广泛应用，教育在社会生产体系中的地位和作用也越来越重要。这种作用具体表现在以下几个方面：

（1）教育是劳动力生产和再生产的重要手段。这包含三层意思：

一是指教育和训练可以改变一般的人的本性，使他获得一定劳动部门的技能和技巧，成为发达的和专门的劳动力，使劳动力专门化和技术化。

二是指教育和训练可以使劳动能力改变形态，把一个从事简单劳动或一般性劳动的劳动力训练成为可从事复杂劳动和专门性劳动的劳动力等。

三是指教育和训练可以使人适应生产技术基础和生产结构的变化的需要，更新职业劳动的能力。

马克思和恩格斯认为，教育不仅是劳动力再生产的必要条件，而且是提高劳动生产率的最关键性因素。

（2）教育是科学知识转化为现实生产力的重要手段。

（3）学校还是科学知识再生产的重要场所。

从教育对社会生产具有重要作用的观点出发，马克思和恩格斯由此指出，教师的劳动具有生产性的特征。正是因为这种生产性的具备，他们进一步提出教育经费的问题，从他们思想中反映出来的观点来看，他们是主张教育应该收费的。

（四）论人的本质和个性的形成

1. 关于人的本质

马克思和恩格斯对人本质的认识有两个主要的来源：一是来自于黑格尔把劳动看作人本质的观点和思想，一是来自于费尔巴哈认为人的本质就是人本身的观点和思想。在对他们的思想进行批判继承的基础上，马克思和恩格斯提出了他们的关于人的本质观。

他们认为：首先，他们反对把人的本质看成单个人所既有的抽象物，强调在其现实上考察人、认识人；其次，强调人具有社会性；马克思曾指出人具有自然性和社会性，而自然性是从属与社会性的，是受社会性所制约的。第三，马克思在人的社会性的基础上指出，人并不是消极的客体，人区别于动物的特点之一就在于具有实践活动的主观能动性。所以，主观能动性是人的本质特性之一。

2. 关于人的个性形成

关于人的个性形成，马克思和恩格斯论述了人的个性形成的各种因素及其相互关系。

第一，他们认为遗传素质是人个性形成的物质基础和前提。马克思和恩格斯都承认人的遗传素质之间存在差异。

第二，在承认遗传的基础作用基础上，马克思和恩格斯都指出人的个性的最终形成还必须依赖教育和环境的作用，认为人是教育和环境的产物。但他们反对教育万能论的思想。

第三，马克思和恩格斯把实践作为一个十分重要的因素引入到环境和教育对人的个性养成中来。他们明确地将实践的观点纳入关于人的形成发展理论。他们认为，环境虽然决定人的发展，但环境本身也可以通过革命实践加以改变；教育固然对人的发展有重大作用，但教育本身也受客观规律的制约，教育者本人也受教育，因而教育也要在实践中接受改革。总之，人们是在改造客观环境的实践中，能动地结束环境和教育的影响，从而又改造自己的主观世界。

（五）论人的全面发展

全面发展的学说是马克思和恩格斯教育思想体系中的重要组成部分。他们的全面发展学说是建立在对传统教育的对人的片面发展进行批判基础上的一种学说。

1. 对传统的人的片面发展进行批判

马克思和恩格斯深刻揭示了人片面发展的社会根源，他们在系统考察了分工与人发展的关系基础上，指出："就个人自身来考察个人，个人就是受分工支配的，分工使他变成片面发展的人，使他受到限制。"由此，马克思和恩格斯把人的片面发展归结为分工。他这里所说的分工是指精神和体力劳动之间的旧式分工。他们认为这种分工不但造成人的体力和智力的片面发展，同时还渗透到道德和艺术领域。因而使人的片面发展成为一种普遍的不可避免的片面发展。因此，只要旧的分工形式存在，人的片面发展就是不可避免的。在此基础上，马克思和恩格斯提出了随社会大工业的发展，随旧式分工的消除，最终是要求人要全面发展的。在此意义上，人的全面发展是一种社会发展和人自身发展的总体趋势。这种趋势要到什么时候才能真正实现呢？马克思和恩格斯认为只有到了共产主义上实现了人的全面解放后，人的全面发展才能真正实现。

2. 人的全面发展的含义

包含有两层意思：一层意思是从人全面发展的基础来看。他们认为，人的全面发展，既是意味着劳动者智力和体力两方面以及智力的各方面和体力的各方面都得到发展，达到体力劳动和脑力劳动相结合，这是人全面发展的基础。另一层意思是从深层次上来看。从更深的层次上看，人的全面发展是指一个人在志趣、道德和个性等方面的发展，即作为一个真正的完整的全面性的人的发展，而且是每个社会成员得到自由的、充分的发展。

在人全面发展的这两层意思的关系上，马克思和恩格斯指出，只有自由、充分的发展，才有全面发展；只有每个人的自由、充分的发展，才有一切人的自由和充分的发展。

3. 人全面发展的实现

马克思和恩格斯从人的社会性出发，认为人全面发展的实现不能仅凭良好的愿望，而只能根据现实的社会条件。由此出发，他们提出了如下途径。

首先，人的全面发展的实现必须要满足一定的条件。这个条件就是从根本上改革资本主义生产方式，废除生产资料的私有制，消灭阶级划分，全面占有生产力。

其次，还必须高度发展社会生产力，才能为一个更高级的、以每个人的全面而自由的发展为基本原则的社会形式创造现实基础。

第三，还必须向全体社会成员施行普遍的全面教育，包括智育、综合技术教育、体育和德育以及实行教育与真正自由的生产劳动相结合。

第四，认为实现每个人的全面发展，是一个历史发展过程。实现人的全面发展和彻底消灭私有制、建立共产主义社会是互为条件的。也就是说社会全体成员的全面发展，只有到了共产主义社会才能真正实现。

（六）论教育与生产劳动相结合

马克思和恩格斯在对前人有关教育与生产劳动相结合的思想进行批判继承的基础上，根据对社会生产的历史考察，尤其是对资本主义机器大工业生产的深刻分析，建立起他们对教育与生产劳动相结合思想的科学论述。

教育与生产劳动相结合思想的提出是针对当时的童工现象而提出的。马克思和恩格斯希望通过教育与生产劳动的结合，可以抵制和限制对儿童身心的摧残。同时他们还对教育与生产的关系进行了深入的论述。

1. 教育与生产劳动相结合的现实性和可能性

首先，由于大工业生产的本性需要尽可能多方面发展的工人，于是，客观上先是要求将生产劳动与教育结合起来，使工人尽可能受到适应劳动职能变更的教育；然后是要求将教育与生产劳动相结合，以培养能多方面发展的劳动者。

其次，由于机器大工业生产是建立在现代科学技术基础上的，这就为揭示现代生产过程的秘密，并通过科学这一中介，将教育与生产劳动有机结合提供了基础。

第三，综合技术教育也为教育与生产劳动相结合提供了重要的纽带。

从上述可以看出，马克思和恩格斯实质上是把教育与生产劳动相结合认为是现代生产、现代科学与现代教育密切联系的反映和要求。

2. 教育与生产劳动相结合思想提出的意义

马克思在《资本论》中指出："它不仅是提高社会生产的一种方法，而且是造就全面发展的人的唯一方法。"

在《哥达纲领批判》中，马克思又说："在合理的条件下，生产劳动和智育的早期结合是改造社会的最强有力的手段之一。"

如何实现教育与生产劳动的结合呢？马克思和恩格斯认为，只有彻底改变旧的生产方式，在合理的社会制度下，才能实现。

第五章　20世纪初期至二战时期世界各国教育发展与改革

20世纪前半期是一个波澜壮阔且充满变革的时代，在这一时期，爆发了人类有史以来最为血腥和惨烈的两次世界大战，在这一时期也爆发了破坏力十分巨大的经济危机。战争和经济危机，在一定程度上摧毁了人类在19世纪所创造出来的物质财富，也摧毁了人类的自信，尤其是改变了人类自启蒙运动以来对理性的无条件的崇拜与迷信。在这样的大时代背景下，人类开始逐步走向反思。这种反思同样也表现在教育领域。为此，从总体上讲，20世纪前期的教育发展可以说是在19世纪教育大发展的基础上的深化与调整，具体而言，这一时期，民主主义成为大多数国家教育发展的方向。扩大中等教育的范围，加强中等教育与初等教育的联系，加强教育改革与社会的联系等，构成了这一时期教育发展与改革的主旋律。同时民族主义开始成为各国教育关注的焦点，为二战后殖民国家教育的崛起奠定了重要基础。由于20世纪前半期社会发展的多变与动荡，也使得这一时期产生出了较为发达、丰富的教育思想，涌现出了以杜威为代表的一大批杰出的教育思想家，极大地丰富和完善了人类教育思想体系。

第一节　20世纪前半期世界主要国家的教育发展概况

一、20世纪前半期英国教育发展概况

在20世纪前半期，英国的教育发展主要集中关注教育行政管理体制的健全与完善以及初等教育和中等教育发展等相关问题之上。这一时期英国教育发展的主要特点表现为法律和法案的出台与完善，通过不断地立法以及相关的咨询报告，建立起英国教育发展的制度框架。

（一）教育行政管理体制的发展与变化

20世纪前半期，英国教育行政管理体制的发展具体表现为两方面：一是逐步建立并加强中央教育管理机构的权限；二是建立地方教育行政管理

体制。

1. 中央教育行政管理体制的建立与完善

英国于1899年颁布教育法，规定英国政府成立一个教育委员会，以取代原来的教育署、科学与艺术部和慈善委员会等。该委员会的主要职能是管理和检查初等、中等和职业教育，分配教育补助金。教育委员会由主席和若干委员组成。该委员会的成立，为英国建立起了一个国家统一管理教育的机构，为后来形成统一管理的教育制度奠定了基础。

1899年法案虽然成立了中央教育管理机构，但其管理权限偏小，因而在实际管理过程中很难真正发挥统一管理的职能。为进一步加强教育委员会的管理权限，英国于1918年颁布新的教育法，加强了教育委员会的管理权限，负责监督地方教育当局和其他教育机构。

英国中央对教育的管理权限在1944年后得到了实质性的加强，1944年教育法规定英国政府设立教育部取代原来的教育委员会，同时设立了新的中央咨询委员会，负责向教育部长提供有关教育理论和实践方面的建议。

由上观之，表明英国中央政府对教育的管理，通过借助立法的手段与形式，在半个世纪的发展过程中，从无到有，并逐步建立起了较为完善的教育管理体制。这为英国20世纪下半期的教育发展奠定了很好的制度基础。

2. 地方教育行政管理体制的建立与完善

英国政府1902年颁布的《巴尔福教育法》对地方教育行政管理进行了详细的说明与规定。法案规定：设立地方教育当局负责管理所在地区的教育，以代替原来的地方教育委员会。其主要职责是保证满足初等教育的发展要求，享有设立公共中等学校的权利，并为中等学校和师范学校提供资金；地方教育当局还要负责对私立学校和教会学校进行资助，并对其进行一定的控制与管理。《巴尔福教育法》的颁布标志着英国中央教育管理体制与地方教育管理体制的结合，为后来英国以地方教育当局作为管理主体的教育管理体制的形成奠定了基础。

在1902年法案的基础上，1918的教育法加大了地方教育当局的管理权力，规定地方教育当局享有对幼儿教育、初等教育和中等教育的直接领导权。后来，在1944年颁布的法案中进一步规定，地方教育当局拥有对幼儿教育、初等教育、中等教育、继续教育和特殊教育的开办权与管理权，并规定地方教育当局与中央政府共同参与资助高等教育的工作。这使得地方教育行政当局的权力得到进一步的加强与增大，真正完善了以地方教育当局为主的教育管理体制。

（二）《费舍教育法》

英国自1870年《初等教育法》颁布以来，初等教育得到较大发展，尤其是初等教育与中等教育的衔接关系有了进一步的完善。但随着时代的发展，英国初等教育也出现了许多新的问题，为此，英国政府于1918年颁布了新的初等教育法，由于该法案是由当时的教育大臣费舍提出的，因而也被称为《费舍教育法》。该法案对初等教育做了如下规定：

（1）加强地方当局发展教育的权力和国家教育委员会制约地方当局的权限。地方当局有责任促进本地区教育的发展和全面组织本地区的教育，但必须把行使职权的方案提交国家教育委员会。

（2）地方当局为2～5岁的儿童开设幼儿学校；规定5～14岁为义务教育阶段；小学一律实行免费；禁止雇佣12岁以下的童工等。

（3）地方教育当局应建立和维持继续教育学校，向进入这些学校的年轻人免费提供适当的学习课程、教学和体育训练，14～16岁的年轻人每年应在继续教育学校中接受320个学时的学习。

《费舍教育法》是英国政府开设建立国民教育体系的重要一步，通过该法案，真正建立了英国的义务教育制度，使初等教育开始逐步面向全体儿童。尽管在日后的实践中，该法案并未得到完全的实施，但它对于英国初等教育和国民教育的发展与完善无疑起到了至关重要的作用。

（三）《哈多报告》与《斯宾塞报告》

1.《哈多报告》

在中等教育的发展方面，英国于20世纪初期实行了“免费学额制”。1907年，英国政府颁布重新修订的《中等学校规程》，规定由政府拨款的中等学校应该把25%的免费入学名额，提供给成绩测验结果选出的儿童。该制度实际上是为了更好地实现教育平等而设立的。虽然“免费学额制”有着推动平等接受中等教育的良好初衷，但在实行过程中，效果却不遂人意。为此，1924年，执政的英国工党提出了“人人有权受中等教育”的口号，正是在这一理念的指引下，英国政府于1924年任命了以哈多爵士任主席的调查委员会，负责对英国的全日制小学教育进行调查研究，在调查基础上，该委员会于1926～1930年间提出了三次《关于青少年教育的报告》，该报告也被称为《哈多报告》。在这三份报告中，尤以1926年报告影响最为深远。报告具体内容如下：

（1）小学教育应重新称为初等教育。规定儿童在11岁以前接受的小学教育为初等教育；

（2）儿童在11岁后所接受的各种形式的教育均称为中等教育。

(3) 规定中等教育阶段设立四类学校：一是以学术性课程为主的文法学校；二是具有实科性质的选择性现代中学；三是相当于职业中学的非选择性现代中学；四是略高于初等教育水平的公立小学高级班或高级小学。

(4) 为使每个儿童进入最适合的学校，规定在11岁时举行选择性考试，根据考试成绩决定要进入的学校。

(5) 规定义务教育的最高年龄为15岁。

《哈多报告》的价值在于建立起了初等教育和中等教育的联系，同时选择以考试作为学校选择的重要途径，很好地解决了初等教育后学生的分流问题。这为英国实现高质量、多层次化的基础教育发展奠定了基础。

2.《斯宾塞报告》

《斯宾塞报告》是英国政府在《哈多报告》基础上，为进一步改革和发展中等教育，而于1938年所发布的又一个关于中等教育改革的报告。总体上，报告坚持了《哈多报告》的改革方向，强调了各类中学之间建立对等关系的重要性。《斯宾塞报告》将中等教育机构分为三类，一是文法中学，二是现代中学，三是技术中学。在报告中，也提出了设立多科性中学的建议，即在同一学校中，既有文法学校的职能，也有现代中学和技术中学的职能。这实际上是后来综合中学的前身。

《斯宾塞报告》很好地解决了升学职能的中学与职业类中学的平等关系，尤其是技术中学的设立，适应了社会的需要，对于推动英国中等教育更好地融入社会起到了重要作用。

(四)《1944年教育法》

《1944年教育法》是以巴特勒为主席的教育委员会所提出的法案，因此，该法案也被称为《巴特勒法案》。该法案的价值在于为二战后英国的教育发展提供了重要的制度与法律支持，直接影响了英国直到20世纪80年代的整个教育发展。

《1944年教育法》的主要内容如下：

1. 加强国家对教育的领导与控制

法案规定废除原有的教育委员会，改设教育部，负责统一领导全国的教育。同时，设立新的中央教育咨询委员会，负责向教育部长提供咨询和建议。

2. 加强地方教育，建立公共教育体系

加强地方教育行政管理权限，建立由初等教育、中等教育和继续教育共同组成的公共教育体系。规定初等学校和中等学校实行董事会制度。

3. 实施5～15岁的义务教育

法律规定父母有保证子女接受义务教育和保证已注册学生正常上学的义务。地方教育当局有责任向义务教育超龄者提供全日制教育和业余教育。

《1944年教育法》还对师范教育、高等教育和宗教教育进行了具体规定。

《1944年教育法》的颁布标志着英国基本建立起了以初等教育、中等教育和继续教育为主要成分的公共教育体系。该法律也正式确立了英国中央教育行政管理和地方教育行政管理相结合的、以地方教育当局管理为主的教育管理体制。公共教育体系的形成以及教育管理体制的建立，为英国后来的教育发展奠定了坚实的基础。

二、20世纪前半期法国教育发展概况

在19世纪教育发展的基础上，法国社会在第一次世界大战后，为适应社会民主化的需求，在教育领域开始对教育管理体制和领导体制进行了进一步的改革与调整。在此基础上，这一时期法国的职业教育也得到了很大的发展。

（一）教育管理体制的改革

在教育管理体制改革方面，法国这一时期主要是进一步加强了中央对教育的管理权限，同时对全国的学制进行了统一。

1. 国家进一步加强对教育的管理与控制

20世纪前半期，法国在延续大学区制的基础上，于中央设立公共教学部，对全国教育实行统一管理。公共教学部部长由总统直接任命，该部主要对学制、课程设置、教材选择、考试、教师资格和任命等进行管理。可以说，公共教学部的管理权限基本覆盖了整个法国教育的所有领域。由此加大了中央对整个教育的管理。

这一时期，法国政府进一步完善了普及义务教育制度。法国于1919年规定职业教育免收学费，于1928～1933年，逐步实现中等教育免收学费。到1936年时，法国义务教育年限延长到14岁。此外，法国政府更为严格地规定了政府和公民对儿童接受义务教育所应尽的义务，规定如果适龄儿童不能入学，家长会受到刑事处罚，或者剥夺家长权利的处分等。这些措施的出台，很好地保证了义务教育的实施。

这一时期，法国开始逐步实现了教会与国家在教育领域的分离，并禁止教会在法国境内实施各种形式的教育。至此，教会对法国教育的渗透与干预基本上被终止，法国教育基本实现完全意义上的世俗化。

2. 统一学校运动和学制改革

20 世纪前半期，法国社会针对 19 世纪法国社会事实上存在的平民与贵族教育分离的双轨制特征，在教育领域提出了统一学校运动。统一学校运动标志是 1919 年新大学同志会的成立，该组织主张建立统一学校，以实现教育的民主化。统一学校运动认为学校的统一主要解决两大问题：一是解决教育民主化问题，一是解决择优录取的问题。教育民主化主要是指全体儿童在学校中都应受到同样免费的基础教育。为此，新大学同志会提出三方面的措施：将儿童义务教育年限延长到 14 岁；初等教育和中等教育相互衔接；高等教育向一切中学毕业生开放等。择优录取则是强调教育应区别儿童的禀赋择优选拔。为此，不同的学校其侧重应有所不同，新大学同志会主张将中学分为人文和职业两大类，通过选拔，决定儿童应进入哪一类的学校。学校统一运动实际上是为解决受教育权利不平等而发起的运动，这对于推动法国教育实现民主化发挥了重要作用。

在学制改革方面，法国主要从初等学校和中等学校的学制统一角度进行了调整与改革。法国于 1923 年决定在初等教育阶段实行统一学校制度，即所有的初等学校按照同样的教育计划实施教学。到 1925 年以后，法国基本实现了小学阶段学制的统一。在此基础上，法国于 1937 年提出了中学学制统一的方案，具体作了如下规定：一是把中学的初级阶段改为独立的公立学校，与初等学校衔接，实现初级中学教育的统一；二是为通过考试，持有“初等教育证书”、升入中学第一阶段的学生设立“方向指导班”，以指导和培养学生的兴趣和能力；三是依据学生的能力和表现在第二年实现分流，分别进入不同的中学学习。以上措施的出台，保证了法国中等教育学制的统一，为全国学校统一运动奠定了坚实基础。

（二）《阿斯蒂埃法》与职业教育的发展

法国于 1919 年通过了关于职业技术教育的《阿斯蒂埃法》，对职业技术教育进行了详细规定。该法案规定：(1) 由国家承办职业教育。为此，在中央教育主管部门设置职业教育的主管机构，地方也成立相应的机构。(2) 规定全国每一市镇都设立一所职业学校，学校办学经费由国家和雇主共同承担。(3) 规定 18 岁以下的青年有接受免费职业教育的义务，而雇主则必须保证每个青年每周至少 4 小时的实践学习。(4) 详细规定职业技术教育的具体内容。包括普通的文化知识教育、职业知识和职业理论教育以及劳动实习等三部分。《阿斯蒂埃法》为法国职业教育的发展提供了依据，直接推动了法国职业教育在 20 世纪前半期的大力发展。为此，该法案在法国教育史上也被称为法国“技术教育的宪章”。

三、20世纪前半期德国教育发展概况

20世纪前半期（自第二次世界结束），德国共经历了德意志帝国（1870～1918年）、魏玛共和国（1918～1933）和纳粹德国（1933～1945）三个时期。每一个时代由于其社会导向不同，因而其教育发展也呈现出不同的特点。

（一）德意志帝国晚期的教育发展概况

德意志帝国时期有三类学校存在，这三类学校分别是国民学校、中间学校和文科中学。前两类学校主要为学生就业或谋求较低一级职业作准备，其教育对象大多属于社会中下层人民子弟。而文科中学则是为升学作准备，其对象多为贵族子弟。

到19世纪末20世纪初，为适应工业革命发展的需要，德国开始对教育实行改革，改革的重点在于将自然科学课程和现代语言课程引入中等教育，并在此基础上新设立了实科中学和文实中学。实科中学注重自然科学和数学，而文实中学则注重现代外国语言的学习。这一次改革主要是对以古典为主的教育传统的调和。

在19世纪末期改革的基础上，德国于1901年召开教育工作者大会，宣布文科中学、文实中学和实科中学具有同等地位，都具有升学的职能。此次大会还对三类中学的教学计划进行定位，提出文科中学侧重于古典语言学习，文实中学实行古典语言、现代语言和自然科学并重，而实科中学则偏重于现代语言和现代自然科学的学习。

可以说，通过德意志帝国20世纪初期的教育改革，使德国教育适应时代发展的需要，弱化了教育中的古典传统，为德国社会的迅速崛起奠定了深厚基础。

（二）魏玛共和国的教育发展概况

德国在第一次世界大战结束后，于1919年颁布《魏玛宪法》，因而这一时代也被成为魏玛共和时期。这一时期德国的教育发展主要是有《魏玛宪法》所规定，以此为依据，德国教育开始进行了相应的调整与改革。

1.《魏玛宪法》关于教育的相关规定

总体上，《魏玛宪法》对教育管理体制、学制和宗教教育的地位等方面的内容进行了说明与规定。

宪法规定，教育管理权利归各州所有，中央或者国家只负责对各类教育事业进行监督。由此确立了德国此后的教育管理制度框架。

在学制方面，宪法规定废除具有强烈等级色彩的双轨学校制度，建立

统一的公立学校体系。关于公立学校与私立学校的关系，宪法规定私立学校的设立必须要经过国家的批准，私立学校必须无条件遵守各州的相关法律，并撤销私立预备学校等。这些措施的出台，对于推动德国教育的民主化进程起到了积极作用。

宪法规定应保留宗教在教育中的地位，但规定宗教课不作为世俗学校的正式教学科目。

以上规定的出台，为德国魏玛时期的教育发展提供了明确的法律依据，正是在该宪法的作用下，这一时期德国开展了相应的教育改革。

2. 魏玛时期的教育改革

改革具体从以下几方面进行：

（1）废除帝国时期的双轨学制，在全国建立四年制的统一学校。同时规定实施八年义务教育后教育，以便那些完成义务教育的人，有机会接受进一步的职业教育和训练。

（2）在中等教育方面，一是取消了中学的预备学校阶段，二是在原有的文科中学、文实中学和实科中学的基础上新增加了德意志中学和上层建筑学校。其中德意志中学学制为七年，主要开设与德意志文化和德意志学科相关的课程。而上层建筑学校学制则为六年，主要招收超过中学入学年龄、已完成高等国民学校三年级学习的优秀学生，最终使他们升入大学。中等教育的改革标明德国民族主义思想的崛起。这在很大程度上为后来纳粹德国时期民粹教育的出现埋下了伏笔。

（3）这一时期，德国改革了教师培养方案，从 1924 年起，规定小学教师必须由师范学院进行培养。这就改变了原来由中等师范学校培养小学教师的做法，在一定程度上提高了教师的水平与质量。

总体上看，这一时期德国教育较德意志帝国时期有了较大程度的发展，更加适应现代社会发展的实际，民主化的特征也日渐显现。但不可否认，这一时期也开始出现了德国教育的民族主义和民粹主义的发展特征。

（三）纳粹德国时期的教育发展概况

1933 年希特勒的上台，标志着纳粹德国的开始，由此德国教育也进入法西斯的教育发展轨道。教育发挥的纳粹特性或法西斯特征，具体体现在这一时期德国教育发展的指导思想方面。1937～1938 年，德国国民教育部根据希特勒提出的“整个教育应当培养学生具有绝对优越于其他民族的坚定信念”的指示，分别对初等和中等教育的培养目标进行了规定。国民教育部规定小学的任务是把德国的青少年培养成为民族大家庭中的一员，具有为“元首”和民族奋勇献身精神的人，而不仅仅在于传授对个人有用的知识。作为中学而言，则要有助于“国家社会主义者”的培养，使学生具有面向未来的志向。德国对初等学校和中等学校目标的规定，实质上是规定教育要培养具有德意志精神、为法西斯主义服务的人，这也成为德国这一时期教育发展的总的指导思想和目标。

在典型的法西斯主义和集权主义思想的指导下，纳粹德国时期的教育相对于魏玛共和时期的教育有了很大程度的退步。这具体反映在这一时期德国各级各类学校教育的退步上，无论是初等学校、中等学校还是高等教育，都无一例外地产生了很大程度的倒退，尤其是教学内容遭到极大程度的改造，知识的比重下降，而意识形态的比重居于主导。这不可避免影响了德国教育发展的质量。

德国20世纪前期的教育发展，无疑充满了巨大的变化性，正是由于其教育的影响，也使德国社会在这一时期为人类带来了巨大的灾难。

四、20世纪前半期美国教育发展概况

在19世纪教育发展的基础上，美国20世纪前期的教育更多的是对19世纪教育发展的完善与深化。具体而言，这一时期美国教育发展主要解决三方面的问题：一是中等教育改革与发展问题；二是初级学院运动的兴起；三是职业教育的法制化与规范化发展的问题。

（一）中等教育的改革与发展

20世纪前期，美国中等教育致力于自身职能定位的重新调整和进一步协调中学与大学的衔接两方面的问题。

1. 中等教育职能定位的变化与调整

进入20世纪后，美国中等教育传统上坚持的突出选择性和智力性的模式开始受到人们的质疑，人们开始要求中等教育应适应社会的发展与变化，加强中等教育社会的联系。为此，美国中等教育在这一时期的改革与发展开始围绕新的职能定位的探讨加以展开。

1913年，美国教育协会处理“中等教育改组委员会”以讨论中等教育职能和目的定位的问题，该委员会经过五年研究，于1918年提出《中等教育的基本原则》的报告。在该报告中，明确了民主化应成为美国中等教育发展的指导原则，确立了中等教育的七方面的目标。这些目标具体是指：健康；掌握基本的方法；高尚的家庭成员；职业；公民资格；适宜地使用闲暇以及道德品格的养成等。为实现这些新的目标，报告建议对美国中等教育学制进行改革，提出将中等教育分为初级和高级两个阶段，每一阶段年限各为三年。初级阶段中等教育的任务是帮助学生认识自己的能力倾向，

并对学生将来从事的工作做出一定的选择。而高级阶段的主要任务则是帮助学生对所选定的领域进行训练。《中等教育基本原则》基本上确立了美国六三三的学制类型，在一定程度上拓展了美国中等教育的目标定位，加强了中等教育与社会的联系。该报告也为后来进步主义教育思潮渗透进中等教育领域奠定了基础。

1929年经济大危机后，美国中等教育在外部社会环境的压力下也被迫进行调整。1938年，美国教育协会下属的教育政策委员会，针对社会环境的变化，提出中等教育的新的目标，即自我实现；人际关系；经济效能和公民责任等四方面的目标。这实际上是在继承七大目标基础上对公民责任和经济效益的强调，由此也进一步加强了美国中等教育的社会性，从而为彻底摆脱传统教育强调选拔性和智力性的局限奠定基础。

2. “八年研究”

为进一步协调中学与大学的衔接关系，美国进步教育协会于1930年成立了“大学与中学关系委员会”，该委员会制订了从1933年至1941年共计8年的研究计划，从全美200所学校中吸收30所中等学校作为实验学校，同时与300所学院签订有关的协议，以此为基础展开大规模、大范围内的中等教育实验研究。

“八年研究”主要就以下四方面问题进行实验。这些问题具体是指：(1) 关于教育目的的问题。通过实验，委员会认为中学除升学外还应有其他目的，学校教育的目的主要是实现个人的发展并有效地协调个人与社会的关系。(2) 关于教育管理问题。研究发现，最有效的学校课程安排方式是由全体教师共同参与大纲的计划评价和再评价。(3) 关于课程、方法的选择和安排。委员会提出核心课程的思想。所谓核心课程也称为综合课程，它是把一些相关的学科进行合并，组合成新的学科的课程设计方式。后来，在不断实验的基础上，又提出围绕生活单元进行课程安排的方式。(4) 关于评估的问题。委员会提出了一套较为完善的学生评估标准体系。

综观整个“八年研究”，呈现出以下几方面的特点：(1) 实验范围十分广泛，参与的实验学校众多；(2) 整个研究以进步主义作为主要的指导思想；(3) 实验过程中，参与实验的学校具有极大的自主性，每一所学校都得到了最大限度的参与。从而保证了实验的有效性。

“八年研究”所提出的建议在后来的美国中等教育实践中并未得到有效的贯彻和实施，但该研究提出的一些中等教育的深层次问题，仍然对此后美国中等教育的发展提供了有益的借鉴。尤其是该研究对中学与大学衔接问题的研究与关注，更是为后来这一问题的研究奠定了扎实的基础。

（二）初级学院运动

初级学院是一种从中等教育向高等教育过渡的教育形式。初级学院主要具有以下特点：（1）招收高中毕业生，学制两年，教育内容以普通教育和职业教育为主；（2）初级学院由地方社区、私人团体和教会开办，学费较低，有的初级学院实行免费政策；（3）在入学方式上，学生就近入学，可以走读。学生无年龄限制，也没有任何的入学考试，实行开放式入学；（4）初级学院课程多样，办学形式灵活，学生毕业后既可直接就业，也可以转入四年制大学的三年级继续学习。初级学院的出现，可以说极大程度地满足了大多数民众接受高等教育的需求。

初级学院思想最早于1892年由芝加哥大学校长哈珀提出，此后，私立学院纷纷在高等教育实践中采用初级学院制度，这直接推动了美国初级学院的发展。而美国第一所公立初级学院于1901年在伊利诺伊州建立。1920年，美国联邦教育总署成立“美国初级学院协会”，从机构与组织上进一步推动初级学院的发展。到二战结束后，由于美国高等教育发展定位向社区和地方社会发展倾斜，因此，初级学院被改名为社区学院。

初级学院实际上是美国高等教育对高等教育理论和实践的极大丰富。

（三）《史密斯-休斯法案》与职业教育发展

20世纪初，职业技术教育的发展被提到美国教育发展的议事日程之上，为此，美国于1906年成立了“全国职业教育促进会”，以推动指定一个能对全国职业教育提供财政补助的法律。在此基础上，美国又于1914年成立“职业教育国家补助委员会”，专门研究对职业教育提供联邦补助的问题。在该委员会研究的基础上，1917年，美国国会通过了一个名为《史密斯-休斯法案》的职业教育法案，对职业教育的发展进行了较为全面的规定。该法案的具体内容如下：

（1）由联邦政府拨款补助各州大力发展大学程度以下的职业教育，开办提供农业、工业、商业和家政等方面教育的职业学校；

（2）联邦政府与州合作，提供工业、农业、商业和家政等方面科目的师资训练，同时对职业教育师资训练机构提供补助；

（3）在公立学校中设立职业科，设置选修的职业课程，把传统的专为升学服务的中学改革成为既有升学也有就业职能的综合中学。

在该法案的影响下，美国于1917年6月成立联邦职业教育委员会，这也导致各地职业教育委员会的纷纷成立。从而形成了一个有效的职业教育发展体系。这极大地推动了美国职业教育的发展。可以说，《史密斯-休斯法案》对于推动美国职业教育向正规化、制度化方向的发展，产生了重要影响。

五、20世纪前半期日本教育发展概况

20世纪前半期是日本逐步从一个正常国家走向集权、侵略的法西斯国家的时期，为适应日本社会发展的需要，日本社会的教育也开始逐步走向以军国主义教育为主导的发展模式。总的来看，20世纪前半期日本的教育发展大概经历了三个阶段，即20世纪初到20世纪20年代、军国主义教育阶段和战时教育阶段。

（一）20世纪初到20年代的教育发展

在这一阶段，日本教育是对19世纪末期颁布的《教育敕语》精神的延续和发展。具体而言，日本这一时期在初等教育、中等教育和高等教育领域进行了一定的调整与改革。

1. 初等教育发展概况

这一时期日本初等教育发展的最大特点是日本政府加强了对初等教育的控制。1907年日本颁布《再改正小学校令》，规定废除全部私立小学，一律改为公立小学。并且将小学学制延长为6年，确立了6年的义务教育制度。在该法令中同时规定加强对初等教育的课程改革力度，使初等教育的课程体系更好地适应日本社会发展的需要。通过学制和课程的改革，使日本在20年代基本实现了初等教育的普及，为日本社会日后的发展奠定了坚实基础。

2. 中等教育发展概况

日本中等教育在此时期体现出多轨制发展的特点，从学校形式上看，这一时期日本的中等教育类型主要有学术性中学、女子学校和职业性学校等。因此，日本中等教育的发展与改革也主要从以上几类学校入手进行。

学术性中学的改革。改革的重要指导思想是加强国家对中学的控制，使中学成为效忠天皇的教育机器。为此，日本于1919年颁布了《修订中学校令》，规定：重新编制学科课程，重视物理和化学教学中的实验和实习；加强中学和小学的联系；设立初中预科等。同时，为保证教育质量，日本于这一时期开始逐步在中等教育领域建立起严格的考试制度。

女子学校一般学制为4年，但此类学校的学习重心并非文化知识的学习，而是强调家政、装饰艺术和有关子女养育方面的教育。后来逐步开始赋予女子以升学的权利。

日本于1920年颁布《修订实业学校令》，规定加强职业学校与社会有关职业的联系，加强职业学校与小学的联系，同时允许职业学校毕业生具有

与学术性中学毕业生同样的升入大学的权利。此外日本在这一时期还加强了对业余职业教育的管理。

3. 高等教育发展概况

在高等教育发展方面，日本于1918年颁布了修订后的《大学令》，规定：大学的目的是通过传授国家所需要的思想和知识，培养高水平的人才；允许在国立大学外设立私立大学和地方大学；在大学形式上，既可设立综合性的大学，也可设立单科性的专业大学；在招生对象上，以预科或高级中学的毕业生为主；同时加强大学入学的选拔性功能等。

20世纪初到20年代的日本教育实质上是对19世纪教育传统的一种延续性发展，为日后日本教育奠定了制度基础，也推动了日本整个教育水平的提高。

（二）军国主义教育发展概况

从20年代开始，日本社会逐步进入军国主义的发展阶段，为适应这种社会发展需要，日本教育也开始在初期发展基础上进行了大幅度的调整和改变。这种调整一方面是加强国家对教育的全方位的控制，如对师生民主运动进行控制与镇压、设立专门的机构控制教育发展等。另一方面，日本这一时期在学校教育内加强了军国主义思想的灌输与渗透，先后出台了《日本民族实体的基本原则》和《臣民之道》等军国主义色彩十分浓厚的文件，并使之成为学校教育的重要内容。由此加速了对学校教育内容的军国主义改造。在具体措施上，日本还将军事训练学校化和社会化，在学校内开设军事训练课程，并派遣军人到学校负责军事训练课程的开设，并监督学校办学。另外，在社会上设立青年训练所，负责对社会青年进行军事训练。

以上措施的出台和实施，最终实现了日本教育的军国主义改造，同时也将日本社会拖入到军国主义的发展轨道之上。这直接导致后来日本对亚洲国家的侵略。

（三）战时教育发展概况

从30年代初开始，日本社会就走上了侵略之路，尤其是1937年日本开始全面挑起对亚洲国家的入侵，使日本陷入到战争的泥沼之中。尽管日本政府在这一时期也就教育问题出台过许多的政策，但由于战争的影响，这些政策并未得到有效的执行，相反，日本教育在这一时期基本上处于停滞状态。这种状况到1945年《战时教育令》颁布时走向极端，全国教育完全陷入瘫痪之中。可以说，日本教育在战时的发展基本上成为战争的牺牲品。直到日本宣布无条件投降后，日本教育才开始慢慢复苏。

第二节　欧洲新教育运动与美国进步主义教育运动

19世纪末20世纪初，随着人类在科学技术和工业革命方面所取得的成就的增多，人类的乐观主义情绪开始上扬，同时，世界各国教育的普及程度也越来越高。在这些因素的综合作用下，人们对教育的质量提出了新的要求，同时随着人们对儿童认识的不断深入，因此，关于教育本质问题的探讨也开始逐步成为教育研究的主流。在这种大的时代背景条件下，在欧洲和美国涌现出了许多的教育实验和教育探索，出现了新的教育思潮和教育动向。在这些新的教育思潮和实验动向中，影响最大的是在欧洲出现的新教育运动和在美国产生的进步主义教育运动。

一、欧洲新教育运动

（一）欧洲新教育运动概况

新教育运动也称“新学校运动”，是指19世纪末20世纪初在欧洲兴起的教育革新运动。欧洲新教育运动最早出现在英国，1889年英国教育家雷迪创办阿博茨霍姆乡村寄宿学校标志着欧洲新教育运动的开始，为此，雷迪也被后人称为“新教育之父”。在雷迪的影响下，他的同事巴德利创办了贝达尔斯学校，因此，创办新型实验学校成为新教育运动初期的重要标志。正是在英国创办新学校的影响下，后来欧洲的德国、法国、瑞士、荷兰和比利时等国家的教育家也开始纷纷创办新型学校，由此开启了欧洲新教育运动的大幕。

随着欧洲新教育运动的深入，各国从事新教育的教育家开始提出相互交流的需求，为此，瑞士教育家费利耶尔于1899年在日内瓦成立“国际新学校局”，作为欧洲各国新学校的联络中心。但由于该机构缺乏固定经费维持，使机构作用发挥受到限制。后来，各国从事新教育革新的教育家于1921年在法国成立了“新教育联谊会”，这成为欧洲新教育运动的正式组织。“新教育联谊会”同时还出版《新时期的教育》杂志，作为欧洲新教育的交流平台。正是在该组织的推动下，使欧洲新教育在未来很长一段时间得到了持续、有序的发展。1966年，“新教育联谊会”改名为“世界教育联谊会”，从而完成了其推动欧洲新教育运动的历史使命。

（二）新教育原则

新教育原则是新教育联谊会提出的新教育实验的纲领，是各国开展新教育实践的重要指导。因此，新教育原则在某种程度上也代表着一定时期新教育运动对教育的思考。具体而言，新教育联谊会先后三次提出过相应的新教育原则。

1.1921年，新教育七原则

1921年，刚成立的新教育联谊会模仿美国进步教育协会，提出了七项新教育原则。

（1）新教育的目的应该是保持和增进儿童内在的精神力量；

（2）教育者必须研究和尊重儿童的个性，牢记只有通过一种保证儿童内在的精神力量自由的训练，才能使儿童的个性得到发展；

（3）新学校应该使儿童的天赋兴趣得到充分的发展。学校课程应该为儿童在适当组织的手工活动中发现的智力方面的、社会方面的或综合的兴趣提供表现的机会；

（4）学校社区的管理应该由与教师和校方合作的儿童自己来管理，同时每个儿童都必须懂得自我纪律；

（5）新教育制度必须以合作的精神来代替自由竞争的精神。这种合作的精神将引导儿童为整个社会服务；

（6）完全支持男女同校教育，以提供使男女儿童互相产生有益影响的机会；

（7）在上述原则的基础上正确实施的新教育，将不仅使儿童为成为未来的公民做好准备，能履行他对邻里、民族以及整个人类的职责，而且意识到他自己的和每个人的尊严。

2.1932年，新教育五项原则

1932年，为应对世界经济危机对社会所带来的冲击，新教育联谊会在法国举行国际教育研讨会，该次会议主题为“教育和变化中的社会”。会议最终在七项原则的基础上，提出了五项原则。这些原则具体为：

（1）教育应该能够使儿童领会我们时代的社会和经济的复杂性；

（2）应该设法适应不同个性的儿童智力和情感方面的各种各样的需要；

（3）应该帮助儿童使他们通过发展个人的首创精神和责任感来更好地适应社会生活的需求；

（4）应该提倡合作精神，使教师和学生认识到性格差异和独立思考的重要；

（5）应该引导儿童去正确评价他们的民族遗产，并高兴地欢迎每一个民族对人类文化做出特殊的贡献。

3.《儿童宪章》中对儿童权利的规定

1942年，新教育联谊会于伦敦举行会议，通过《儿童宪章》，提出如下权利：

(1) 儿童的人格是神圣的；儿童的需要是任何良好教育制度的基础；

(2) 每个儿童都享有适当的衣食住的权利；它应该被承认为国家财政的首要开支；

(3) 应该对每个儿童提供有效的医疗保健和治疗；

(4) 所有儿童都应有获得自己民族的知识和智慧财富的平等机会；

(5) 应该为每一个儿童提供全日制的学校教育；

(6) 应该对所有儿童提供宗教训练。

新教育联谊会在不同时代所提出的教育原则，一方面反映了新教育联谊会对教育与社会关系的思考，另一方面，也反映出新教育运动对教育的独特理解，尤其是体现了新教育与传统教育的区别。正是这种不断适应新的社会发展需要的敏锐性，使新教育成长为对20世纪欧洲乃至世界教育产生深远影响的教育运动。

二、进步主义教育运动

(一) 进步主义教育运动概况

进步主义教育运动是美国进步主义运动重要组成部分，该运动产生于19世纪末期并一直持续到20世纪50年代。进步主义教育运动核心是力求通过教育的改革，以使学校教育能更好地适应美国社会的新的发展需要。

进步主义教育运动兴起的标志是美国教育家帕克19世纪末在马萨诸塞州昆西市和芝加哥库克师范学校开展的教育革新实验。在这些实验的基础上，帕克提出了“昆西教学法”，为此，帕克本人也被称为“进步教育之父”。在帕克的影响下，教育革新的实验在美国大量兴起，涌现出了以杜威为代表的大批进步主义教育家。正是在杜威等人的努力下，进步主义教育成为20世纪上半期美国教育发展的主要教育思潮。

随着各地带有进步主义色彩的教育革新和实验的兴起，人们开始提出建立交流平台的需求。在这种时代背景下，美国于1919年成立了进步教育发展协会，该协会后来改称为美国进步教育协会。协会于1924年创办《进步教育》杂志，向读者介绍欧洲的新教育实验以及美国进步教育实验的相关情况。直到20世纪40年代以前，进步教育协会和《进步教育》杂志成为推动美国进步教育发展的重要力量和平台。1940年，随着美国开始卷入第二次世界大战，进步教育开始逐步走向衰落。1944年，美国进步教育协会更名为美国教育联谊会，成为欧洲教育联谊会的分会。1955年，美国教育联谊会解散，而1957年，《进步教育》杂志也随之停办，这标志着美国进步主义教育运动的终结，也标志着以进步教育为代表的一个时代的结束。

（二）进步教育七原则

1920年，美国进步教育协会发布了著名的进步教育“七项原则”，这成为进步主义教育运动的重要行动纲领。这七项原则具体内容如下。

（1）学生有自然发展的自由；

（2）兴趣是全部活动的动机；

（3）教师是一个指导者，而不是一个布置作业的监工；

（4）注重学生发展的科学研究；

（5）对儿童的身体发展给予更大的注意；

（6）适应儿童生活的需要，加强学校与家庭之间的合作；

（7）进步学校在教育运动中是一个领导者。

（三）进步教育家的进步教育实验

1. 帕克的昆西教学法

帕克作为美国进步教育之父，曾先后担任过马萨诸塞州昆西市教育局局长、芝加哥市库克师范学校校长和芝加哥大学教育学院第一任院长等职，在他一生的教育实践中，他不断实践并总结其教育革新经验，最终提出“昆西教学法”。“昆西教学法”也被称为“昆西制度”。

“昆西教学法”的主要思想具体包括：（1）强调儿童应处于学校教育的中心；（2）重视学校的社会功能，强调学校应成为理想的家庭、完善的社区和雏形的民主政治，在促进民主制度的发展方面发挥巨大的作用；（3）主张学校课程应尽可能与实践活动相联系；（4）强调培养儿童自我探索和创造的精神。

“昆西教学法”对儿童地位的强调和对教育与实践关系的重视都成为日后进步主义教育运动的核心思想所在。这也在很大程度上开启了进步教育与传统教育的决裂，从而开创出了日后声势浩大的进步教育运动。

2. 约翰逊的有机学校实验

约翰逊是美国著名进步主义教育家，她1907年于美国阿拉巴马州创办费尔霍普学校，该学校在美国进步教育运动中，以“有机学校”著称。

有机学校具体是指遵循学生自然生长的学校，在这种学校中，学校教育的目的在于为儿童提供每个发展阶段所必需的作业和活动，因此，学校的课程安排主要以活动为主要形式。学校里的活动是对家庭活动的延续，这样才能保证儿童的自然生长过程的完整性。同时，有机学校也重视学生社会意识的培养。约翰逊认为，人是社会的人，发展合适的社会关系应该是学校最重要的任务之一。学校应培养学生无私、坦率和合作等方面的品质以及培养儿童提出建设性建议的能力等。

约翰逊有机学校的思想实质上是对昆西教学法的进一步延伸，是主张按照儿童的自然生长规律和秩序实施教育的学校。

3. 帕克赫斯特的道尔顿制

帕克赫斯特是美国著名进步主义教育家，1920 年，他于马萨诸塞州道尔顿市的道尔顿中学开展相应的教学实验。在实验的基础上，他对教学方法进行总结，从而提出了“道尔顿制”。这也被称为“道尔顿计划”。

“道尔顿制”实际上是一种个别教学制度。这种制度具体包括以下内容。(1) 在学校废除课堂教学，废除课程表和年级制度。在学校实行合同式的学习。(2) 合同式学习具体是把各学科一年的课程以月为单位划分作业大纲，学生以合同的形式确定自己应完成的各项学习任务，然后学生根据自己的需要进行自学。学习进度快的学生可以提前更换新的合同，能力差的学生也可以根据自己的情况适当延长或修改合同。(3) 将各科教室改为各科作业室，供学生学习之用。每一作业室有一名该学科教师进行指导；(4) 用表格法来了解学生的学习进步，既可以增强学生学习的动力，也可以使学生管理简单化。

道尔制的关键在于自由与合作。一方面是使儿童自由的学习，要允许学生根据自己的需要安排自己的学习，养成独立工作的能力。另一方面，道尔顿制也强调师生之间、学生之间的合作，以培养学生的合作意识和社会意识。

4. 克伯屈与设计教学法

克伯屈是美国著名教育家，他主要以杜威思想的诠释者著称。1918 年，他发表《设计教学法》一文，正式提出设计教学法。因此，克伯屈也被称为“设计教学法之父”。

克伯屈认为设计教学法是在社会环境中进行的有目的的活动，设计教学注重教学活动的社会和道德因素。克伯屈指出，有目的的活动是设计教学法的核心，儿童自动、自发的有目的的学习是设计教学法的本质。

克伯屈主张放弃固有的课程体制，取消分科教学，取消现有的教科书，把学生有目的的活动作为所设计的学习单元。克伯屈根据不同的目的，将设计教学法分为四类。第一类是生产者的设计，这被克伯屈称为建造设计。此类设计以生产某物为目的，用物质的形式去体现思想或观念；第二类是消费者的设计。该类设计以消费为目的；第三类是问题的设计。此类设计的目的在于解决一个问题，澄清某种理性的困难；第四类是练习的设计，或称为“具体学习设计”。其目的在于获得某一种或某一程度的技能或知识等。以上四类设计并非固定不变，克伯屈指出一个具体的学习单元经常可以包含两个或两个以上的设计。设计既可以是个人的，同时也可以是集体的。

在如何进行设计的问题上，克伯屈提出了设计教学法的四个步骤。这四个步骤即决定目的、制订计划、实施计划和评判结果等四个环节。在设计过程中，教师应充分发挥指导的作用，而具体的设计的工作，则应以学生为主，由他们自己思考、自己动手进行设计。

设计教学法充分发挥了儿童的主动性和积极性，使儿童成为学习的主人。同时设计教学法强调了教学与生活、教学与社会的联系。这些都成为设计教学法之所以成为进步教育重要实验的原因所在。设计教学法对苏联和中国的教育都产生过深远影响。

第三节　20 世纪前半期的重要教育思潮

欧洲新教育运动和美国进步主义教育运动的兴起与盛行，为 20 世纪前半期的世界教育带来了新的气息，也极大地丰富和完善了人类的教育理论。在新教育运动和进步主义教育运动逐步成为世界主流教育思潮的同时，人们也开始逐步对这些新的教育思潮进行理性的思考，尤其是在 20 世纪 30 年代世界经济大危机后，进步主义教育和新教育与社会发展的实际需要之间开始出现脱节，由此也迫使许多教育思想家开始反思进步教育和新教育的不足与缺陷。正是在此基础上，涌现出了一些有别于新教育和进步主义教育的新的教育思潮和流派。在这些新的教育思潮中，大多数思潮是对进步主义教育的批判与修正，也有少数教育思潮是对进步主义教育的进一步的延伸与完善。总的来看，这些新的教育思潮反映了新的时代对教育思想的新的需求。具体而言，在这一时期主要出现了改造主义教育思潮、要素主义教育思潮、永恒主义教育思潮和新托马斯主义教育思潮等四类。

（一）改造主义教育思潮

改造主义是 20 世纪 30 年代于美国兴起，并最终在 20 世纪 50 年代真正形成独立思潮的教育思想流派，其主要代表人物为美国教育家康茨和布拉梅尔德。

改造主义教育家自称是进步教育的真正继承者，改造主义也以其为实用主义教育的分支而著称。

改造主义兴起的标志是1934年美国教育家康茨和拉格等人组建“拓荒思想家”的教育团体并创办《社会拓荒者》的教育刊物。该团体强调以实用主义作为其哲学基础，并对实用主义进行相应的修正，在此基础上，他们提出教育要少强调“儿童中心”，多强调“社会中心”，少关心“个人生长”，多关心“社会改造”。正是由于他们对教育在社会改造中作用的强调，因而这种思想就被称为“改造主义”。20世纪50年代，美国教育家布拉梅尔德对康茨等人的思想进行了完善，最终真正使改造主义成为一个独立形态的教育思潮。

总体上，改造主义主张应根据现代科学知识重新解释西方文明的价值观点，并对过去的教育理论进行改造，最终通过学校教育来达到改造社会的目的，从而为创造一个新的世界开辟道路。具体而言，改造主义的教育观点包括以下几个方面。

1. 教育目标在于“改造社会”

改造主义教育家认为人类正处于一个充满危机的时代，为走出这种危机，就必须充分发挥教育的功能，由此提出教育的主要目的就在于进行社会改造。在改造社会的具体途径上，改造主义教育家提出教育一方面可以通过为人类设计并实现理想社会图景达到社会改造之目的，另一方面也可以通过教育建立“世界民主制度”，实现全世界范围的和谐和人类秩序的形成。这也可以发挥教育改造社会的功能。

2. 教育重在培养“社会一致”的精神

改造主义教育家认为，所谓“社会一致”，就是指不分阶级的人与人之间的合作关系，即通过共同协商而能消除阶级分歧的一致意见，不仅在口头上达成一致，而且在行动上也要达成一致。改造主义教育家将“社会一致”精神的培养看成是理想社会实现与否的关键所在，因此，他们主张学校教育应运用民主的方法、通过相互协作，来达到大多数人都能同意的“社会一致”，这应该成为教育的重点。

3. 主张以社会问题为中心组织教学

基于社会改造的目标定位，改造主义教育家强调首先应将课程与教学的目标与理想社会的目标相统一，以社会问题为中心来组织教学。其次，他们强调学校课程应以人文课程为主，在具体课程内容的选择和编排上，应以社会问题为中心进行选择和编排。同时改造主义教育家还十分重视学科之间的联系。第三，改造主义教育家在教学上，还主张应该使用适合学生年龄和环境的解决问题的方法等。

4. 教师应进行民主的、劝说的教育

改造主义反对灌输式的教育和学习，强调教师应通过民主的讨论、劝说教育，以说服学生去改造他们所生活于其中的社会，使学生能坚信改造主义的信念，最终形成“社会一致”的精神。

由于改造主义强调教育对社会的改造，因此，改造主义在本质上与实用主义教育是一致的，但在具体的内容方面，改造主义避免了实用主义教育的弊端，对实用主义进行了一定程度的修正和完善，适应了当时社会发展的需要。这也使得改造主义具有一定的生命力。当然，改造主义对教育在社会改造中所能发挥的作用有夸大之嫌，这也影响了改造主义思想在教育实践中的影响力。

（二）要素主义教育思潮

要素主义教育思潮是建立在对进步主义教育批判的基础之上的，该思潮兴起的标志是 1938 年“要素主义者促进美国教育委员会”的成立。要素主义教育的代表人物有巴格莱、贝斯特、康南特和里科弗等。其中后三者均为 20 世纪 50 年代后美国教育改革的主导性人物。

要素主义教育思想的核心观点认为人类文化存在共同性要素，因此，教育的作用就在于对这些共同要素进行传递。要素主义教育思潮具体提出了如下几方面的思想观点。

1. 学校教育应以人类文化的“共同要素”为核心

要素主义教育家认为，在人类文化中存在永恒不变的、共同的、超越时空的要素，这些要素是种族文化和民族文化发展的重要基础。为此，要素主义教育家提出学校教育最重要的功能就在于尽可能地传递这些共同要素。对此，巴格莱曾指出：包括这些要素在内的一个各门特殊学科的教学计划应当成为民主教育制度的核心。这成为要素主义之所以得名的重要由来。

要素主义的思想对美国学校教育实践产生了直接影响，美国 20 世纪五六十年代教育改革提出的“新三艺”（指数学、自然科学和外语）的学科设计，就是这种思想影响的结果。

2. 主张教学过程是一个智慧训练的过程

要素主义认为，蕴藏在儿童身上的智力和道德力量的资源不应该被浪费，相反，这些资源应该成为学校教育的重要基础和利益所在。为此，要素主义教育家们主张提高学校的智力标准，注重对学生进行思维能力的训练，最终发展人的理性能力、提升人的智力水平。在学校教育的具体实践中，要素主义教育家主张应将那些对学生心智训练具有重要作用的学科放在优先且重要地位加以对待，同时，学习教育也应注重“天才”的发掘与培养，他们认为学校重要的社会责任就在于发现最有能力的学生，激发他们最大的潜力。正是在此思想指导下，他们对进步主义教育过分注重职业训练进行了一定的批判。

3. 强调学生学习的努力和专心

针对进步主义过分强调学生学习的自由与兴趣，要素主义教育家认为学生只有努力学习，才能实现最有价值的学习。为此，他们提出对学生的学习应坚持严格的学业标准，以促使学生刻苦学习和专心学习。在必要时候，还应强迫学生学习。要素主义主张教育不能把自由当成学习的手段，而应当成为教育的目的。这一观点实际上是对进步主义所强调的以自由为目的的教育思想的修正。

4. 在教育教学过程中，教师应居于核心地位

针对进步主义所强调的儿童中心，要素主义指出教师在教育教学过程中应居于核心的地位。教师核心地位的保持除开观念外，还需要教师提高自身的素质，为此，要素主义对教师的素质提出了相应要求。他们认为教师应具备以下几方面的素质：（1）教师必须具有第一流的头脑和渊博的知识，精通所教科目的逻辑体系；（2）教师要能深入理解学生的学习心理；（3）教师要具有把知识、事实和理论传授给学生的能力，懂得教育的历史和哲学基础；（4）教师还必须对自己所从事的事业、对自己的学生具有充满爱。

要素主义教育思潮是在批判进步主义教育的基础上形成的，它对美国教育在二战后的改革产生了重大且深远影响。

（三）永恒主义教育思潮

永恒主义教育思潮也是建立在对进步主义批判基础之上的。其代表人物有美国教育家赫钦斯、阿德勒和法国思想家阿兰以及英国的利文斯通等人。永恒主义的核心思想是认为人类文化中存在永恒性的东西，因此，教育应充分继承和挖掘这些永恒性的文化，以为当今的人类社会提供借鉴与启示。为此，永恒主义主张学习经典名著，强调通识教育。也正因如此，永恒主义也被一些人批评为具有复古倾向的教育思潮。永恒主义教育思潮主要坚持如下基本观点。

1. 主张教育的性质是永恒不变的

永恒主义从宇宙存在永恒法则出发，认为人性中也存在永恒性的因素。他们认为人性中的理性就是这种永恒性的存在。因此，任何时代、任何地域的人都具有理性，为此，不同时空条件下的教育在本质上都是对理性的

光大与张扬。这一理性是不随时间、不随地点而改变的。因此，教育的本质也应是永恒的、不变的。

2. 人类天性中的共同要素应成为教育的主要目的

永恒主义认为既然理性是人性中的永恒要素，那么教育的首要目的就在于引出理性，关注人之为人的因素，最终实现人的自我实现、人的进步和完善等。事实上，这种教育思想的实质是主张一种永恒的人性教育。赫钦斯指出，如果教育是被正确理解的话，那么，教育就是理性的培养。理性的培养对一切社会里的一切人都是适用的。这一观点很好地说明了教育的永恒性问题。

3. 古典学科应成为学习课程的核心

永恒主义教育家认为教育要引出永恒的理性要素，就必须借助于永恒的学科。所谓永恒的学科，就是指历代伟大思想家的经典著作，尤其是经历了许多世纪的经典名著，更是可以被看成是永恒性的学科。这些永恒的学科之所以能成为永恒教育的主要载体，永恒主义教育家们认为，是因为我们可以从这些学科中抽绎出人性的共同要素，这些学科可以使人与人联系起来。为此，永恒主义教育家们主张大学生必须阅读经典名著，以从中汲取那些具有永恒性的东西。在实践中，赫钦斯在芝加哥大学推行道路古典名著计划，他和阿德勒一起开始选编并出版了西方名著。通过这些实践，真正推动永恒主义教育的实施。

4. 强调教师教学的核心地位

永恒主义教育家认为，儿童的学习应通过教师的教学来实现，尤其是通过教师的教学，可以激发儿童的思维活动和理智训练。特别是在学习经典名著时，更需要教师的指点。在教师指导下，让学生自己阅读和讨论，才能使学生更为深刻地理解名著的内容，并以这些伟大的思想家为榜样，模仿他们的思维方式，最终达到提高理性能力的目的。

永恒主义教育思潮是在批判进步主义教育基础上对古典和人文的一种回归。但这种思潮对自然科学和社会发展需要的关注不够，导致二者的脱节。这也成为永恒主义教育思潮最大的弊端和不足所在。

（四）新托马斯主义教育思潮

新托马斯主义教育思潮出现于 20 世纪 30 年代的法国和意大利等西欧国家，其代表人物为法国的神学家马利坦。新托马斯主义实质是经院哲学在现代社会的复活，具体而言，是对中世纪经院哲学家托马斯·阿奎那思想的现代复活。

新托马斯主义教育以经院哲学为其理论基础，崇奉基督教，主张把教会权力提高到世俗社会之上。为此，他们强调宗教教育的地位和作用，也主张通过回归古典来实现新的教育定位和目标。他们的教育思想具体包括以下几方面。

1. 教育以宗教为基础

新托马斯主义在理性与宗教的关系上充分继承了阿奎那的思想，他们一方面试图调和理性与信仰的冲突，另一方面又强调理性应服从于宗教、理性应从属于神性。以此思想为基础，新托马斯教育家认为，教育就应该以宗教为基础，神性是教育的最高准绳和原则。如果教育派除了宗教，那么教育就违背了这种原则，教育就会出现危机。

2. 教育应以培养基督徒和真正的公民为主要目的

新托马斯主义认为教育的目的首先在于培养虔信上帝、热爱上帝和服从上帝的基督信徒，其次才是培养真正的公民。他们认为这二者并不存在冲突和矛盾，而应该是相互一致的。因为一个真正的天主教徒，由于其天主教原则，可以使他成为更好的公民。新托马斯主义实际上是认为基督徒的培养是良好公民培养的重要基础，可以推动和促进公民的培养。

3. 宗教教育应成为学校课程的核心

新托马斯主义教育家认为，为对学生进行道德上的再教育和培养他们的宗教信仰，学校的一切课程都应该贯穿宗教教育，每一级学校的教学和学校运行以及每一部门的教师、大纲和教材等，都需以宗教的精神加以约束和改造。学校也必须开设神学课程。通过将宗教精神与信仰渗透到学校教育之中，才能真正避免人类的文化危机和文明危机。

4. 教育属于教会

新托马斯主义教育家认为教育是特别从属于教会的，教育的使命主要是属于教会的。之所以如此，是因为教会具有上帝所赐予而其他机构所没有的权力。

教会应监督所有的教育，因此，无论是学校还是家长，都应以宗教的精神和准则作为教育的重要依据，以此培养学生和子女虔诚的宗教信仰。

新托马斯主义教育思潮主要是宗教领域对现代教育的思考，其出发点是为了解决人类在 20 世纪上半期所面临的各种危机和冲突。但不可否认，新托马斯主义在很大程度上违背了历史发展的潮流，这也决定了这种教育思潮其生命力的有限。如果从宗教自身的角度而言，新托马斯主义的兴起，对于基督教的现代化具有积极的意义。

第六章　杜威的教育思想

杜威是美国进步主义教育的先驱和旗帜性人物，他是20世纪人类历史上少数几个最有影响的教育家之一。他的《民主主义与教育》同柏拉图的《理想国》和卢梭的《爱弥尔》一起被并称为西方教育史上的三大里程碑。这也充分体现杜威在外国教育史上的卓越地位。

1859年，杜威出生于美国的佛蒙特州一个零售商家庭。

1875～1879年在佛蒙特州立大学学习，其间对哲学尤其感兴趣。

大学毕业后到乡村任教，仍对哲学保持了很大的兴趣。曾随他的大学老师托里学习哲学史，并开始发表哲学论文，立志进行哲学方面的研究。

1882年入霍普金斯大学学习研究生课程。对当时流行的实用主义哲学和心理学有过涉猎。这时期主要受皮尔斯和霍尔的影响较大。并通过心理学家霍尔接触到了斯宾塞的哲学思想。这时期对杜威影响最大的是莫里斯教授，通过莫里斯杜威接触到了黑格尔的哲学思想，这对他日后的思想形成产生了极大的影响。1884年杜威以《康德心理学》一文获得博士学位。

1885～1894年杜威应聘在密歇根大学教授哲学。这一时期，他对黑格尔的哲学有了进一步的认识，逐渐从黑格尔哲学中走了出来，接受了詹姆士机能主义心理学的观点。詹姆士强调机体与环境的相互作用，强调心理与外部环境的不可分割性，强调机体、心灵等因素的积极作用。这些对杜威日后形成经验主义的哲学产生了重要的影响。也正是在这一时期，杜威对教育问题产生了兴趣，他于1885年发表了第一篇教育方面的学术论文，从此走上了教育的研究之路。由此也可以看出，杜威对教育问题的研究，并非是就教育而研究教育，而是在对哲学和心理学进行深入研究的基础上，对教育问题作出的思考。这样就使他的教育思想具有更高的起点，使其思想更具有洞察力和敏锐性。这也是杜威教育思想体系博大精深的重要原因。

1894年，杜威应聘到芝加哥大学任哲学、心理学和教育学系主任，讲授哲学、伦理学、心理学和教育学等课程。1896年杜威创办芝加哥实验学校，开始对教育问题进行实验研究，这对杜威教育理论的形成影响甚大。

1897年杜威发表《我的教育信条》，这是日后杜威所有教育理论的纲领性文件。这标志着杜威教育理论的初步形成。

1904～1930 年，杜威离开芝加哥大学赴哥伦比亚大学任哲学教授。

1952 年于纽约逝世。

由于杜威广泛的学术涉猎范围，使他在哲学和心理学以及教育学领域都写就了不少传世之作。对其著作的情况，可以用著作等身来加以评价。他比较具有代表性的著作主要有：教育方面：《我的教育信条》、《民主主义与教育》、《明日之学校》、《儿童与课程》、《经验与教育》和《我们怎样思维》等。哲学和心理学方面：《经验与自然》、《哲学的改造》、《自由与文化》等。

关于杜威的思想，有两个比较突出的特点：一是他的实用主义特点；一是他的思想与进步主义运动的关系。

实用主义并不是杜威的首创，而是在继承皮尔斯和詹姆士的同类思想基础上的发展。在此对实用主义的发展历程做一简单的介绍。

1878 年，美国学者皮尔斯在《我们怎样使观念明确》一文中，第一次提出实用主义的基本思想。他认为，任何一个观念的最本质的意义即在于它能引起人的有效的行为，因此，有效与否成为一种判断标准。这可看作是实用主义思想的最初表述。他的观点后来被詹姆士所继承，1907 年，在《实用主义——一些旧思想方法的新名称》中，詹姆士提出"一个观念，只要相信它对我们生活有好处，便是真的。"这实际上提出了"有用即真理"的主张，这可以看做是詹姆士对皮尔斯思想的一种发展。杜威在继承二人思想的基础上，进一步提出工具主义的提法。

杜威在受到实用主义影响的同时，也受到了当时美国社会流行的进步主义运动的影响。所以，这里有必要对进步主义运动作一简单的介绍。所谓进步主义运动是当时美国社会对社会发展中出现的各种问题进行反思和批判之后掀起的一种运动。在杜威所处的时代，美国社会总体上看存在两方面的问题：一是个人与社会的矛盾和冲突。由于过分强调个人主义和利己主义，从而影响到了社会的整体发展和进步。一是精神文化发展与物质财富之间增长的不同步问题。这一时期，尽管美国在物质财富方面跃居世界第一位，但他们的精神方面的发展并未随物质财富的增加而有大的改变，相反，却带来了精神的衰落。这同样阻碍了社会的进步和发展。基于此，在美国社会出现了进步主义运动。该运动兴起的目的就是为解决美国社会所存在的社会问题，在于推动美国社会随物质财富增长的社会全面的进步和发展，重建被工业文明所摧毁和破坏的社会价值体系。进步主义运动的实质是一场社会的文化重建运动。而杜威的教育理论在如此的社会文化大背景下，同样受到了很深的影响，这主要体现在他的思想充满着对传统和对社会的毫无保留的批判。尤其对传统教育，其批判的力度更甚。同时，这也造就了杜威对社会现实问题的关注，使他的教育理论更多地和社会的需要联系在一起，并且走向了极端，以社会的需要来代替教育对人本身的诉求和作用。

从以上分析可以看出，杜威的教育思想或教育理论主要有两块非常重要的基石：一是丰厚的文化传统；一是对现代社会的关切。对此，他自己在《民主主义与教育》中公开指出：**“把民主主义的发展和科学上的实验方法、生物科学上的进化论思想以及工业的改造联系起来，旨在指出这些发展所表明的教材和教育方法方面的变革。”**由此也给我们一个启示，即我们对杜威教育思想和教育理论的理解，决不能仅仅停留在就教育而论教育的层次上，而应该拓宽视野，把他的教育思想放到一个社会的、文化的、思辨和哲学的高度与层次去加以理解。也正是在这一点上，造成了很多学者对杜威思想的误读和误解。

一、杜威论教育的本质

在这个问题中，杜威对什么是教育作出了他的回答。当然什么是教育，并不简单的是一个教育的概念问题，实际上还涉及教育的本质是什么的问题。杜威对此认为：教育即生活；教育即生长；教育即经验的持续不断的改造。

（一）教育即生活

教育即生活所要解决的问题是教育怎样为创造美好生活努力？教育又怎样对待社会生活中的不足与弊端？教育本身怎样才能成为美好生活的典范？诸如此类的问题都是教育即生活命题所关注的问题。

杜威提出教育即生活，并不是将教育等同于生活，而是关注正规的学校教育与社会生活及儿童个人生活的关系。

在教育与生活的关系方面，杜威指出，教育是生活的过程，学校是社会生活的一种形式，即学校也是生活的一种形式。由此出发，杜威提出了理想学校生活的两个标准：首先，学校生活应与儿童自己的生活相切合，满足儿童的需要和兴趣；其次，学校生活应与学校以外的社会生活相沟通，适应现代社会变化的趋势并成为推动社会发展的重要力量，校园不应是世外桃源而应积极参加社会生活。总结起来看，杜威所理解的理想的学校生活实质是一种既适应儿童的兴趣和爱好以及需要的学校；又是适应社会需要的学校；是把教育的内在的培养人的目的和教育改造社会的功能结合在一起的学校生活。从理论上讲，这是一种十分理想的状态，但在实际中，这种既顾及教育的本体目的，有考虑到教育的社会目的的教育是很难实施和操作的。这也是理论和实际之间的差距和隔阂。

从学校生活应与社会现实相联系的观点出发，杜威提出了教育即社会和学校即社会的主张。主张教育即社会和学校即社会并不是把教育和学校与社会混为一谈，而是使学校生活成为一个经过选择的、净化的、理想的社会生活，使学校成为一个合乎儿童发展雏形的社会。那么，如何才能做到这一点呢？杜威提出应改变传统教育中的课程与社会生活脱节的弊端，引入社会生活的课程，使学生在学校中就能感受到社会的氛围和气息。杜威指出："学校科目相互联系的真正中心不是科学，不是文学，不是历史，不是地理，而是儿童本身的社会活动。"由此，活动课程成为杜威理想学校中的主要课程内容。这样，杜威就通过活动课程将学校生活和社会生活联系在一起。

杜威也对活动课程的优点进行了一定的说明。他认为活动课程不仅有益于加强学校与社会的联系，而且还能满足儿童的本能与兴趣，使得儿童在活动中、在学习中、在学校生活中就能得到满足和乐趣，学习从此不再是一项苦差。这样就有利于调动学生的积极性。

杜威为什么要提出教育与社会生活联系的观点呢？难道他仅仅是为了建立教育与社会的联系而提出这个命题吗？显然不是这样的。实际上，这里杜威试图通过教育与社会生活的联系达到一个更高的目标。即在于通过教育与社会的联系创造一种高于现实生活的更加美好的生活。这与杜威对教育的社会功能的认识有关。他认为教育是社会改造和社会进步的最为基本的方法，认为社会的改造首先必须依靠教育的改造，教育改造之所以必要，是因为要给社会生活的变革以充分的和明显的影响。杜威是希望通过教育改造社会生活，使之更完善、更美好。杜威曾在《学校与社会》中对此作了相应的论述。

（二）教育即生长

生长是一个生物学概念，同时生长也是一种过程，从过程的意义上来讲，教育与生长具有一定的契合性。即两者都是一种过程的表述。但杜威这里所提的生长决非生物学意义上的生长，而是一种与教育对象密切相关的生长。教育即生长命题的实质是一种新型的儿童发展观和教育观。

教育即生长命题的提出，是杜威在批判传统教育忽视儿童和放任儿童的基础上提出来的。杜威所了解的生长是机体与外部环境、内在条件与外部条件交互作用的产物，是一个持续不断的社会化的过程。因此，在杜威的教育思想中，他十分强调 interaction 这个词。这实际上是把一些教育中原本被动的因素变成了主动的因素。使教育更具有学生和社会各方面的参与性。杜威提倡教育即生长实质上是对儿童的一种尊重，但杜威在尊重儿童的同时，反对放纵儿童，他明确地指出："如果你放任这种兴趣，让儿童漫无目的地去做，那就没有生长，而生长并不是出于偶然。"由此，也可看出杜威实质上还是强调教育者对儿童发展进行引导的，教师的作用在此也得到了一定程度的体现。并不像有的学者所言，杜威是一个彻底和完全的儿童中心论者，是完全放弃和忽视教师与教育者的作用的。也正是在此意义上，杜威一直否定自己是"进步教育之父"。

教育即生长同时也体现出了一定的民主意义。他认为儿童充分生长本身便是民主主义的要求，便含有丰富的意义。这种意义就在于使儿童得以充分的全面的发展，由此，社会在很大程度上是为了一切人的全面和充分发展而存在的。这也与杜威所主张的个人主义是相一致的。

（三）教育即经验的改造

经验是一个历史悠久的词汇，在西方文化发展过程中，经验一词很早就已经出现了。但杜威所了解的经验与前人对经验的理解有所区别。他对前人关于经验的定义做了一定的修正。首先，杜威克服了经验与理性的对立。杜威认为，经验不是一种通过感官获得的散乱的感觉印象，而是机体与环境相互作用的过程，机体不仅受环境的塑造，同时也对环境加以若干的改变，经验自身含有结合组织的原理，而无须一个外在的理性来提供这种原理。在理性与经验的关系上，杜威认为，理性不是凌驾于经验之上的，而是寓于经验之中的，并在经验中不断修正，他认为经验的过程就是一个实验的过程，运用智慧的过程，一个理性的过程。其次，杜威拓展了经验的范围，经验不再被视为感觉作用和感性认识，而是一种行为和行动，它包含有知的因素，除此之外，各种情感因素也是经验的组成部分。这种经验范围的拓展，使杜威所提出的经验教育就具有广泛的空间。儿童通过经验的学习就不再是仅仅经验的学习，而是包含了知识和其他各种内容的学习。由此，教育即经验的改造就是一种全面的改造和发展了。第三，杜威强调人在经验过程中的积极性。他认为经验的过程是一个主动的过程，不但是机体受环境的塑造，而且机体本身对环境也在进行着主动的改造。在此，杜威就强调了交互作用在教育中的重要意义。

教育本质观可以说是杜威教育思想的一个总的纲领。在此基础上，杜威展开了他对教育理论的构建和论证。

二、教育的目的论

杜威在教育目的论上，传统研究一般都认为他是持一种教育无目的论。但在杜威的思想中，由于表述地方和场合的不同，所以，他对教育目的的理解也有所差异。这里对他教育目的论的讲解就从他的著作本身出发进行了解，而对学术上存在争议的地方，做一简单的介绍。杜威关于教育目的的论述有两种情况：一是他认为教育的目的就在于生长；一是他认为教育同样具有外在的社会的目的。

（一）生长作为教育的目的

在这一部分，杜威反对任何教育之外的目的，他认为教育的目的就在于生长。他认为教育的目的内化在教育过程之中。他在《经验与教育》中对此作了详细的论述。他说：首先，教育的过程，在它自身之外没有目的；它就是自己的目的；其次，我们探讨教育目的时，并不要到教育过程以外去寻找一个目的，使教育服从这个目的。我们整个教育观点不允许这样去做；第三，因为生长是生活的特征，所以，教育就是不断生长；在它自身之外，没有别的目的。

教育的目的就在于生长实质上是一种教育无目的论。但杜威在这里把目的与过程相提并论，实际上是否定了哲学上两个十分重要的概念。同时，何谓过程，过程应当用什么标准去加以衡量，生长是否有一个终极限制等，这些都是杜威所无法解决的问题。这也使他的教育理论遭到来自学术界和社会猛烈批评的一个十分重要的原因。可以说，杜威的生长是为了进一步的生长，是从儿童发展的过程这一角度规定教育的目的的，其意义似乎是同语反复，令人感到茫然，他没能反映出教育目的的本质属性和价值趋向，不能揭示出教育目的应揭示出的东西，不能给人一个切实可行的目的。这可以说是杜威教育理论最大的失败之处。

（二）杜威教育思想中隐含的教育目的

在杜威的思想中，实际上隐含着一种社会性的目的，他也从未否定教育应有其相应的社会性目的的存在。他认为社会性的要求与儿童的需要并不冲突。因此，在他的著作中，教育的社会性目的体现得十分明显。这也反映出杜威思想和理论的矛盾之处。

杜威从他民主主义的社会理想出发，认为教育的社会目的应定位在如何促进民主社会的建立之上。他要求教育为社会进步服务，教育应为民主制度的完善服务。由此出发，杜威指出教育是社会进步及社会改造的基本方法，学校是社会进步和改革的最基本和最有效的途径与工具；他甚至把教育提高到一个很高的高度，他认为，若无教育，民主主义便不能维持下去，更谈不上有所发展了。从这个意义上说，教育是民主的工具，教育是为了民主的，教育同时也应是民主的。

杜威把他对教育在民主社会的这种定位进行了具体化，认为教育的社会目的就在于培养良好的社会公民。他同时对这种理想人的培养提出了具体的要求和标准。他认为作为一个良好的公民，应具备以下一些素质：

首先，应具有良好的公民素质。具有民主理想和参与民主生活的能力；

其次，能够掌握科学思维的方法，具有解决实际问题的能力，能适应变化的现代社会；

第三，具有良好的道德品质，有合作意识，能处理好个人与社会的关系，有服务社会的精神；

第四，具有一定的职业素养，能通过从事某种职业发展个人才能并为社会尽力。在职业教育方面，杜威反对进行狭隘的职业教育，主张将职业教育与文化训练相结合，他认为这样才能使人更好地理解职业，才能更好地从事职业。

三、课程与教材

杜威的课程思想是建立在他对传统课程观的批判基础之上的。

（一）对传统课程的批判

杜威认为传统的课程和教材存在种种弊端。主要表现在以下几方面：首先，传统课程是由前人所积累起来的系统的经验构成的，是一种符号和文字构成的系统，是由成年人编制而成的。所以传统课程仅仅代表成人的标准，因而不适合儿童的现有能力，与儿童的经验和实际都有脱节，这样不可能使儿童从其自身经验出发得到很好的学习。其次，传统课程过分注重知识和理智能力的培养，这种教育有利于学术的研究，但却忽视了儿童在行动方面的教育，使儿童的动手能力受到削弱和影响；第三，传统课程和教材与儿童的需要和兴趣相脱节，仅仅变成儿童记忆的材料，导致课程的意义丧失，对儿童真正接受教育来讲，没有太大的价值和意义。第四，传统课程把儿童世界存在的统一的经验分割开来，使儿童对世界的认识失去了应有的全面性而流于片面。第五，传统的课程由于与现实的社会生活脱离，使课程缺乏一种社会的关怀和一种社会精神。他认为课程应该与社会相联系，应多关注社会的问题，使儿童更好地了解和认识这个社会，为他们日后改造这个社会做好准备。

在对传统的课程和教材进行批判的基础上，杜威提出了他自己的课程观和教材观。

（二）从做中学的课程理论

从其经验论出发，杜威要求从做中学，从经验中学，要求以活动性和经验性的课程来取代传统的书本式的课程。他认为活动课程或经验课程既能满足儿童的心理需要，又能满足社会性的需要，还能使儿童对事物的认识具有统一性和完整性。

杜威强调活动或经验的学习并不是否认知识的学习，也不是否认间接经验在人成长中的重要作用。他曾明确地指出："旧教育强迫儿童接受成人知识、方法和行为的规则，但是不能因此就认为成年人的知识和技能对于未成年人的经验就没有知道的价值，只要极端的非此即彼的哲学才会导出这种主张。"由此表明杜威是反对对知识采取放弃态度的。他认为知识和间接经验是儿童进行活动学习的一种桥梁。只有通过这座桥梁，儿童的教育才会取得成功。同时，杜威也意识到了直接经验的弊端和缺点。他指出，必须要用别人的经验来弥补直接经验的不足；同时直接经验范围也比较狭窄，如果人类老停留在直接经验的水平上的话，那么人类将永远不会有进步，永远只能停留在野蛮人和原始人的水平之上。这也反映出杜威的清醒认识。

由上可以看出，杜威并不是如有的学者所说的那样，是反对传统教育本身，而是反对传统教育中那种不顾儿童接受能力的直接灌输、生吞活剥式的获取间接经验的方式。在此杜威提出了一个问题，即如何使儿童在获得知识的同时又能适应他们的心理和生理发展的水平和实际呢？对此，杜威提出用教材的心理学化来加以解决。

所谓的教材心理学化，就是把教材或不同的知识分解成不同的经验，把系统的知识恢复到它们被抽象出来的原来的教育水平。也就是说把教材所体现出的间接经验转化成直接经验。那么这一工作应由谁来完成呢？杜威认为应有教师来加以完成。并且，杜威进一步指出，仅仅是将教材进行经验的分解还不够，还应该将经验到的那些东西累进地发展为更充实、更丰富也是更有组织的形式，即逐渐地接近于提供给有技能的、成熟的人的那种教材形式。这实际上是强调教材的可操作性，和强调教材的可分解性。

在具体的教材编订方面，杜威主张从直接经验出发，在对直接经验进行组织、抽象和概括的基础上来编制教材。但关键在于如何将学生的直接经验组织成系统的知识。对此，杜威也坦承"要解决这个问题是非常困难的，我们并没有解决好，这个问题直到现在还没有解决，而且永远也不可能彻底地解决。"这也反映出杜威思想中理想的一面。所以，对杜威的思想，应持一种批判的态度加以评判。而不能盲从和盲信。

四、思维与教学方法

思维是杜威十分注视和强调的一个概念，他也十分重视学生在思维活动中主动性的发挥。因此，他对传统教学中以教师为主的教学方式很不以为然，认为应加强学生主动性的作用。在此基础上，他提出了对思维的注视。

（一）反省思维与教学方法的改变

杜威所谓的反省思维，是指对某个经验情景中的问题进反复的、严肃的、持续不断的思考，其功能在于求得一个新情景，把困难解决，把疑虑排除，把问题真正解答。因此，反省思维的方法是一种解决经验中存在的问题的方法，一种使人明智地经验与行动的方法。在此认识的基础上，杜威提出了思维的五个步骤：

第一，学生要有一个真实的经验的情景——要有一个对活动本身感兴趣的连续的活动；第二，在这个情景内部产生一个真实的问题，作为思维的刺激物；第三，他要占有资料，从事必要的观察，对付这个问题；第四，他必须负责有条不紊地展开他所想出的解决问题的方法；第五，他要有机会和需要通过应用去检验他的观念，使这个观念意义明确。在这五种方法的顺序上，杜威认为不应拘泥于固定的方法程序，而应灵活地根据自己的教学情况去采用不同的教学方法。这样在很大程度上就能避免传统教育中机械的教学弊端。

由此也可看出，杜威所说的思维方法和我们平时所提的思维方法是两种不同的概念，他主要是指一种教学方法和学习方法，是一种综合性的方法，涉及观察、分析、综合、想象等多方面能力的应用。而我们平时所说的思维更多的是一种抽象意义上的思维，而很少与教育联系在一起。总结杜威的五种思维方法，实际上就是：情景、提出问题、进行假设、运用假设解决问题、验证假设等五个问题的解决阶段。在严格意义上讲，这不算是一种思维方法。

（二）思维方法的社会价值

杜威认为思维方法的社会价值主要可以体现在两方面：

首先是科学的思维方法可以成为革除社会弊端、实现社会理想的重要手段。这种价值的实现是通过使人具有智慧，使人通过自己的独立思维能保持理性的批判，从而达到认识社会，改造社会的目的。

其次，杜威认为，思维方法还与民主主义相联系。他认为科学的思维方法不仅适用于对自然的探索，也适用于社会领域，人民可以运用它来解决社会问题。更为重要的是，科学的思维方法有助于人民反对因循守旧，反对任何外在的权威，强调创造和验证，杜威认为这是与民主主义的精神是相通的。

五、道德教育

杜威的道德教育主要是立足于个人主义基础上的，力图解决个人与社会之间关系的一种道德教育学说。他认为道德教育的任务是协调个人与社会的关系。他既反对将社会与个人割裂开来，认为个人与社会是相得益彰的；认为个人的充分发展是社会进步的必要条件，同样社会的进步又可为个人的发展提供更好的基础。正是从此目的出发，杜威构建起了自己的道德教育体系。

（一）新旧个人主义与道德教育

杜威对旧的个人主义进行了猛烈的批判。他把旧个人主义称作倔强的个人主义，指出这种个人主义重视个人的倔强性、独立性、独创性和毅力等。旧个人主义发展到后来也反对政府对个人自由的控制，实际上是一种极端的自由主义。后来随着社会的发展，旧个人主义流于自由放任主义，成为自由放任的代名词。同时，旧个人主义从人与自然的搏击中转入人与人之间的无情的竞争，在经济和政治生活中则走向了无政府主义，使社会控制失衡，从而加剧了社会的矛盾。所以，针对这一状况，杜威提出以新的个人主义代替旧的个人主义。关于新个人主义，杜威在《旧个人主义与新个人主义》中作了相应的论述。他认为：首先，新个人主义强调人与人之间的合作而不是无情的竞争。体现在教育方面，杜威特别强调培养学生的合作精神，要求学校成为一个真正的合作社会造就社会公民；其次，新个人主义重视理智的作用。他认为传统的旧个人主义在经济和政治以及法律方面都表现得有过之而无不及，然而在理智领域，却缺乏真正的个人主义。致使理智领域缺乏生机和活力。因此，杜威提出要改变传统的弊端，在理智领域应大力提倡个人主义的精神，只有这样才有利于学术的发展和理智生活的展开。

（二）道德教育的途径和方法

在道德教育的途径方面，杜威认为：教育的道德性和社会性是相通的，道德教育应在社会性的情景中进行而不能只是停留在口头上。由此出发，杜威要求学校生活、教材和教法都应渗透社会精神。他进一步地把学校生活、教材和教法称为学校道德之三位一体。

在道德教育的理论方面，杜威将其分成社会的和心理的两方面。

他认为道德教育应有社会性的情景、社会性的内容和社会性的目的，这即是道德教育的社会性的一面。这实际上是杜威主张用社会的道德做道德教育的主要内容，也是他教育是改造社会工具的理论在道德教育上的具体应用。

关于心理方面，他是指道德教育若要取得成效，就必须建立在学生本能的冲动和道德认识、道德情感的基础上。也就是说道德教育也必须立足与学生的心理发展水平。